Veräußerung öffentlicher Unternehmen
und Vergaberecht

Europäische Hochschulschriften

Publications Universitaires Européennes
European University Studies

Reihe II
Rechtswissenschaft

Série II Series II
Droit
Law

Bd./Vol. 4158

PETER LANG
Frankfurt am Main · Berlin · Bern · Bruxelles · New York · Oxford · Wien

Sebastian Klein

Veräußerung öffentlicher Unternehmen und Vergaberecht

PETER LANG
Europäischer Verlag der Wissenschaften

Bibliografische Information Der Deutschen Bibliothek
Die Deutsche Bibliothek verzeichnet diese Publikation in der Deutschen Nationalbibliografie; detaillierte bibliografische Daten sind im Internet über <http://dnb.ddb.de> abrufbar.

Zugl.: Düsseldorf, Univ., Diss., 2004

D 61
ISSN 0531-7312
ISBN 3-631-53074-9

www.peterlang.de

Für Antonia Sophia

Vorwort

Die vorliegende Schrift wurde im Sommersemester 2004 von der Juristischen Fakultät der Heinrich-Heine-Universität in Düsseldorf als Dissertation zur Erlangung eines Doktors der Rechtswissenschaften (Dr. jur.) angenommen. Das Manuskript ist im März 2004 abgeschlossen worden; Schrifttum und Rechtsprechung haben bis zu diesem Zeitpunkt Berücksichtigung gefunden. Für die Drucklegung sind lediglich unbedeutende redaktionelle Berichtigungen und Aktualisierungen vorgenommen worden.

Zu danken habe ich an erster Stelle meinem Doktorvater, Herrn Professor Dr. Johannes Dietlein, der die Bearbeitung des Themas angeregt und mit hilfreichen Ratschlägen und Hinweisen gefördert hat. Die Mitarbeit an seinem Lehrstuhl wird mir – nicht zuletzt wegen der hervorragenden Arbeitsbedingungen und der angenehmen Zusammenarbeit – stets in guter Erinnerung bleiben. Herrn Professor Dr. Lothar Michael danke ich für die überaus zügige Erstellung des Zweitgutachtens.

Ganz besonderen Dank schulde ich meinen Eltern Hildegard und Heinrich Karl Klein, die mich bereits frühzeitig darin bestärkten, das Promotionsvorhaben zu verwirklichen, sowie meiner Frau Yvonne, die mir mit ihrer Liebe und Zuneigung die Kraft für alles schenkt.

Potsdam, im Januar 2005 Sebastian Klein

Inhaltsverzeichnis

A. Die Problemstellung

Auf allen staatlichen Ebenen lässt sich in den vergangenen Jahren ein Trend zur Privatisierung öffentlicher Aufgaben beobachten. Vor allem im kommunalen Sektor ist die Privatisierung in Zeiten knapper Haushaltsmittel, fortschreitender Liberalisierung der Versorgungsmärkte und sich wandelnder politischer Einstellungen zur effektiven und effizienten Wahrnehmung von Aufgaben der Daseinsvorsorge[1] an der Tagesordnung.[2] Hierbei besteht das Bestreben, in vielfältigen rechtlichen Varianten öffentliche Aufgaben durch Ausgliederung bzw. Ausgründung von Unternehmen in privater Rechtsform erbringen zu lassen. Immer dort, wo Leistungsbeziehungen zwischen der öffentlichen Hand[3] und einem privatrechtlichen Unternehmen zustande kommen,[4] stellt sich die Frage, ob und in welchem Umfang diese den Tatbestand eines öffentlichen Auftrags im Sinne der §§ 97, 99 GWB erfüllen und somit nach vergaberechtlichen Kriterien ausschreibungspflichtig sind.

Da die Verfahrensvorschriften des Kartellvergaberechts von den öffentlichen Auftraggebern nicht selten als zu starr und deren Einhaltung als zu aufwendig und kostenintensiv kritisiert werden,[5] wird vielfach nach Wegen gesucht, um dem bisweilen ungeliebten Ausschreibungsverfahren zu entgehen.[6] Mit Blick auf den hiesigen Untersuchungsgegenstand stellt sich damit die Frage, ob und inwiefern die Veräußerung von Unternehmensanteilen durch die öffentliche Hand überhaupt der vergaberechtlichen Ausschreibungspflicht unterliegt. Diese Frage ist deshalb besonders bedeutsam,

---

[1] Hierzu zählen etwa die Bereiche der Energieversorgung, der Abfallentsorgung, der Wasserversorgung, des Personennahverkehrs, des Betriebs kultureller und sportlicher Einrichtungen, des Gesundheits- und Sozialwesens, der Bausanierung und der Wirtschaftsförderung (vgl. *Altmeppen*, NJW 2003, 2561).

[2] *Masing*, ZfBR 2002, 450; vgl. *Eilmansberger*, JurBl. 2001, 562.

[3] Die nachfolgende Verwendung des Begriffs der „öffentlichen Hand" orientiert sich am aktuellen Definitionsansatz des Richtliniengebers des europäischen Gemeinschaftsrechts. Nach Art. 2 Ziff. 1 lit. a des Entwurfs der EU-Kommission zu einer neuen Richtlinie zur Koordinierung der Auftragsvergabe durch Auftraggeber im Bereich der Wasser-, Energie- und Verkehrsversorgung (KOM (2000), 276 endg.) erfasst dieser Ausdruck „den Staat, die Gebietskörperschaften, Einrichtungen des öffentlichen Rechts und Verbände, die aus einer oder mehrerer dieser Körperschaften oder Einrichtungen des öffentlichen Rechts bestehen". Im Verlauf dieser Abhandlung wird auf den Richtlinienentwurf noch näher eingegangen. Vgl. bereits Art. 5 der EU-Richtlinie80/723/EWG (ABlEG L 195 v. 29.7.1980 – „Transparenz der finanziellen Beziehungen zwischen den Mitgliedsstaaten und den öffentlichen Unternehmen"), wonach „alle Bereiche der öffentlichen Hand (umfasst sind), inklusive der Staat sowie regionale, lokale und alle anderen Gebietskörperschaften".

[4] Etwa durch die Beauftragung im Einzelfall, die Einräumung von Vergabegarantien oder im Wege der Gesamtrechtsnachfolge; vgl. *Dreher*, NZBau 2002, 245, 246.

[5] Hierzu StGB NRW, Mitt. Jan 2002, Der Städtetag 2002, S. 14 Nr. 36; *Dreher*, in: Immenga/Mestmäcker, GWB-Komm., vor §§ 97 Rn. 4. Selbst die Bundesregierung räumt ein, dass das deutsche Vergaberecht „außerordentlich umfangreich, bürokratisch und intransparent" ist (zit. nach *Koenig/Haratsch*, NJW 2003, 2637).

[6] *Thieme*, in: Langen/Bunte, Kartellrecht, § 99 Rn. 25.

weil bei solchen Privatisierungsprozessen – anders als bei regelrechten Auftragsvergaben – vielfach ein Bedürfnis nach einem flexibel gestalteten Veräußerungsprozess besteht, der die verschiedenen strategischen Optionen auf Verkäufer- und Käuferseite berücksichtigen kann, die mitunter erst innerhalb der Vertragsverhandlung zum Vorschein kommen. Aus Sicht der Anteilsveräußerer scheint die Durchführung eines förmlichen Vergabeverfahrens für derartige Privatisierungsakte damit – ungeachtet der rechtlichen Frage nach der Ausschreibungspflicht – prinzipiell jedenfalls nicht geeignet zu sein.[7]

Insbesondere dann, wenn das (teilweise) zu veräußernde Unternehmen mit der (längerfristigen) Erfüllung öffentlicher Aufträge betraut ist, versuchen die gleichzeitig als Auftraggeber und Anteilsveräußerer auftretenden öffentlichen Rechtsträger bisweilen, ihre neuen Mitgesellschafter freihändig auszuwählen. Sie konstruieren hierfür mitunter kunstvolle Rechtsfiguren, die dazu führen sollen, dass die Anteilsveräußerung letztlich eine ausschreibungsfreie Auftragsvergabe bewirkt. Typische Rechtskonstruktionen können folgendermaßen aussehen: So werden etwa die Gesellschaftsanteile einer organisationsprivatisierten Gesellschaft (teilweise) an private Investoren veräußert, wobei die Gesellschaft bereits zuvor in zulässiger Weise ohne Vergabeverfahren mit einem Dienstleistungs- oder Lieferauftrag ausgestattet wurde. Vergleichbare Fragen treten zu Tage bei der Gründung eines gemischt-wirtschaftlichen Unternehmens, dem der öffentlich-rechtliche Mitgesellschafter als Auftraggeber gleichzeitig oder später einen Auftrag vergibt. Die Privatisierungspraxis bringt zudem auch weitaus kompliziertere Rechtskonstruktionen hervor, wie sich etwa am sog. „Trienekens"-Beschluss der Vergabekammer Düsseldorf vom 7.7.2000 verdeutlicht.[8] In dem zu Grunde liegenden Fall sollte über Umwege eine öffentlich-private gesellschaftsrechtliche Kooperation entstehen, wobei das zu 49 % in privatem Anteilsbesitz stehende gemischt-wirtschaftliche Unternehmen durch den öffentlich-rechtlichen Kooperationspartner mit einem langfristig erteilten Dienstleistungsauftrag ohne vorherige Durchführung eines Vergabeverfahrens ausgestattet werden sollte. Der Weg dahin gestaltete sich – leicht vereinfacht – folgendermaßen: Das gemischt-wirtschaftliche Unternehmen bestand schon vor Abschluss des Kooperationsvertrags, wobei der öffentlich-rechtliche Partner – eine kommunale Gebietskörperschaft – lediglich 25 % der Anteile besaß. Sodann gründete die Gebietskörperschaft eine 100 %-ige Eigengesellschaft und beauftragte diese ohne Ausschreibungsverfahren mit den entsprechenden langfristigen Dienstleistungen. Im Anschluss daran erwarb der private Kooperationspartner an dieser Eigengesellschaft

---

[7] *Masing*, ZfBR 2002, 450.
[8] VK Düsseldorf, NZBau 2001, 46 ff.- „Trienekens".

Geschäftsanteil in Höhe von 49 % und sorgte gleichzeitig dafür, dass die Stadt im Gegenzug ihren Anteil an dem gemischt-wirtschaftlichen Unternehmen von 25 % auf 51 % aufstocken konnte. Schließlich wurden die gemischt-wirtschaftliche Gesellschaft und die eigens gegründete Eigengesellschaft miteinander verschmolzen.[9]

Namentlich die auf diese oder ähnliche Weise zu Stande kommenden Leistungsbeziehungen zwischen der öffentlichen Hand und einem privaten Rechtsträger werfen in vergaberechtlicher Hinsicht bedeutsame Probleme auf, die bisher noch nicht abschließend geklärt sind. So unterliegt die isolierte Auftragsvergabe eines öffentlichen Auftraggebers an eine Eigengesellschaft (ggf. auch an ein gemischt-wirtschaftliches Unternehmen) bekanntlich unter bestimmten Voraussetzungen als sog. „In-house-Geschäft" nicht dem Anwendungsbereich des im vierten Teil des GWB geregelten Kartellvergaberechts.[10] Auch die isolierte Veräußerung von Gesellschaftsanteilen bzw. der Akt der Gründung eines gemischt-wirtschaftlichen Unternehmens ist grundsätzlich nicht zuletzt deshalb vergaberechtlich irrelevant,[11] weil das Kartellvergaberecht hierfür keine speziellen Vorschriften vorhält.[12] Insbesondere unter funktionellen, auf den vergaberechtlichen Anwendungsbereich bezogenen Aspekten stellt sich jedoch die Frage, ob bei einer unter wirtschaftlichen Gesichtspunkten stehenden Gesamtbetrachtung in den beiden Vorgängen (Auftragsvergabe und Anteilsveräußerung) zumindest faktisch eine mittelbar vergaberechtsrelevante Auftragsvergabe zu erblicken ist. Denn insofern ist zu berücksichtigen, dass der öffentliche Auftraggeber die Auftragsvergabe bei Vorliegen der übrigen Vergabevoraussetzungen hätte ausschreiben müssen, wenn er – ohne den „Umweg" über die Auftragsvergabe an die Eigengesellschaft oder das gemischt-wirtschaftliche Unternehmen zu gehen – den Auftrag sogleich einem privaten Dritten erteilt hätte. Unter welchen konkreten Voraussetzungen in den dargestellten und ähnlichen Konstellationen[13] das Vergaberecht relevant bleibt, ist Gegenstand der nachfolgenden Untersuchung.

---

[9] Eingehend zu diesem Sachverhalt *Jaeger*, NZBau 2001, 6 ff.
[10] Unten E. I. 3.
[11] Unten E. II.
[12] *Berger*, ZfBR 2002, 134, 135.
[13] Vgl. hierzu *Dreher*, NZBau 2002, 245 ff.

B. Der Gang der Darstellung

Der erste Teil der vorliegenden Arbeit befasst sich mit den rechtlichen und organisatorischen Grundstrukturen von Privatisierungsmaßnahmen. Zunächst erfolgt ein kurzer Blick auf die vielfältige Motivlage, durch die sich der Staat und seine Untergliederungen zu Privatisierungen öffentlicher Aufgaben veranlasst sehen. Der folgende Abschnitt beleuchtet den Begriff der Privatisierung und stellt ihn anhand der einzelnen, im einschlägigen Schrifttum üblicherweise verwendeten Privatisierungsmodelle näher dar. Die Untersuchung beschäftigt sich daran anschließend mit den verfassungsrechtlichen Vorgaben für Privatisierungen und thematisiert die daraus folgenden Ingerenzpflichten unter Differenzierung der in praxi am häufigsten vorkommenden Unternehmenstypen wie den Aktiengesellschaften und den Gesellschaften mit beschränkter Haftung.

Der zweite Themenkomplex leitet von den Privatisierungsdeterminanten über zu den vergaberechtlichen Vorgaben, die im Zusammenhang mit der Kernfrage dieser Abhandlung – der Ausschreibungspflicht von Anteilsveräußerungen – von besonderer Bedeutung werden können. So erfolgt zunächst eine einführende systematische Darstellung des gesetzestechnischen Aufbaus des Vergaberechts, die für dessen grundlegendes Verständnis erforderlich ist. Sodann beschäftigt sich die Arbeit mit zentralen, das gesamte Vergaberecht durchziehenden Auslegungsgrundsätzen, die auch für die Frage der Ausschreibung von Anteilsveräußerungen Bedeutung entfalten. In einem weiteren Schritt werden die wesentlichen Voraussetzungen für eine kartellvergaberechtliche Ausschreibungspflicht erläutert und anhand des sachlichen und persönlichen Anwendungsbereichs sowie der Schwellenwerte näher dargestellt. Mit Blick auf den persönlichen Anwendungsbereich wird insbesondere das dem Auftraggeberbegriff immanente funktionelle Begriffsverständnis erörtert, weil dessen Auslegungsansatz – wie später ausgeführt wird – von entscheidender Tragweite auch für die Subsumtion von Anteilsveräußerungen unter den Begriff des öffentlichen Auftrags ist. Daran anschließend erfolgt ein Überblick über die für die Ausschreibungspflicht maßgeblichen Schwellenwerte. Die grundlegenden Ausführungen zum Vergaberecht schließen ab mit einem kurzen Überblick über die vorhandenen Verfahrensarten. Die konkreten Auswirkungen der Schwellenwertgrenzen und der Auswahl der zutreffenden Verfahrensarten auf den Komplex der Anteilsveräußerungen werden aus sachlich-systematischen Erwägungen freilich erst am Schluss behandelt.

Der dritte Teil der Bearbeitung befasst sich mit der eigentlichen Frage, ob – und inwiefern – die mit einem Privatisierungsvorgang zusammenhängende

Begründung einer Leistungsbeziehung, etwa die Auftragsvergabe mit anschließender Anteilsveräußerung, dem Vergaberecht unterliegt. Hierzu werden hinsichtlich des sachlichen Anwendungsbereichs des Kartellvergaberechts zunächst die möglichen Ausnahmen einer Ausschreibungspflicht (§ 100 Abs. 2 lit. g GWB sowie das sog. „In-house-Geschäft") isoliert betrachtet und eingehend gewürdigt. Ein besonderer Schwerpunkt liegt hier – nicht zuletzt aus Gründen gesteigerter Praxisrelevanz – auf der Interpretation der für die In-house-Geschäfte bedeutsamen Rechtsprechung des EuGH. Im Anschluss daran folgen Erörterungen zur Frage der isolierten Ausschreibung von Anteilsveräußerungen bzw. der Gründung eines gemischtwirtschaftlichen Unternehmens. Schließlich werden die bei wirtschaftlicher Gesamtbetrachtung von Auftragsvergabe und Anteilsveräußerung sichtbar werdenden Lücken im vergaberechtlichen Anwendungsbereich näher dargestellt und die hierzu bisher vorgeschlagenen Lösungsmöglichkeiten kritisch gewürdigt. Dabei wird der Versuch unternommen, einen Lösungsansatz zu finden, der dem Bedürfnis nach Rechtssicherheit gerecht wird und in der praktischen Rechtsanwendung gleichwohl handhabbar bleibt.

C. Die Grundlagen der Privatisierung

I. Gründe und Motive für die Privatisierung öffentlicher Aufgaben

Die Gründe und Motive der öffentlichen Hand für die Privatisierung öffentlicher Aufgaben können vielfältig sein. Von besonderer Bedeutung ist zunächst das Interesse, sich unter Loslösung administrativer Strukturen kaufmännischen Prinzipien zu unterwerfen, da diese erfahrungsgemäß im Allgemeinen ein dynamischeres Handeln und flexiblere Entscheidungsmöglichkeiten eröffnen.[14] Auch in Bezug auf die Unternehmensleitung besteht zunehmend das Bedürfnis nach gesteigerter Unabhängigkeit von (partei-) politischen Einwirkungen.[15] Denn auf Grund des häufig anzutreffenden „Proporzdenkens der Ämterpatronage" wird mangels besonderer Sachkunde der betreffenden Personen in den Leitungsorganen der Wunsch nach Leistungssteigerung geradezu konterkariert. Erforderlich scheint insofern die Berufung eines „unpolitischen Managements", das sich durch ein tätigkeitsspezifisches Know-how auszeichnet.[16] Neben derartige, eher grundsätzlich gehaltene Zweckmäßigkeitserwägungen treten weitere Argumente, die sich vor allem aus rechtlichen und politischen Aspekten herleiten.[17] Dementsprechend geschieht die Einbindung Privater vielfach aus finanzpolitischen Gründen, da eine große Zahl von öffentlichen Projekten vor dem Hintergrund einer prekären Haushaltslage der öffentlichen Hand ohne die Einbeziehung privaten Kapitals nicht durchzuführen wäre.[18] Privatisierungen können auch dazu dienen, verfassungs- und haushaltsrechtliche Vorgaben für die Kreditaufnahme zu umgehen („Schattenhaushalte") oder steuerliche Vergünstigungen und damit praktisch die steuerliche Subventionierung des Vorhabens zu erreichen, was vor allem für den kommunalen Bereich interessant sein kann.[19] Ein weiterer Grund kann im öffentlichen Dienst- und Besoldungsrecht erblickt werden. Privatrechtliche Handlungsformen werden etwa dazu eingesetzt, die Unkündbarkeitsvorschriften oder das bisweilen als zu starr empfundene Gehaltsgefüge zu umgehen.[20] Das öffentliche Dienstrecht soll nicht zuletzt deshalb am privaten Arbeitsrecht ausgerichtet werden, um den Abbau von beamteten Positionen voranzutrei-

---

[14] *Scholz/Pitschas*, in: Püttner, HdkWP, § 95 B III 2.

[15] *Graf Vitzthum*, AöR 104 (1979), 580, 589 f.; *Leisner*, WiVerw. 1983, 212, 216; *Ronellenfitsch*, DÖV 1999, 705, 706.

[16] *Leisner*, WiVerw. 1983, 212, 216; *Bauer*, DÖV 1998, 89, 90.

[17] *Scholz/Pitschas*, in: Püttner, HdkWP, § 95 B III 2.

[18] *Bauer*, DÖV 1998, 89, 90.

[19] Stichwort „Privatisierung", in: Kaufmann/Weber (Hrsg.), *Creifelds* Rechtswörterbuch, S. 983.

[20] *Ronellenfitsch*, DÖV 1999, 705, 706. So z. B. bei der Privatisierung der Flugsicherung i. S. von Art. 87d GG i. V. mit § 31 a-c LuftverkehrsG, wonach die „Deutsche Flugsicherung GmbH" als beliehener Unternehmer die öffentlich-rechtlichen Aufgaben der Flugsicherung wahrnimmt.

ben, sofern diese für die Aufgabenerfüllung nicht zwingend sind.[21] Bisweilen fließen auch atmosphärische und psychologische Aspekte in die Erwägungen mit ein,[22] die sowohl vor einem gesamtwirtschaftlichen Hintergrund als auch mit Blick auf betriebsinterne personelle Strukturen zu sehen sind. Schließlich betrifft ein weiterer, in den vergangenen Jahren immer bedeutender gewordener Aspekt die „Flucht aus den Zwängen des öffentlichen Vergaberechts".[23] Gerade mit Blick auf den Schwerpunkt der vorliegenden Untersuchung, die Ausschreibungspflicht von Unternehmensgründungen bzw. Anteilsveräußerungen, zeigt sich, dass die öffentliche Hand bisweilen daran interessiert ist, sich den Vorgaben des Vergaberechts zu entziehen.

Im Schrifttum werden die Gründe für Privatisierungen vielfach scharf kritisiert, da sie nicht stichhaltig seien.[24] Stein des Anstoßes ist zunächst der Aspekt der den Privatrechtssubjekten immanenten Gewinnerzielungsabsicht, die vor allem durch innerbetriebliche Effizienzverbesserungen und Ausweitungen des Leistungskatalogs oder Leistungsvolumens sowie durch Kostenabwälzung auf Dritte gefördert werde. Diese Verbesserungen wirkten sich im Ergebnis vor allem zu Lasten des jeweils betroffenen Personenkreises aus.[25] So erhielten die weiter beschäftigten Arbeitnehmer häufig eine geringere Vergütung, sähen sich schlechteren Arbeitsbedingungen ausgesetzt und verlören die Arbeitsplatzsicherheit des öffentlichen Dienstes. Darüber hinaus führe die Senkung betriebswirtschaftlicher Kosten bisweilen zu einer Einschränkung von Umfang und Qualität der erstellten Leistung bei gleichem Preis sowie zu einer Herabsetzung vorhandener Sicherheitsstandards.[26] Zumindest partiell sind diese Argumente tragfähig, zeigt sich doch gerade an der aktuellen Liberalisierungs- und Privatisierungsdiskussion im Bereich der Wasser- und Abwassermärkte, dass zur Verhinderung eines „Ökodumpings" die Beibehaltung von vorhandenen Qualitäts- und Sicherheitsstandards höchste Priorität haben muss.[27] Im Hinblick auf die Arbeitsplatzsicherheit der Beschäftigten eines privatisierten Unternehmens fallen die Bedenken jedoch zu pauschal aus. Denn etwaige Einbußen in der Arbeitsplatzsicherheit werden bei den – freilich oftmals aus der „politischen Klasse" stammenden – Führungs- und Fachkräften in privaten Unternehmen regelmäßig durch eine finanziell deutlich

---

[21] *Leisner*, WiVerw. 1983, 212, 215.
[22] *R. Schmidt*, ZGR 1996, 345, 348.
[23] *Möschel*, WuW 1997, 120. Die Vermeidung der Bindungen des öffentlichen Auftragswesens soll einer der Gründe für die Privatisierung der Deutschen Bahn und der Postneuordnung gewesen sein.
[24] *Lecheler*, ZBR 1980, 69, 73 ff.; *Erbguth/Stollmann*, DÖV 1993, 798, 801 ff.
[25] *Machura*, VR 2001, 79, 80.
[26] *Bull*, VerwArch 86 (1995), 621, 623 f., 629 f.; *Mendner/Sauerborn*, Privatisierung, S. 8.
[27] Vgl. hierzu Verband kommunaler Unternehmen, Pressemitteilung vom 5.9.2002, Nr. 15/02.

lukrative Entlohnung ausgeglichen. Umgekehrt wird eine höhere Arbeitsplatzsicherheit im öffentlichen Dienst häufig durch ein weitaus geringeres Gehalt kompensiert.[28]

II. Zum Privatisierungspotenzial öffentlicher Auftraggeber

Die Gründe für die Wahl von privaten Rechtsformen resultieren jedoch nicht allein aus positiven Erfahrungswerten, sondern auch und gerade aus dem gewaltigen Privatisierungspotenzial der öffentlichen Hand, das zur Abschichtung finanzieller Engpässe nutzbar gemacht und verwertet wird.[29] Auf sämtlichen staatlichen Ebenen soll so die Haushaltskonsolidierung vorangetrieben und finanzpolitische Handlungsspielräume zurückgewonnen werden. Das Thema „Privatisierung" ist damit gleichsam „politikfest"; es überdauert nicht nur Modeströmungen, sondern auch Regierungswechsel.[30] Die immense Bedeutung der Thematik zeigt sich insbesondere mit Blick auf den Bund, der seine Privatisierungserlöse regelmäßig zur Tilgung seiner Schulden verwendet[31] oder sich im Wege der Privatisierung etwaiger Pensionslasten entledigt.[32] Allein der Bund verfügt über ein erhebliches Unternehmens-, Grund- und Gebäudeeigentum, das sich zur Überführung in privatrechtliche Strukturen eignet. So erfasste im Jahr 2000 der Beteiligungsbericht des Bundes 361 mittelbare und unmittelbare Unternehmensbeteiligungen mit Schwerpunkten bei den Postnachfolgeunternehmen, den Nachfolgeorganisationen der Treuhandanstalt, im Bankenbereich, im Verkehrswesen, in der Wohnungswirtschaft sowie im forschungs- und entwicklungspolitischen Bereich.[33] Dementsprechend beliefen sich die Einnahmen im Bundeshaushalt in den Jahren 1990 bis 1999 aus der Veräußerung von Anteilsrechten des Bundes und aus der Liquidation von Bundesunternehmen (z. B. Depfa Bank AG, Lufthansa AG, Telekom AG, Tank & Rast AG, Bundesanzeiger Verlagsgesellschaft GmbH, Deutsche Postbank AG) auf ca. 16 Milliarden Euro. Nach Auskunft der Bundesregierung sollen die Privatisierungserlöse in den Jahren 2000 bis 2004 insgesamt einen

---

[28] *Machura*, VR 2001, 79, 81.

[29] BT-Drs. 12/3031, S. 25 f. (9. Hauptgutachten der Monopolkommission v. 13.7.1992); *Mayen*, DÖV 2001, 110.

[30] *Mayen*, DÖV 2001, 110.

[31] Nach den Kriterien des Maastrichter Vertrags müssen die Erlöse aus Privatisierungen vom Jahr 2004 an vollständig zur Tilgung der Bundesschuld eingesetzt werden.

[32] So geschehen bei der materiellen Privatisierung der Deutschen Bundespost, bei der die Pensionslasten nahezu vollständig der Deutschen Telekom Aktiengesellschaft „übertragen" wurden; hierzu *Stern/Dietlein*, ArchPT 1998, 309 ff.

[33] BT-Drs. 14/4696, S. 1 (Antwort der Bundesregierung auf eine große Anfrage zu den Perspektiven der Privatisierungspolitik des Bundes).

Betrag in Höhe von ca. 27 Milliarden Euro erreichen.[34] Zu nennen sind als geplante bzw. bereits durchgeführte Voll-, Teil- oder Sukzessivprivatisierungen namentlich im Verkehrsbereich die Flughafengesellschaften Berlin, Frankfurt/Main, Köln/Bonn, München; im Bankenbereich die Deutsche Ausgleichsbank; im Industrie- und Dienstleistungsbereich die Deutsche Post AG und Deutsche Telekom AG sowie die Bundesdruckerei GmbH, die Eisenbahnwohnungsgesellschaften, die Gästehaus Petersberg GmbH sowie die juris GmbH.

Allerdings dürfte der Bund seine vorhandenen Privatisierungsmöglichkeiten vor allem auf der Ebene der materiellen Privatisierung in näherer Zukunft weitgehend ausgeschöpft haben.[35] Damit werden die Länder und Kommunen längerfristig – auch mit Blick auf die Erzielung von Privatisierungserlösen – auf das größte Privatisierungspotenzial zurückgreifen können. Insbesondere für kommunale Gebietskörperschaften eröffnet sich ein weitreichendes Spektrum, das einer Konkretisierung nicht zugänglich ist und alle Privatisierungsformen zur Anwendung bringt. Nur beispielhaft seien hier der öffentliche Personennahverkehr, die Elektrizitäts- und Gasversorgung, die Abfallentsorgung, die Materialprüfung, das Eichwesen, die Katastervermessung und -verwaltung sowie die Krankenhausversorgung genannt.[36] Vor allem in den Bereichen der Trinkwasserversorgung und Abwasserbeseitigung wird der Investitionsbedarf in den neuen Bundesländern auf mindestens 65 Milliarden Euro geschätzt. Der Finanzbedarf für die Erhaltung, Verbesserung und Erweiterung hierauf bezogener Infrastruktureinrichtungen in den alten Bundesländern wird auf über 100 Milliarden Euro taxiert.[37] Aber auch die im Zusammenhang mit der eigentlichen kommunalen Verwaltungstätigkeit stehenden Aufgaben eignen sich für das sog. „out-sourcing" - so etwa die Übertragung der Gebäudereinigung auf Fremdfirmen, die Nutzung von Telefon- und Computeranlagen, Büroeinrichtungen und Fahrzeugen durch Miete oder Leasing. Insgesamt ergibt sich hier – freilich schwer nachzuprüfenden – Schätzungen zufolge ein Privatisierungspotenzial in dreistelliger Milliardenhöhe.[38] Damit zeigt sich, dass auch auf lokaler und regionaler Verwaltungsebene entsprechende Pri-

---

[34] BT-Drs. 14/4696, S. 3, 8.

[35] Dies gilt freilich nicht für die funktionale Privatisierung und die (formale) Organisationsprivatisierung, die jedoch meistens anderer Zwecke als die Erzielung von Privatisierungserlösen verfolgen (zu den einzelnen Privatisierungsarten sogleich III. 2.). Vgl. *Sterzel*, in: Blanke/Trümmer (Hrsg.), Hdb. Privatisierung, S. 111 f.

[36] *Sterzel*, in: Blanke/Trümmer (Hrsg.), Hdb. Privatisierung, S. 111 ff., 122; *Müller-Serten*, NZBau 2000, 120, 121.

[37] Bundesministerium für Wirtschaft, Trinkwasserversorgung und Abwasserentsorgung, Leitfaden zur Einbeziehung Privater in die kommunale Trinkwasserversorgung und Abwasserentsorgung, (ohne Jahresangabe), S. 4.

[38] *Müller-Serten*, NZBau 2000, 120, 121.

vatisierungsvorhaben nicht mehr wegzudenken sind und bereits vielfach Einzug gehalten haben.

Vor diesem Hintergrund verwundert es nicht, dass die Bundesrepublik Deutschland nach einer Untersuchung der OECD über aktuelle Privatisierungstendenzen im internationalen Vergleich mit zu den aktivsten privatisierenden Staaten gehört,[39] wenngleich die Privatisierung und Liberalisierung öffentlicher Aufgaben in Ländern wie den USA, Kanada oder Großbritannien traditionell weiter fortgeschritten ist.[40]

III. Überblick über die einzelnen Privatisierungsmodelle

1. Ein Definitionsansatz für Privatisierungen

Eine in der Rechtswissenschaft allgemeingültige Definition des Begriffs „Privatisierung" existiert nicht und wird sich auf Grund der praktischen Vielgestaltigkeit auch zukünftig wohl nur schwer finden lassen. Bisweilen als „politisches Schlagwort mit marktwirtschaftlichem Pathos"[41] umschrieben, handelt es sich nicht um einen rechtlich-normativen, sondern eher einen heuristischen Begriff,[42] der eine nahezu unübersehbare Vielzahl von Erscheinungsformen umfasst. Einigkeit besteht immerhin insoweit, als der Terminus „Privatisierung" einen Sachverhalt umschreibt, der sich durch seine „Prozesshaftigkeit bzw. Dynamik" kennzeichnet und der „in bestimmter Weise ‚Staatlichkeit' durch ‚Privatheit' ersetzt".[43] Ebenso wenig hilfreich wird mit plakativen Worten auch vom Rückzug des Staates aus eigener (wirtschaftlicher) Tätigkeit gesprochen.[44] Das rechtswissenschaftliche Schrifttum bemüht sich daher um eine exaktere Determinierung; einer umfangreichen Darstellung der einzelnen Ansätze bedarf es – da an anderer Stelle bereits mehrfach vorgenommen –[45] in diesem Zusammenhang nicht. Insofern sei nur eine neuere, eingehende Untersuchung im Privatisierungsschrifttum erwähnt, die die Privatisierung definiert als „jede Form der Abgabe von Rechtsmacht durch den Staat zu Gunsten von Personen des Privatrechts, wobei darunter natürliche Personen und jede Art von privatrechtlich organisierten Rechtssubjekten ohne Rücksicht auf den Anteilseigner

[39] Financial Market Trends No. 76, 18.7.2000.
[40] BT-Drs. 14/4696, S. 7.
[41] *Isensee*, VVDStRL 54 (1995), S. 303 - Diskussionsbeitrag.
[42] *Kunig*, in: v. Münch/Kunig, GG-Komm., Art. 33 Rn. 42.
[43] Vgl. nur *Kämmerer*, Privatisierung, S. 17 f., m. weit. Nachw.
[44] *Möschel*, WuW 1997, 120; ähnlich: *Ronellenfitsch*, in: HdbStR III, § 84 Rn. 43.
[45] Vgl. nur die umfangreichen Abhandlungen neueren Datums von *Kämmerer*, Privatisierung, sowie von *Burgi*, Funktionale Privatisierung und Verwaltungshilfe, jeweils m. weit. Nachw.

fallen".[46] Um den hiesigen Untersuchungsgegenstand – das Ineinandergreifen von Auftragsvergabe Anteilsveräußerung – sachlich besser zu erfassen, bietet es sich in diesem Zusammenhang an, diesen Ansatz zu verengen. Insofern lassen sich die einzelnen Teile des einheitlichen Untersuchungsgegenstands anhand einer – mit Blick auf die Organisationsform – subjektbezogenen Sichtweise und einer – mit Blick auf die Aufgabe – objektivbezogenen Sichtweise unterscheiden.[47] Es reicht daher aus, den Terminus „Privatisierung" einerseits zu erfassen als Transfer öffentlich-rechtlicher Strukturen in private Rechtsformen und die Veräußerung der dadurch entstandenen Anteile der öffentlichen Hand an private Unternehmen, andererseits als Aufgabenübertragung auf private Rechtsträger.[48] Der folgende Überblick über die einzelnen Privatisierungsmodelle orientiert sich dementsprechend ebenfalls an der grundsätzlichen Trennung von Transferebene (Anteilsveräußerung) und Auftragsebene (Aufgabenübertragung).[49]

2. Die einzelnen Privatisierungsmodelle im Überblick

Das Schrifttum hat seit jeher den Versuch unternommen, die vielgestaltigen Privatisierungsphänomene einzelnen formalisierten Privatisierungstypen zuzuordnen. Die Zuordnung der jeweiligen Privatisierungsmaßnahme hat nach den obigen Ausführungen grundsätzlich die Transfer- und Auftragsebene zu unterscheiden. Da sich beide Ebenen nicht durchgängig voneinander trennen lassen und sich gleichsam überschneiden können, kann auch die Zuordnung zu den entwickelten Privatisierungstypen nicht immer trennscharf erfolgen. Es verwundert daher nicht, dass in der Literatur bisher keine Übereinkunft über ein abschließendes Typenspektrum erzielt werden konnte. Das einschlägige Schrifttum unterscheidet bis zu neun verschiedene Privatisierungsformen.[50] Damit wird deutlich, dass einer Ausdifferenzierung und Erweiterung des Typenspektrums praktisch keine Grenzen gesetzt

---

[46] *Kämmerer*, Privatisierung, S. 17 ff., 37. Geht es also bei der Privatisierung im Wesentlichen um die Verlagerung eines bisher durch den Staat wahrgenommenen Tätigkeitsbereichs auf Private, setzt im Gegensatz dazu die Liberalisierung den Wegfall jeglicher Marktzutrittsschranken voraus. Eine bisherige, durch staatliche Monopole nach außen abgesicherte Tätigkeit wird hierbei derart geöffnet, dass private Anbieter nicht nur anstatt, sondern neben den öffentlich-rechtlichen Anbietern im Markt auftreten (*Frenz*, ZHR 166 (2002), 307, 309; eingehend zur Abgrenzung der Privatisierung von anderen vergleichbaren Phänomenen *Kämmerer*, Privatisierung, S. 53 ff.).

[47] Vgl. *Kämmerer*, Privatisierung, S. 41 ff.

[48] Die Fälle der materiellen Privatisierung (hierzu sogleich 2. c)) sind hiervon nicht erfasst, da dort eine öffentliche Aufgabe nicht übertragen, sondern aufgegeben wird. Nach erfolgter Aufgabenentledigung spielt das Vergaberecht aber keine Rolle mehr, da sich der Wettbewerb im Markt dann regelmäßig von selbst einstellt.. Vgl. *Marx*, in: Beck'scher VOB-Komm., § 99 Rn. 16; *Knemeyer*, WiVerw. 1978, 65, 67.

[49] *Marx*, in: Beck'scher VOB-Komm., § 99 Rn. 20.

[50] So z. B. *Krölls*, GewArch 1995, 129, 130 ff. Eine umfassende Darstellung der einzelnen Auffassungen in der Literatur findet sich bei *Kämmerer*, Privatisierung, S. 24 ff.

sind. Die gebräuchlichsten und nach diesseitiger Auffassung für die Unterscheidung von Transfer- und Auftragsebene vier[51] praktikabelsten Hauptgruppen werden im Folgenden näher dargestellt. Es handelt sich dabei um die sog. Vermögensprivatisierung (sub a), die Organisationsprivatisierung (sub b), die Aufgabenprivatisierung (sub c) sowie den weitläufigen Bereich der funktionellen Privatisierung (sub d). Je nachdem, welche Art von Privatisierungsakt vorliegt, hat dies Auswirkung auf die vergaberechtliche Relevanz des Privatisierungsvorgangs. Die konkreten Auswirkungen von Privatisierungen auf das Vergaberecht werden an späterer Stelle näher beleuchtet.[52]

a) Die Vermögensprivatisierung

Die Vermögensprivatisierung charakterisiert sich in der Übertragung von Eigentum oder anderen Vermögenswerten, mithin auch in der Veräußerung von gesamten Unternehmen oder Unternehmensbeteiligungen auf „echte" private Rechtssubjekte.[53] Betroffen ist insofern in der Regel nur die sog. Transferebene, wenn also der Bestand öffentlicher Aufgaben unverändert bleibt und ausschließlich die Realisierung von Veräußerungserlösen in Rede steht.[54]

Abweichend davon sind allerdings Konstellationen vorstellbar, in denen die Vermögensprivatisierung in Kombination mit anderen Privatisierungstypen, namentlich der materiellen oder funktionellen kontraktiven Privatisierung, in Erscheinung tritt. In diesen Fällen geht es nicht nur um die Veräußerung von Unternehmensbeteiligungen, sondern gleichzeitig um die Übertragung der Aufgabenerfüllung auf das privatisierte Rechtssubjekt. Eine (teilweise) Vermögensprivatisierung kann auch mit einer Organisationsprivatisierung verbunden werden. Die Organisationsprivatisierung stellt dann mit der Umwandlung vom öffentlich-rechtlichen Regie- oder Eigenbetrieb auf eine privatrechtliche Eigengesellschaft (GmbH, Aktiengesellschaft) lediglich ein Durchgangsstadium dar, das mit einer späteren Anteilsveräußerung in der Entstehung eines gemischt-wirtschaftlichen Unternehmens oder eines rein in privatem Anteilsbesitz stehenden Unternehmens mündet.[55] In allen Kombinationsformen kann von einer Vermögensprivatisierung nur dann gesprochen werden, wenn es allein um die Erzielung von Veräuße-

---

[51] Ebenfalls für eine Tetralogie: *R. Schmidt*, ZGR 1996, 345, 347; *Thieme*, in: Langen/Bunte, Kartellrecht, § 99 Rn. 25 ff.; weit. Nachw. finden sich bei *Kämmerer*, Privatisierung, S. 24 Fn. 77.

[52] Hierzu unten D. I. und E.

[53] *Bauer*, VVDStRL 54 (1995), 243, 251 (Fn. 43); *Kämmerer*, Privatisierung, S. 24 f.

[54] Hierzu *Di Fabio*, JZ 1999, 585: "Fehlen eines unmittelbaren öffentlichen Aufgabenbezugs".

[55] *R. Schmidt*, ZGR 1996, 347.

rungsgewinnen geht. Gemischte Privatisierungsmaßnahmen, in denen darüber hinaus die Ebene der Aufgabenerfüllung betroffen ist, werden im Folgenden aus Gründen einer besseren einheitlichen Beurteilung im Kontext der übrigen Privatisierungsarten erörtert. Vor diesem Hintergrund bleibt die Vermögensprivatisierung in ihrer reinen Erscheinungsform im hier zu Grunde liegenden Kontext ohne wesentliche Bedeutung, da es im Kern dieser Abhandlung ausschließlich um solche Kombinationsformen geht, bei denen Gesellschaftsanteile von Unternehmen veräußert werden, die mit der Erfüllung eines öffentlichen Auftrags in der Vergangenheit beauftragt wurden oder zukünftig beauftragt werden sollen.

b) Die Organisationsprivatisierung

Die Organisationsprivatisierung – bisweilen auch formelle Privatisierung genannt – kennzeichnet sich dadurch, dass die öffentliche Hand weiterhin für die Aufgabenwahrnehmung zuständig und verantwortlich ist, die Aufgabe selbst aber lediglich in einer privatrechtlichen Organisations- und Handlungsform durchführen lässt. Insofern findet ein rein „formaler" Wechsel des Aufgabenträgers statt, so dass tatsächlich nicht die Aufgabe selbst, sondern nur die Art und Weise der Aufgabenerfüllung berührt wird. Praktisch wird die Organisationsprivatisierung besonders bei Überführung eines bereits bestehenden öffentlichen Unternehmens in der Rechtsform des Regie- oder Eigenbetriebs in eine private Rechtsform wie der GmbH oder der AG. Die rechtliche Umstrukturierung der Aufgabendurchführung kann aber nicht nur durch eine solche Umwandlung, sondern auch durch Neugründung des Unternehmens vollzogen werden. Insgesamt stellt dieser Privatisierungstyp also einen bloß internen organisatorischen Akt dar, der die Zuordnung einer Aufgabe als „öffentlich-rechtlich" bzw. „staatlich" unberührt lässt.[56] Folglich betrifft diese Privatisierungsform regelmäßig lediglich die Transferebene bzw. das subjektive Privatisierungselement.

In aller Regel handelt es sich bei dem organisationsprivatisierten Unternehmen um eine sog. Eigengesellschaft, deren Gesellschaftsanteile zu 100 % bei dem öffentlichen Gewährträger liegen.[57] Gleichwohl wird teilweise auch die Gründung einer gemischt-wirtschaftlichen Gesellschaft für hinreichend gehalten, wobei sich deren Geschäftsanteile zumindest mehrheitlich im Beteiligungsbesitz der öffentlichen Hand befinden müssten (sog. Betei-

---

[56] So auch *Schoch*, DVBl. 1994, 1, 3, mit Blick auf kommunale Aufgaben.

[57] *Sterzel*, in: Blanke/Trümmer (Hrsg.), Hdb. Privatisierung, S. 131 ff.; *Endler*, NZBau 2002, 125; *Brüning*, NWVBl. 1997, 286, 288; *Brenner*, AöR 127 (2002), 222, 237; *Altmeppen*, NJW 2003, 2561, 2562.

ligungsgesellschaft oder gemischt-wirtschaftliches Unternehmen).[58] Diese Konstellationen gehören zu den sog. Public Private Partnerships, welche nach diesseitigem Verständnis in ihrer Gesamtheit jedoch unter den Begriff der funktionellen Privatisierung fallen. Übereinstimmung herrscht aber insofern, als die Gesellschaft maßgeblich unter staatlichem Einfluss geführt werden muss, so dass sie gewissermaßen als verlängerter Arm der öffentlichen Hand tätig wird.[59] Daher entsteht ein Fall der Verwaltung in Privatrechtsform, so dass organisationsprivatisierte Beteiligungsgesellschaften – sofern man diese Terminologie als zulässig erachtet –[60] in der Praxis nur äußerst selten bzw. mit geringem Privatanteilsbesitz anzutreffen sind.[61] Die Organisationsprivatisierung wird deswegen nach tradierter Auffassung auch als „unechte" Privatisierung[62] bezeichnet und stellt nach verbreiteter Ansicht keinen eigentlichen Fall von Privatisierungen dar.[63] Die Hauptintention staatlicher Stellen für Organisationsprivatisierungen liegt in der Optimierung der rechtlichen Organisationsstrukturen zur Erzielung einer höheren Effektivität und Wirtschaftlichkeit. Aber auch die Freistellung von öffentlich-rechtlichen Bindungen an das Dienst-, Besoldungs- und Haushaltsrecht unter gleichzeitiger Beibehaltung der staatlichen Steuerungsmöglichkeiten für die Aufgabenerfüllung spielt eine entscheidende Rolle.[64]

Praktische Beispiele für durchgeführte Organisationsprivatisierungen sind etwa auf Bundesebene die Bereiche der Luftverkehrsverwaltung (Deutsche Flugsicherung GmbH) sowie ein Teil der Bundeswehrverwaltung (Gesellschaft für Entwicklung, Beschaffung und Betrieb - GEBBmbH). Als mittlerweile „überholtes" Zwischenstadium zur materiellen Privatisierung sind Organisationsprivatisierungen aber auch im Bereich der Deutschen Bun-

---

[58] *Graf Vitzthum*, AöR 104 (1979), 580, 588; *Kummer/Giesberts*, NVwZ 1996, 1166; *Burgi*, NVwZ 2001, 601, 603.

[59] *Thieme*, in: Langen/Bunte, Kartellrecht, § 99 Rn. 31. Zu den verfassungsrechtlich maßgeblichen Ingerenz- und Einwirkungspflichten der öffentlichen Hand eingehend unten IV.

[60] Ablehnend *Kämmerer*, Privatisierung, S. 43 f.

[61] *Burgi*, NVwZ 2001, 601, 603; vgl. *Sterzel*, in: Blanke/Trümmer (Hrsg.), Hdb. Privatisierung, S. 136.

[62] *Pabst*, Verfassungsrechtliche Grenzen der Privatisierung im Fernstraßenbau, S. 70 ff.; Püttner, LKV 1994, 193, 195.

[63] Insofern ist auch anschaulich die Rede von einem „Etikettenschwindel" (*Isensee*, VVDStRL 54 (1995), 303 – Diskussionsbeitrag) bzw. von einer „falsa demonstratio" (*Krebs*, Die Verwaltung 29 (1996), 309, 310), von einem „bloßen Wechsels des Rechtskleides" (Ossenbühl, VVDStRL 29 (1971), 137, 145) bzw. von einer „maskierten Gestalt des Staates" (Spannowsky, ZGR 1996, 400, 416). Zustimmend auch *Ehlers*, Verwaltung in Privatrechtsform, S. 212; *Di Fabio*, JZ 1999, 585, 588. Eine neuere Strömung in der Literatur setzt dieser Sichtweise explizit entgegen, dass sie die Rechtswirklichkeit nicht angemessen widerspiegele, da sich in Folge von Organisationsprivatisierungen zunehmend höchst differenzierte rechtliche Gebilde entwickelten, die sich von staatlicher Aufgabenwahrnehmung in behördlicher Rechtsform erheblich unterschieden (so neuerdings *Gramm*, UBWV 2002, 161, 167, unter Aufgabe seiner früheren Auffassung (*ders.*, Privatisierung und notwendige Staatsaufgaben, S. 110 Fn. 92). In diese Richtung auch *Kämmerer*, Privatisierung, S. 231, 563).

[64] *Gramm*, Privatisierung und notwendige Staatsaufgaben, S. 110 f.; *Kummer/Giesberts*, NVwZ 1996, 1166.

despost und der Bundesbahn durchgeführt worden, vgl. Art. 87 e Abs. 3, Art. 143 Abs. 1, 2 GG. Auf kommunaler Ebene sind in vergangener Zeit namentlich die Sportstätten, Volkshochschulen, Pflegeheime, Behindertenwerkstätten und Krankenhäuser vermehrt ins Blickfeld von Organisationsprivatisierungen getreten.[65]

c) Die Aufgabenprivatisierung

Im Gegensatz zur Organisationsprivatisierung entledigt sich bei der Aufgabenprivatisierung der Verwaltungsträger seiner Aufgabe dergestalt, dass er sowohl die Aufgabenwahrnehmung als auch die Aufgabenverantwortung dem erwerbswirtschaftlichen Sektor überlässt oder überträgt.[66] Weit verbreitet sind dementsprechend auch die Bezeichnungen „materielle" oder „echte" Privatisierung. Eine derartige Privatisierung kommt regelmäßig in der Aufhebung von staatlichen Monopolen mit der Folge eines entstehenden Wettbewerbs unter mehreren Privaten zum Ausdruck.[67] Insgesamt führt diese Privatisierungsvariante zu einem Abbau des staatlichen Aufgabenbestandes. Da sich der Staat insofern vollständig aus der Aufgabenerfüllung und –verantwortung zurückzieht, verliert die betroffene Aufgabe mit dieser Privatisierungsform nach zutreffender Auffassung ihren staatlichen Charakter.[68] Dass die Aufgabe mit der materiellen Privatisierung lediglich ihren staatlichen, nicht aber notwendig auch öffentlichen Charakter im Sinne eines öffentlichen Interesses verliert, zeigt sich daran, dass öffentliche Aufgaben zu staatlichen Aufgaben nicht unbedingt deckungsgleich sind. Die Wahrnehmung staatlicher Aufgaben setzt vielmehr eine hoheitliche Entscheidung zu Gunsten einer staatlichen Aufgabenträgerschaft bzw. Befassungskompetenz voraus, die nach einer materiellen Privatisierung jedenfalls nicht mehr vorhanden ist. Der öffentliche Charakter der Aufgabe kann durchaus weiter bestehen bleiben.[69]

Ein prominentes Beispiel stellt in diesem Zusammenhang die Privatisierung der ehemaligen Deutschen Bundespost dar, aus der nunmehr die Deutsche Telekom AG, die Postbank AG und die Deutsche Post AG hervorge-

---

[65] *Krölls*, GewArch 1995, 129, 130.

[66] Statt vieler: *Graf Vitzthum*, AöR 104 (1979), 580, 588; *Ronellenfitsch*, DÖV 1999, 705, 708; *Burgi*, NVwZ 2001, 601, 603.

[67] Vgl. *Masing*, ZfBR 2002, 450, 451.

[68] *Brüning*, NWVBl. 1997, 286, 287.

[69] Explizit hierzu *Brüning*, NWVBl. 1997, 286, 287; vgl. *Schoch*, Privatisierung der Abfallentsorgung, S. 37). Unter Bezugnahme auf den öffentlichen Charakter: *Lecheler*, BayVBl. 1994, 555, 559; *Büllesbach/Rieß*, in: Köhler-Frost (Hrsg.), Outsourcing, S. 231, 232; *Dietlein*, Jura 2002, 445, 447; nach *Berkemann*, SächsVBl. 2002, 279, 285, wonach es sich gewissermaßen um eine „Dereliktion" der betreffenden Aufgabe handelt.

gangen sind, vgl. Art. 87 f GG. Hierbei wird angesichts von Art. 87 f Abs. 1 GG deutlich, dass auch bei der (materiellen) Aufgabenprivatisierung die Verankerung steuernder und kontrollierender Rechtsnormen keineswegs ausgeschlossen ist. Vielmehr kann ein Rest politischer und rechtlicher Verantwortung auch für die Zukunft verbleiben. Dies zeigt sich in der Schaffung der sog. „Regulierungsbehörde für Telekommunikation und Post", deren Errichtung ist freilich keine in allen Privatisierungsbereichen zwangsläufige Folge ist.[70] Der „Leistungsstaat" geht insofern über in einen „Gewährleistungsstaat".[71]

d) Die funktionelle Privatisierung

Die funktionelle Privatisierung kennzeichnet sich dadurch, dass die öffentliche Hand zur Aufgabenerfüllung auf vertraglicher Basis einen privaten Drittunternehmer in die Aufgabenerfüllung mit einbezieht. In Abgrenzung zur materiellen Privatisierung wird jedoch nicht die Aufgabe als solche übertragen, die öffentliche Hand bleibt zur Erfüllung der Aufgabe vielmehr weiterhin verpflichtet.[72] Dies setzt voraus, dass die öffentliche Hand sich einen bestimmenden Einfluss auf das beauftragte Unternehmen mit Blick auf die Aufgabendurchführung sichern muss. So erfolgt die Umsetzung eines Privatisierungsvorhabens bei einem weiter bestehenden öffentlichen Interesse häufig durch Abschluss einer Rahmenvereinbarung, welche die Möglichkeit der öffentlichen Hand zur Einflussnahme nachhaltig sichert.[73] Als Ansatzpunkte für entsprechende Steuerungsbefugnisse kommen namentlich vertraglich vorbehaltene Prüfungs-, Kontroll- und Überwachungsrechte, Weisungs- und Ersatzvornahmerechte sowie Kündigungsrechte in Betracht.[74] Gegenstand der Privatisierung ist somit nicht die eigentliche Aufgabe bzw. Leistung, sondern nur die Aufgabendurchführung bzw. Leistungserstellung. Mit der Einbeziehung eines „echten" privaten Unternehmens handelt es sich im Gegensatz zur Organisationsprivatisierung um eine real wirtschaftliche Beteiligung des Privaten.

Ein bedeutsames Betätigungsfeld für funktionelle Privatisierungen stellt der Bereich kommunaler Pflichtaufgaben dar, die einer vollständigen Aufga-

---

70 Siehe hierzu die Regulierung im Gas- und Energiesektor.
71 *Berkemann*, SächsVBl. 2002, 279, 286.
72 *Graf Vitzthum*, AöR 104 (1979), 580, 591 f.; *Dietlein*, Jura 2002, 445, 447; *Schuppert*, DÖV 1995, 761, 766 f.
73 So z. B. in Bezug auf die Bundesdruckerei GmbH, wo auch in der Zeit nach Privatisierung des Unternehmens sicherheitspolitische Interessen und datenschutzrechtliche Anforderungen weiterhin höchste Priorität haben.
74 *Weiß*, DVBl. 2002, 1168, 1177; *Bauer*, VerwArch 1999, 561, 571.

benprivatisierung aus gesetzlichen Gründen nicht zugänglich sind.[75] Namentlich für die Abfallentsorgung eröffnet § 16 Abs. 1 S. 1 und 2 KrW-/AbfG den öffentlich-rechtlichen Entsorgungsträgern die Möglichkeit, „Dritte mit der Erfüllung ihrer Pflichten zu beauftragen“, wobei die „Verantwortlichkeit für die Erfüllung der Pflichten hiervon unberührt“ bleibt. Auch die Sachgebiete der Abwasserbeseitigung und der – mit gewissen landesrechtlichen Modifikationen – Trinkwasserversorgung sind grundsätzlich als kommunale Pflichtaufgabe ausgestaltet.[76] In neuerer Zeit gehen die einschlägigen bundes- und landes-rechtlichen Vorschriften jedoch vermehrt dazu über, in bestimmten Ausnahmefällen in diesen Sektoren die vollständige Übertragung der Entsorgungs-, Versorgungs- oder Beseitigungspflicht auf einen Dritten zuzulassen.[77] Dann handelt es sich freilich nicht mehr um eine funktionelle, sondern vielmehr um eine (materielle) Aufgabenprivatisierung, wobei auf Grund der engen Voraussetzungen[78] auch hier die Auswirkungen des „Gewährleistungsstaates“ sichtbar werden.

Auf Grund der kontraktiven Zusammenarbeit zwischen dem Staat und dem Privaten wird die funktionelle Privatisierung verbreitet auch als „contracting out“[79] oder „Outsourcing“[80] bezeichnet. Diese Umschreibungen treffen für die Erbringung vereinzelter Leistungen zu, bei denen sich die öffentliche Hand des Privaten als „Erfüllungsgehilfen“ oder „Verwaltungshelfer“[81] bedient. Sie stoßen jedoch an ihre begrifflichen Grenzen, wenn man sich die Bandbreite der kontraktiven Zusammenarbeit von öffentlicher Hand und privatem Unternehmen vergegenwärtigt. Insofern ist dieser Privatisierungstyp in der Literatur zum Auffangbecken für sämtliche Formen der Zu-

---

75 Allgemein hierzu *Schoch*, DVBl. 1994, 971; *Kröll*s, GewArch 1995, 131; *Bauer*, DÖV 1998, 90; *Mayen*, DÖV 2001, 110, 111.

76 Vgl. für die Abwasserbeseitigung § 18a Abs. 2 S. 1 WHG i.V.m. den Landeswassergesetzen (exemplarisch hierfür § 53 Abs. 1 S. 1 LWG NW; § 41b Abs. 1 WG BY). Mit Blick auf die Trinkwasserversorgung überlässt das WHG die Ausgestaltung als kommunale Pflichtaufgabe dem jeweiligen Landesgesetzgeber. Zur Ausgestaltung als kommunaler Pflichtaufgabe vgl. etwa § 57 Abs. 2 und 3 GO BY; § 54 Abs. 1 S. 1 GW Hess (hierzu im Einzelnen *Bauer*, DÖV 1998, 89, 90).

77 Vgl. für die Abfallentsorgung § 16 Abs. 2 KrW-/AbfG. Die vollständige Übertragung der Abwasserbeseitigungspflicht ist etwa in Baden-Württemberg (§ 49b Abs. 2 S. 1 WG BW) und Sachsen (§ 63 Abs. 4 S. 1 SächsWG) zulässig. In Nordrhein-Westfalen ist eine dementsprechende Pflichtenübertragung nur zur Abwasserbeseitigung für Grundstücke außerhalb im Zusammenhang bebauter Ortsteile oder aus gewerblichen Betrieben zulässig (§ 53 Abs. 4 und 5 LWG NW).

78 Vgl. § 16 Abs. 2 Krw-/AbfG („Sach- und Fachkundigkeit sowie Zuverlässigkeit des Dritten“; „Sicherstellung der Pflichtenerfüllung“; „keine entgegenstehenden öffentlichen Interessen“); § 53 Abs. 4 S. 2 LWG NW („Überwachungspflicht verbleibt bei der Gemeinde“); § 16 Abs. 4 S. 2 Krw-/AbfG und § 53 Abs. 4 und 5 LWG NW („Möglichkeit des jederzeitigen Widerrufs der Pflichtenübertragung“).

79 *Möschel*, in: Festschrift Gernhuber, S. 905, 908 ff.; Monopolkommission, IX. Hauptgutachten 1990, 1991 (BT-Drs. 12/3031, Rn. 44).

80 *Büllesbach/Rieß*, in: Köhler-Frost (Hrsg.), Outsourcing, S. 231, 232.

81 Für den „Verwaltungshelfer“: *Schuppert*, DÖV 1995, 761, 766 f.; *Büllesbach/Rieß*, in: Köhler-Frost (Hrsg.), Outsourcing, S. 231, 232; für den „Erfüllungsgehilfen“: *Marx*, in: Beck'scher VOB-Komm., § 99 GWB Rn. 18; *Dietlein*, Jura 2002, 445, 447.

sammenarbeit zwischen dem Staat oder seinen Gliederungen und „echten“ privaten Rechtssubjekten geworden. Im Bereich funktioneller Privatisierung kommen dementsprechend folgende Kooperationsmodelle zwischen Staat und privatem Dritten idealtypisch in Betracht:[82]

aa) Die Kooperationsmodelle im weiteren Sinn

Zu nennen ist zunächst das sog. Betreibermodell, das vor allem in den Bereichen der kommunalen Abwasser- und Abfallbeseitigung angewandt wird.[83] Darunter sind Modelle privater Finanzierung und des privaten Betriebs öffentlicher Infrastrukturanlagen zu verstehen, die eine möglichst weitreichende Aufgabenerledigung durch das eingeschaltete Privatrechtssubjekt bezwecken.[84] Der private Rechtsträger übernimmt hier die gesamte Abwicklung, angefangen von der Planung und der Gesamtfinanzierung über die Sanierung bzw. den Neubau bis hin zum Betrieb der Anlage. Die erforderlichen Leistungen erbringt der Private grundsätzlich in eigener unternehmerischer Verantwortung. Da jedoch die öffentliche Hand für die Aufgabenerfüllung weiterhin letztverantwortlich bleibt, werden die betriebsbezogenen Tätigkeiten regelmäßig im einvernehmlichen Zusammenwirken erbracht. Die vertragliche Laufzeit des Anlagenbetriebs ist überwiegend langfristig angelegt und beträgt im Durchschnitt 20 – 30 Jahre.[85] Im Außenverhältnis zum Nutzer tritt der Betreiber nicht als selbstständiger Rechtsträger, sondern nur als Verwaltungshelfer in Erscheinung. Die eigentliche Pflicht zur Abfall- bzw. Abwasserbeseitigung verbleibt beim öffentlichen Rechtsträger, der seinerseits eine bestimmte Nutzungsgebühr von den Benutzern erhebt. Der private Betreiber erhält im Gegenzug für seine Leistungen ein im voraus festgelegtes Betreiberentgelt, das in die Gebühr eingeht, welches die öffentlich-rechtliche Körperschaft von den Nutzern erhebt. Richtigerweise trägt der Betreiber deswegen auch kein eigenes wirtschaftliches Betriebsrisiko, da seine Vergütung gesichert ist.[86] Im Falle des Neubaus der Anlage wird dem privaten Unternehmen in seiner Eigenschaft als Bauherr der Anlage regelmäßig ein Erbbaurecht an dem betreffenden Grundstück eingeräumt; im Falle der Sanierung einer bereits beste-

---

[82] *Kummer/Giesberts*, NVwZ 1996, 1166.

[83] Insofern weist *Berkemann*, SächsVBl. 2002, 279, 283, darauf hin, dass diese Privatisierungsvariante auch erstmals in Niedersachsen als Abwasserbetreibermodell praktiziert wurde.

[84] *Dreher*, NZBau 2002, 245, 253; *Bauer*, VerwArch 90 (1999), 561, 580.

[85] *Bauer*, VerwArch 90 (1999), 561, 580.

[86] So *Dreher*, NZBau 2002, 245, 253. a. A. zufolge (*J.-E. Jasper*, Privatisierung und EG-Vergaberecht, S. 52; *Bauer*, DÖV 1998, 89, 91; *Thieme*, in: Langen/Bunte, Kartellrecht, § 99 Rn. 32) trage der Betreiber ein eigenes wirtschaftliches Risiko. Diese Annahme ist wohl darauf zurückzuführen, dass im Fernstraßenrecht die dort vorgesehenen Konzessionsmodelle irrigerweise als Betreibermodelle gekennzeichnet werden (hierzu *Bucher*, Privatisierung von Bundesfernstraßen, S. 76 ff.).

henden Altanlage erwirbt der Betreiber die Anlage zudem in aller Regel zu Eigentum.[87]

Im Unterschied dazu betreibt die öffentliche Hand beim sog. Betriebsführungsmodell die Infrastrukturanlage selbst und bleibt deren Eigentümerin. Lediglich die Betriebsführung wird gegen ein Entgelt auf einen privaten Dritten übertragen, der insofern weisungsgebunden ist und die Geschäfte im Namen und für Rechnung der öffentlichen Hand führt. Rechtliche Beziehungen im Außenverhältnis entstehen zwischen dem privaten Betriebsführer und dem öffentlichen Gewährträger sowie zwischen dem öffentlichen Gewährträger und den Benutzern der Einrichtung.[88] Unmittelbare Rechtsbeziehungen zwischen dem Betriebsführer und den Nutzern kommen nicht zustande.[89] Bei diesem Modell kommt dem öffentlichen Rechtsträger ein höheres Maß an eigener Flexibilität zu, auch deswegen, weil die Vertragsgestaltung zumeist kürzere Laufzeiten bis zu 10 Jahren und einfachere Kündigungsmodalitäten vorsieht. Die mit der Privatisierung häufig bezweckte Entlastung der öffentlichen Hand wird auf diese Weise freilich nur eingeschränkt erreicht.[90]

Das Konzessionsmodell kennzeichnet sich durch Einräumung eines exklusiven Rechts zu Gunsten des Konzessionärs zur Leistungserbringung. Die Gegenleistung für die Erbringung der Leistung besteht nicht in einem vorher festgelegten Preis, sondern in dem Recht, die zu erbringende eigene Leistung zu nutzen oder entgeltlich zu verwerten. Damit steht der Konzessionär in direkter Rechtsbeziehung zum Anlagennutzer und kann seinen Anspruch auf Zahlung des Nutzungsentgelts unmittelbar gegen diesen geltend machen. Auf Grund dieser Loslösung von der öffentlichen Hand entsteht eine selbstständige Rechtsträgerschaft, die dazu führt, dass der Konzessionär ganz oder überwiegend das wirtschaftliche Nutzungsrisiko trägt. Schon hieran wird deutlich, dass die Einflussmöglichkeiten des öffentlichen Aufgabenträgers bei den Konzessionsmodellen stärker eingeschränkt sind. Derartige Kooperationsformen werden dementsprechend vor allem verwendet, wenn die Wirtschaftlichkeit eines Projekts sichtbar im Vordergrund steht, etwa bei der Realisierung von Verkehrsinfrastrukturprojekten (Bau und Betrieb von Autobahnen, Flughäfen, Brücken, Tunnels etc.).[91]

---

[87] *Bauer*, VerwArch 90 (1999), 561, 569.

[88] *Tettinger*, DÖV 1996, 764, 765.

[89] *Cronauge*, Kommunale Unternehmen, Rn. 746.

[90] *Bauer*, VerwArch 90 (1999), 561, 569.

[91] *Marx*, in: Beck'scher VOB-Komm., § 99 GWB Rn. 18. Vgl. in diesem Zusammenhang auch das Fernstraßenbau-Privatfinanzierungsgesetz v. 30.9.1994, BGBl. I-1994, S. 2243. Allgemein zur Definition und Auslegung von Bau- und Dienstleistungskonzessionen: Mitteilung der Kommission zu Auslegungsfragen im Bereich Konzessionen im Gemeinschaftsrecht v. 12.4.2000, abgedr. in: NVwZ-Beilage III 7/2000, S. 3 ff.

bb) Die Kooperationsmodelle im engeren Sinn - PPP

Von diesen Erscheinungsformen funktioneller Privatisierung sind nach diesseitigem Verständnis die Kooperationsmodelle im engeren Sinn abzugrenzen. Denn im Gegensatz zu den zuvor erörterten Privatisierungsmodellen wird hier an Stelle eines rein privaten Unternehmens eine gemischtwirtschaftliche Gesellschaft tätig, die auf Grundlage eines Gesellschaftsvertrags von der öffentlichen Hand gemeinsam mit einem oder mehreren privaten Dritten gegründet wurde.[92] Die Vorzüge aus der Einbindung eines privaten Dritten in die Aufgabenerfüllung ergeben sich in erster Linie aus den bereits dargestellten positiven Privatisierungseffekten, etwa der besseren Finanzierungsmöglichkeit, der Nutzung privaten Know-hows und eines leistungsorientierten Managements, wobei die vielerorts erforderliche staatliche Einflussnahme auf die Aufgabenerfüllung beibehalten werden kann.[93]

Die Kooperationsmodelle im engeren Sinn erfreuen sich vor allem in der kommunalen Praxis zunehmender Beliebtheit, da bei maßgeblicher Beteiligung der Kommune an der Gesellschaft eine effektive Möglichkeit zur Steuerung und Einflussnahme besteht. Regelmäßig wird dafür mindestens eine staatliche Beteiligung von 51 % erforderlich sein.[94] Allerdings sind auch atypische Fallkonstellationen denkbar, die eine angemessene Einflusssicherung auf die Aufgabenerfüllung trotz eventueller Minderheitsbeteiligung durch bestimmte gesellschaftsvertragliche Regelungen oder die Einräumung von Mehrfachstimmrechten ermöglichen.[95]

Spätestens bei den Kooperationsmodellen im engeren Sinn setzt der in der Rechtspraxis allgemein gebräuchliche Begriff der Public Private Partnership (PPP) an.[96] Wohl geprägt durch ein Wort des amerikanischen Präsidenten *J. Carter* im Jahr 1978,[97] gilt die Public Private Partnership heute als Musterbeispiel für funktionelle Privatisierungen.[98] Da es sich im juristischen Sprachgebrauch um keinen festen Rechtsbegriff handelt, ist die Begriffswahl – auch wegen ihrer beschränkten Aussagekraft – nicht unwider-

---

[92] *Bauer*, DÖV 1998, 89, 91.
[93] *Snethlage*, Privatisierung, S. 37.
[94] So *Tettinger*, DÖV 1996, 764, 765; *Kummer/Giesberts*, NVwZ 1996, 1166, 1169; Zustimmend *J.-E. Jasper*, Privatisierung und EG-Vergaberecht, S. 43.
[95] Hierzu unten IV. 7.
[96] Eingehend zum Ganzen *Kämmerer*, Privatisierung, S. 57 f.; aus unternehmerischer Sicht neuerdings *Kulle*, ZfBR 2003, 129 ff.
[97] *Kirsch*, Public Private Partnership, S. 1.
[98] *Bauer*, DÖV 1998, 89, 90 f., geht allerdings von einem weiterreichenden Begriffsverständnis der Public Private Partnership aus, indem er auch die sog. Betreibermodelle mit einbezieht.

sprochen geblieben.[99] Auf Grund der vielschichtigen Deutungsmöglichkeiten ist auch weder der rechtspolitischen noch der rechtswissenschaftlichen Literatur eine einheitliche Zuordnung bisher gelungen.[100] In den Wirtschaftswissenschaften wird der Begriff allgemein als Kooperation zwischen öffentlichen und privaten Aufgabenträgern verstanden, bei denen beide Vertragspartner spezifische Investitionen in einen gemeinsamen Leistungsprozess einbringen.[101] Dementsprechend wird die Public Private Partnership in Teilen des juristischen Schrifttums auch als Obergriff der dargestellten Kooperationsmodelle anerkannt, mit der Folge, dass sich hierin jegliche Kooperationsformen des Staates mit Privaten vereinigen. Als deren rechtliche Grundtypen kommen sowohl die dauerhafte gesellschaftsrechtliche Verbindung als auch der kurz- oder langfristig angelegte Leistungsaustausch in Betracht.[102] Eine restriktivere Auffassung beschränkt hingegen die Public Private Partnership auf gesellschaftsrechtliche Kooperationsformen. In diesem Sinn wird sie als Sammelbezeichnung lediglich für gemischt-wirtschaftliche Gesellschaften verstanden, die dadurch gekennzeichnet sind, dass an ihnen der Staat oder eine sonstige rechtsfähige Institution des öffentlichen Rechts und ein oder mehrere private Rechtsträger beteiligt sind.[103] Mit Blick auf die Auslegung des Wortsinns spricht zwar viel dafür, den Begriff der Public Private Partnership in einem umfassenden Sinn zu verstehen, der sämtliche Formen öffentlich-privater „Partnerschaften" erfassen soll.[104] Welchem Begriffsverständnis man sich jedoch auch immer anzuschließen vermag – zumindest für die vorliegende Untersuchung bleibt dies bedeutungslos, nicht zuletzt deshalb, weil der Bezeichnung „Public Private Partnership" ohnehin keine exakte rechtliche Determinierung zukommt und allenfalls eine Umschreibung für gewisse Rechtskonstruktionen bietet.

---

[99] Kritisch *Tettinger*, DÖV 19976, 764: „Modewort"; *Budäus/Grüning*, in: Budäus/Eichhorn (Hrsg.), Public Private Partnership, S. 25, 40 ff., 46 ff.: „schillernder Sammelbegriff" für unterschiedlichste Erscheinungsformen der Kooperation von Verwaltungsträgern mit Privaten". Ausführlich *Kirsch*, Public Private Partnership, S. 1.

[100] *Kämmerer*, Privatisierung, S. 58.

[101] *Wolff*, in: Herder-Dornreich (Hrsg.), Jahrbuch für neue politische Ökonomie, S. 243, 244.

[102] *Tettinger*, DÖV 1996, 764 f.; *Thieme*, in: Langen/Bunte, Kartellrecht, § 99 Rn. 32; *Dreher*, NZBau 2002, 245, 246; *Böhm*, Öffentlich-private Partnerschaften in der kommunalen Stadtentwicklung, S. 19 ff.; EU-Kommission, Bericht f. d. Europäischen Rat in Laeken v. 17.10.2001, Rn. 37, allerdings mit einer Beschränkung auf Dienstleistungen.

[103] EU-Kommission, Mitt. v. 11.3.1998, AblEG 1999 Nr. C 94, S. 4, 7 ff.; *Jaeger*, NZBau 2001, 1, 2; *Grziwotz*, NZG 1999, 55 ff.; *Bös/Schneider*, ZGR 1996, 519 ff.; *Habersack*, ZGR 1996, 544, 546.

[104] Die Begriffsdefinition des § 1 PartGG ist in der Bundesrepublik Deutschland freilich der bestimmten Gesellschaftsform der „Partnerschaft" vorbehalten und kann deswegen hier nicht zu Grunde gelegt werden.

e) Sonderfall: Die Beleihung

Auch die Beleihung wird von Teilen des Schrifttums als eigenständiger Privatisierungstyp[105] bzw. als Sonderform der formellen[106] oder funktionellen[107] Privatisierung aufgefasst. Die grundlegende Kennzeichnung der Beleihung, dass auch hier ein Privater an der Erfüllung von Verwaltungsaufgaben beteiligt ist, ohne aber selbst institutioneller Teil der Verwaltung zu werden, trifft daher durchaus zu.[108] Allerdings besteht das maßgebliche Abgrenzungskriterium darin, dass bei der Beleihung eine förmliche Übertragung der Ausübung hoheitlicher oder schlicht-hoheitlicher Kompetenzen – und gegebenenfalls von Zwangsbefugnissen – an Privatrechtssubjekte stattfindet. Der Beliehene tritt in dem Umfang in die Kompetenzstellung des (ursprünglichen) Hoheitsträgers ein, wie es der entsprechende, durch ein Gesetz oder auf Grund eines Gesetzes erfolgte Beleihungsakt vorsieht.[109] Damit wird der Beliehene als Teil der öffentlichen Gewalt tätig; ihm kommt damit gleichsam die Eigenschaft als Behörde im Sinne von § 1 VwVfG zu.[110] Er bleibt zwar – statusmäßig – Privatrechtssubjekt, wird aber bei funktioneller Betrachtung Verwaltungsträger, soweit sein hoheitlicher Kompetenzbereich reicht.[111] Gleichwohl erfolgt - im Unterschied zur Aufgabenprivatisierung - keineswegs eine Entledigung des Aufgabenbestands, da der Hoheitsträger die Aufgabenerfüllung nicht der Privatinitiative des Beliehenen überlässt. Prägnant lässt sich insofern formulieren, dass nur hoheitliche Befugnisse delegiert werden, die Aufgabenverantwortlichkeit aber beim Hoheitsträger verbleibt.[112] In Abgrenzung zur Organisationsprivatisierung ist zu konstatieren, dass es sich dabei auf Grund des bloßen Rechtsformwechsels nicht um eine Einbeziehung Privater in den Bereich der öffentlichen Verwaltung, sondern um Verwaltung der öffentlichen Hand selbst – freilich in privatrechtlicher Rechtsform – handelt. Zudem impliziert die Organisationsprivatisierung – anders als die Beleihung – nicht zwingend eine Übertragung hoheitlicher Kompetenzen.[113] Schließlich be-

---

105 *V. Arnim*, Rechtsfragen der Privatisierung, S. 17 f.; *Bucher*, Privatisierung von Bundesfernstraßen, S. 86.

106 *Scholz*, Privatisierung im Baurecht, S. 41; *Grünewald*, SächsVBl. 1997, 49, 51; *Krölls*, GewArch 1995, 129, 132;

107 *Opitz*, ZVgR 2000, 97, 100; *Lee*, Privatisierung als Rechtsproblem, S. 176 ff.; *Pippke*, Öffentliche und private Abfallentsorgung, S. 28 f.; *Dreher*, NZBau 2002, 245, 247.

108 *Opitz*, ZVgR 2000, 97, 100.

109 *Maurer*, Verwaltungsrecht AT, § 23 Rn. 58. Der auf Grund eines Gesetzes vollzogene Beleihungsakt kann namentlich durch öffentlich-rechtlichen Vertrag oder Verwaltungsakt erfolgen.

110 *Kniesel/Scheerbarth*, Der Städtetag 1998, 340, 342.

111 *Maurer*, Verwaltungsrecht AT, § 23 Rn. 56.

112 So auch *Brüning*, NWVBl. 1997, 286, 287; *Peine*, DÖV 1997, 353, 362; *Scholz*, NJW 1997, 14, 15 f.; *Kniesel/Scheerbarth*, Der Städtetag 1998, 340, 342.

113 *Brüning*, NWVBl. 1997, 286, 288, unter Hinweis darauf, dass andererseits die Errichtung von Gesellschaften des Privatrechts durch Hoheitsträger zur Wahrnehmung bestimmter Verwaltungsaufgaben die Beleihung durch Übertragung spezieller Hoheitsbefugnisse aber auch nicht ausschließt.

steht der wesentliche Unterschied der Beleihung zum Konzessionsmodell im Rahmen der kontraktiven funktionellen Privatisierung darin, dass bei der Beleihung in Bezug auf die Aufgabenerfüllung keine Rechtsbeziehung zwischen dem privaten Leistungserbringer und dem Bürger besteht. Eine Rechtsbeziehung kann nur im Verhältnis des Bürgers zum Hoheitsträger erblickt werden, weil letzterem die Aufgabenerfüllung des privaten Erfüllungsgehilfen als eigenes Handeln zugerechnet wird.[114]

IV. Verfassungsrechtliche Determinanten für Privatisierungen

Die Darstellung der einzelnen Privatisierungsformen hat noch keine Aussage dazu getroffen, ob und unter welchen Voraussetzungen die Durchführung von Privatisierungsmaßnahmen verfassungsrechtlich zulässig ist. So ist etwa zu bedenken, dass der staatliche Charakter der Aufgabe im Falle der materiellen Privatisierung verloren geht, was die Frage aufwirft, für welche Art von öffentlichen Aufgaben diese Privatisierungsform gewählt werden kann. Mit Blick auf die Organisationsprivatisierung und die funktionelle Privatisierung, bei denen die Aufgabenverantwortung beim öffentlichen Gewährträger bestehen bleibt, ist zu berücksichtigen, dass damit gleichsam der öffentliche Zweck der Aufgabe erhalten bleibt. Vor diesem Hintergrund ist zu klären, auf welche Art und Weise der Hoheitsträger seiner Aufgabenverantwortung nach der Privatisierung weiterhin nachzukommen hat. Dieser Punkt birgt vor allem mit Blick auf die Kooperationsmodelle im engeren Sinn (Public Private Partnerships) ein erhebliches Konfliktpotential zu dem aus Sicht des privaten Partners regelmäßig im Vordergrund stehenden Interesse an einer maximalen Gewinnabschöpfung. Sowohl die Frage nach der grundsätzlichen Zulässigkeit von Privatisierungsmaßnahmen („Ob“) als auch nach den rechtlichen Gestaltungspflichten einer an sich zulässigen Privatisierung („Wie“) erfordert eine nähere Beschäftigung mit den vorhandenen verfassungsrechtlichen Vorgaben.

1. Die verfassungsrechtlichen Ingerenzpflichten

Vor allem den Kooperationsmodellen im engeren Sinn ist eine Diskrepanz zwischen dem privaten Interesse an einer Gewinnmaximierung und dem öffentlichem Interesse an der Aufgabenerfüllung vielfach immanent. Somit stellt sich die Frage, inwieweit gesetzliche Einwirkungs- bzw. Kontrollpflichten der öffentlichen Hand in Bezug auf die mit der Aufgabenwahr-

---

[114] *Krölls*, GewArch 1995, 129, 132; zustimmend *Brüning*, NWVBl. 1997, 286, 290.

nehmung betrauten privatrechtlichen Unternehmen bestehen. Ohne weiteres erkennbar sind die einfachgesetzlichen Normierungen in den Haushaltsordnungen[115] des Bundes und der Länder sowie den landesrechtlichen Kommunalverfassungen.[116] Danach darf der öffentliche Rechtsträger (Bund, Länder, Kommunen) Unternehmen und Einrichtungen in einer Rechtsform des privaten Rechts nur gründen oder sich daran beteiligen, wenn er einen angemessenen Einfluss erhält und das Unternehmen oder die Einrichtung auf den öffentlichen Zweck ausgerichtet wird. Zudem soll die öffentliche Hand in finanzieller Hinsicht dadurch geschützt werden, dass die Einzahlungsverpflichtung auf einen bestimmten Betrag zu begrenzen ist[117] oder in angemessenem Verhältnis zur unternehmerischen Leistungsfähigkeit stehen und die Haftung gleichzeitig auf einen bestimmten Betrag begrenzt werden muss.[118] Schon eine Konkretisierung des Begriffs „angemessener Einfluss" ist den einschlägigen Gesetzeswerken jedoch nicht zu entnehmen. Anhaltspunkte zur Bestimmung der notwendigen Reichweite des hoheitlichen Einflusses können sich daher allenfalls aus einem Rückgriff auf verfassungsrechtliche Bestimmungen ergeben, die nachfolgend erörtert werden. Über die Auslegung einzelner einfachgesetzlicher Tatbestandsmerkmale hinaus steht bei Inblicknahme der grundgesetzlichen Vorgaben damit gleichzeitig die Frage im Raum, ob und inwiefern die einfachgesetzlich verankerten Ingerenzpflichten angesichts des höherrangigen Rechts zulässig bzw. erforderlich sind. Im Mittelpunkt stehen insoweit die verfassungsrechtlichen Prinzipien des Rechtsstaats und der Demokratie.

a) Das Rechtsstaatsprinzip

Ein wesentlicher Anknüpfungspunkt für verfassungsrechtliche Einwirkungspflichten besteht zunächst im grundlegenden Prinzip der Rechtsstaatlichkeit, das nach allgemeiner Auffassung in Art. 20 Abs. 3 GG verankert ist.[119] Es beansprucht Geltung für jede staatliche Ebene der vollziehenden Gewalt.[120] Da das Grundgesetz nicht schlechthin „das Rechtsstaatsprinzip" als solches kennt, wird der Typus „Rechtsstaat" von einer Reihe verfassungsrechtlicher Einzelelemente geprägt, denen untereinander sehr hetero-

---

[115] Vgl. § 65 Abs. 1 Nr. 3 BHO sowie exemplarisch § 65 Abs. 1 Nr. 3 LHO NW.
[116] Exemplarisch hierfür § 108 Abs. 1 S. 1 Nr. 6 u. 7 GO NW.
[117] Vgl. § 65 Abs. 1 Nr. 2 BHO.
[118] Vgl. § 108 Abs. 1 S. 1 Nr. 3 . 4 GO NW.
[119] BVerfGE 35, 41, 47; 39, 128, 143.
[120] Aus diesem Grund wird das Rechtsstaatsprinzip auch maßgeblich mitgeprägt von Art. 1 Abs. 3 GG, Art. 28 Abs. 1 S. 1 GG, vgl. BVerfGE 1, 14, 45; 64, 343, 353; 92, 277, 325; vgl. im Allgemeinen *Sachs*, in: Sachs, GG-Komm., Art. 20 Rn. 75 ff.

gene Bedeutung zukommt.[121] Als zentraler Grundsatz des Rechtsstaatsgedankens kann im Rahmen von Privatisierungen das grundlegende Statut der Gesetzmäßigkeit allen staatlichen Verwaltungshandelns (Vorrang und Vorbehalt des Gesetzes) rechtliche Wirkung entfalten.[122] Recht allgemein – aber plakativ – lässt sich dieses grundlegende Staatsprinzip mit dem Inhalt zusammenfassen, dass keine kontrollfreien Räume im Bereich der Verwaltung entstehen bzw. geduldet werden dürfen.[123] Jeder staatliche Hoheitsträger, vom Bund über die Länder bis hin zu den Gemeinden, muss danach an die Grundsätze rechtsstaatlichen Handelns gebunden sein, und zwar – angesichts der vielfach nicht vollkommen zu Unrecht beschworenen „Flucht ins Privatrecht" – unabhängig von der gewählten privatrechtlichen oder öffentlich-rechtlichen Handlungsform.[124]

Mit Blick auf die eingangs dargestellten Typen der Organisationsprivatisierung sowie der funktionellen Privatisierung bewirkt das Rechtsstaatsprinzip damit eine Art „Garantenstellung" des staatlichen Hoheitsträgers, womit zur Sicherstellung einer rechtsstaatlichen Aufgabenerfüllung die Einbindung der privaten Rechtssubjekte in ein Kontrollsystem aus Aufsichts- und Einwirkungsrechten erforderlich wird.[125] Ein prominentes Beispiel ergibt sich insoweit – etwa mit Bezug zu kommunalen Einrichtungen – aus dem kommunalrechtlichen Zulassungsanspruch des Bürgers,[126] der sich im Falle einer privatrechtlichen Organisationsform der Einrichtung in einen gegen die Kommune gerichteten Verschaffungsanspruch wandelt. Dieser Verschaffungsanspruch impliziert, dass die Kommune die Erfüllung des Zulassungsanspruchs gegenüber dem privatrechtlichen Unternehmen sicherzustellen hat, sei es durch die Wahrnehmung von Weisungsrechten, die sich aus einem entsprechend hohen Gesellschaftsanteil ergeben, sei es durch Abschluss eines entsprechenden Vertrags, in dem sich der private Unternehmer gegenüber der Kommune verpflichtet, die vereinbarten Leistungen zu erbringen. Diese Aussagen lassen sich auf die „Aufgabenprivatisierung" nicht übertragen, da die (ehemals) öffentliche Einrichtung mit diesem Pri-

---

[121] *Schnapp*, in: v. Münch/Kunig, GG-Komm., Art. 20 Rn. 24; *Herzog*, in: Maunz/Dürig, GG-Komm., Art. 20 Abschn. VII, Rn. 3, 21. Eine Übersicht findet sich bei *Sachs*, in: Sachs, GG-Komm., Art. 20 Rn. 77. Zu nennen sind etwa die prinzipielle Gewährleistung von Grundrechten, das Gewaltenteilungsprinzip (Art. 20 Abs. 2 S. 2 GG) sowie die Gewährleistung effektiven Rechtsschutzes (Art. 19 Abs. 4 GG).

[122] *Schoch*, Privatisierung der Abfallentsorgung, S. 48.

[123] *Spannowsky*, ZGR 1996, 400, 413; *Brüning*, NWVBl. 1997, 286, 289; kritisch hierzu *Burgi*, NVwZ 2001, 601, 602.

[124] Vgl. VerfGH NRW, OVGE 39, 292, 294 f.; *Brenner*, AöR 127 (2002), 222, 225.

[125] So schon *Ossenbühl*, DVBl. 1973, 289, 294, *v. Danwitz*, AöR 120 (1995), 565, 605 ff.; *Brenner*, AöR 127 (2002), 222, 226.

[126] Exemplarisch hierfür § 8 GO NW.

vatisierungstyp ihren öffentlichen Charakter verliert und damit letztlich als rein private Einrichtung zu gelten hat.[127]

b) Das Demokratieprinzip

Ferner können sich Einwirkungs- und Kontrollpflichten aus dem Demokratieprinzip ergeben, das in Art. 20 Abs. 1 GG verankert ist und durch Art. 20 Abs. 2 GG eine wesentliche Konkretisierung erfahren hat. Danach übt das Volk die von ihm ausgehende Staatsgewalt außer in Wahlen und Abstimmungen durch besondere Organe der Gesetzgebung, der vollziehenden Gewalt und der Rechtsprechung aus. Das Grundgesetz bekennt sich damit zum Prinzip der „Volkssouveränität".[128] Die Ausübung von Staatsgewalt muss sich auf den Willen des Volkes zurückführen lassen und ihm gegenüber verantwortet werden. In Bezug auf die handelnden Organe erfordert dies vor allem effektive Einfluss- und Kontrollmöglichkeiten auf deren personelle Zusammensetzung und Aufgabenwahrnehmung.[129] Das Bundesverfassungsgericht verlangt insofern eine ununterbrochene, zumindest mittelbare demokratische Legitimationskette vom Volk über die von diesem gewählte Vertretung bis hin zu den Organen bzw. Amtswaltern, die mit der konkreten staatlichen Tätigkeit betraut sind.[130] Die Rechtsprechung und Literatur differenziert dabei im Wesentlichen zwischen zwei sog. „Legitimationssträngen", die nach ganz überwiegender Auffassung grundsätzlich kumulativ[131] vorliegen müssen: Insoweit ist in materieller Hinsicht (sog. sachlich-inhaltliche Legitimation) erforderlich, dass sich der Volkswille in allen staatlichen Entscheidungsprozessen effektiv durchsetzt. Die Rückbindung staatlichen Handelns an das Volk vollzieht sich dabei unter Berücksichtigung der Gesetzesbindung und der Verantwortlichkeit. Mit Bezug auf die Legislative ergibt sich die Legitimation gegenüber dem Volk durch die regelmäßig stattfindenden Wahlen, hinsichtlich der Exekutive durch die Verantwortlichkeit gegenüber dem Parlament.[132] In persönlicher Hinsicht

---

[127] Vgl. oben III. 2. c)

[128] BVerfGE 83, 60, 71; *Böckenförde*, in: HdbStR I, § 22 Rn. 2; *Koch*, Der rechtliche Status kommunaler Unternehmen in Privatrechtsform, S. 209.

[129] *Mayen*, DÖV 2001, 110, 113.

[130] BVerfGE 47, 253, 273 ff.; 83, 60, 72 f.; 77, 1, 40; 83, 60, 73; vgl. *Britz*, VerwArch 90 (1999), 418, 422 f.; *Blanke*, Der Personalrat 1999, 50 ff.

[131] Vgl. VerfGH Rheinland-Pfalz, NVwZ-RR 1994, 665, 668; *Herzog*, in: Maunz/Dürig, GG-Komm., Art. 20/II Rn. 49 f.; einschränkend: *Emde*, Die demokratische Legitimation der funktionalen Selbstverwaltung, S. 328 ff.; BVerfGE 83, 60, 72, wonach den einzelnen Legitimationsformen Bedeutung nicht isoliert, sondern nur im Zusammenwirken zukomme. Notwendig aber auch hinreichend sei ein „bestimmtes Legitimationsniveau", das „bei den verschiedenen Erscheinungsformen von Staatsgewalt im allgemeinen und der vollziehenden Gewalt im besonderen unterschiedlich ausgestaltet" sein könne.

[132] BVerfGE 93, 37, 67; *Böckenförde*, in: HdbStR I, § 22 Rn. 21.

(sog. personell-organisatorische Legitimation) ist mit der Rückführung des Ernennungsakts des jeweiligen Organs bzw. Amtswalters auf den zuständigen Minister, der seinerseits dem Parlament gegenüber voll verantwortlich ist, genüge getan.[133] Diese Vorgaben gelten uneingeschränkt für den Bereich der unmittelbaren Staatsverwaltung und die kommunale Selbstverwaltung.

Nach neuerer Rechtsprechung des BVerfG ist jedoch insbesondere das Erfordernis der personell-demokratischen Legitimation im Bereich der funktionalen Selbstverwaltung einzuschränken, um den „Grundgedanken autonomer interessengerechter Selbstverwaltung einerseits und effektiver öffentlicher Aufgabenwahrnehmung andererseits“ Rechnung zu tragen.[134] Die Schaffung und Ausgestaltung von Organisationseinheiten der Selbstverwaltung stehe daher im Ermessen des Gesetzgebers, der den Selbstverwaltungsträger damit gleichzeitig zu verbindlichem Handeln mit Entscheidungscharakter gegenüber Dritten ermächtigen könne. Dieses drittbezogene Handeln bedürfe dann keine lückenlose personelle Legitimationskette, wenn die Aufgaben und Handlungsbefugnisse der Organe in einem Parlamentsgesetz „ausreichend vorherbestimmt“ seien und die Aufsicht durch „personell demokratisch legitimierte Amtswalter“ erfolge.[135]

Diese Vorgaben gelten grundsätzlich unabhängig davon, ob es sich um obrigkeitliche oder schlichte Hoheitsverwaltung oder gar verwaltungsprivatrechtliche Tätigkeit handelt.[136] Für den Bereich der Hoheitsverwaltung ergibt sich dies in der Regel bereits aus der öffentlich-rechtlichen Handlungsform. Aber auch die Aufgabenwahrnehmung in privatrechtlichen Rechtsformen zählt bei funktioneller Sichtweise zum Bereich öffentlicher Verwaltung, „wenn sie durch öffentlich-rechtlich organisierte Rechtsträger des Staates oder der ihm ein- oder angegliederten Institutionen in Erfüllung unmittelbar oder mittelbar vorgegebener öffentlicher Aufgaben wahrgenommen wird“.[137] Somit wird deutlich, dass die Beachtung des Demokratieprinzips selbst nach Ausübung der dem öffentlichen Aufgabenträger zukommenden Wahlfreiheit mit Hinblick auf privatrechtliche Organisations- und Handlungsformen (vgl. unten 6.) zwingend bleibt.[138] Zur Sicherstel-

---

133 Grundlegend BVerfGE 47, 253, 275; vgl. auch BVerfGE 93, 37, 67 f.; *Herzog*, in: Maunz/Dürig, GG-Komm., Art. 20/II Rn. 51 ff.; *Mehde*, VerwArch 91 (2000), 540, 548.

134 BVerfG, JZ 2003, 1057, 1060, m. Anm. *Unruh*, ebda., S. 1061 ff..

135 BVerfG, JZ 2003, 1057, 1060 f.

136 Vgl. BVerfGE 77, 1, 40; BVerwGE 41, 334, 357 f.; *Brenner*, AöR 127 (2002), 223, 227; *v. Danwitz*, AöR 120 (1995), 595, 606 ff.

137 VerfGH NRW, OVGE 39, 292, 294 f.

138 *Koch*, Der rechtliche Status kommunaler Unternehmen in Privatrechtsform, S. 210; *Brenner*, AöR 127 (2002), 222, 227; a. A. *Püttner*, Die öffentlichen Unternehmen, S. 136 f., 141; *Sterzel*, in: Blanke/Trümmer (Hrsg.), Hdb. Privatisierung, Rn. 199 f., die eine umfassende Bindung an das Demokra-

lung der sachlich-inhaltlichen Legitimation ist daher auch hinsichtlich privatrechtlicher Gesellschaftsformen in öffentlich-rechtlicher Trägerschaft erforderlich, dass der entsprechende Verwaltungsträger ein Mindestmaß an Einfluss- und Aufsichtsrechten behält und weiterhin ausübt.[139] Die personell-organisatorische Legitimation der handelnden Organe des in privater Rechtsform agierenden Unternehmens setzt schließlich eine ununterbrochene Rückbindung an die ihrerseits demokratisch legitimierten Verwaltungs- bzw. Aufsichtsorgane voraus.[140]

Freilich sind sämtliche verfassungsrechtlich bestimmte Einwirkungspflichten in sachlicher Hinsicht auf den Unternehmensbereich beschränkt, der für die öffentliche Aufgabenerfüllung geschaffen ist.[141] Ein Hineinwirken des Hoheitsträgers in einen unabhängigen weiteren Geschäftsbereich derselben Gesellschaft wird nur ausnahmsweise zulässig sein, etwa wenn die darauf bezogene Geschäftstätigkeit das gesamte Unternehmen so weitreichend beeinträchtigt oder gefährdet, dass auch die Erfüllung der öffentlichen Aufgabenpflicht nicht mehr sichergestellt ist. Die Ingerenzpflicht muss weiterhin auf die grundlegenden unternehmerischen Entscheidungen beschränkt sein, da ansonsten bei Ausdehnung der Einflussnahme auf die alltägliche Geschäftsführung der Sinn und Zweck der Privatisierungsmaßnahme konterkariert würden.[142]

Zusammenfassend bedeutet dies, dass als zwingende Voraussetzung die Möglichkeit des öffentlichen Rechtsträgers zur Globalsteuerung des Unternehmens sowie ein Recht zur letzten Entscheidung in wesentlichen unternehmerischen Fragen bestehen muss. Dem folgt die gängige Privatisierungspraxis, indem sie neben der vertraglichen oder satzungsmäßigen Statuierung eines auf die öffentliche Aufgabenerfüllung ausgerichteten Unternehmenszwecks die Berechtigung zur Wahrnehmung ausreichender Einwirkungs-, Beteiligungs-, Mitsprache-, Vorschlags- und Kontrollrechte zu Gunsten der öffentlichen Hand festschreibt.[143] Häufig wird den dargestellten Anforderungen seitens des Staates auch durch Vorschlag, Bestellung

---

tieprinzip nur für das Handeln eines öffentlichen Unternehmens in öffentlich-rechtlicher Organisationsform annehmen und für privatrechtlich organisierte Unternehmen von einer eingeschränkten Geltung ausgehen.

139 BVerwG NJW 1990, 134, 135; *Püttner*, Die öffentlichen Unternehmen, S. 137; *Brenner*, AöR 127 (2002), 222, 227; übereinstimmend damit auch *Sterzel*, in: Blanke/Trümmer (Hrsg.), Hdb. Privatisierung, Rn. 202.

140 *V. Danwitz*, AöR 120 (1995), 595, 606 ff.; *Kraft*, Das Verwaltungsgesellschaftsrecht, S. 82 ff.

141 *Brüning*, NWVBl. 1997, 286, 289. Zur Zulässigkeit entsprechender Weisungsrechte vgl. unten 7.

142 Vgl. hierzu oben I.

143 Vgl. *Gern*, Deutsches Kommunalrecht, Rn. 762.

oder Entsendung weisungsabhängiger Vertreter in die Aufsichts- und Leitungsgremien der Gesellschaft genüge getan.[144]

c) Sonderfall: Die Mitbestimmung

Mit Blick auf das soeben erörterte Demokratieprinzip sind die Vorschriften der unternehmerischen Arbeitnehmer-Mitbestimmung (BetrVG, MitbG) zu beachten. Diese Regeln gelten für Betriebe und Unternehmen unabhängig der jeweiligen Eigentumsverhältnisse, so dass sie auf kommunale oder staatliche Eigen- und Beteiligungsgesellschaften uneingeschränkt anwendbar sind. Da die Arbeitnehmervertreter an den unternehmerischen Planungs- und Entscheidungsprozessen maßgeblich beteiligt sind, gleichzeitig aber gerade keine demokratische Legitimation aufweisen, sind Konflikte sowohl mit dem sachlich-materiellen als auch personell-organisatorischen Legitimationserfordernis vorprogrammiert. Insofern sind sich jedoch die Rechtsprechung und weitaus überwiegende Literatur darin einig, dass bereits ein gewisses Legitimationsniveau hinreichend ist. Nach dem sog. Prinzip der doppelten Mehrheit müsse es bei der Einbeziehung der mitbestimmenden Arbeitnehmer in den Entscheidungsprozess bezüglich der Wahrnehmung öffentlicher Aufgaben bereits genügen, wenn die Mehrheit der Mitglieder in personell-organisatorischer Hinsicht uneingeschränkt demokratisch legitimiert ist und die eigentliche Entscheidung von einer Mehrheit der so legitimierten Mitglieder getragen werde.[145] Den demokratisch legitimierten Mitgliedern in den Entscheidungsgremien muss deswegen – zumindest wenn es um die Erfüllung öffentlicher Aufgaben geht – ein Letztentscheidungsrecht zukommen.[146] Für die Frage, inwiefern sich diese Rechtslage auf die in der Privatisierungspraxis am weitesten verbreiteten Aktiengesellschaften und Gesellschaften mbH auswirkt, sei auf die nachfolgenden Ausführungen über die Folgen aus den verfassungsrechtlichen Vorgaben verwiesen.[147]

2. Das Sozialstaatsprinzip

Gelegentlich wird als verfassungsrechtliche Schranke für Ausgliederungen von Verwaltungsaufgaben auf Private auch das Sozialstaatsprinzip (Art. 20

---

[144] *Brüning*, NWVBl. 1997, 286, 289.
[145] BVerfGE 83, 60, 71 ff.; 93, 37, 67 f.; BerlVerfGH, NVwZ 2000, 794 ff.; zustimmend *Spannowsky*, ZGR 1996, 400, 412 f.; *R. Schmidt*, ZGR 1996, 355; *Brenner*, AöR 127 (2002), 222, 247 f.; *Ehlers*, Jura 1997, 180.
[146] *Spannowsky*, ZGR 1996, 412, 413.
[147] Dazu unten 7.

Abs. 1, 28 Abs. 1 GG) ins Feld geführt.[148] Das Sozialstaatsprinzip ist lediglich als objektiv-rechtliche Staatszielbestimmung zu verstehen. Damit gewährt es dem Bürger weder ein unmittelbares subjektiv-öffentliches Recht noch enthält es die institutionelle Garantie einer bestimmten Leistung. Der Staat ist allein dazu verpflichtet, ein Mindestmaß an Versorgung zu garantieren, wobei lediglich der aktuelle sozialrechtliche Standard nicht unterschritten werden darf.[149] Das Sozialstaatsprinzip bestimmt dabei aber „nur das ‚Was', das Ziel, die gerechte Sozialordnung" und lässt „für das ‚Wie', d. h. für die Erreichung des Ziels, alle Wege offen".[150] Dies eröffnet gleichzeitig die Möglichkeit, sich zur Verwirklichung dieses sozialen Ziels der Mithilfe Privater anzunehmen. Umgekehrt würde eine Auslegung, welche die Gestaltungsfreiheit von Legislative und Exekutive gegenüber Privatisierungsmaßnahmen einschränkt, die Bedeutung und den inhaltlichen Anspruch des Sozialstaatspostulats überbewerten.[151]

Allerdings können sich unter dem Aspekt der kommunalen Sozialpflichtigkeit, die durch die kommunalrechtlichen Zulassungsansprüche zu kommunalen Einrichtungen eine Konkretisierung erfahren hat, in gewisser Weise Ingerenzpflichten des öffentlichen Rechtsträgers auf das privatisierte Unternehmen ergeben. Beispielhaft sei hier § 8 Abs. 1 und 2 GO NW genannt, wonach die Gemeinden innerhalb ihrer Leistungsfähigkeit die für die soziale Betreuung ihrer Einwohner erforderlichen öffentlichen Einrichtungen schaffen und verpflichtet sind, den Einwohnern die Benutzung zu gewähren. Im Falle der Leistungserbringung durch privatrechtliche Eigen- oder Beteiligungsgesellschaften richtet sich nach allgemeiner Ansicht der öffentlich-rechtliche Zulassungsanspruch als Verschaffungsanspruch weiterhin gegen die Gemeinde. Damit dieser Anspruch gegenüber dem Berechtigten nicht leer läuft, ist die Möglichkeit zur gestaltenden Einflussnahme durch die Kommune auf das private Unternehmen auch hier unbedingt erforderlich.[152]

---

148 Hierzu *Görgmaier*, DÖV 1977, 356, 358 f.; *Grabbe*, Verfassungsrechtliche Grenzen der Privatisierung kommunaler Aufgaben, 1979, S. 56 ff.; *v. Hagemeister*, Die Privatisierung öffentlicher Aufgaben, 1992, S. 154 ff.; a. A. *Achterberg*, JA 1985, 503, 506; *Krölls*, GewArch 1995, 129, 138. Vgl. *v. Heimburg*, Verwaltungsaufgaben und Private, 1982.

149 *Stern*, Staatsrecht I, S. 891 ff.

150 BVerfGE 22, 180, 204.

151 *Krölls*, GewArch 1995, 129, 138.

152 Hierzu bereits oben 1. a); vgl. *Dietlein*, Jura 2002, 445, 447; *Brenner*, AöR 127 (2002), 222, 228.

3. Der Funktionsvorbehalt des Art. 33 Abs. 4 GG

Eine verfassungsrechtlich relevante Sperrwirkung für Privatisierungen kann sich aus dem sog. Funktionsvorbehalt gemäß Art. 33 Abs. 4 GG ergeben.[153] Danach ist die Ausübung hoheitsrechtlicher Befugnisse als ständige Aufgabe in der Regel an die Beamteneigenschaft der Staatsbediensteten gebunden und mittels öffentlich-rechtlicher Organisationsformen zu bewältigen.[154] Folglich sind – zumindest indirekt – bestimmte staatliche Tätigkeitsbereiche der Privatisierung (Aufgaben- und Organisationsprivatisierung, funktionelle Privatisierung) von vornherein nicht zugänglich.[155] Inhalt und Reichweite des Funktionsvorbehalts sind im staatswissenschaftlichen Schrifttum nicht unumstritten. So fragt es sich zunächst, welche Arten von Verwaltungstätigkeiten zu den hoheitsrechtlichen, also den mit dem Wesen des Staates untrennbar verbundenen[156] Befugnissen gehören. Daneben bestehen unterschiedliche Auffassungen zu der Frage, ob der Funktionsvorbehalt neben der klassischen Eingriffsverwaltung zumindest auch Teilbereiche der Leistungsverwaltung umfasst.[157] Übereinstimmung herrscht lediglich insoweit, als die sog. notwendig staatlichen Aufgaben, mithin die klassischen Staatsfunktionen in den Bereichen von Justiz, Polizei, Bundeswehr, Zoll, Strafvollzug und Abgabenerhebung, einem staatlichen „Wahrnehmungsmonopol" unterliegen.[158] Diese Kernbereichsaufgaben bleiben somit einer privatwirtschaftlichen Betätigung verschlossen und sind grundsätzlich privatisierungsfest.[159]

---

153 Ausführlich *Di Fabio*, JZ 1999, 585 ff.

154 *Ehlers*, Verwaltung in Privatrechtsform, S. 121.

155 *Krölls*, GewArch 1995, 129, 135; 1997, 445, 451.

156 *Kämmerer*, Privatisierung, S. 214.

157 Dafür etwa *Stern*, Staatrecht I, S. 349; *Ossenbühl*, VVDStRL 29 (1971), S. 137, 161; *Lecheler*, in: HdbStR III, § 72 Rn. 37; *Haug*, NVwZ 1999, 816, 818; dagegen etwa *Peine*, Die Verwaltung 1984, 415, 419 ff.; *Lübbe-Wolff*, in: Dreier, GG-Komm., Art. 33 Rn. 58. *Gramm* weist zutreffend auf die eingeschränkte Brauchbarkeit der klassischen Zweiteilung von Eingriff und Leistung für die Reichweite des Funktionsvorbehalts hin, da es einerseits vor dem Hintergrund einer „gestiegenen Grundrechtssensibilität" auch innerhalb der Leistungsverwaltung zahlreiche Eingriffsakte gebe, andererseits jedoch nicht jeder Grundrechtseingriff von gleicher Intensität sei, um ihn verallgemeinern zu können (VerwArch 90 (1999), 329, 333; *Kunig*, in: v. Münch/Kunig, GG-Komm., Art. 33 Rn. 48). Vgl. neuerdings *Burgi*, DVBl. 2003, 949 ff., der neben Leistungs- und Eingriffsverwaltung auch den Typus der Ausschreibungsverwaltung erblickt.

158 Z. B. handelt es sich mit Blick auf die Bundeswehr bei der Aufstellung der Streitkräfte, Art. 87 a GG, um eine derart exklusive Staatsaufgabe. In sachlich abgrenzbaren Randbereichen, für die die Ausübung von Hoheitsbefugnissen nicht charakteristisch ist, findet der Staatsvorbehalt hingegen keine Anwendung (*Di Fabio*, JZ 1999, 585, 591). Beispiele hierfür sind etwa die IT-Versorgung, das Bekleidungsmanagement, die Fahrzeugflotte und der Liegenschaftsbetrieb, vgl. hierzu auch: *Gramm*, UBWV 2002, 161.

159 *Krölls*, GewArch 1995, 129, 135; zustimmend: *Sterzel*, in: Blanke/Trümmer (Hrsg.), Hdb. Privatisierung, Rn. 179; teilweise a. A. *Hofmann*, VBlBW 1994, 121, 123; *Schoch*, Privatisierung der Abfallentsorgung, S. 48; *Kämmerer*, Privatisierung, S. 219, die darauf hinweisen, dass Ausnahmen von dem Privatisierungsverbot ausdrücklich zugelassen sind, da Art. 33 Abs. 4 GG die Übertragung hoheitsrechtlicher Befugnisse nur „in der Regel" verbietet.

Die durchgeführten Aufgabenprivatisierungen in den Bereichen von Post und Bahn entsprechen vor diesem Hintergrund den Anforderungen des Art. 33 Abs. 4 GG in vollem Umfang. Denn die staatliche Wahrnehmung der klassisch hoheitsrechtlichen Befugnisse ist dadurch gesichert, dass die in diesen Sektoren vorhandenen und weiter erforderlichen genuin hoheitlichen Aufgaben in bundeseigener Verwaltung[160] fortgeführt werden oder auf eine selbstständige Bundesoberbehörde[161] übertragen wurden.

Weitaus geringere Bedeutung als Privatisierungsschranke kommt dem Funktionsvorbehalt im Bereich von Organisationsprivatisierungen zu, da dieser Privatisierungstyp, sofern er – wie häufig – an eine Deadministration gekoppelt ist, die Ausübung hoheitsrechtlicher Befugnisse regelmäßig ausschließt. Allein im praktischen Ausnahmefall der fortgeführten Wahrnehmung von Verwaltungsaufgaben in privatrechtlicher Organisationsform - etwa wenn die Organisationsprivatisierung mit einer Beleihung zusammentrifft - kann das Handeln des Privatrechtssubjekts hoheitsrechtlichen Charakter aufweisen und bei fortgesetzter Beschäftigung von Beamten mit Art. 33 Abs. 4 GG kollidieren. Insofern befindet sich der betroffene Hoheitsträger nämlich in einer rechtlichen „Zwickmühle“: Einerseits sind hoheitsrechtliche Befugnisse nach Art. 33 Abs. 4 GG in der Regel zwingend von Beamten wahrzunehmen. Andererseits ist der privatrechtlichen Organisationsform eine Beschäftigung von Beamten, die auf Grund der hoheitlichen Prägung des Beamtenverhältnisses in einem öffentlich-rechtlichen Dienst- und Treueverhältnis zum Dienstherren stehen, im Grunde wesensfremd. Aber auch diesem „Dilemma“ kann der Verwaltungsträger damit begegnen, dass er das Privatrechtssubjekt auch mit Dienstherrenfunktionen beleiht, was sowohl mit Art. 33 Abs. 4 GG als auch Art. 33 Abs. 5 GG ohne weiteres zu vereinbaren ist.[162] Im Grundsatz wirft die Organisationsprivatisierung im Zusammenhang mit dem Funktionsvorbehalt also keine unlösbaren rechtlichen Probleme auf.[163]

160 Siehe Art. 87 f Abs. 2 S. 2 GG mit Bezug auf die Post-Privatisierung. Namentlich die Frequenzverwaltung, die Erteilung von Genehmigungen für Funkanlagen und die Vorsorge für den Krisen- und Katastrophenfall werden weiterhin in bundeseigener Verwaltung wahrgenommen (vgl. BT-Drs. 12/6717 v. 1.2.1994, S. 4). Für die Zulässigkeit der Aufgabenprivatisierung spricht sich namentlich auch *Di Fabio*, JZ 1999, 585, 591, aus, wenn es sich insofern um „sachlich abgrenzbare Teilbereiche ohne die kennzeichnende Ausübung von Hoheitsbefugnissen handelt“.

161 Siehe Art. 87 e Abs. 1 S. 1 GG für die Bahn-Privatisierung. Etwa die Planfeststellung für die Schienenwege, die Ausübung der technischen und baulichen Eisenbahnaufsicht, die Erteilung von Betriebsgenehmigungen sowie die umfangreichen Notstandskompetenzen werden durch das neugeschaffene Eisenbahn-Bundesamt wahrgenommen (vgl. *Krölls*, GewArch 1995, 129, 136; *Weiß*, DVBl. 2002, 1168, 1177).

162 *Kämmerer*, Privatisierung, S. 216 f.

163 So tendenziell auch BVerwGE 69, 303, 305 ff., m. Anm. *Uerpmann*, Jura 1996, 79.

Anders hingegen verhielt es sich in der bundesdeutschen Praxis mit Blick auf die Organisationsprivatisierung der Flugsicherung. Denn hier stand das Privatisierungsvorhaben unter der Prämisse der Erreichung größerer Flexibilität im Beschäftigungsverhältnis durch Aufhebung des Beamtenstatus der betroffenen Mitarbeiter. Da insofern die Wahrnehmung der Aufgabe „Flugsicherung" betroffen war, wurde die Schaffung einer verfassungsrechtlichen Sondervorschrift notwendig (Art. 87 d Abs. 1 GG n. F.), die es erlaubte, hoheitliche Aufgaben auch durch Personal ohne Beamtenstatus durchzuführen. Die verfassungsrechtliche Problematik setzt hier an der Auslegung des Tatbestandsmerkmals „in der Regel" von Art. 33 Abs. 4 GG an, für die bis heute in Rechtsprechung und Literatur keine Klarheit besteht.[164] Die problemträchtige Auslegungsfrage wurde in concreto beigelegt, indem die Luftverkehrsverwaltung nunmehr kraft Verfassung zwar in bundeseigener Verwaltung, aber gleichzeitig in privatrechtlicher Organisationsform geführt werden kann. Die Sonderregelung des Art. 87 d Abs. 1 GG nimmt damit die originär hoheitsrechtliche Aufgabe „Flugsicherung" von der Geltung des allgemeinen Funktionsvorbehalts und damit dem zwingenden Einsatz von Beamten aus,[165] so dass der Organisationsprivatisierung nichts mehr im Wege stand.

Insgesamt stellt Art. 33 Abs. 4 GG damit gewisse Privatisierungsschranken auf, wobei jedoch – vor allem auf Bundesebene – die wesentlichen Konfliktherde weitgehend ausgeräumt sein dürften.[166] Die dargestellten Schranken sind freilich auch nach Durchführung der Privatisierungsmaßnahme stets zu beachten. Staatliche Einwirkungspflichten können sich hier insoweit ergeben, als eine nachträgliche Abweichung vom Funktionsvorbehalt erneut zu rechtfertigen ist oder die Aufgabenwahrnehmung wieder durch verbeamtete Staatsbedienstete erfolgen muss.[167]

---

164 Das BVerfG (E 9, 268, 284; 57, 55, 59) spricht insofern von „statthaften Ausnahmefällen".

165 *Kämmerer*, Privatisierung, S. 220; *Krölls*, GewArch 1995, 129, 136. Der erste gesetzgeberische Anlauf scheiterte im Jahr 1991 am Veto des damaligen Bundespräsidenten *v. Weizäcker*, der die Ausfertigung des LuftVG zu recht mit Hinweis darauf verweigerte, dass die luftpolizeiliche Aufgabe der Flugsicherung wegen ihres hoheitlichen Charakters nach Art. 33 Abs. 4 GG in der Regel von Beamten auszuüben sei, was die angestrebte Privatisierung ohne entsprechende Verfassungsänderung unzulässig mache.

166 Freilich ergeben sich aus Art. 33 Abs. 4 GG weitere – u.U. auch enge – Privatisierungsschranken in Bezug auf die weit gefasste Staatsaufgabe „Innere Sicherheit". Hier fehlt der Raum, den gesamten Streitstand mit Blick auf jeden einzelnen Aufgabenbereich angemessen darzustellen. Durchaus nachvollziehbar scheint jedoch die Auffassung von *Gramm*, VerwArch 90 (1999), 329, 358, die Frage der Zulässigkeit eines Einsatzes von Privaten anhand der potenziellen Eingriffsintensität der hoheitlichen Maßnahme als Hauptbewertungsmaßstab zu beurteilen, auch wenn diese Vorgehensweise zu Abgrenzungsschwierigkeiten führen dürfte. Vgl. zu diesem Themenkomplex auch *Krölls*, GewArch 1997, 445; *Burgi*, GewArch 2001, 217.

167 *Brenner*, AöR 127 (2002), 222, 230.

4. Die Grundrechte

Zudem könnten die Grundrechte Vorgaben für Privatisierungsmaßnahmen entfalten. Für die alles entscheidende Frage, inwiefern den Grundrechten eine privatisierungsbeschränkende Wirkung zukommt, ist zwischen zwei grundlegenden Konstellationen zu differenzieren: Zunächst geht es um den Grundrechtsschutz potenziell betroffener Privatunternehmen. Diesen kann zum einen, sofern sie etwa auf Grund einer Organisationsprivatisierung bisher mit der Aufgabendurchführung betraut waren, ihr jeweiliges Betätigungsfeld entzogen worden sein. Zum anderen kann sich eine (kontraktive) funktionelle Privatisierung zu Lasten der Mitbewerber auswirken, die bei der Beauftragung mit der Aufgabenerfüllung nicht oder nicht mehr zum Zuge gekommen sind (sub a). Darüber hinaus stellt sich die Frage, inwiefern außerhalb des Wettbewerbs stehende Personen in ihren Grundrechten durch Privatisierungsmaßnahmen tangiert werden können (sub b).[168]

a) Grundrechtsschutz betroffener Mitbewerber

Der Grundrechtsschutz von Privatunternehmen als Wettbewerber in einem bestimmten Tätigkeitsfeld kann sich auf die generelle Zulässigkeit von Privatisierungsmaßnahmen nicht auswirken. Dies gilt zunächst für die Organisationsprivatisierung und die funktionelle Privatisierung im engeren Sinn (Public Private Partnership); so etwa, wenn die umfassende Aufgabenerledigung in einem bestimmten Sektor nunmehr durch eine (kommunale) Eigen- oder Beteiligungsgesellschaft durchgeführt wird und damit gleichzeitig ein privater Mitbewerber, der zuvor mit der Aufgabenerfüllung beauftragt war, ausscheidet. Eine Verletzung sowohl des in Betracht kommenden Rechts am eingerichteten und ausgeübten Gewerbebetrieb als Ausfluss der Berufsfreiheit nach Art. 12 Abs. 1 S. 1 GG als auch der Eigentumsfreiheit (14 Abs. 1 GG) des privaten Wettbewerbers sind hier nicht erkennbar.[169] Denn mit Blick auf Art. 14 GG ist der im Wege der Aufgabenwahrnehmung erworbene Kundenstamm für das betroffene Privatunternehmen bereits keine von der Eigentumsgarantie erfasste gesicherte Rechtsposition. Denn der Kundenstamm wurde von vornherein nur mit der Beschränkung erworben, dass er nach Ablauf des Vertrags ebenso wieder verloren gehen kann.[170] Ein Verstoß gegen Art. 12 Abs. 1 GG ist ebenfalls nicht erkennbar, da sich hieraus kein grundsätzlicher Anspruch auf Auftragserteilung gegen

---

[168] *Schoch,* Privatisierung der Abfallentsorgung, S. 48 f.
[169] *Schoch,* Privatisierung der Abfallentsorgung, S. 49.
[170] BVerwGE 62, 224, 226 f., mit Bezugnahme auf BGHZ 40, 355 ff.

die öffentliche Hand ergibt, mit der Folge, dass auch kein Anspruch auf erneute bzw. sich beständig wiederholende Beauftragung besteht.[171]

Da der Privatunternehmer die Aufgabenerfüllung im Rahmen der funktionellen Privatisierung im weiteren Sinn freiwillig übernimmt, können sich grundrechtsrelevante Fragen hierbei nur in Bezug auf den jeweiligen Mitbewerber ergeben. Dieser kann sich unter Umständen – namentlich gestützt auf Art. 3 Abs. 1 GG – gegen die Auswahlentscheidung wenden mit der Begründung, er sei innerhalb des Auswahlverfahrens noch nicht einmal zur Angebotsabgabe aufgefordert worden.[172] Da hiermit jedoch nicht die Privatisierungsentscheidung als solche (das „Ob" der Privatisierung) sondern allenfalls die Privatisierungsmodalitäten (das „Wie" der Privatisierung) betroffen sind, kann sich auch daraus keine grundsätzliche Privatisierungsschranke aus Grundrechten ergeben.

b) Grundrechtsschutz für Personen außerhalb des Wettbewerbs

In Bezug auf die Grundrechtsbetroffenheit von außerhalb des wirtschaftlichen Wettbewerbs stehenden Personen ist zu konstatieren, dass nach allgemeiner Auffassung selbst die aus einzelnen Grundrechten resultierenden subjektiven Leistungs- und Teilhaberechte eine Privatisierungsmaßnahme grundsätzlich nicht blockieren können.[173] Sofern nämlich ausnahmsweise ein subjektiver Leistungs- bzw. Teilhabeanspruch in Bezug auf staatliche oder gemeindliche Einrichtungen besteht, kann daraus kein Anspruch auf eine bestimmte Form der Leistungserbringung hergeleitet werden. Denn derartiges ist noch nicht einmal aus dem – im Verhältnis zu den grundrechtlichen Ansprüchen ungleich konkreter gefassten – kommunalrechtlichen Zulassungsanspruch zu gemeindlichen Einrichtungen herauszulesen,[174] der die öffentliche Hand nur im Rahmen des Möglichen verpflichtet.[175] Das Bestehen grundgesetzlicher Leistungs- und Teilhabeansprüche kann somit gegen die Privatisierungsmaßnahme als solche ebenfalls nicht in Stellung gebracht werden.

---

[171] Insofern besteht kein verfassungskräftiges Recht auf Erhaltung des Geschäftsumfangs; vgl. *Tettinger*, AöR 108 (1983), S. 92, 115, m. weit. Nachw. aus der Rspr. Insgesamt hierzu auch unten D. II. 3. c) cc) (1).

[172] Vgl. hierzu BVerwGE 62, 224, 229; eingehend zu den grundrechtlichen Vorgaben für die Auftragsvergabe außerhalb des kartellvergaberechtlichen Anwendungsbereichs unten E. II. 2. a).

[173] *Krölls*, GewArch 1995, 129, 142; *Däubler*, Privatisierung als Rechtsproblem, S. 123 ff.; *Ossenbühl*, VVDStRL 29 (1971), S. 137, 175.

[174] Vgl. § 8 GO NW. Hierzu OVG Koblenz, DVBl. 1985, 176 f.; *Schoch*, Privatisierung der Abfallentsorgung, S. 50.

[175] BVerfGE 33, 303, 333; vgl. auch die äquivalenten Ausführungen zum Sozialstaatsprinzip, oben 2.

Etwas anderes mag für den Bereich der sog. staatlichen Pflichtaufgaben gelten, bei denen der Staat zu einem entsprechenden Grundrechtsschutz weiterhin verpflichtet ist.[176] Keine Probleme ergeben sich daraus in der Regel für die (kontraktiven) funktionellen Privatisierungsvarianten, da hierbei die Aufgabenverantwortung weiterhin bei der staatlichen Einrichtung verbleibt. Allenfalls in außergewöhnlichen Einzelfällen können sich die grundrechtlichen Schutzpflichten derart verdichten, dass eine materielle Privatisierung unzulässig ist, so etwa, wenn trotz Regulierungsauflagen und Überwachungsbefugnissen nicht sichergestellt werden kann, dass es zu keiner Verkürzung subjektiver Grundrechtspositionen kommt.[177]

Im Falle einer Organisationsprivatisierung bzw. funktionellen Privatisierung im engeren Sinn (Übertragung der Aufgabenerfüllung auf eine Eigengesellschaft oder eine durch die öffentliche Hand beherrschte Beteiligungsgesellschaft) wird eine Umgehung der in Art. 1 Abs. 3 GG verankerten Grundrechtsbindung durch die öffentliche Hand ohnehin dadurch verhindert, dass der Grundrechtsschutz nach absolut herrschender Meinung hier über die Grundsätze der Lehre vom Verwaltungsprivatrecht weiterhin uneingeschränkte Geltung beansprucht.[178] Aus diesem Grund können sich auch hieraus Einwirkungs- und Kontrollpflichten des öffentlichen Gewährträgers gegenüber dem Privatrechtssubjekt ergeben, um möglichen Grundrechtsbeeinträchtigungen – z. B. im Bereich der kommunalen Daseinsvorsorge – entgegenzuwirken.[179]

Ungeachtet etwaiger verfassungsrechtlicher Ingerenzpflichten kann den Grundrechten insgesamt ein grundlegendes Privatisierungsverbot in aller Regel nicht entnommen werden.

5. Das bundesstaatliche Kompetenzgefüge

Besondere Beachtung verdient weiterhin das bundesstaatliche Kompetenzgefüge für die verfassungsrechtliche Bewertung von Privatisierungsmaßnahmen, wobei zwischen der Kompetenzordnung der Legislative und der

---

176 *Sterzel*, in: Blanke/Trümmer (Hrsg.), Hdb. Privatisierung, Rn. 232.

177 *Sterzel*, in: Blanke/Trümmer (Hrsg.), Hdb. Privatisierung, Rn. 232, 234.

178 „Keine Flucht ins Privatrecht", vgl. oben 1. a). Zur Frage der Grundrechtsbindung bei privaten Rechtssubjekten in öffentlicher Trägerschaft unten E. II. 2. a). Vgl. allgemein zur Grundrechtsbindung: BGHZ 52, 325, 328; 91, 84, 96 f.; 115, 311, 318; BVerwG, DÖV 1990, 614; *Möstl*, Grundrechtsbindung öffentlicher Wirtschaftstätigkeit, S. 100 ff.; *Ossenbühl*, VVDStRL 29 (1971), S. 137, 175; *Ehlers*, in: Erichsen (Hrsg.), Verwaltungsrecht AT, S. 62; *Spannowsky*, ZGR 1996, 400, 408 ff.; tendenziell in diese Richtung auch BVerfGE 61, 82 ff.; BVerfG, JZ 1990, 335. A. A. *Püttner*, Die öffentlichen Unternehmen, S. 119.

179 *Brenner*, AöR 127 (2002), 222, 231.

Exekutive zu unterschieden ist. Mit Blick auf die Verteilung der Gesetzgebungskompetenzen (Art. 70 ff. GG) besteht für den Bund eine konkurrierende Gesetzgebungskompetenz für das Gesellschaftsrecht nach Art. 74 Nr. 11 GG („Recht der Wirtschaft"). Dazu zählt auch die Befugnis des Bundes zur Gestaltung der Unternehmensformen.[180] Deswegen ist nicht auszuschließen, dass neuartige, atypische Gesellschaftsformen, die insbesondere im Wege einer Organisationsprivatisierung entstehen, mit dieser Gesetzgebungskompetenz des Bundes in Konflikt geraten. Zu denken ist etwa an die in einigen Kommunalverfassungen seit einiger Zeit vorgesehene Organisationsform der Anstalt des öffentlichen Rechts.[181] Die Rechtsprechung des BVerwG hat in diesem Zusammenhang bedeutsame Ansätze für das Sparkassenorganisationsrecht formuliert. Danach sei das formelle und materielle Sparkassenorganisationsrecht zu trennen; ersteres unterliege der Gesetzgebungskompetenz der Länder, letzteres gehöre zur konkurrierenden Gesetzgebungskompetenz des Bundes.[182] Zum Ausdruck kommt dabei der allgemeine Rechtsgedanke, dass für öffentlich-rechtliche Organisationsformen wie Anstalten, Körperschaften, Stiftungen des öffentlichen Rechts der Bund die Organisationsgewalt der Länder zu respektieren hat. Die Ausgestaltung des Wirtschaftsorganisationsrechts stellt damit „eine mit Staatsgewalt der Länder ipso jure verbundene Befugnis [dar], die Bildung, Errichtung, Einrichtung, Organisation und Verfassung der jeweiligen Organisationsform selbstständig und eigenverantwortlich zu regeln".[183]

Gänzlich andere Aussagen für Privatisierungen lassen sich der bundesstaatlichen Kompetenzverteilung der exekutiven Hoheitsträger entnehmen. Dieses Kompetenzgefüge determiniert zwar nicht die eigentliche Privatisierungsmaßnahme, wird aber für die Privatisierungsfolgen insofern bedeutsam, als sich daraus Ingerenzpflichten ergeben. So verlangt namentlich das Bundesstaatsprinzip – ggfs. auch der im öffentlichen Recht geltende Grundsatz von Treu und Glauben – die Wahrung der für die Abgrenzung der Aufgabenbereiche geltenden Kompetenzverteilung und die Pflicht zur gegenseitigen Rücksichtnahme.[184] Danach gilt es zu verhindern, dass verschiedene staatliche Hoheitsträger zueinander in Konkurrenz treten oder sich bei der Aufgabenerfüllung gegenseitig beeinträchtigen. Da sich auch die Einrichtungen in privatrechtlicher Organisationsform den öffentlich-

---

[180] *Degenhardt*, in: Sachs, GG-Komm., Art. 74 Rn. 37, unter Bezugnahme auf BVerfG, NJW 1999, 1095, 1097.
[181] Vgl. § 114 a GO NW.
[182] BVerwGE 75, 292, 299.
[183] Eingehend hierzu *Mayen*, DÖV 2001, 110, 112, 118 f.; in diesem Sinne auch: *Maunz*, in: Maunz/Dürig (Hrsg.), GG, Art. 74 Rn. 154; *Püttner*, Die öffentlichen Unternehmen, S. 149 ff., 154.
[184] *Spannowsky*, DVBl. 1992, 1072, 1074 f.; *ders.*, ZGR 1996, 400, 413; *Brenner*, AöR 127 (2002), 222, 231.

rechtlichen Bindungen nicht grundsätzlich entziehen können,[185] bestehen dementsprechende Einwirkungs- und Kontrollpflichten auch für die Hoheitsträger, die sich der Möglichkeit zur Leistung in privatrechtlicher Organisationsform bedienen.[186]

6. Die Selbstverwaltungsgarantie

Angesichts des umfassenden Privatisierungspotenzials der Gemeinden und der Tatsache, dass auf Bundesebene nur noch einzelne Bereiche der Privatisierung offen stehen,[187] dürfte die kommunale Selbstverwaltungsgarantie (Art. 28 Abs. 2 S. 1 GG) zu den bedeutendsten verfassungsrechtlichen Privatisierungsdeterminanten gehören.[188]

a) Der Gewährleistungsumfang

Nach Art. 28 Abs. 2 S. 1 GG haben die Gemeinden im Rahmen der Gesetze das Recht, alle Angelegenheiten der örtlichen Gemeinschaft in eigener Verantwortung zu regeln. Die kommunale Selbstverwaltungsgarantie ist mehrschichtig, wobei sich insgesamt drei grundlegende Garantieebenen unterscheiden lassen: die institutionelle Rechtssubjektsgarantie, welche die Existenz von Gemeinden und Gemeindeverbänden als notwendiges Element des Staatsgefüges sichert; die objektive Rechtsinstitutionsgarantie, welche sich auf die Einrichtung der kommunalen Selbstverwaltung als Prinzip der dezentralen und eigenverantwortlichen Aufgabenerledigung bezieht; die subjektive Rechtsstellungsgarantie, welche die vorgenannten objektivrechtlichen Garantien versubjektiviert und den Gemeinden damit die Möglichkeit eröffnet, ungerechtfertigte Eingriffe in das Selbstverwaltungsrecht gerichtlich abzuwehren.[189] Im vorliegenden Zusammenhang ist die objektive Rechtsinstitutionsgarantie von besonderer Bedeutung.

---

185 Vgl. oben 1. a).

186 *Brenner*, AöR 127 (2002), 222, 231.

187 Vgl. BT-Drs. 12/5620, S. 16, 51 f. Selbst in der Bundeswehrverwaltung haben Privatisierungsmaßnahmen mittlerweile Einzug gehalten, hierzu eingehend *Gramm*, UBWV 2002, 161 ff.

188 Vgl. oben II. Namentlich *Kämmerer*, Privatisierung, S. 181, weist darauf hin, dass sich aus Art. 28 Abs. 2 S. 1 GG nicht nur eine Privatisierungsschranke, sondern auch ein Privatisierungsgebot ergeben kann; a. A. *Mayen*, DÖV 2001, 110, 111; *Schoch*, DVBl. 1994, 962; zum Ganzen *Schink*, NVwZ 2002, 129.

189 *Stern*, Staatsrecht I, S. 409; *Tettinger*, Verwaltungsrecht BT/1, Rn. 30; *Dreier*, in: Dreier, GG-Komm., Art. 28 Rn. 92 m. weit. Nachw.

Als typusbestimmende Merkmale für die objektive Rechtsinstitutionsgarantie treten die Territorialität (Bindung an den räumlichen Wirkungskreis)[190] und die Universalität (Allzuständigkeit) hervor. Alle Angelegenheiten der örtlichen Gemeinschaft unterliegen danach der eigenverantwortlichen Wahrnehmung der jeweiligen Gemeinde. Davon sind sämtliche Angelegenheiten betroffen, die „in der örtlichen Gemeinschaft wurzeln oder auf sie einen spezifischen Bezug haben".[191] Grundsätzlich können sich die Gemeinden also ihrer eigenen Angelegenheiten „ohne besonderen Kompetenztitel" annehmen.[192] Mit diesem Verständnis des Selbstverwaltungsrechts kommt aber nicht nur eine materielle Gewährleistung eines bestimm-

---

[190] In der jüngeren Vergangenheit ist gerade mit Blick auf die (privat-)wirtschaftliche Betätigung der Kommunen das Problem einer die Gemeindegrenzen überschreitenden Tätigkeit virulent geworden. Dreh- und Angelpunkt dieses Problembereichs ist die Frage, ob und in welchem Umfang das in Art. 28 Abs. 2 GG verankerte Territorialitätsprinzip auch im Bereich der Kommunalwirtschaft Bindungswirkung entfaltet (*Dietlein*, Jhrb. d. Umwelt- und Technikrechts, 58 (2001), S. 359, 365, m. weit. Nachw.). Ausgangspunkt muss dabei die dogmatische Überlegung sein, dass Art. 28 Abs. 2 GG in erster Linie ein objektives Staatsaufbauprinzip darstellt und insofern als Kompetenzzuweisung an die Kommunen zu verstehen ist (vgl. *Ruffert*, NVwZ 2000, 763; *Heintzen*, NVwZ 2000, 743; *Nierhaus*, in: Sachs, GG-Komm., Art. 28 Rn. 31; *Hösch*, DÖV 2000393, 403). Es spricht hierbei in Übereinstimmung mit der herrschenden Meinung einiges dafür, nicht nur den „Bereich der genuin hoheitlichen Tätigkeiten", sondern ebenfalls die (privat-) wirtschaftliche Betätigung der Kommunen als Ausübung dieser verfassungsrechtlichen Kompetenzzuweisung zu verstehen. Denn in Umkehrung des allgemein anerkannten Grundsatzes, dass den kommunalen Unternehmen eine Bezugnahme auf die grundrechtlichen wirtschaftsbezogenen Freiheiten verwehrt sein muss (vgl. nur *Stern*, in: Dolzer/Vogel, BK-GG, Art. 28 Rn. 161 ff.; *Pagenkopf*, GewArch 2000, 177, 179), kann im Ergebnis nichts anderes gelten, als dass die kommunale Wirtschaftstätigkeit – gleich den hoheitlichen Tätigkeiten – als kompetenzgebundene Wahrnehmung öffentlicher Aufgaben zu betrachten ist (prägnant hierzu *Heintzen*, ebda., S. 743 f., unter Hinweis auf BVerfGE 61, 82, 108 f.) Ablehnend äußern sich *Moraing*, WiVerw. 1998, 233, 244; *Wieland*, in: Henneke (Hrsg.), Optimale Aufgabenerfüllung im Kreisgebiet, S. 193, 197 f.; *Hellermann*, Kommunalwirtschaftliche Betätigung, S. 130, die alle davon ausgehen, dass die erwerbswirtschaftliche Betätigung der Kommunen weder von den grundrechtlichen Unternehmensfreiheiten erfasst noch kompetenzgebunden sei. Diese Auffassung bewirkt jedoch einen „Rückfall" in die althergebrachten Fiskustheorien (*Pielow*, NWVBl. 1999, 369, 379); sie offenbart insofern Widersprüche, als sie – insoweit durchaus zutreffend – aus Art. 28 Abs. 2 GG einerseits einen Schutz erwerbswirtschaftlichen Handelns herausliest, andererseits aber die Kommunalwirtschaft von den in der Selbstverwaltungsgarantie ebenso angelegten Bindungen an das Gemeinwohl und die Örtlichkeit ausnimmt. Denn eine Differenzierung zwischen erwerbswirtschaftlicher und hoheitlicher Tätigkeit der Kommunen in dem Sinn, dass für die erstgenannte Handlungsform allein der Schutz des Art. 28 Abs. 2 GG, nicht hingegen die gleichsam darin enthaltenen Kompetenzbindungen gelten sollen, kann der Selbstverwaltungsgarantie nicht entnommen werden (*Heintzen*, Rechtliche Grenzen und Vorgaben für eine wirtschaftliche Betätigung von Kommunen, S. 56; *ders.*, NVwZ 2000, 743, 744; *Ehlers*, NWVBl. 2000, 1, 5 f.; *Grawert*, Festschrift Blümel, S. 119, 129). Die grenzüberschreitende Tätigkeit von kommunalen (privat-)wirtschaftlichen Unternehmen stellt somit eine „Durchbrechung" des Territorialitätsprinzips dar; ein derartiger Eingriff in die Selbstverwaltungsgarantie der betroffenen anderen Gemeinden lässt sich nur mit einer durch überwiegende Gründe des Allgemeinwohls gerechtfertigten gesetzgeberischen Ausgestaltung legitimieren (*Hösch*, ebda.; *Dietlein*, ebda., S. 366 f.; vgl. hierzu § 107 Abs. 3 GO NW). Die entgegenstehende Auffassung meint, dass die Zustimmung der betroffenen Nachbargemeinde entscheidend sein soll (OLG Düsseldorf, NVwZ 2000, 714, 715; *Nierhaus*, ebda., Rn. 42 a; *Pielow*, ebda.). Dabei wird jedoch verkannt, dass die Selbstverwaltungsgarantie als objektives Staatsaufbauprinzip der Dispositionsbefugnis der Kommunen entzogen ist (*Dietlein*, NZBau 2003,141, 142, unter Hinweis auf BVerfGE 1, 1, 14, Ls. 30).

[191] BVerfGE 79, 127, 151 f.

[192] BVerfGE 79, 127, Ls. 2.

ten Aufgabenbereichs zum Ausdruck, sondern auch in dem so umgrenzten Bereich die Gewährleistung einer eigenverantwortlichen Führung der Geschäfte.[193] Aus dieser Eigenverantwortlichkeit resultiert namentlich die Organisationshoheit, womit die Gemeinden die Abläufe und Entscheidungszuständigkeiten „für die Wahrnehmung ihrer Aufgaben im Einzelnen frei bestimmen und damit auch über Gewichtung, Qualität und Inhalt" der Aufgaben entscheiden.[194] Denn eine eigenverantwortliche Regelung der gemeindlichen Angelegenheiten wäre ohne ein bestimmtes Maß an organisatorischer Selbstständigkeit hinsichtlich der Aufgabenwahrnehmung schlechterdings unvorstellbar.[195] In concreto bewirkt die eigenständige Organisationsgewalt, dass die kommunale Körperschaft grundsätzlich nach ihrem Ermessen über die Rechts- und Organisationsform, in der sie ein kommunales Unternehmen führen will, entscheiden kann. Sowohl die Entscheidung für die öffentlich- oder privatrechtliche Ausgestaltung als auch die (nachgehende) Entscheidung über die konkrete Rechtsform (Regie- oder Eigenbetrieb bzw. Aktiengesellschaft oder GmbH) unterliegen damit dem Grundsatz der organisatorischen Wahlfreiheit.[196]

b) Der Ausgestaltungs- und Begrenzungsvorbehalt

Die Selbstverwaltungsgarantie besteht nur „im Rahmen der Gesetze", Art. 28 Abs. 2 S. 1 GG. Dies impliziert einen verfassungsrechtlichen Ausgestaltungs- und Begrenzungsvorbehalt für den Gesetzgeber,[197] der damit nicht nur die gemeindliche Zuständigkeit für bestimmte Angelegenheiten, sondern auch die Art und Weise der Erledigung der Angelegenheiten der örtlichen Gemeinschaft regeln kann.[198] Damit unterliegt auch die kommunale Organisationshoheit grundsätzlich den Vorgaben des Gesetzgebers. Diese

---

193 Grundlegend BVerfGE 26, 228, 237 f.; fortgeführt in BVerfGE 56, 298, 312; 59, 216, 226; 79, 127, 143; vgl. *Kämmerer*, Privatisierung, S. 182.

194 Grundlegend BVerfGE 38, 258, 278 ff.; fortgeführt in BVerfGE 52, 95, 117; 83, 363, 382; 91, 228, 236 ff.. Die ältere Literatur nahm freilich das Organisationsermessen weitgehend vom gemeindlichen Selbstverwaltungsrecht aus (vgl. nur *Anschütz*, WRV, Art. 127 Anm. 1), obwohl gewisse Organisationsbefugnisse seit jeher das tatsächliche Erscheinungsbild des Selbstverwaltungsrechts prägten (so BVerfGE 91, 228, 236 f.).

195 BVerfGE 91, 228, 236 ff.; vgl. *Stern*, Staatsrecht I, S. 414.

196 BVerfGE 8, 256, 258; 38, 258, 279; 91, 228, 238; BVerwG, NVwZ 1999, 653; *Scholz/Pitschas*, in: Püttner, HdkWP, § 95 B III 2, S. 129 f. *Stern*, Staatsrecht I, S. 409; *Graf Vitzthum*, AöR 104 (1979), S. 580, 581, 604; *Gnittke/Siederer*, ZVgR 2000, 236; *Kämper/Hesshaus*, Der Städtetag 2000, 36 37; *Löwer*, in: v. Münch/Kunig, GG-Komm., Art. 28 Rn. 61, 70; a. A. wohl nur *Koch*, Der rechtliche Status kommunaler Unternehmen in Privatrechtsform, S. 208: „Autonomie der Aufgabenwahl umfasst die Art und Weise einer etwaigen Delegation"; hierzu *Stern*, in: Dolzer/Vogel, BK-GG, Art. 28 Rn. 87 „Recht zur Spontanität".

197 Gesetzliche Ausgestaltungen sind nicht nur durch formelle Parlamentsgesetze möglich, sondern etwa auch durch materielle Gesetze wie Rechtsverordnungen und Satzungen.

198 BVerfGE 79, 127, 143, Ls. 1; 91, 228, 238.

dürfen freilich nicht so weitreichend sein, dass sie „einer mit wirklicher Verantwortlichkeit ausgestatteten Selbstverwaltung" im Wege stehen und die Gemeinden an der Wahrnehmung ihrer Aufgaben hindern.[199]

Praktisch als eine „rahmenartige Mindestgarantie" unterliegt jedenfalls ein eingriffsfester Kernbereich dem absoluten Schutz der kommunalen Selbstverwaltungsgarantie.[200] Eine exakte Abgrenzung des unantastbaren Kernbereichs vom regulierbaren Randbereich stößt in der praktischen Rechtsanwendung auf erhebliche Schwierigkeiten, weshalb auch das Bundesverfassungsgericht und die herrschende Lehre eine „apriorisch-gegenständliche Beschreibung" ablehnen.[201] Zu berücksichtigen sind etwa die historische Entwicklung sowie die verschiedenen Erscheinungsformen der Selbstverwaltung.[202] Unter Rückgriff auf die sog. „klassischen Gemeindehoheiten" stellt sich hier die Frage, inwieweit die gemeindliche Organisationshoheit dem Kernbereichsschutz unterliegt. Entscheidungen über die äußeren Grundstrukturen der Kommune, wie etwa die Bestimmung und Konturierung der hergebrachten Gemeindeverfassungstypen[203], sind dabei seit jeher als Angelegenheiten des Gesetzgebers qualifiziert worden, die den Wesensgehalt der gemeindlichen Selbstverwaltung nicht tangieren. Derartige Fälle sind aber für die rechtliche Bewertung von Privatisierungsmaßnahmen irrelevant, da Privatisierungen nicht die äußeren Grundstrukturen von Gemeinden verändern, sondern sich allenfalls auf die interne Organisation oder Aufgabenerfüllung auswirken. Aber auch die Befugnis zur eigenverantwortlichen Gestaltung der internen Gemeindeorganisation kann nicht pauschal – wie bisweilen angenommen –[204] unter den Kernbereichsschutz subsumiert werden. Dieser verbietet nämlich nur solche gesetzlichen Regelungen, die „eine eigenständige organisatorische Gestaltungsfähigkeit der Kommunen im Ergebnis ersticken würden". Davon ist etwa auszugehen bei einer umfassenden Steuerung der gemeindlichen Organisation durch staatliche Instanzen, die eine dezentrale und eigenverantwortliche kommunale Aufgabenwahrnehmung im Ergebnis unmöglich macht.[205] Demgegenüber dürfte nichts gegen eine nähere Ausgestaltung der Anforderungen betreffend die Art und Weise der Aufgabenerledigung einzuwenden sein, wenn diese der spezifischen Funktion des kommunalen Selbstverwaltungsrechts hinreichend Rechnung tragen. Angesichts dieser

---

[199] BVerfGE 82, 310, 314; 91, 228, 236 f.
[200] *Dreier*, in: Dreier, GG-Komm., Art. 28 Rn. 87.
[201] *Kämmerer*, Privatisierung, S. 182; m. weit. Nachw.
[202] BVerfGE 59, 216, 226; 79, 127, 146; 91, 228, 236 f.
[203] In Betracht kommen hier die Magistrats-, Bürgermeister-, süddeutsche oder norddeutsche Ratsverfassung.
[204] Vgl. *Löwer*, in: v. Münch/Kunig, GG-Komm., Art. 28 Rn. 71, m. weit. krit. Nachw.
[205] BVerfGE 91, 228, 236 ff.. Vgl. VerfGH NW, NWVBl. 2002, 101, 103 ff. - „Gleichstellungsbeauftragte"; *Nierhaus*, in: Sachs, GG-Komm., Art. 28 Rn. 44 a.

Vorgaben lässt sich festhalten, dass eine legale Beschränkung der Organisationshoheit zwar auch im internen Bereich möglich ist, die Prüfung der Rechtmäßigkeit der Beschränkung aber im Endeffekt auf eine Einzelfallabwägung hinauslaufen wird.

c) Der konkrete Bezug zu einzelnen Privatisierungsformen

Ein generelles Verbot des Gesetzgebers von reinen Organisationsprivatisierungen würde den Kernbereich kommunaler Selbstverwaltung jedenfalls aushöhlen, da dieser Privatisierungstyp lediglich einen bloßen Rechtsformwechsel bewirkt und sich damit nur auf interne Verwaltungsabläufe auswirkt.[206] Insofern ist zu berücksichtigen, dass die Organisationsprivatisierung – indem sie nur unter formellen Aspekten Wirkung entfaltet und die materielle Seite der Aufgabenwahrnehmung und -verantwortung unberührt lässt – lediglich einen „Wechsel des Gewandes“ bewirkt.[207] Unter diesen Voraussetzungen würde ein generelles Privatisierungsverbot die gemeindlichen Verwaltungsabläufe derart einschneidend steuern, dass die eigenverantwortliche Gestaltungsfähigkeit der Kommunen schon im Grundsatz zunichte gemacht würde. Insofern ist also weder ein unmittelbar verfassungsrechtliches Privatisierungsverbot noch ein generelles Einfallstor für legale Privatisierungsbeschränkungen zu erblicken. Im Gegenteil: Die Selbstverwaltungsgarantie enthält vielmehr einen umfassenden Schutz für die Gemeinden vor einer grundsätzlichen Einschränkung der Zulässigkeit von Organisationsprivatisierungen. Einfachgesetzlich gestaltet sich diese Annahme in den landesrechtlichen Gemeindeordnungen aus, worin die grundsätzliche Möglichkeit von Organisationsprivatisierungen ausdrücklich statuiert ist.[208] Die in den Kommunalverfassungen ebenfalls vorgesehenen ausdrücklichen Vorgaben für die Wahl der Organisationsform begrenzen zwar das Privatisierungsvorhaben; sie enthalten jedoch nur nähere Anforderungen an die Art und Weise der Aufgabenerledigung und lassen die eigentliche Wahlfreiheit der Organisationsform im Übrigen unberührt. Die kommunale Eigenverantwortlichkeit wird insoweit hinreichend berücksichtigt, so dass ein Eingriff in den gemeindlichen Kernbereich auf Grund dieser legislativen Vorgaben nicht in Betracht kommt.

Auch mit Blick auf die übrigen Privatisierungsformen kann einer gesetzgeberischen Einschränkung nicht allgemein entgegengehalten werden, dass damit die kommunale organisatorische Wahlfreiheit ausgehöhlt werde.

---

[206] *Sterzel*, in: Blanke/Trümmer (Hrsg.), Hdb. Privatisierung, Rn. 214.
[207] Vgl. oben III. 2. b).
[208] Vgl. § 108 GO NW; § 115 GO Nds.

Man denke etwa an gesetzliche Beschränkungen von funktionellen Privatisierungsmaßnahmen, bei denen ein privater Rechtsträger mit der Aufgabenerfüllung beauftragt wird, oder an legislative Einschränkungen von Aufgabenprivatisierung, die gar eine Verlagerung der Aufgabenverantwortung nach sich ziehen. Derartige legislative Beschränkungen können z. B. darin bestehen, dass die Aufgabenwahrnehmung oder zumindest die Aufgabenverantwortung durch die öffentliche Hand sichergestellt werden muss.[209] Hier ist die materielle Seite der Aufgabenerfüllung, mithin die soeben erwähnte Art und Weise der Aufgabenerledigung betroffen. Die darauf bezogenen legislativen Vorgaben müssen das aus der Selbstverwaltungsgarantie resultierende Prinzip kommunaler Eigenverantwortlichkeit hinreichend berücksichtigen. Damit stellt sich die Frage, inwiefern für einzelne Privatisierungsschranken zwischen den unterschiedlichen Formen von Selbstverwaltungsaufgaben zu differenzieren ist. Dabei ist zu berücksichtigen, dass Art. 28 Abs. 2 GG kein Freiheitsgrundrecht, sondern eine Kompetenzvorschrift (objektives Staatsaufbauprinzip) darstellt,[210] so dass das Element der Pflichtigkeit (Schutz der politisch-demokratischen Funktion der Selbstverwaltung) vom Selbstverwaltungsrecht nicht zu trennen ist.[211] Die Unterscheidung zwischen freiwilligen und gesetzlich zugewiesenen (pflichtigen) Selbstverwaltungsaufgaben ist damit gleichsam schon in der Konstruktionslogik des Art. 28 Abs. 2 S. 1 GG angelegt.[212]

Die freiwilligen Selbstverwaltungsaufgaben können auf Grund der Universalität des gemeindlichen Wirkungskreises durch die Gemeinden selbst kreiert und ohne spezifische Kompetenzermächtigung eigenverantwortlich wahrgenommen werden. Der Bereich freiwilliger Selbstverwaltungsaufgaben umfasst in erster Linie das weite Feld der kommunalen Daseinsvorsorge[213] und ist damit im Wesentlichen unbegrenzt.[214] Die Wahrnehmung freiwilliger Aufgaben orientiert sich allenfalls am ortsbezogenen Bedürfnis sowie an der gemeindlichen Leistungsfähigkeit und liegt damit einzig im politischen Handlungsermessen.[215] Vor diesem Hintergrund ist es nur folgerichtig, dass grundsätzlich jede Privatisierungsform in Ansehung freiwil-

[209] Exemplarisch § 108 Abs. 1 S. 1 Nr. 6 GO NW.
[210] Vgl. *Dietlein*, Jhrb. d. Umwelt- und Technikrechts 58 (2001), S: 359, 367, 373, m. weit. Nachw.
[211] *Schoch*, DVBl. 1994, 1, 5 f.
[212] *Sterzel*, in: Blanke/Trümmer (Hrsg.), Hdb. Privatisierung, Rn. 218.
[213] Diesen Begriff prägend: *Forsthoff*, Rechtsfragen der leistenden Verwaltung.
[214] *Schmidt-Jorzig*, DÖV 1993, 973, 975.
[215] *Sterzel*, in: Blanke/Trümmer (Hrsg.), Hdb. Privatisierung, Rn. 219. Wenig aussagekräftig bestimmt § 8 Abs. 1 GO NW insofern, dass die „Gemeinden (...) innerhalb der Grenzen ihrer Leistungsfähigkeit die für die *wirtschaftliche, soziale und kulturelle Betreuung* ihrer Einwohner erforderlichen Einrichtungen [schaffen]“ (Hervorhebung d. d. Verf.). Ungleich konkreter § 57 Abs. 1 GO Bay: Z. B. „Öffentliche Reinlichkeit, öffentlicher Verkehr, öffentliche Wohlfahrtspflege, Jugendertüchtigung, Kultur- und Archivpflege“.

liger Selbstverwaltungsaufgaben zulässig ist. Namentlich für Aufgabenprivatisierungen folgt dies schon aus dem gemeindlichen Ermessensspielraum für die grundlegende Entscheidung darüber, ob eine öffentliche Leistung angeboten wird. Dann muss es der Selbstverwaltungskörperschaft aber umgekehrt auch freistehen, sich mittels einer Aufgabenprivatisierung dem bisher dargebrachten Leistungsangebot wieder zu entziehen,[216] etwa weil kein ortsspezifisches Erfordernis mehr besteht oder – was angesichts einer chronisch defizitären Haushaltssituation der Kommunen besonders bedeutsam ist – die auch zukünftige Aufgabenwahrnehmung von der wirtschaftlichen Leistungsfähigkeit nicht mehr gedeckt ist. Eine Ausnahme von diesem Grundsatz besteht insofern, als die Aufgabenerledigung eine Bedarfsdeckung mit essenziellen Dienst- und Sachleistungen darstellt.[217] Namentlich die Aufgaben im Bereich der Infrastruktur, wie die Stromversorgung und teilweise die Wasserversorgung[218], die Straßenbeleuchtung und der öffentliche Personennahverkehr, die aus Gründen des öffentlichen Wohls schlechterdings nicht unerledigt bleiben dürfen, sind demnach faktisch und rechtlich wie pflichtige Selbstverwaltungsaufgaben zu behandeln.[219] Von solchen Aufgabenbereichen darf sich die Kommune im Wege der Aufgabenprivatisierung nicht trennen.

Ebenso wie in diesem Ausnahmefall stellt sich die Sachlage bei den pflichtigen Selbstverwaltungsaufgaben dar, bei denen die Aufgabenerledigung legislativ vorgeschrieben ist.[220] Eine Aufgabenprivatisierung, die sich durch Entledigung der Aufgabenwahrnehmung und -verantwortung kennzeichnet,[221] ist hierbei stets ausgeschlossen.[222] Besonders prominente Beispiele für (kreis-)kommunale Pflichtaufgaben sind die Abwasserbeseitigung[223], die Abfallbeseitigung[224] und in einigen Bundesländern auch die Trinkwasserversorgung[225]. Die bundesgesetzlichen Vorschriften für diese Tätigkeitsfelder sehen jedoch durchweg die Möglichkeit vor, (private)

---

[216] So auch *Kämmerer*, Privatisierung, S. 189: „Die Aufgabenschaffung kann den Aufgabenfortbestand nicht implizieren."

[217] *Sterzel*, in: Blanke/Trümmer (Hrsg.), Hdb. Privatisierung, Rn. 221.

[218] Das WHG legt für die Trinkwasserversorgung keine Zuständigkeit öffentlicher Rechtsträger fest. Die landesgesetzliche Ausgestaltung ist uneinheitlich. Zur Trinkwasserversorgung als kommunaler Pflichtaufgabe bekennen sich hingegen ausdrücklich: Art. 57 Abs. 2 und 3 GO Bay; § 59 Abs. 1 WG Bbg; § 54 Abs. 1 S. 1 WG Hess; § 43 Abs. 1 LWG MV; § 46 Abs. 1 S. 1 WG RlPf; § 57 Abs. 1 WG Sachs; § 146 Abs. 1 WG SachsAnh; § 61 Abs. 1 S. 1 WG Thür.

[219] *Schmidt-Jorzig*, DÖV 1993, 973, 975.

[220] Vgl. z. B. § 3 GO NW.

[221] Vgl. oben III. 2. c).

[222] OVG Koblenz, DVBl. 1985, 176, 177; *Hofmann*, VBlBW 1994, 121, 123.

[223] § 18 a Abs. 2 WHG i.V.m. den Landeswassergesetzen; exemplarisch hierzu: § 53 Abs. 1 S. 1 LWG NW; § 49 b Abs. 2 S. 1 WG BW; § 41 b Abs. 1 WG Bay.

[224] § 15 Abs. 1 S. 1 Krw-/AbfG i.V.m. den Landesabfallgesetzen; exemplarisch hierzu: § 5 Abs. 1 LAbfG NW.

[225] Vgl. Fn. 191.

„Dritte" mit der Aufgabenerfüllung zu „beauftragen"[226] oder sich (privater) „Dritter" zur Aufgabenerfüllung zu „bedienen".[227] Lediglich die Verantwortlichkeit für die Aufgabenerfüllung muss bei dem öffentlich-rechtlichen Gewährträger verbleiben,[228] so dass insbesondere auch nach Aufgabenübertragung auf den Dritten die „Erfüllung der übertragenen Pflichten sicherzustellen ist".[229] Die rechtlichen Vorgaben eröffnen damit wichtige Einsatzfelder für die funktionelle Privatisierung und insbesondere die Public Private Partnership.[230] Da hiermit nämlich nur der Bereich der Aufgabenwahrnehmung privatisiert wird und die Letztverantwortlichkeit beim Hoheitsträger verbleibt, sind derartige Pflichtaufgaben der funktionellen Privatisierung weiterhin zugänglich. Dies erfordert freilich in Bezug auf gemischtwirtschaftliche Unternehmen – insofern korrespondierend mit den Ingerenzpflichten –[231] eine überwiegende Kapitalbeteiligung der öffentlichen Hand oder zumindest eine gesellschaftsvertraglich abgesicherte qualifizierte Einflussnahme durch den öffentlich-rechtlichen Gewährträger. Außerdem empfiehlt es sich, eine Sicherungsklausel in das Vertragswerk aufzunehmen, die den Zugriff der öffentlichen Hand auf die Gesellschaftsanteile des Privaten für den Fall sichert, dass dieser seine Betriebsbeteiligung nicht fortsetzen kann oder will.

7. Die Folgen aus den verfassungsrechtlichen Vorgaben

Der vorstehende Überblick über die verfassungsrechtlichen Privatisierungsdeterminanten verdeutlicht, dass das Grundgesetz einer Neuverteilung von Aufgaben im Verhältnis von Staat und Gesellschaft, also der generellen Zulässigkeit von Privatisierungen („Ob"), nur geringe Widerstände entgegensetzt.[232] Und auch das BVerfG hat das Grundgesetz wiederholt als „wirtschaftspolitisch neutral" bezeichnet, da sich ihm kein Bekenntnis zu einem bestimmten Wirtschaftssystem entnehmen lässt.[233] Freilich darf diese Aussage keinesfalls im Sinne einer reduzierten Garantiewirkung namentlich der Freiheitsrechte im Bereich der wirtschaftsordnenden Regelungen (fehl-)interpretiert werden.[234] Wie soeben dargestellt, ziehen diese Regelungen für Privatisierungsmaßnahmen vielmehr gewisse Schranken, wo-

---

226 § 16 Abs. 1 S. 1 Krw-/AbfG.
227 § 18 a Abs. 2 S. 3 WHG.
228 So explizit: § 16 Abs. 1 S. 2 Krw-/AbfG.
229 § 18 a Abs. 2 a S. 2 Ziff. 3 WHG; § 16 Abs. 2 S. 1 Ziff. 2 Krw-/AbfG.
230 *Bauer*, DÖV 1998, 89, 90.
231 Oben 1.
232 *Di Fabio*, JZ 1999, 585, 592.
233 BVerfGE 4, 1, 17 f.; 7, 377, 400; 14, 19, 23; 30, 292, 315; 50, 290, 336 ff.; 57, 139, 167; vgl. hierzu: *Papier*, in: HdbVerfR, § 18 Rn. 1; *Tödtmann*, RdE 2002, 6, 11.
234 *Breuer*, HdbStR VI, § 147 Rn. 20.

bei jedoch ein großer Spielraum eröffnet bleibt, so dass sich der Charakter der Verfassung zutreffend „als Rahmenordnung für Privatisierungen" beschreiben lässt.[235] Grundlegende und tiefgreifende Schranken hinsichtlich des „Ob" der Privatisierungsmaßnahme ergeben sich nur in wenigen Einzelfällen, die dann aber – wie die praktische Erfahrung zeigt – so schwerwiegend sein können, dass eine Verfassungsänderung erforderlich wird.[236]

Andererseits ist auch deutlich geworden, dass das Grundgesetz in Bezug auf das Privatisierungsfolgenrecht – das „Wie" der Privatisierung – weitläufige Ingerenzpflichten statuiert. Wenn es an einer ausdrücklichen Normierung fehlt, sind diese Pflichten zumindest aus dem teleologischen Zusammenhang der einzelnen Verfassungsbestimmungen herauszulesen. Damit ist freilich noch keine Antwort auf die Frage gefunden, welche rechtlichen Instrumentarien für die Ausübung dieser Ingerenzpflichten anzuwenden sind. In Betacht kommt dafür zunächst das Gesellschaftsrecht, das in Abhängigkeit von der jeweils gewählten privatrechtlichen Unternehmensform (Aktiengesellschaft, GmbH) bestimmte Einfluss- und Kontroll*rechte*, scil. Einfluss- und Kontroll*möglichkeiten*, für die Anteilseigner gegenüber der Gesellschaft und ihren Organen enthält. Die erwähnten Einfluss- und Kontroll*pflichten* richten sich allerdings maßgeblich nach dem Verfassungsrecht, das namentlich in den Vorschriften der Haushaltsordnungen und des kommunalen Wirtschaftsrechts einfachgesetzlich ausgeprägt ist. Diesbezüglich stellt sich die Frage, inwiefern die gesellschaftsrechtlichen Ingerenzrechte und die verfassungsrechtlichen Ingerenzpflichten deckungsgleich sind bzw. – anders gewendet – inwiefern die Rechtsmaterien voneinander abweichen. Vor diesem Hintergrund ist zunächst das Verhältnis der beiden Rechtsmaterien zueinander klärungsbedürftig.

---

235 *Bauer*, VVDStRL 54 (1995), 243, 263; *Friauf*, DÖV 1976, 624, 625; *ders.*, JA 1984, 537: „Koordinatensystem" für zulässiges wirtschaftspolitisches Handeln des Staates.

236 So bei der Privatisierung der Bahn, Post und Flugsicherung, vgl. oben 3.

a) Die Lehre vom Verwaltungsgesellschaftsrecht

Aus öffentlich-rechtlicher Sicht scheint es sich praktisch aufzudrängen, eine exakt handhabbare Bestimmung der Ingerenzrechte über die sog. Lehre vom Verwaltungsgesellschaftsrecht zu finden.[237] Um einen Gleichlauf zwischen den (erforderlichen) Ingerenzpflichten und den (möglichen) Ingerenzrechten zu erreichen, unternimmt diese Theorie im Wege einer verfassungskonformen Auslegung bzw. praktischen Konkordanz zur Konfliktlösung den Versuch, die gesellschaftsrechtlichen Vorschriften nach Maßgabe der verfassungsrechtlichen Vorgaben im Wege einer Auslegung zu modifizieren. Gewissermaßen als Weiterentwicklung des Verwaltungsprivatrechts, das die Verwaltung in Privatrechtsform der Grundrechtsbindung unterwirft, soll so ein „Verwaltungsgesellschaftsrecht" kreiert werden, das mit den verfassungsrechtlichen Einwirkungs- und Kontrollerfordernissen im Einklang steht und mithin das Gesellschaftsrecht verdrängt. Insbesondere die aus dem verfassungsrechtlich verbürgten Demokratieprinzip folgende ununterbrochene Legitimationskette soll in personell-institutioneller und sachlich-materieller Hinsicht umfassende Einwirkungs- und Kontrollrechte begründen. Der öffentliche Rechtsträger müsse dementsprechend bestimmenden Einfluss auf die Bestellung der Unternehmensführung haben und die Art der Aufgabenerfüllung kontrollieren können. Daher stünden ihm – unabhängig von der gesellschaftsrechtlich vorgegebenen Rechtslage – grundlegende Berichts- und Informationspflichten sowie Abberufungs- und Weisungsrechte zur Verfügung. Insbesondere die zuletzt genannten Rechte seien als „Essentiale" zur Erfüllung der verfassungsgebotenen Ingerenzpflicht zulässig und geboten.[238] Die Lehre vom Verwaltungsgesellschaftsrecht geht in concreto sogar soweit, aus dem Verfassungsrecht die Möglichkeit zur unmittelbaren Beeinflussung des Vorstands oder Aufsichtsrates entgegen § 76 Abs. 1 AktG selbst bei einer Aktiengesellschaft herzuleiten.

Die Theorie vom Verwaltungsgesellschaftsrecht ist in der Literatur zu recht auf vielfache Bedenken gestoßen.[239] Schon die überaus konkreten, in alle Einzelheiten gehenden Vorgaben des Verwaltungsgesellschaftsrechts für die Ingerenzmöglichkeiten der öffentlichen Hand vermögen nicht zu über-

---

[237] Hierzu *Kraft*, Das Verwaltungsgesellschaftsrecht, S. 237; *Krebs*, Die Verwaltung 29 (1996), 309 ff.; *Stober*, NJW 1984, 449, 454 f.; *Haverkate*, VVDStRL 46 (1988), 217, 226 ff.; aus neuerer Zeit *von Danwitz*, AöR 1995, 595; dagegen *Möstl*, Grundrechtsbindung öffentlicher Wirtschaftstätigkeit, S. 25 ff., *Habersack*, ZGR 1996, 555; *R. Schmidt*, ZGR 1996, 345, 350 f.; kritisch auch *Püttner*, Die öffentlichen Unternehmen, S. 119; u.a.

[238] *V. Danwitz*, AöR 1995, 595, 607 f.

[239] Hierzu *Zugmaier*, BayVBl. 2001, 233, 236; *Ehlers*, DVBl. 1997, 139; *Brenner*, AöR 127 (2002), 222, 234 f.; auch der BGH (Z 69, 334, 340; 135, 107) erteilt der Lehre vom Verwaltungsgesellschaftsrecht eine deutliche Absage.

zeugen. Denn selbst aus den verfassungsrechtlichen Grundlagen der Ingerenzpflichten lässt sich – auch für gemischt-wirtschaftliche Unternehmen – keine exakte Bestimmung der Reichweite und Intensität der (notwendigen) Einwirkungsmöglichkeiten entnehmen.[240] Für Modifikationen des Gesellschaftsrechts fehlt es insofern am konkreten Norminhalt der verfassungsrechtlichen Ingerenzvorgaben, der für die Umgestaltung der gesellschaftsrechtlichen Vorschriften aber unerlässlich wäre.[241] Es muss vielmehr dem Gesetzgeber vorbehalten bleiben, den öffentlichen Aufgabenträger mit den für die Wahrnehmung der Aufgabenverantwortung notwendigen Kontroll- und Einwirkungsmöglichkeiten auszustatten. Der Rechtsanwender kann den gesetzgeberischen Beurteilungsspielraum über die konkrete Ausgestaltung nicht einfach durch seine eigenen Vorstellungen von den notwendigen Ingerenzpflichten ersetzen.[242] Namentlich das dem Verwaltungsgesellschaftsrecht immanente Weisungsrecht an den Vorstand der Aktiengesellschaft unterliefe damit zwingendes Privatrecht (vgl. § 76 Abs. 1 AktG).[243]

Das Gesellschaftsrecht kollidiert auf Grund dieses gesetzgeberischen Ausgestaltungsspielraums auch nicht mit dem Verfassungsrecht. Im Gegenteil: Die vorhandenen Einwirkungs- und Kontrollmechanismen sowie die satzungsmäßigen oder vertraglichen Gestaltungsspielräume des Gesellschaftsrechts eröffnen die Möglichkeit, die verfassungsrechtlichen Ingerenzpflichten durchzusetzen. Für eine derart einschneidende Verdrängung der gesellschaftsrechtlichen Vorgaben besteht schon allein deshalb keine Notwendigkeit.[244] Wenn die öffentliche Hand sich zur Aufgabenerfüllung privatrechtlicher Organisationsformen bedient, obliegt es ihr richtigerweise auch, den öffentlich-rechtlichen Bindungen mit einer entsprechenden Vertragsgestaltung Rechnung zu tragen, etwa durch die Verankerung des öffentlichen Interesses in der satzungsmäßigen Zweckbestimmung. Sofern ihr dies nicht gelingen sollte, hat sie von der Privatisierungsmaßnahme Abstand zu nehmen[245] und kann sich immer noch der vorhandenen öffentlich-rechtlichen Rechtsformen wie des Regie- oder Eigenbetriebs bzw. der Anstalt des öffentlichen Rechts bedienen.

---

[240] *Brenner*, AöR 127 (2002), 222, 234 f.

[241] *Spannowsky*, ZGR 1996, 400, 422; im Ergebnis auch *Ulmer/Schmidt-Aßmann*, BB 1998, Beil 13, S. 13, 15.

[242] *Spannowsky*, ZGR 1996, 400, 422, der noch darauf hinweist, dass der Gesetzgeber ungeachtet dieses Beurteilungsspielraums lediglich einen festen Kernbestand an Ingerenzmöglichkeiten stets zu beachten habe.

[243] *Ehlers*, DVBl. 1997, 137, 139; *Waechter*, Kommunalrecht, Rn. 556.

[244] *Brenner*, AöR 127 (2002), 222, 235.

[245] *Habersack*, ZGR 1996, 555; *Püttner*, DVBl. 1986, 748, 751; *R. Schmidt*, ZGR 1996, 345, 351.

b) Der Vorrang des Gesellschaftsrechts

Die Verdrängung der gesellschaftsrechtlichen Vorschriften bei Unternehmen mit staatlicher Beteiligung entsprechend der Lehre vom Verwaltungsgesellschaftsrecht ist auf Grund dieser unauflösbaren Systemwidersprüche abzulehnen. Allerdings fragt es sich, ob damit auch gleichzeitig ein genereller Vorrang des Gesellschaftsrechts vor den Bestimmungen der Haushaltsordnungen und Kommunalverfassungen, die entsprechende Ingerenzpflichten ausdrücklich statuieren, festgestellt werden kann. Mit Blick auf die landesrechtlichen Haushaltsordnungen und die Kommunalverfassungen wird dies bisweilen mit dem Argument bejaht, den bundesrechtlichen Vorschriften des Aktiengesetzes und des GmbH-Gesetzes sei gemäß Art. 31 GG der Vorrang einzuräumen, so dass Ingerenzkonflikte stets zu Gunsten des Gesellschaftsrechts zu lösen seien.[246] Unabhängig davon, dass dieser Ansatz das Konkurrenzproblem des Gesellschaftsrechts zur Bundeshaushaltsordnung nicht zufriedenstellend lösen kann, lässt sich schon aus anderen Erwägungen heraus daran zweifeln, ob allein die Frage des Vorrangs zur Beilegung des Konflikts beitragen kann. Insofern ist zu bedenken, dass sich die Grundlagen etwaiger Ingerenzpflichten gerade nicht aus dem Haushaltsrecht oder Kommunalrecht, sondern aus dem übergeordneten Verfassungsrecht ergeben. Das Rangverhältnis zwischen Haushalts- und Kommunalrecht auf der einen und dem Gesellschaftsrecht auf der anderen Seite kann damit keine entscheidende Aussagekraft entfalten.[247] Der Hinweis auf Art. 31 GG überzeugt dementsprechend nur in stark eingeschränktem Maß.

Vielmehr spricht gerade der inhaltliche Grenzverlauf von privatem Gesellschaftsrecht und öffentlichem Haushaltsrecht für einen grundsätzlichen Vorrang des Gesellschaftsrechts. Sofern nämlich öffentliche Aufgabenträger privatrechtliche Gesellschaften gründen oder sich an diesen beteiligen, unterwerfen sie sich freiwillig gleichzeitig dem geltenden Privatrecht. Deswegen müssen sich konsequenterweise auch die Rechte und Pflichten der Gesellschaftsorgane und ihrer Mitglieder grundsätzlich nach dem anwendbaren Gesellschaftsrecht richten. Ein Einfallstor für kommunalrechtliche oder haushaltsrechtliche Vorschriften wäre lediglich insofern denkbar, als das Gesellschaftsrecht für die betreffende Situation eine Gesetzeslücke enthalten oder einen Gestaltungsspielraum eröffnen würde. Aktienrecht und GmbH-Recht weisen jedoch heute eine solche Regelungsdichte auf, dass sie in systematischer Hinsicht abschließende Regelungen darstellen.

---

[246] *R. Schmidt,* ZGR 1996, 345, 350 f.; gleiches gelte mit Bezug auf die Landeshaushaltsordnungen für Landesgesellschaften. Zumindest auch im Ergebnis: BGHZ 36, 396, 304 ff.; 69, 334, 340 f.

[247] *Püttner,* DVBl. 1986, 748, 751; *Ossenbühl,* ZGR 1996, 504, 512; *Brenner,* AöR 127 (2002), 222, 236.

Auch aus dieser Überlegung heraus kann sich damit nichts anderes ergeben, als dass sich die gegenseitigen Rechte und Pflichten der Unternehmensorgane und ihrer Mitglieder allein nach den gesellschaftsrechtlichen Vorschriften richten.[248]

Auch mit Bezug auf das öffentliche Recht muss das Gesellschaftsrecht somit grundsätzlich Vorrang vor den einfachgesetzlichen Vorschriften des öffentlichen Haushaltsrechts haben. Folglich sind bei der rechtspraktischen Umsetzung der Ingerenzpflichten allein die rechtlichen Möglichkeiten des Gesellschaftsrechts heranzuziehen. Sofern die gesellschaftsrechtlichen Kontroll- und Einwirkungsmöglichkeiten im Vergleich zu den verfassungsrechtlich vorgegebenen Ingerenzpflichten ein geringeres Niveau aufweisen sollten, bestehen zwei Möglichkeiten, diese Diskrepanz aufzuheben: Entweder werden die vorhanden gesellschaftsrechtlichen Normen verfassungskonform ausgelegt oder eine entsprechende gesellschaftsvertragliche Gestaltung muss den verfassungsrechtlichen Vorgaben nachkommen. Sofern eine verfassungskonforme Auslegung unmöglich ist, weil dadurch die Wortlautgrenze der Norm überschritten würde,[249] oder eine den verfassungsrechtlichen Vorgaben entsprechende Vertragsgestaltung auf Grund von entgegenstehenden und zwingenden gesellschaftsrechtlichen Norm unzulässig ist, muss die Privatisierungsmaßnahme in letzter Konsequenz unzulässig sein.

Mit Bezug auf das Aktienrecht und GmbH-Recht werden im Folgenden die gesellschaftsrechtlichen Ingerenzmöglichkeiten näher dargestellt.[250]

---

248 *Püttner*, DVBl. 1986, 748, 751; zustimmend *R. Schmidt*, ZGR 1996, 345, 351; *Brenner*, AöR 127 (2002), 222, 236; *Spannowsky*, DVBl. 1992, 1072, 1074.

249 Sofern die Lehre vom Verwaltungsgesellschaftsrecht entgegen § 76 Abs. 1 AktG ein Weisungsrecht an den Vorstand einer Aktiengesellschaft auf eine verfassungskonforme Auslegung stützt, missachtet sie damit die allgemeinen Regeln der Gesetzesauslegung, da eine Auslegung ihre Grenzen immer im vorhandenen Wortlaut der Norm finden muss. Eine Auslegung, die wie hier „contra legem" erfolgt, ist damit unzulässig, selbst dann, wenn sie verfassungskonform erfolgt.

250 Bei den nachfolgenden Überlegung bleiben die rechtlichen Gestaltungsmöglichkeiten im Rahmen der OHG und KG außen vor. Diese sind nämlich praktisch nur von untergeordneter Bedeutung, da die Gemeindeordnungen der Bundesländer die Gründung von und die Beteiligung an Unternehmen grundsätzlich nur in solchen Rechtsformen erlauben, denen eine Haftungsbegrenzung auf einen bestimmten Betrag wesensimmanent ist (vgl. hierzu exemplarisch § 108 Abs. 1 S. 1 Nr. 3 GO NW). Da die Gesellschafter einer OHG bzw. KG im Grundsatz unbegrenzt persönlich haften, § 128 HGB (Ausnahme beim Kommanditisten, § 171 HGB), kommen regelmäßig nur noch die Rechtsformen der AG oder GmbH in Betracht (vgl. § 1 Abs. 1 S. 2 AktG, § 13 Abs. 2 GmbHG).

c) Die Sicherstellung des öffentlichen Zwecks

Eine Möglichkeit zur Erfüllung der verfassungsrechtlichen Anforderungen besteht darin, den öffentlichen Zweck der wahrzunehmenden Aufgabe ausdrücklich im Gesellschaftsvertrag oder der Satzung zu statuieren. Denn mit dieser Vorgehensweise bleibt dem für die Aufgabenerfüllung weiterhin verantwortlichen Hoheitsträger eine entsprechende Möglichkeit zur Einwirkung auf die Durchführung der (öffentlichen) Aufgaben erhalten.[251] Indem der öffentliche Zweck in den Vordergrund gestellt wird, werden in praktischer Konsequenz gleichzeitig zukünftige Konfliktherde zwischen öffentlicher Hand und dem Unternehmen in privater Rechtsform vermieden. Diese können sich daraus ergeben, dass das Gesellschaftsrecht – sofern nichts anderes vereinbart ist – im Grundsatz von einer unternehmerischen Gewinnerzielungsabsicht ausgeht, die mit dem öffentlichen Zweck der Aufgabenerfüllung bisweilen in Widerspruch steht.[252] Gewinnstreben und öffentlicher Zweck kollidieren etwa dann, wenn auf Grund mangelnder Nachfrage oder zu hoher Kosten, kurzum aus Gründen der Wirtschaftlichkeit, alles dafür spricht, die bisherige Leistung einzustellen oder zu kürzen, der öffentliche Zweck der Aufgabe aber eine Weiterführung in vollem Umfang erforderlich macht. Damit der Hoheitsträger den öffentlichen Zweck im Rahmen seiner Aufgabenverantwortung gegenüber dem unternehmerischen Interesse an Gewinnerzielung jedoch durchsetzen kann, muss der öffentliche Zweck im Gesellschaftsvertrag bzw. der Satzung „eindeutig fixiert und steuerungstauglich präzisiert“ sein.[253] Dementsprechend setzen auch die Gemeindeordnungen der einzelnen Bundesländer die Ausrichtung auf den öffentlichen Zweck in den Gesellschaftsstatuten voraus.[254]

Vor allem bei gemischt-wirtschaftlichen Beteiligungsgesellschaften sollte die öffentliche Zwecksetzung in jedem Fall gesellschaftsvertraglich verankert werden. Dies ist deshalb notwendig, damit sich die Körperschaft des öffentlichen Rechts nicht der Gefahr aussetzt, bei Geltendmachung ihres Einflusses zum Nachteil der – unternehmerisch-wirtschaftlichen – Interessen der Gesellschaft zu handeln und damit gegen die zu den übrigen Gesellschaftern bestehende gesellschaftliche Treuepflicht zu verstoßen.[255]

---

[251] Dieser Fall gilt freilich nur für Organisationsprivatisierungen und funktionelle Privatisierungen, da sich die Aufgabenprivatisierung durch die Entledigung der Aufgabenwahrnehmung und -verantwortung charakterisiert.

[252] Auch das BVerfG (E 61, 82, 107) und das BVerwG (E 39, 329, 333 ff.) konstatieren, dass die reine Gewinnerzielung kein öffentlicher Zweck sein kann.

[253] *Ehlers*, DVBl. 1997, 137, 142; *Stober*, NJW 1984, 449, 455.

[254] Vgl. § 108 Abs. 1 S. 1 Nr. 7 GO NW. Kritisch zum Kriterium des öffentlichen Zwecks: *Heintzen*, Rechtliche Grenzen und Vorgaben für eine wirtschaftliche Betätigung von Kommunen im Bereich der gewerblichen Gebäudereinigung, S. 44.

[255] *Leisner*, WiVerw. 1983, 212, 219 ff.

d) Die einzelnen Ingerenzmöglichkeiten

Neben der Statuierung des öffentlichen Zwecks stehen zur Realisierung einer verfassungsrechtlich angemessenen Einwirkung und Kontrolle in Abhängigkeit von der jeweiligen gesellschaftsrechtlichen Organisationsform nach dem Gesellschaftsrecht weitere Gestaltungsmodalitäten zur Verfügung. Die nachfolgende Darstellung bezieht sich allein auf die Aktiengesellschaft und die Gesellschaft mit beschränkter Haftung, da diese in der täglichen Rechtspraxis besonders gebräuchlich sind. Eine Differenzierung zwischen beiden Gesellschaftsformen ist angesichts der in wesentlichen Punkten abweichenden rechtlichen Organisationsstrukturen unerlässlich.

aa) Die Aktiengesellschaft

Fraglich ist zunächst, ob und inwiefern sich die Aktiengesellschaft mit den verfassungsrechtlichen Ingerenzvorgaben vereinbaren lässt. Bereits auf den ersten Blick lässt sich nicht leugnen, dass die Aktiengesellschaft als staatliche Eigengesellschaft und damit als verselbstständigtes Privatrechtssubjekt eine „nicht zu unterschätzende Wegstrecke" (*Cronauge*) vom jeweiligen staatlichen Zentrum entfernt ist, auch wenn dieses sämtliche Gesellschaftsanteile innehat. Namentlich die formalisierte, nicht abdingbare organisatorische Struktur sowie die herausgehobene Organstellung des Vorstands eröffnen der öffentlichen Hand als Kapitaleigner nur eingeschränkte Möglichkeiten zur bestimmenden Einflussnahme vor allem auf die laufende Geschäftsführung.[256] Insofern kann – wie nachfolgend dargestellt wird – der Kapitaleigner über die Hauptversammlung zwar einen gewissen Einfluss ausüben; für eine unmittelbare Einflussnahme auf das geschäftliche Handeln des Vorstands bleibt jedoch kein Raum.

(1) Zur rechtlichen Ausgangslage

Die rechtliche Ausgangslage kennzeichnet sich dadurch, dass Vorstand und Aufsichtsrat die Aktiengesellschaft gemeinsam verwalten. Dies ergibt sich für den Vorstand aus § 76 Abs. 1 AktG, wonach ihm die eigenverantwortliche Leitung der Aktiengesellschaft obliegt (Leitungsorgan). Der Aufsichtsrat hat die Geschäftsführung zu überwachen, § 111 Abs. 1 AktG (Aufsichtsorgan). Die Hauptversammlung schließlich ist das verbindende Organ zwischen der Aktiengesellschaft als eigenständigem Rechtssubjekt und den

[256] *Cronauge*, Kommunale Unternehmen, Rn. 358.

einzelnen Aktionären (Vertretungsorgan der Eigentümer). Die Aktionäre können in der Hauptversammlung die Geschäftspolitik nur in dem nach § 119 Abs. 1 AktG festgelegten Umfang beeinflussen.

Der Vorstand ist danach an Weisungen der Anteilseigner grundsätzlich nicht gebunden.[257] Nur wenn es der Vorstand verlangt, kann die aus den Anteilseignern bestehende Hauptversammlung auch über Fragen der Geschäftsführung entscheiden, § 119 Abs. 2 AktG. Zumindest eine unmittelbare Kontrolle durch die Kapitaleigner scheidet damit aber aus.[258] Auch mit Blick auf den Aufsichtsrat ergibt sich keine abweichende Beurteilung. Zwar beschließt die Hauptversammlung regelmäßig über die Bestellung der Mitglieder des Aufsichtsrates, § 119 Abs. 1 Nr. 1 AktG. Gleichwohl resultiert daraus noch keine laufende Beherrschung der Geschäftspolitik der Eigengesellschaft, da den Aufsichtsräten, so sie denn gewählt sind, ein freies Mandat zukommt.[259] Sie sind deswegen an Weisungen der Hauptversammlung nicht gebunden und ausschließlich dem Wohl der Gesellschaft verpflichtet.[260] Bei einer etwaigen Interessenkollision zwischen der anteilsinhabenden Körperschaft des öffentlichen Rechts und der Aktiengesellschaft ist vor diesem Hintergrund stets den Gesellschaftsinteressen der Vorrang einzuräumen.[261] Wenn der Aufsichtsrat auch gesellschaftsfremde Interessen – und seien es solche des einzigen (öffentlichen) Kapitaleigners – berücksichtigen müsste, würde dies dem Kontrollbegriff im Sinne der § 111 AktG i. V. mit §§ 116, 93 AktG entgegenstehen, der die Selbstständigkeit und Selbstverantwortlichkeit des Aufsichtsrates deutlich zum Ausdruck bringt.[262]

Gemäß § 111 Abs. 4 S. 2 AktG kann der Aufsichtsrat im Verhältnis zum Vorstand verlangen, dass bestimmte Arten von Geschäften seiner Zustimmung bedürfen. Maßnahmen der Geschäftsführung sind davon freilich nicht betroffen, vgl. § 111 Abs. 4 S. 1 AktG. Art und Umfang der zustimmungsbedürftigen Geschäfte dürfen somit nicht derart weit ausgedehnt werden, dass dem Vorstand dadurch – gewissermaßen durch die Hintertür – die Geschäftsleitung entzogen wird.[263]

---

257 *K. Schmidt*, Gesellschaftsrecht, § 28 II 1a, S. 812 f.
258 *Zugmaier*, BayVBl. 2001, 233, 236.
259 *Leisner*, WiVerw. 1983, 212, 216.
260 BGHZ 36, 296, 306.
261 *Lutter/Krieger*, Rechte und Pflichten des Aufsichtsrates, S. 81.
262 *R. Schmidt*, ZGR 1996, 354.
263 *Hueck*, Gesellschaftsrecht, § 23 VII 2a, S. 213. Verweigert der Aufsichtsrat die Zustimmung, kann die Hauptversammlung darüber nur dann Beschluss fassen, wenn der Vorstand gem. § 111 IV 3 AktG dies zuvor verlangt hat. Auch insoweit ergibt sich ein bloß indirekter Einfluss der Kapitaleigner auf die Gesellschaft.

(a) Die demokratische Legitimation

Zunächst ist zu untersuchen, ob die rechtliche Organisationsstruktur der Aktiengesellschaft es der öffentlichen Hand als Anteilseigner ermöglicht, den Grundsatz der persönlichen demokratischen Legitimation in den Organen der Gesellschaft zu wahren.[264] Die Gemeindeordnungen der Bundesländer sichern diesen Verfassungsgrundsatz gesetzlich ab, indem sie ausnahmslos vorschreiben, dass namentlich der Bürgermeister oder sonstige vom Rat bestellte Vertreter die Gemeinde in der Hauptversammlung vertreten müssen.[265] Das Erfordernis einer ununterbrochenen Legitimationskette in personell-organisatorischer Hinsicht bleibt damit gewährleistet.[266]

Auch für die Mitglieder des Aufsichtsrats lässt sich eine hinreichende demokratische Legitimation feststellen. Die Aufsichtsräte werden nämlich gemäß §§ 101 Abs. 1 S. 1, 199 Abs. 1 Nr. 1 AktG von der Hauptversammlung gewählt, was zur Folge hat, dass der öffentlich-rechtliche Anteilseigner bei entsprechender Kapitalmehrheit über seine abgesandten Vertreter bestimmenden Einfluss auf die Wahl der Aufsichtsratsmitglieder ausüben kann. Dieser Einfluss lässt sich durch satzungsmäßiges Festlegen eines Entsendungsrechts nach § 101 Abs. 2 AktG weiter manifestieren. Sofern im Falle der Minderheitsbeteiligung eines öffentlichen Rechtsträgers ein Legitimationsdefizit besteht, kann dieses mit einem zu Gunsten des Minderheitsaktionärs bestehenden Entsendungsrecht ebenfalls ausgeglichen werden. Probleme ergeben sich nur insoweit, als die betreffende Gesellschaft dem Mitbestimmungsgesetz oder dem Betriebsverfassungsgesetz unterworfen ist,[267] weil sich dann der Aufsichtsrat nicht nur aus Mitgliedern, die von der Hauptversammlung bestellt werden, sondern auch aus Arbeitnehmervertretern zusammensetzt. Die Teilnahme der Arbeitnehmer an den unternehmerischen Planungs- und Entscheidungsprozessen führt unter Umständen zu erheblichen Steuerungsverlusten zum Nachteil des in öffentlicher Hand befindlichen Aktienbesitzes, was sich auf die demokratische Legitimation in sachlich-inhaltlicher und personell-organisatorischer Hinsicht auswirken kann.[268] Regelmäßig wird aber selbst bei paritätischer Besetzung des Aufsichtsrats ein „leichtes Übergewicht“ der Anteilseignerseite bestehen, da im Konfliktfall das Doppelstimmrecht des nicht gegen

---

264 Hierzu oben 1. b).

265 Vgl. § 113 Abs. 2 GO NW. Eingehend dazu *Püttner*, DVBl. 1986, 748 ff.; *Nesselmüller*, Rechtliche Einwirkungsmöglichkeiten, S. 53 ff.

266 Hierzu auch *Brenner*, AöR 127 (2002), 222, 239.

267 Vgl. §§ 1 bis 7 des MitbestimmungsG v. 4.5.1976 (BGBl. I S. 1153); Montan-MitbestimmungsG v. 21.5.1951 (BGBl. I S. 347); §§ 5 bis 13 MitbestimmungsergänzungsG v. 7.8.1956 (BGBl. I S. 707); §§ 76 ff. BetriebsverfassungsG v. 11.10.1952 (BGBl. I S. 681), die gemäß § 129 Abs. 1 Betriebsverfassungsgesetz v. 15.1.1972 (BGBl. I S. 13) weiter fort gelten.

268 Oben 1. b).

den Willen der Anteilseigner wählbaren Aufsichtsratsvorsitzenden den Ausschlag gibt.[269] Nach zutreffender Auffassung genügt dies dem Demokratieprinzip, da auf Grund des bei den Anteilseignern verbleibenden Letztentscheidungsrechts zumindest noch ein „gewisses Legitimationsniveau" erhalten bleibt.[270]

Bedeutsam sind diese Überlegungen auch für die demokratische Legitimation hinsichtlich der Zusammensetzung des Vorstands, dessen Mitglieder gemäß § 84 AktG vom Aufsichtsrat bestellt und abberufen werden: Da den von der Kapitalmehrheit gewählten Aufsichtsräten zumindest ein Letztentscheidungsrecht zusteht, kann die öffentliche Hand als Mehrheitsaktionär wenigstens indirekten Einfluss auf die Zusammensetzung des Vorstands ausüben. Bedenken gegen eine hinreichende personelle Legitimation bestehen deswegen nicht.[271]

(b) Die demokratische Legitimation

Mit der zumindest indirekten Einflussnahme auf die Zusammensetzung der Gesellschaftsorgane ist noch nichts darüber gesagt, ob der öffentlichen Hand auch Ingerenzrechte im Rahmen der täglichen Geschäftspolitik zukommen. Die Angelegenheiten der laufenden Geschäftsführung betreffen insofern die - von der personell-organisatorischen Ebene losgelöste - sachlich-inhaltliche Ebene des Grundsatzes demokratischer Legitimation. Hierauf bezogene Einwirkungsmöglichkeiten korrespondieren zwingend mit der Frage, ob die Gesellschaftsorgane nach aktienrechtlichen Vorschriften weisungsgebunden sind.

Eine Weisung an die Vertreter in der Hauptversammlung dergestalt, dass diese ihr Verhalten nur am öffentlichen Interesse der öffentlichen Hand ausrichten dürfen, stößt auf keine weitgehenden rechtlichen Schwierigkeiten.[272] Insofern statuieren selbst eine Vielzahl von Kommunalverfassungen der Bundesländer eine umfassende Weisungsgebundenheit der Vertreter in den Gesellschaftsgremien.[273] Auch unter Berücksichtigung des Vorrangs

---

[269] BVerfGE 50, 290, 323; *Ehlers,* Verwaltung in Privatrechtsform, S. 146.

[270] Vgl. BVerfGE 83, 60, 71 ff.; 93, 37, 67 f.; BerlVerfGH, NVwZ 2000, 794 ff. Hierzu schon oben 1. c). So auch *R. Schmidt,* ZGR 1996, 345, 355 f.; vgl. auch *Ehlers,* Verwaltung in Privatrechtsform, S. 148 ff.; a. A. wohl nur *Ossenbühl,* ZGR 1996, 504, 515 ff.

[271] *Brenner,* AöR 127 (2002), 222, 240.

[272] Etwas anderes gilt freilich für Weisungen an den Aufsichtsrat oder den Vorstand. Denn diese Organe sind aufgrund ihrer Eigenverantwortlichkeit nur den Interessen der Aktiengesellschaft verpflichtet (hierzu sogleich).

[273] Vgl. § 113 Abs. 1 S. 2 GO NW. Darüber hinaus sind auch die allgemeinen kommunal- und beamtenrechtlichen Vorschriften zur Weisungsgebundenheit anwendbar.

des Gesellschaftsrechts, welches alleiniger Maßstab für die zur Verfügung stehenden Einwirkungsrechte ist, ergibt sich keine andere Bewertung. Eine ausdrückliche Regelung dazu enthält das Aktienrecht zwar nicht. Dass der Auftritt von weisungsgebundenen Vertretern in der Hauptversammlung gleichwohl bedenkenlos zulässig sein muss, wird deutlich bei Verallgemeinerung des in § 128 Abs. 2 S. 3 AktG zum Ausdruck kommenden rechtlichen Inhalts. Zulässig ist danach die Erteilung von Weisungen durch einen Aktionär zur Ausübung des Stimmrechts an ein Kreditinstitut, das die Aktien der Gesellschaft für ihn verwahrt. Entsprechendes muss dann erst recht gelten für die Interessenwahrnehmung der öffentlichen Hand durch einen von ihr selbst bestellten und demokratisch legitimierten Vertreter.

Trotz genereller Weisungsunterworfenheit der Vertreter in der Hauptversammlung ist zu berücksichtigen, dass der Kompetenzbereich der Hauptversammlung nach den §§ 118 ff. AktG eingeschränkt ist auf die in § 119 AktG genannten grundsätzlichen Angelegenheiten der Gesellschaft. Insbesondere kann die Hauptversammlung den Vorstand weder einzelvertraglich noch satzungsgemäß dazu verpflichten, besonders bedeutende oder einzeln benannte Geschäftsführungsfragen ihrer eigenen Entscheidung zu überlassen.[274] Ansonsten würde die zwingende Organisationsstruktur bzw. Zuständigkeitsverteilung der Aktiengesellschaft konterkariert.[275] Der Einfluss der Hauptversammlung auf die Unternehmensleitung bleibt also insgesamt gering; zumindest eine direkte Einflussnahme ist damit keineswegs gesichert.[276]

Andere Maßstäbe gelten hingegen für den Aufsichtsrat und noch verstärkt für den Vorstand, dessen Recht zur weisungsfreien „eigenverantwortlichen" Geschäftsführung sich bereits dezidiert aus § 76 Abs. 1 AktG ergibt.[277] Der Grundsatz einer freien eigenverantwortlichen Betätigung muss auch für den Aufsichtsrat gelten, der nach § 111 AktG mit Überwachungs- und anderen Innenrechtsbefugnissen ausgestattet ist. Sogar im Falle eines in der Satzung verankerten Entsendungsrechts zu Gunsten des öffentlich-rechtlichen Aktieninhabers (§ 101 Abs. 2 AktG) ist der Aufsichtsrat in seinen Entscheidungen eigenverantwortlich und nur dem Wohl der Gesell-

274 Dies ergibt sich bereits aus dem Umkehrschluss zu § 119 Abs. 2 AktG, wonach allein der Vorstand verlangen kann, dass die Hauptversammlung über Fragen der Geschäftsführung entscheidet.

275 *Nesselmüller*, Rechtliche Einwirkungsmöglichkeiten, S. 51; *Leisner*, WiVerw. 1983, 212, 216; *Brenner*, AöR 127 (2002), 222, 241.

276 *R. Schmidt*, ZGR 1996, 345, 353; *Koch*, Der rechtliche Status kommunaler Unternehmen, S. 153 ff.

277 Rechtlich zulässig bleibt freilich eine Satzungsregelung oder ein Beschluss des Aufsichtsrats, wonach „bestimmte Arten von Geschäften nur mit seiner [scil des Aufsichtsrats] Zustimmung vorgenommen werden dürfen", § 111 Abs. 4 S. 2 AktG. Ein solcher Zustimmungsvorbehalt muss fest umrissen sein. Die generelle Selbstständigkeit und Eigenverantwortlichkeit des Vorstands darf jedoch nicht angetastet werden.

schaft verpflichtet, vgl. § 116 i. V. mit § 93, § 111 Abs. 3 S. 1 AktG.[278] Bindende Weisungsrechte an die Aufsichtsratsmitglieder sind daher mit dem Aktienrecht gänzlich unvereinbar.[279] Allenfalls kann die Hauptversammlung im Wege des faktischen Drucks indirekt auf die Aufsichtsratsmitglieder einwirken, indem sie mit der auch kurzfristig möglichen Abberufung droht, § 103 AktG. Davon abweichende öffentlich-rechtliche Weisungsrechte sind nach heute allgemeiner Auffassung wirkungslos.[280] Namentlich § 113 Abs. 1 S. 1 und 2 GO NW enthält zwar noch die Regel, dass die „Vertreter der Gemeinde in Aufsichtsräten an die Beschlüsse des Rates und seiner Ausschüsse gebunden" sind. Der generelle Vorrang des Gesellschaftsrechts hat jedoch auch hier seinen Niederschlag gefunden, wenn § 113 Abs. 1 S. 4 GO NW diese Bindungsregel sogleich klarstellend auf die Fälle beschränkt, in denen „durch Gesetz nichts anderes bestimmt ist". Die fehlende Wirkkraft von öffentlich-rechtlichen Weisungsrechten dürfte auch die Normgeber der bundes- und landesrechtlichen Haushaltsvorschriften zu einem entsprechenden Verzicht bewogen haben. Diese räumen allenfalls noch nachträgliche Kontrollrechte ein oder setzen – mit freilich zweifelhafter Aussagekraft – die Erhaltung eines „angemessenen Einflusses" voraus, ohne die aktive Beeinflussung der Unternehmenspolitik zu fordern.[281]

Problematisch erweist sich die Bestellung von Beamten zu Mitgliedern des Vorstands oder Aufsichtsrats, obwohl diese gleichzeitig der jeweiligen Körperschaft des öffentlichen Rechts dienen. Ein Konflikt zwischen beamtenrechtlicher Weisungsunterworfenheit und gesellschaftsrechtlicher Kontrollverpflichtung ist damit vorprogrammiert. Zunächst lässt sich festhalten, dass zwischen Gesellschafts- und Beamtenrecht kein grundsätzliches Vorrangverhältnis zu Gunsten der einen oder der anderen Rechtsmaterie besteht.[282] Zur Lösung dieser Konfliktlage ist jedoch entscheidend, dass ein auf die gesellschaftsrechtlichen Kontrollpflichten durchschlagendes beamtenrechtliches Weisungsrecht einen Interessenkonflikt für das betroffene

---

278 Vgl. BGHZ 36, 296, 306; 64, 325, 330; 90, 381, 398; *Hüffer*, AktG, § 116 Rn. 8; *Ehlers*, Verwaltung in Privatrechtsform, S. 136; zustimmend *Brenner*, AöR 127 (2002), 222, 241; zum Ganzen auch *Altmeppen*, NJW 2003, 2561, 2565.

279 Nutzt ein staatlicher Aktionär gleichwohl seinen Einfluss aus oder veranlasst er sogar unmittelbar ein einzelnes Aufsichtsratsmitglied, seine Interessen wahrzunehmen, kann sich der staatliche Aktionär schadensersatzpflichtig machen nach §§ 117, 317 AktG, sofern es sich dabei um öffentliche Interessen handelt, die den originär unternehmerischen Interessen entgegenstehen. Allerdings wird ein einzelnes Aufsichtsratsmitglied richtigerweise gleichwohl berechtigt sein, freiwillig auch die Interessen des staatlichen Aktionärs bei der Entscheidungsfindung zumindest zu Grunde zu legen. (hierzu *Möstl*, Grundrechtsbindung öffentlicher Wirtschaftstätigkeit, S. 18, *Schön*, ZGR 1996, 429, 448 ff.; *Ronellenfitsch*, HdbStR III, § 84 Rn. 29).

280 *R. Schmidt*, ZGR 1996, 345, 353; *Ehlers*, Verwaltung in Privatrechtsform, S. 136 m. weit. Nachw.

281 Vgl. § 53 HGrG; § 65 Abs. 1 Nr. 3 BHO; § 65 Abs. 1 Nr. 3 LHO NW.

282 Allg. Meinung, vgl. nur *R. Schmidt*, ZGR 1996, 345, 354.

Aufsichtsrats- oder Vorstandsmitglied hervorriefe und aus diesem Grund mit der beamtenrechtlichen Fürsorgepflicht des Dienstherrn unvereinbar wäre.[283] Der am Gesellschaftsinteresse ausgerichteten Kontrollpflicht des Aufsichtsrats sowie der eigenverantwortlichen Geschäftsführung des Vorstands ist also auch hier der Vorrang einzuräumen. Verbeamtete Vertreter des öffentlichen Anteilseigners können hingegen in der Hauptversammlung weisungsgebunden sein; allerdings ist der Einfluss der Hauptversammlung auf die Unternehmensleitung und insbesondere die laufenden Geschäfte derart gering, dass sich keine tiefgreifenden Konflikte eröffnen dürften.

Allein aus aktienrechtlicher Sicht betrachtet, kann der staatliche Anteilseigner damit lediglich einen indirekten Einfluss auf die Geschäftsführung geltend machen. Er kann insbesondere durch die Ausübung faktischen Drucks auf die Geschäftsführung einwirken, da es weder Vorstand noch Aufsichtsrat dauerhaft riskieren werden, die Interessen und Vorstellungen des Kapitalgebers zu ignorieren. Allein die Möglichkeit faktischen Drucks kann die erhebliche rechtliche Diskrepanz zwischen den unumstößlichen verfassungsrechtlichen Ingerenzpflichten des Staates und der weitgehend eigenständigen Rechtsstellung des Vorstands und Aufsichtsrates allerdings nicht beseitigen. Im Rahmen der öffentlichen Aufgabenwahrnehmung stellt sich folglich die Organisationsform der Aktiengesellschaft – zumindest in ihrer gesetzlichen Ausgangslage – als verfassungsrechtlich unzulässig dar.

[283] Eingehend hierzu *Koch*, Der rechtliche Status kommunaler Unternehmen, S. 158 f.; *Büchner*, Die rechtliche Gestaltung kommunaler öffentlicher Unternehmen, S. 200 f.; vgl. *Ehlers*, Verwaltung in Privatrechtsform, S. 137, der nach dem Innenverhältnis zum Dienstherrn und dem Außenverhältnis zur Gesellschaft differenziert.

(2) Der Beherrschungsvertrag

Auf Grund dieser aktienrechtlichen Organisations- und Kompetenzstruktur werden letztendlich alle Bemühungen, die Aktiengesellschaft in vollkommene Konformität zu den verfassungsrechtlichen Einfluss- und Kontrollpflichten zu bringen, auf eine individuelle vertragliche Ausgestaltung hinauslaufen müssen. Eine in diesem Sinn vollständige Leitungsmacht lässt sich mit dem Abschluss eines Beherrschungsvertrags zwischen der Aktiengesellschaft und dem staatlichen Kapitaleigner erreichen, §§ 17, 291 ff. AktG.

Der Beherrschungsvertrag berechtigt gemäß § 308 Abs. 1 S. 1 AktG das herrschende Unternehmen, dem Vorstand der Aktiengesellschaft hinsichtlich der Leitung der Gesellschaft Weisungen zu erteilen. § 308 Abs. 1 S. 2 AktG erlaubt auch solche Weisungen, die den Gesellschaftsinteressen widersprechen, selbst ohne dass der Hauptaktionär der Gesellschaft den Nachteil ausgleichen müsste, arg. ex § 311 Abs. 1 AktG. Auch ein etwaiges Zustimmungserfordernis des Aufsichtsrates zur Vornahme eines bestimmten Geschäfts kann durch wiederholte Ausübung des Weisungsrechts seitens der Gebietskörperschaft ersetzt werden, § 308 Abs. 3 AktG. Damit wird deutlich, dass eine entsprechende Vertragsgestaltung der öffentlichen Hand nicht nur ein unmittelbares Einwirkungsrecht, also die eigentliche Leitungsmacht, erhalten kann, sondern auch, dass die an wirtschaftlichen Aspekten ausgerichteten Gesellschaftsinteressen nicht mehr zwingend den alleinigen Orientierungspunkt der Geschäftspolitik darstellen müssen.[284] Bei Abschluss eines solchen Beherrschungsvertrags entsteht nach aktienrechtlicher Terminologie ein Vertragskonzern zwischen einer Gebietskörperschaft (herrschendes Unternehmen) mit einer Aktiengesellschaft (beherrschtes Unternehmen). Die Beherrschung nur eines in privater Rechtsform organisierten Unternehmens reicht für die Annahme eines Vertragskonzerns bereits aus.

Die Zulässigkeit eines derartigen Vertragskonzern, bei dem eine öffentlich-rechtliche Körperschaft herrschendes Unternehmen ist, wird im Schrifttum noch nicht allgemein anerkannt.[285] Übereinstimmung besteht lediglich insoweit, als unter Berücksichtigung der inzwischen als gefestigt geltenden Rechtsprechung des Bundesgerichtshofs[286] die Anwendbarkeit des Aktienkonzernrechts für zulässig erachtet wird, wenn der Bund als herrschendes

[284] *Leisner*, WiVerw. 1983, 212, 219.
[285] Siehe die Nachweise bei *Rüffler*, in: Festschrift Koppensteiner, S. 149.
[286] BGHZ 69, 334 ff.; 135, 107 ff.

Unternehmen auftritt.[287] Da sich die grundlegende BGH-Entscheidung aus dem Jahr 1977 aber ausdrücklich auf den Bund als herrschendes Unternehmen bezog,[288] wurde bisweilen bezweifelt, ob der höchstrichterlichen Rechtsprechung damit gleichsam eine Grundsatzentscheidung zur Unternehmenseigenschaft öffentlich-rechtlicher Körperschaften auch auf der Ebene der Länder und Kommunen zu entnehmen ist. Teile des Schrifttums lehnen eine solche Übertragung schlichtweg ab.[289] Diese Auffassung ist nunmehr mit einer neueren höchstrichterlichen Entscheidung deutlich entkräftet worden, wenn dort ganz allgemein eine Körperschaft des öffentlichen Rechts unter bestimmten Voraussetzungen als Unternehmen im konzernrechtlichen Sinn angesehen wird.[290] Auch wenn der Bundesgerichtshof hier nur die Unternehmenseigenschaft des Landes Niedersachsen zu beurteilen hatte, deuten Leitsatz und Urteilsgründe auf Grund ihrer allgemeinen Formulierung stark darauf hin, dass sich diese Rechtsprechung ganz allgemein auf sämtliche staatliche Ebenen und somit auch auf den kommunalen Sektor bezieht.[291]

Nicht überzeugen kann namentlich die von *Leisner* vertretene Auffassung, wonach aus dieser Rechtsprechung nicht der Schluss zu ziehen sei, dass Gebietskörperschaften als solche grundsätzlich als Unternehmen im Sinne der §§ 17, 291 AktG anzusehen seien. Ihm zufolge könne eine Kommune die Tätigkeit, die sie von einem von ihr beherrschten Unternehmen erbringen lässt, doch gleich in Form eines unselbstständigen Regiebetriebs durchführen lassen. Die Tätigkeit in privater Rechtsform bei gleichzeitiger Beherrschung mache insofern das kommunale Handeln widersprüchlich und unglaubwürdig.[292] Diese Argumentation überzeugt nur bedingt, da auch der Europäische Gerichtshof in seiner Teckal-Entscheidung[293] als Prämisse davon ausgeht, dass eine Kommune als öffentlicher Auftraggeber auch dann in einem autonomen Verhältnis zu einem Unternehmen des Privatrechts stehen kann, wenn sie über dieses Unternehmen gleichzeitig eine Kontrolle wie über eine eigene Dienststelle ausübt. Der Europäische Gerichtshof erkennt damit konkludent an, dass trotz formaler Personenverschiedenheit

---

[287] *R. Schmidt*, ZGR 1996, 345, 360; *Püttner*, JA 1980, 218.
[288] BGHZ 69, 334, 338 – „Veba/Gelsenberg".
[289] Kritisch insofern *Büchner*, Die rechtliche Gestaltung kommunaler öffentlicher Unternehmen, S. 229 *Paschke*, ZHR 152 (1988), 263, 272 ff.; *Engellandt*, Die Einflussnahme der Kommunen, S. 42; *Kraft*, Das Verwaltungsgesellschaftsrecht, S. 183 ff., 188; *Leisner*, WiVerw. 1983, 212, 219; *Erichsen*, Verwaltungsrecht AT, S. 284 f.; *Nesselmüller*, Rechtliche Einwirkungsmöglichkeiten, S. 118 ff.; *Waechter*, Kommunalrecht, Rn. 556.
[290] BGHZ 135, 107, 113 f. – „Volkswagen AG".
[291] Dafür (allerdings ohne Begründung) auch *Ehlers*, DVBl. 1997, 137, 140.
[292] *Leisner*, WiVerw. 1983, 212, 219 f.
[293] EuGH, Slg. 1999, I-8139 ff., – "Teckal".

zwischen öffentlicher Hand und privatem Rechtssubjekt eine besonders enge, beherrschungsähnliche Rechtsbeziehung möglich ist.[294]

Weiterhin meint *Leisner*, der Bundesgerichtshof habe zu Beherrschungsverträgen keine dezidierte Aussage getroffen. Denn die Entscheidung ziele nur auf den Schutz der Minderheitsaktionäre ab, wogegen der Abschluss eines Beherrschungsvertrags regelmäßig den Hauptaktionär privilegiere.[295] Mit Blick auf dieses Argument konkretisiert der Bundesgerichtshof seine ursprüngliche Rechtsprechung nunmehr dahingehend, dass er eine öffentlich-rechtliche Körperschaft bereits dann als Unternehmen im Sinne des Konzernrechts ansieht, „wenn sie lediglich ein in privater Rechtsform organisiertes Unternehmen beherrscht".[296] Umgekehrt zur Meinung *Leisners* führt der Bundesgerichtshof hierzu gerade aus, dass die Ausdehnung des Unternehmensbegriffs für den Bereich privatwirtschaftlicher Betätigung der öffentlichen Hand zum Schutz der Minderheitsaktionäre vor einer einseitigen Förderung öffentlicher Aufgaben und politischer Ziele geradezu unerlässlich sei. Denn das Aktienkonzernrecht soll im Wesentlichen den Interessenkonflikt steuern, der dadurch hervorgerufen wird, dass ein (Mehrheits-)Aktionär auch anderweitigen wirtschaftlichen Interessenbindungen unterworfen ist und deswegen die Gefahr einer Einflussnahme auf die Aktiengesellschaft zu deren Nachteil besteht. Die Gefahr der Interessenkollision besteht – nach zutreffender Auffassung des Bundesgerichtshofs – aber in gleicher Weise auch bei einer Anteilsbeteiligung durch eine öffentlich-rechtliche Körperschaft, da sich diese faktisch nicht nur von typischen Aktionärsinteressen, sondern auch von Interessen hinsichtlich der öffentlich-rechtlichen Aufgabenstellung leiten lassen wird.[297] Damit ist gleichzeitig klargestellt, dass ein spezifisch wirtschaftlich-unternehmerisches Interesse zur Erfüllung des Unternehmensbegriffs im Sinne der §§ 17, 291 AktG seitens der öffentlichen Hand nicht erforderlich sein kann.[298]

Des Weiteren spricht für Anwendbarkeit des Konzernrechts auf juristische Personen des öffentlichen Rechts auch der Umkehrschluss aus § 28 a S. 1 EGAktG, der die Vorschriften des AktG über herrschende Unternehmen auf die Treuhandanstalt für nicht anwendbar erklärt. Der Gesetzgeber hat

---

294 Für Einzelheiten in Bezug auf die Auslegung der „Teckal"-Grundsätze vgl. unten E. I. 3. d) aa).

295 *Leisner*, WiVerw. 1983, 212, 219 f.

296 BGHZ 135, 107, 113, mit Bezug auf *Raiser*, ZGR 1996, 458, 464 f.; *Hachenburg/Ulmer*, GmbHG, Anh. zu § 77 Rn. 22.

297 BGHZ 135, 107, 114; zustimmend *R. Schmidt*, ZGR 1996, 345, 360: „Konflikt zwischen dem unternehmerischen Eigeninteresse und der öffentlichen Zweckverfolgung des staatlichen Unternehmensträgers". Vgl. auch *Ehlers*, DVBl. 1997, 137, 140.

298 So explizit aber *Kraft*, Das Verwaltungsgesellschaftsrecht, S. 188 f.; *Büchner*, Die rechtliche Gestaltung kommunaler öffentlicher Unternehmen, S. 137 f.

damit – zumindest konkludent – zum Ausdruck gebracht, dass er Anstalten des öffentlichen Rechts als vom Anwendungsbereich des Konzernrechts grundsätzlich umfasst ansah. Rechtliche Bedenken gegen eine Verallgemeinerung auf sämtliche juristische Personen des öffentlichen Rechts und damit gegen eine Übertragung auf öffentlich-rechtliche Körperschaften sind hier nicht ersichtlich.[299]

Die Praxis begegnet dem Modell des Beherrschungsvertrags freilich zurückhaltend, da eine verbreitete Skepsis gegenüber (scheinbar) vorhandenen Komplikationen zum kommunalen Wirtschaftsrecht besteht. Und tatsächlich zeigt sich die Problematik, dass der Abschluss eines Beherrschungsvertrags nicht nur mit Steuerungsvorteilen, sondern angesichts von § 302 Abs. 1 AktG, der die Verpflichtung der Konzernspitze zum Ausgleich des Jahresfehlbetrags vorschreibt, auch mit Nachteilen, namentlich finanziellen Verpflichtungen seitens der öffentlichen Hand, verbunden sein kann. Für kommunale Gebietskörperschaften ergeben sich hier rechtliche Ungereimtheiten zu dem in den Gemeindeordnungen der Bundesländer durchweg enthaltenen Gebot der Haftungsbeschränkung.[300] Bereits die Wortlautauslegung der einschlägigen Normen des Kommunalverfassungsrechts spricht jedoch dafür, in entsprechend ausgestalteten Beherrschungsverträgen keinen Verstoß gegen das kommunalrechtliche Gebot zur Haftungsbeschränkung zu erkennen. Denn das Kommunalverfassungsrecht knüpft durchgängig an die Haftungsbeschränkung des verselbstständigten Rechtssubjekts (Aktiengesellschaft, GmbH) an; die konzernrechtliche Verlustübernahme betrifft demgegenüber die Konzernspitze, also die öffentlich-rechtliche Gebietskörperschaft selbst.[301] Sofern man die kommunalrechtlichen Haftungsbegrenzungsvorschriften mit Blick auf die Verlustübernahme in konzernrechtlichen Beherrschungsverträgen dennoch für einschlägig hält, lässt sich im Ergebnis ebenfalls kein Verstoß begründen. Insoweit sind die kommunalrechtlichen Haftungsbegrenzungsvorschriften nämlich teleologisch dahin auszulegen, dass die Kommunen in jedem Fall vor unbeherrschbaren Haftungsrisiken geschützt werden sollen. Die Haftungsrisiken bei Durchführung eines Beherrschungsvertrages sind allerdings weder unkalkulierbar noch unvorhersehbar, sondern vielmehr gerade von der öffentlichen Hand beherrschbar, weil das Konzernrecht die Möglichkeit der umfassenden Einflussnahme bietet.[302] Aus diesem Grund wird man die kommunalen Haftungsbegrenzungsvorschriften hinsichtlich des Haftungsrisikos aus Beherrschungsverträgen vielmehr teleologisch reduzie-

---

[299] So im Ergebnis auch *Ehlers*, DVBl. 1997, 137, 139 Fn. 27.
[300] Vgl. § 108 Abs. 1 S. 1 Nrn. 3, 5 GO NW.
[301] *Ehlers*, DVBl. 1997, 137, 140.
[302] *Koch*, Der rechtliche Status kommunaler Unternehmen, S. 176 f.; *Ehlers*, DVBl. 1997, 137, 140.

ren müssen.[303] Eine landesgesetzgeberische Klarstellung, dass das kommunale Haftungsbegrenzungsgebot von konzernrechtlichen Beherrschungsverträgen ausgenommen ist, würde hier zur erhöhten Rechtssicherheit beitragen.

Neben dieser Scheinproblematik liegt ein weiterer Grund für die aus praktischer Sicht zurückhaltende Implementierung von Beherrschungsverträgen in der vorherrschenden Auffassung, dass die durch die Wahl eines Privatrechtssubjekts errungene Eigenständigkeit der Gesellschaft durch den Beherrschungsvertrag sogleich wieder eingeschränkt bzw. gänzlich zunichte gemacht würde.[304] Auch diese Bedenken treffen in dieser Pauschalität jedoch keineswegs zu, da ein angemessener Ausgleich zwischen dem verfassungsrechtlichen Erfordernis hinreichender öffentlicher Ingerenzrechte und dem Bedürfnis nach Unabhängigkeit vom öffentlichen Hoheitsträger allein von einer entsprechenden Vertragsgestaltung abhängt. Das Aktienkonzernrecht bietet dafür weitreichende Möglichkeiten an.

(3) Der faktische Konzern

Sofern ein Vertragskonzern nicht vorliegt, können sich für eine juristische Person des öffentlichen Rechts, sofern sie die mehrheitlichen Kapitalanteile hält, faktische Möglichkeiten zur Einflussnahme auf die Aktiengesellschaft ergeben. Insofern stellt sich jedoch die Frage, ob die Möglichkeiten des faktischen Konzernrechts derart weitreichend sind, dass sie eine umfassende Einflussnahme auf die Geschäftsleitung sichern. Die rechtlichen Gestaltungsmöglichkeiten können – je nach Höhe des Anteilsbesitzes – etwa darin bestehen, die Aktiengesellschaft in der Satzung einem bestimmten öffentlichen Zweck zu unterwerfen und dort besondere Informations- und Prüfungsrechte der Hauptversammlung zu verankern. Wie bereits eingangs dargestellt,[305] ist auch die Entsendung weisungsgebundener Vertreter in die Hauptversammlung zulässig, die bei entsprechender Kapitalmehrheit bestimmend auf die Beschlussfassung einwirken können. Des Weiteren kann das Druckmittel des § 103 Abs. 1, 2 AktG (Möglichkeit zur jederzeitigen Abberufung von Aufsichtsratsmitgliedern ohne Angabe von Gründen) unmittelbaren Einfluss auf die Arbeitsweise des Aufsichtsrates einräumen oder bestimmte Arten von Geschäften können unter einen Zustimmungsvorbehalt des Aufsichtsrates gestellt werden (§ 111 Abs. 4 AktG).[306] Jene

[303] *R. Schmidt*, ZGR 1996, 345, 361.
[304] Vgl. nur *Kropff*, ZHR 144 (1980), 74 ff.
[305] Oben (1).
[306] *Ehlers*, Verwaltung in Privatrechtsform, S. 135 f.; *Mayen*, DÖV 2001, 110, 114.

Maßnahmen können jedoch weder – in Abkehr zu § 76 Abs. 1 AktG – die Eigenverantwortlichkeit noch die Weisungsfreiheit des Vorstands unterminieren und damit nicht zur Herausbildung einer irgendwie gearteten Konzernleitungsmacht führen.[307] Dass die Eigenverantwortlichkeit des Vorstands bei aller faktischer Einflussnahme unangetastet bleibt, zeigt sich schließlich daran, dass der Vorstand einer abhängigen Gesellschaft zur Befolgung nachteiliger Weisungen gegen Verlustausgleich zwar berechtigt, nicht aber verpflichtet ist, arg. ex §§ 317 Abs. 1, 308 Abs. 2 AktG.

(4) Zusammenfassung

Zusammenfassend ist daher für die Aktiengesellschaft in ihrer rechtlichen Ausgangslage ein deutliches Ingerenzdefizit festzustellen,[308] was die grundsätzliche verfassungsrechtliche Unzulässigkeit einer derartigen Rechtsformwahl nach sich zieht. Die Statuierung angemessener Einfluss- und Kontrollrechte, die den verfassungsrechtlichen Vorgaben entsprechen, kann daher im Endeffekt - auch bei alleinigem Anteilsbesitz der öffentlichen Hand - nur über den Abschluss eines entsprechenden Beherrschungsvertrags erzielt werden.[309]

bb) Die Gesellschaft mit beschränkter Haftung

Die Herstellung von umfassender Einflussnahme und Kontrolle über eine GmbH bereitet im Verhältnis zur Aktiengesellschaft in der Regel geringere Probleme. Denn hier besitzen die Gesellschafter und nicht die Geschäftsführer das unternehmerische Initiativ- und Entscheidungsrecht. Auch ohne ausdrückliche Regelung im Gesellschaftsvertrag besteht somit eine umfassende Weisungsgebundenheit in allen Angelegenheiten der Geschäftsführung.[310] Zentrale Vorschrift ist dabei § 37 Abs. 1 GmbHG, der die Geschäftsführer zur Einhaltung der im Gesellschaftsvertrag oder durch Ge-

---

[307] *Endler*, NZBau 2002, 125, 131; *Hüffer*, AktG, § 311 Rn. 8.

[308] *Brenner*, AöR 127 (2002), 222, 250.

[309] Diese schwierige Rechtslage hatte offenbar auch der (Landes-)Gesetzgeber des kommunalen Wirtschaftsrechts vor Augen, indem er die Wahl der Rechtsform der Aktiengesellschaft nur ausnahmsweise für zulässig erklärt, „wenn der öffentliche Zweck nicht ebenso gut in einer anderen Rechtsform erfüllt wird oder erfüllt werden kann". Vgl. hierzu exemplarisch § 108 Abs. 3 GO NW.

[310] So die h. M., vgl. *Schneider*, in: Scholz/Crezelius, GmbHG, § 37 Rn. 30 ff.; *Brenner*, AöR 127 (2002), 222, 245. Nach a. A. kann bei Schweigen des Gesellschaftsvertrags nur eine Richtlinienkompetenz in Anspruch genommen werden (in diesem Sinn *Zöllner*, in: Baumbach/Hueck, GmbHG, § 37 Rn. 9 f.; *Hachenburg/Hüffer*, GmbHG, § 46 Rn. 4), die gleichwohl so weit auszulegen ist, dass den Gesellschaftern die bestimmende Einflussnahme auf die Geschäftsführung in jedem Fall möglich ist (*Ehlers*, DVBl. 1997, 137, 143).

sellschafterbeschluss festgesetzten Beschränkung der Vertretungsbefugnis verpflichtet. Insbesondere können bestimmte Arten von Geschäften von der Mitwirkung bzw. Zustimmung der Gesellschafter abhängig gemacht oder unmittelbar den Gesellschaftern vorbehalten werden, vgl. § 45 Abs. 1 GmbHG. Zudem kann die Gesellschafterversammlung Maßregeln zur Prüfung und Überwachung der Geschäftsführung treffen, § 46 Nr. 6 GmbHG. Da der Gesellschafterversammlung insofern eine umfassende Entscheidungsautonomie zukommt, fehlt den Geschäftsführern der GmbH damit die für den Vorstand der Aktiengesellschaft charakteristische selbstständige Stellung.[311] Die – jederzeit widerrufliche (vgl. § 38 Abs. 1 GmbHG) – Bestellung und Abberufung der Geschäftsführer obliegt der Gesellschafterversammlung, § 46 Nr. 5 GmbHG. Diese Befugnis kann durch Gesellschaftsvertrag unmittelbar der Körperschaft des öffentlichen Rechts übertragen werden, was sich gleichsam als empfehlenswerte, weil besonders effektive Möglichkeit der Einflussnahme darstellt.[312] Ungeachtet dessen kann auch der staatliche Gesellschafter selbst unmittelbaren Einfluss auf die Gesellschaft ausüben, indem er etwa seinen Vertretern in der Gesellschafterversammlung zulässigerweise Weisungen erteilt.[313]

An einer angemessenen Steuerung der Gesellschaft, die mit den verfassungsrechtlichen Ingerenzpflichten im Einklang steht, kann allenfalls bei Bestehen eines fakultativen oder obligatorischen Aufsichtsrats (§ 52 GmbHG) gezweifelt werden.[314] Wie schon im Rahmen der Aktiengesellschaft erörtert,[315] gilt auch hier, dass die unternehmerische Mitbestimmung aus Gründen demokratischer Legitimation jedenfalls das Letztentscheidungsrecht des staatlichen Gewährträgers nicht beeinflussen darf. Mit Blick auf einen fakultativ eingerichteten Aufsichtsrat treten keine unüberwindbaren Rechtsprobleme zu Tage, da sich das Weisungsrecht der Gesellschafter gegenüber der Geschäftsführung im Verhältnis zu etwaigen Mitbestimmungsrechten des Aufsichtsrats stets durchsetzt.[316] Bei der obligatorischen

[311] *Hüffer*, Gesellschaftsrecht, § 32 Ziff. 4.

[312] *Ehlers*, DVBl. 1997, 137, 143; *Brenner*, AöR 127 (2002), 222, 245.

[313] *Nesselmüller*, Rechtliche Einwirkungsmöglichkeiten, S. 33 ff., 59 ff. Die Begründung von Zustimmungserfordernissen zu Gunsten des Vertretungsorgans der Gebietskörperschaft ist trotz der weitgehenden Gestaltungsspielräume unzulässig, da die Gesellschafterversammlung ihre Stellung als oberstes Organ der Gesellschaft nicht verlieren darf (*Brenner*, AöR 127 (2002), 222, 246).

[314] Zwingend erforderlich ist die Bildung eines Aufsichtsrats nur nach Maßgabe der §§ 76 ff. BetriebsverfassungsG bzw. §§ 29 Abs. 2, 31 Abs. 4 MitbestimmungsG bei Überschreitung einer bestimmten Anzahl von Arbeitnehmern (hierzu schon oben aa) (1) (a)).

[315] Vgl. oben aa) (1) (a).

[316] *Koch*, Der rechtliche Status kommunaler Unternehmen, S. 167, m.w.N.; *Ehlers*, DVBl. 1997, 137, 144, benennt als Beispiel, dass die Geschäftsführer trotz Zustimmungsverweigerung des Aufsichtsrats zu einem bestimmten Geschäft im Sinne von § 52 GmbHG i.V.m. § 111 Abs. 4 AktG gleichwohl zur Ausführung dieses Geschäfts verpflichtet sind, wenn eine entsprechende Weisung durch einfachen Gesellschafterbeschluss vorliegt.

Bestellung eines Aufsichtsrats gilt zunächst die Prämisse, dass der Gesellschafterversammlung als oberstem Organ der Gesellschaft nicht das Recht abgesprochen werden kann, weiterhin Weisungen an die Geschäftsführer auszusprechen. Sofern der Aufsichtsrat in einer Geschäftsführungsangelegenheit seine Zustimmung verweigert (§ 52 GmbHG i. V. m. § 111 Abs. 4 S. 2 AktG), kann die Gesellschafterversammlung danach mit einer Mehrheit von drei Viertel der abgegebenen Stimmen endgültig über die Zustimmung beschließen, § 111 Abs. 4 S. 4 AktG. Bei einem Kapitalbesitz von über 75 % zu Gunsten der öffentlichen Hand zeigen sich damit keinerlei Ingerenzkonflikte. Dies setzt freilich voraus, dass die Geschäftsführung zuvor einen endgültigen Beschluss der Gesellschafterversammlung über die Zustimmung verlangt hat. Der Gesellschafterversammlung bleibt es jedoch unbenommen, - bei unterstellter Untätigkeit – die Geschäftsführung zu eben diesem Zustimmungsverlangen anzuweisen. Die Gesellschafterversammlung hat deshalb letztlich in jedem Fall bestimmenden Einfluss auf die laufende Geschäftsführung.[317]

Insbesondere bei gemischt-wirtschaftlichen Unternehmen in der Rechtsform der GmbH kann ein Beherrschungsvertrag sinnvoll sein, und zwar trotz der auch hier gegenüber dem Vorstand der Aktiengesellschaft generell besseren Möglichkeit zur Steuerung der Geschäftsführung. Der Vorteil besteht darin, dass die Situation für die - mehrheitlich - beteiligte Gebietskörperschaft gegenüber den Geschäftsführern und übrigen Gesellschaftern vereinfacht und die Leitungsbefugnisse erweitert werden. Dabei ist allgemein anerkannt, dass die für aktienrechtliche Unternehmensverträge geltenden §§ 291, 293 ff. AktG im Wesentlichen auf die GmbH analog anzuwenden sind, da diese Vorschriften Teil eines einheitlichen Systems der Strukturänderung von Kapitalgesellschaften geworden sind.[318] Eine vertragliche Vereinbarung kann etwa vorsehen, der Geschäftsführung der abhängigen GmbH ohne den sonst erforderlichen Umweg über die Gesellschafterversammlung unmittelbare Weisungen zu erteilen oder das Risiko von Anfechtungsverfahren analog §§ 243 ff. AktG gegen entsprechende Gesellschafterbeschlüsse zu tragen. Der Beherrschungsvertrag eröffnet zudem die Möglichkeit, der abhängigen GmbH auch nachteilige Weisungen analog § 308 AktG zu erteilen, ein Umstand, der gerade im Hinblick auf die strafrechtliche Verantwortung der Organe bedeutsam sein kann.[319] Denn auf Grund des Beherrschungsvertrags tritt das Konzerninteresse vor

[317] Im Ergebnis ebenso *Koch*, Der rechtliche Status kommunaler Unternehmen, S. 168 f.; *Ehlers*, DVBl. 1997, 137, 144.

[318] *Lutter/Hommelhoff*, GmbHG, Anh § 13 Rn. 48; dazu auch *Möstl*, Grundrechtsbindung öffentlicher Wirtschaftstätigkeit, S. 22 f.

[319] Ausführlich hierzu *Zöllner*, ZGR 1992, 173, 175.

dem Interesse der abhängigen GmbH in den Vordergrund. Die Weisungsbefugnisse der öffentlichen Hand als herrschendes Unternehmen gehen mit Abschluss des Unternehmensvertrags allen satzungsmäßig festgesetzten Weisungsrechten vor und können auch die Weisungsbefugnis der Gesellschafterversammlung ersetzen,[320] was zu einer besonders flexiblen und unmittelbaren Kontrollmöglichkeit der öffentlichen Hand gegenüber dem abhängigen Unternehmen führt.

Zusammenfassend lässt sich für die GmbH festhalten, dass schon in Anbetracht der gesetzlichen Ausgangslage regelmäßig keine durchgreifenden Bedenken an der Erfüllung der verfassungsrechtlich vorgegebenen Ingerenzpflichten bestehen.

cc) Die speziellen Informationsrechte und Berichtspflichten

Den verfassungsrechtlich vorgegebenen Ingerenzpflichten des öffentlichen Rechtsträgers gegenüber der Eigen- bzw. Beteiligungsgesellschaft kann darüber hinaus durch Berichtspflichten, Informationsrechte und Überprüfungsmöglichkeiten nachgekommen werden. § 51a GmbHG gewährt insofern jedem Gesellschafter – unabhängig von seiner Beteiligungshöhe – ein umfassendes Informationsrecht gegenüber der Gesellschaft. Auch hier zeigt sich die rechtliche Diskrepanz der aktienrechtlichen Organisationsstruktur zu den verfassungsrechtlichen Ingerenzpflichten insofern, als § 131 AktG als aktienrechtliche Parallelvorschrift zu § 51a GmbHG den Aktionären nur in stark eingeschränktem Maße Informationsrechte gewährt. Hinzu treten die Berichtspflichten, die den Vertretern in den Aufsichtsorganen gegenüber dem öffentlichen Rechtsträger als Anteilseigner obliegen. Diese stellen – ebenso wie die Informationsrechte – eine lediglich abgeschwächte Form der Einflussnahme dar. Gleichwohl ist ihre Bedeutung nicht zu unterschätzen, da sie ein notwendiges Durchgangsstadium zur Wahrnehmung der „Erfüllungs-, Kontroll- und Rechtsfolgenverantwortung“ sind.[321] Dem trägt das Gesellschaftsrecht mit § 394 S. 1 AktG Rechnung: Diese Sondervorschrift für Gesellschaften der öffentlichen Hand entbindet die Aufsichtsratsmitglieder, welche auf Veranlassung einer Gebietskörperschaft in den Aufsichtsrat gewählt bzw. entsandt worden sind, ausdrücklich von ihrer Verschwiegenheitspflicht im Sinne der §§ 116, 93 Abs. 1 S. 2 AktG. Dies erfordert allerdings die Existenz einer aus anderen gesetzlichen Vorschriften resultierenden Berichtspflicht gegenüber der Gebietskörperschaft. Namentlich die nordrhein-westfälische Gemeindeordnung enthält mit § 113

[320] *Lutter/Hommelhoff*, GmbHG, Anh § 13 Rn. 50.
[321] *Spannowsky*, ZGR 1996, 400, 426; zustimmend *Brenner*, AöR 127 (2002), 222, 248.

Abs. 5 GO NW eine entsprechende Regelung, wonach „Vertreter der Gemeinde den Rat über alle Angelegenheiten von besonderer Bedeutung frühzeitig zu unterrichten haben".

Probleme wirft in diesem Zusammenhang die Frage auf, wie umfassend der Adressatenkreis der Berichterstattung zu verstehen ist. Hierzu wird bisweilen die Ansicht vertreten, dass sich die Entbindung von der Verschwiegenheitspflicht im Sinne des § 394 S. 1 AktG auch auf die Berichterstattung gegenüber den parlamentarisch legitimierten Organen der Gebietskörperschaft erstrecken müsse, da ansonsten deren Kontrollrechte unzulässig verkürzt würden.[322] Bei Inblicknahme des § 395 AktG kann diese Auffassung jedoch nur bedingt überzeugen, da diese Vorschrift die Verschwiegenheitspflicht lediglich auf die Personen ausdehnt, die mit der Verwaltung oder Prüfung der Beteiligungen der Gebietskörperschaft betraut sind. Würde man die staatlichen Vertretungsorgane (ggf. sogar Ausschüsse oder Fraktionen) in den Adressatenkreis der Berichterstattung mit einbeziehen, käme es gleichsam zu einer Durchbrechung der Verschwiegenheitspflicht.[323] Die Verschwiegenheitspflicht ist jedoch für die Funktionsfähigkeit der Aktiengesellschaft von immenser Bedeutung, da sie sich nicht nur am Unternehmensinteresse orientiert, sondern auch dem Schutz außen stehender Gläubiger zu dienen bestimmt ist.[324] Vor diesem Hintergrund ist es allenfalls zulässig, dass die Vertreter in den Aufsichtsorganen der Gesellschaft ihren Bericht gegenüber einem auf Verschwiegenheit verpflichteten Ausschuss des staatlichen Vertretungsorgans unter Ausschluss der Öffentlichkeit erstatten.[325] Die Weitergabe vertraulicher Informationen an die Öffentlichkeit – wozu auch die genannten sonstigen Gremien zählen – ist im Grundsatz unzulässig und lässt sich nach der Rechtsprechung des Bundesgerichtshofs nur dann rechtfertigen, wenn es das Unternehmensinteresse im Einzelfall als „ultima ratio" zwingend erfordert.[326]

e) Fazit

Die vorhergehenden Ausführungen verdeutlichen, dass sich etwaige im Gesellschaftsrecht angelegte Defizite bezüglich der Absicherung verfassungsrechtlich determinierter Kontroll- und Einwirkungspflichten mit den vorhandenen gesellschaftsrechtlichen Gestaltungsmöglichkeiten durchweg be-

---

322 Vgl. *Leisner*, WiWerv. 1983, 212, 224 f.; *Meier/Wieseler*, Der Gemeindehaushalt 1993, 174, 176.
323 *R. Schmidt*, ZGR 1996, 345, 352; *Schmidt-Aßmann/Ulmer*, BB 1988, Beil. 13, 10, 22 f.; *Schwintowski*, NJW 1990, 1009, 1014.
324 *Brenner*, AöR 127 (200), 222, 249.
325 Vgl. *Waechter*, Kommunalrecht, Rn. 561, m. weit. Nachw.
326 BGHZ 64, 325, 330 ff.; *Schwintowski*, NJW 1990, 1009, 1015.

seitigen lassen. Unproblematisch stellt sich insofern die gesellschaftsrechtlich vorgegebene Organisationsstruktur der GmbH dar, die sich bereits in ihrer gesetzlichen Ausgangslage in verfassungsgemäßem Rahmen bewegt. Gerade die gesetzliche Organisationsstruktur der Aktiengesellschaft macht es jedoch erforderlich, dass die bestehenden Ingerenzdefizite sorgfältig analysiert werden und die verfügbaren Möglichkeiten durch eine entsprechende satzungsmäßige Ausgestaltung genutzt werden, um dem Verdikt der Verfassungswidrigkeit zu entkommen. Nur sofern diese rechtlichen Aspekte beachtet werden, stellt auch die Aktiengesellschaft ein für die Praxis taugliches Modell dar.

D. Die Bezüge zum Kartellvergaberecht

I. Privatisierung und Vergaberecht

Privatisierungsmaßnahmen modifizieren die hergebrachte bereichsspezifische Marktordnung regelmäßig in weitem Umfang. Das Vergaberecht dient insofern dazu, gleiche Wettbewerbschancen für alle Beteiligten, die an der Privatisierung partizipieren wollen, sicherzustellen. So verwundert es nicht, dass sich das Vergaberecht zur zentralen Materie des Privatisierungsfolgenrechts und damit gleichzeitig des Verwaltungsorganisationsrechts entwickelt hat.[327] Aber mehr noch: Das Vergaberecht entfaltet seine Wirkkraft nicht erst zeitlich nach der durchgeführten Privatisierung, sondern fordert bereits im Stadium der eigentlichen Privatisierungsdurchführung zur Beachtung seiner einschlägigen Bestimmungen auf. Konkret stellt sich bei der Privatisierung der Erfüllung öffentlicher Aufgaben damit regelmäßig die Frage, inwiefern der Privatisierungsvorgang der vergaberechtlichen Ausschreibungspflicht unterworfen ist. Dies beurteilt sich in erster Linie danach, welche der zu Beginn dieser Abhandlung dargestellten Privatisierungsformen gegeben ist.

Vor allem in den verschiedenen Formen der (kontraktiven) funktionellen Privatisierung – Übertragung der Aufgabenwahrnehmung durch die öffentliche Hand unter gleichzeitiger Beibehaltung der Aufgabenverantwortung –[328] wird der enge Bezug zur eigentlichen Auftragsvergabe deutlich, so dass die Qualifizierung einer solchen Privatisierungsmaßnahme als öffentlicher Auftrag gemäß § 99 GWB nahe liegt. Weitaus komplexer stellt sich die Sachlage dar, wenn materielle oder formelle Privatisierungsmaßnahmen in Rede stehen, die mit einer Auftragsvergabe im Sinne des Kartellvergaberechts irgendwie zusammentreffen.[329] Eine bedeutende Rolle spielt in diesem Zusammenhang die (teilweise) Veräußerung öffentlicher Unternehmen.[330]

---

[327] *Burgi*, NVwZ 2001, 601, 604; *H.-M. Müller*, NZBau 2001, 416. Die immense wirtschaftliche Bedeutung des Vergaberechts zeigt sich am nationalen und europaweiten Vergabevolumen, das in Deutschland Schätzungen zufolge durchschnittlich 7 % des Bruttosozialprodukts (*Dietlein*, NZBau 2002, 136), für den Bereich der Europäischen Union sogar ca. 14 % des Bruttosozialprodukts, ausmacht (EU-Kommission, „Wirtschaftsreform: Bericht über die Funktionsweise der gemeinschaftlichen Güter- und Kapitalmärkte" v. 26.1.2000, KOM (2000), 26 endg., 20 f. und Tab. 18, S. 53; *Puhl*, VVDStRL 60 (2001), 456, 458 f.); hierzu auch *Malmendier*, DVBl. 2000, 963, 964; *Koch*, VerwArch 91 (2000), 354, 358.

[328] Oben C. III. 2. d).

[329] Hierzu ausführlich unten E.

[330] Von diesem Kontext, der den eigentlichen Privatisierungsvorgang betrifft, ist die Frage zu trennen, unter welchen Voraussetzungen ein Unternehmen nach durchgeführter Privatisierung noch als öffentlicher Auftraggeber gemäß § 98 GWB zu betrachten ist (vgl. *Kullack*, in: Heiermann/Riedl/Rusam, Handkomm. zur VOB, § 99 GWB Rn. 25; ausführlich dazu *Endler*, NZBau 2002, 125, 134 f.). Dieser

II. Darstellung grundlegender vergaberechtlicher Aspekte

Die Frage, ob und inwiefern die Veräußerung öffentlicher Unternehmensanteile nach dem Kartellvergaberecht öffentlich auszuschreiben ist, lässt sich ohne Bezugnahme auf grundlegende vergaberechtliche Aspekte nicht angemessen lösen. Die rechtlichen Grundzüge der hier bedeutsamen Aspekte werden aus systematischen Erwägungen im folgenden Abschnitt erläutert. Zunächst folgt eine Darstellung der Systematik des Kartellvergaberechts (1.) sowie eine Erörterung der zentralen Auslegungsgrundsätze (2.). In einem weiteren Schritt werden der Begriff des öffentlichen Auftrags (3.a)), das sog. Funktionalitätskriterium des Auftraggeberbegriffs (3.b)) sowie die Modalitäten der Schwellenwertberechnung (3.c)) besprochen. Auf die Wahl der richtigen Verfahrensart wird in diesem Zusammenhang ebenfalls vorab eingegangen (4.). Diese einleitende Darstellung ist notwendig, da alle genannten Aspekte mit Blick auf eine etwaige Ausschreibungspflicht der Anteilsveräußerung (Abschnitt E.) relevant werden können.

1. Die Systematik des Vergaberechts

Das öffentliche Auftragswesen ist maßgeblich geprägt von dem europäischen Primärrecht des EG-Vertrags, namentlich dem Diskriminierungsverbot (Art. 12 EGV) sowie den Grundfreiheiten des freien Waren- und Dienstleistungsverkehrs (Art. 28 und 49 EGV), der Freizügigkeit und der Niederlassungsfreiheit (Art. 39 und 43 EGV).[331] Auf diesen Grundaussagen basiert das europäische Richtlinienprogramm für das öffentliche Auftragswesen, das für die Umsetzung in das nationale Kartellvergaberecht bestimmend gewesen ist. Insgesamt existieren zur Zeit mit der Lieferkoordinierungs-,[332] Baukoordinierungs-,[333] Dienstleistungskoordinierungs-[334] und

Aspekt wird erst zeitlich nach dem eigentlichen Privatisierungsvorgang relevant und steht mit der zentralen Frage nach einer ausschreibungspflichtigen Unternehmensveräußerung lediglich in losem Zusammenhang (vgl. hierzu ansatzweise unten E. III. 5. a)).

[331] *Braun*, NZBau 2002, Internet-Beitrag, S. 2; *Kokott*, in: Byok/Jaeger, Vergaberecht, Einführung Rn. 15.

[332] Richtlinie 93/36 EWG des Rates v. 14.6.1993 zur Koordinierung der Verfahren zur Vergabe öffentlicher Lieferaufträge, AblEG Nr. L 199/1 v. 9.8.1993, S. 1, geändert durch Richtlinie 97/52 EG v. 13.10.1997, AblEG Nr. L 328 v. 28.1.1997, S. 1.

[333] Richtlinie 93/37 EWG des Rates v. 14.6.1993 zur Koordinierung der Verfahren zur Vergabe öffentlicher Bauaufträge, AblEG Nr. L 199/54 v. 9.8.1993, S. 54, berichtigt in AblEG Nr. L 111 v. 30.4.1994, S. 115, geändert durch Richtlinie 97/52 EG v. 13.10.1997, AblEG Nr. L 328 v. 28.1.1997, S. 1.

[334] Richtlinie 92/50 EWG des Rates vom 18.6.1992 zur Koordinierung der Verfahren zur Vergabe öffentlicher Dienstleistungsaufträge, AblEG Nr. L 209/1 v. 24.7.1992, S. 1, geändert durch Richtlinie 97/52 EG v. 13.10.1997, AblEG Nr. L 328 v. 28.1.1997, S. 1.

Sektorenrichtlinie[335] vier sog. Basisrichtlinien, die noch durch zwei Rechtsmittelrichtlinien[336] ergänzt werden.

Neuere Tendenzen im europäischen Vergaberecht sehen zwar keine grundlegende Umorientierung vor, lassen es allerdings erwarten, dass in Form eines sog. Legislativpakets die einschlägigen Regelungen in zwei Richtlinien zur Koordinierung der Vergabe öffentlicher Liefer-, Dienstleistungs- und Bauaufträge sowie zur Koordinierung der Vergabe durch Auftraggeber im Bereich der Wasser-, Energie- und Verkehrsversorgung zusammengefasst werden.[337] Das Legislativpaket dient im Kern der Vereinfachung und Aktualisierung des Rechtsrahmens für die Vergabe öffentlicher Aufträge. Die Verschmelzung in einer einzigen, leichter handhabbaren Basisrichtlinie bezweckt vor allem die Beseitigung von sachlich ungerechtfertigten, für den Rechtsanwender unverständlichen Abweichungen in den Texten der Liefer-, Bau- und Dienstleistungskoordinierungsrichtlinie. Zudem soll die Neufassung bestehende Vorschriften korrigieren und zur Klärung missverständlicher oder komplizierter Bestimmungen beitragen. Darüber hinaus beabsichtigt der Richtlinienentwurf an einigen Stellen durch Normierung der Rechtsprechung des EuGH, die Rechtssicherheit und Verständlichkeit des Vergaberechtsrahmens weiter voran zu bringen.[338] Insgesamt sind damit zahlreiche inhaltliche Neuregelungen vorgesehen, die zu einer sehr viel weitgehenderen Umgestaltung des nationalen Vergaberechts führen werden als ursprünglich erwartet.[339] Soweit einzelne Modifizierungen für diese Un-

---

335 Richtlinie 93/38 EWG des Rates vom 14.6.1993 zur Koordinierung der Auftragsvergabe durch Auftraggeber im Bereich der Wasser-, Energie- und Verkehrsversorgung sowie im Telekommunikationssektor, AblEG Nr. L 199/84 v. 9.8.1993, S. 84, berichtigt in AblEG Nr. L 82 v. 25.3.1994, S. 40, geändert durch Richtlinie 94/22 EG v. 30.5.1994, AblEG Nr. L 164 v. 30.6.1994, S. 3, geändert durch Richtlinie 98/4 EG v. 16.2.1998, AblEG Nr. L 1 v. 1.1.1995, S. 1.

336 Richtlinie 89/665 EWG des Rates v. 21.12.1989 zur Koordinierung der Rechts- und Verwaltungsvorschriften für die Anwendung der Nachprüfungsverfahren im Rahmen der Vergabe öffentlicher Liefer- und Bauaufträge, AblEG Nr. 395/33 v. 30.12.1989, S. 33, geändert durch Richtlinie 92/50 EWG v. 18.6.1992, AblEG Nr. L 209 v. 24.7.1992, S. 1. Für die Auftragsvergabe durch Auftraggeber im Bereich der Wasser-, Energie- und Verkehrsversorgung sowie im Telekommunikationssektor: Richtlinie 92/13 EWG des Rates v. 25.2.1992, AblEG Nr. L 76/14 v. 23.3.1992, S. 14.

337 Die zwei Entwürfe der EU-Kommission führen insoweit einerseits die Lieferkoordinierungsrichtlinie, die Baukoordinierungsrichtlinie und die Dienstleistungskoordinierungsrichtlinie zusammen (vgl. EU-Kommission, Vorschlag zur LDB-Richtlinie, AblEG C 29 v. 30.1.2001, S. 11-111, sowie den Vorschlag für eine Richtlinie des europäischen Parlaments und des Rats über die Koordinierung der Verfahren zur Vergabe öffentlicher Lieferaufträge, Dienstleistungsaufträge und Bauaufträge v. 10.5.2000, KOM (2000), 275 endg.) und fassen andererseits die bestehende Sektorenrichtlinie neu (vgl. EU-Kommission, Vorschlag zur WEV-Richtlinie, AblEG C 29 v. 30.1.2001, S. 112-188, sowie den Vorschlag des europäischen Parlaments und des Rats für eine Richtlinie über die Koordinierung der Auftragsvergabe durch Auftraggeber im Bereich der Wasser-, Energie- und Verkehrsversorgung v. 10.5.2000, KOM (2000), 276 endg.).

338 Einen ersten Überblick zum Legislativpaket geben *Braun*, NZBau 2002 – Internet-Beitrag; *Opitz*, NZBau 2003, 183, 188 ff.

339 Eingehend *Opitz*, NZBau 2003, 183, 188 ff.

tersuchung bedeutsam sind, werden diese an geeigneter Stelle näher erörtert.[340]

Das nationale Vergaberecht oberhalb der sog. Schwellenwerte[341] definiert sich als die Gesamtheit gesetzlicher und sublegaler Normen, die der Umsetzung des EG-Vergaberechts dienen und die den Staat und seine Untergliederungen (öffentlich-rechtliche Einrichtungen aber auch öffentliche Unternehmen des Privatrechts) gewisse Verhaltensweisen bei der Beschaffung von Waren und Leistungen auferlegen.[342] In gesetzestechnischer Hinsicht folgt das deutsche Vergaberecht mit seinem dreistufigen Aufbau dem sog. Kaskadenprinzip: Auf oberster Stufe steht das gesetzliche Kartellvergaberecht (§§ 97 ff. GWB). § 97 GWB benennt dort die zentralen materiellen Vergabegrundsätze[343] und räumt den Vergabeinteressenten einen subjektiven Anspruch auf Einhaltung der Vergabebestimmungen ein.[344] Des Weiteren sind Vorschriften über den Kreis der öffentlichen Auftraggeber, die öffentlichen Aufträge, den gesetzlichen Anwendungsbereich und die Arten der Vergabe enthalten (§§ 98 bis 101 GWB). Zudem enthält das GWB Regelungen für das sog. Nachprüfungsverfahren (§§ 102 ff. GWB).

Gewissermaßen eine Stufe darunter befindet sich die Vergabeverordnung,[345] deren Erlass auf einschlägige Ermächtigungsgrundlagen in den §§ 97 Abs. 6, 127 GWB zurückgeht. Die Funktion der VergabeVO beschränkt sich weitgehend auf die Festlegung der für die einzelnen Auftragsarten relevanten Schwellenwerte und – bei Überschreitung dieser Werte – auf die Verbindung zu den auf der dritten Stufe befindlichen Verdingungsordnungen (VOB/A, VOL/A, VOF).[346] Diese werden von den Verdingungsausschüssen DVA und DVAL verabschiedet, so dass ihnen grundsätzlich keine gesetzgeberische Legitimation zukommt. Gleichwohl wird ihnen auf Grund der Verweisungen der VergabeVO ganz überwiegend Rechtsnormqualität, also Allgemeinverbindlichkeit und Außenwirkung, beigemessen.[347] Die Verdingungsordnungen stellen damit – nach zutreffender, aber

---

[340] In dieser Untersuchung sind insbesondere die Neuerungen von Interesse, die die vergaberechtlichen Schwellenwerte sowie die sog. In-house-Geschäfte betreffen; vgl. hierzu unten D. II. 3. c) und E. I. 3. e).

[341] Dazu unten 3. c).

[342] *Dreher*, in: Immenga/Mestmäcker, GWB-Komm., vor §§ 97 ff. Rn. 24.

[343] Dazu zählen die Prinzipien des Wettbewerbs, der Transparenz, der Gleichbehandlung und des Zuschlags auf das wirtschaftlichste Angebot (§ 97 Abs. 1 bis 5 GWB).

[344] § 97 Abs. 7 GWB.

[345] BGBl. 2001, Teil I, S. 110. Ausführlich zur Neufassung der VergabeVO *Kratzenberg*, NZBau 2001, 119 ff.

[346] Pietzcker, SächsVBl. 1999, 289 f.; kritisch dazu: *Frenz/Kafka*, GewArch 2000, 129, 130; *Dreher*, in: Immenga/Mestmäcker, GWB-Komm., vor §§ 97 ff. Rn. 24 – „Rechtszersplitterung".

[347] *Stickler*, in: Reidt/Stickler/Glahs, Vergaberecht, § 97 Rn. 35, m. weit. Nachw.

nicht unbestrittener Auffassung –[348] zumindest oberhalb der Schwellenwerte staatliches Verordnungsrecht dar.[349] Unterhalb der Schwellenwerte richtet sich das einzuhaltende Vergabeverfahren im Grundsatz nach den Haushaltsordnungen des Bundes bzw. der Bundesländer sowie auf kommunaler Ebene nach den Gemeindehaushaltsverordnungen.[350] Sofern dabei in haushaltsrechtlichen Verwaltungsanweisungen auf die Verdingungsordnungen Bezug genommen wird, handelt es sich mangels Außenwirkung lediglich um verwaltungsinterne Rechtssetzung ohne allgemeinverbindlichen Charakter.[351]

2. Die zentralen Auslegungsgrundsätze

Die Auslegung des nationalen Kartellvergaberechts hat angesichts dessen Rückführung auf die EG-Vergaberichtlinien primär richtlinienkonform bzw. europarechtskonform zu erfolgen. Der EuGH hat hierzu – gerade auch mit Blick auf das deutsche Vergaberecht – mehrfach betont, dass jeder Träger öffentlicher Gewalt die Auslegung des nationalen Vergaberechts „soweit wie möglich am Wortlaut und Zweck der Richtlinie auszurichten hat, um das mit der Richtlinie verfolgte Ziel zu erreichen und auf diese Weise Art. 249 Abs. 3 EGV nachzukommen“.[352] Freilich können auf nationaler Ebene auch die klassischen Methoden der Auslegung nach dem Wortlaut, dem Sinn und Zweck, der Systematik und dem gesetzgeberischen Willen herangezogen werden, solange diese nicht von europarechtlichen Vorgaben abweichen. Denn ganz allgemein ist eine vom Wortlaut und Telos einer EU-Richtlinie abweichende Auslegung einer deutschen Vorschrift nur ausnahmsweise zulässig, wenn etwa Richtlinienvorgaben in Rede stehen, die lediglich Mindeststandards definieren und das deutsche Recht darüber hinausgeht, um den Anwendungsbereich der gemeinschaftsrechtlichen Bestimmung bewusst auszuweiten.[353] Innerhalb der richtlinienkonformen Auslegung ist weiterhin der Grundsatz enger Auslegung von Ausnahmebestimmungen zu berücksichtigen, um so der betreffenden Regelung zu einem möglichst umfassenden Anwendungsbereich zu verhelfen (singularia

---

348 Zur ablehnenden Auffassung vgl. *Frenz/Kafka*, GewArch 2000, 129, 130; *Dreher*, NVwZ 1999, 1265, 1266, der „Bedenken bzgl. des Rechtsstaats- und Demokratieprinzips“ äußert.

349 So auch OLG Düsseldorf, WuW/E 202 – „Baumpflegearbeiten“; *Pietzcker*, ZHR 162 (1998), 427, 436; *Jagenburg*, NJW 1998, 2398; vgl. auch BT-Drs. 12/4636, S. 13 (Begr. zu § 58 a HGrG).

350 Vgl. § 55 BHO, § 55 LHO NW, § 31 GemHVO NW.

351 *Dreher*, NVwZ 1999, 1265, 1266; ausführlich hierzu unten 3. c) dd).

352 EuGH, Slg. 1997-I, 4997 ff., Rn. 43 – "Dorsch Consult"; EuGH, Slg. 1998-I, 5339 ff., Rn. 25 – "Niederösterreichische Gebietskrankenkasse". Nach Art. 249 Abs. 3 EGV sind Richtlinien für jeden Mitgliedsstaat, an den sie gerichtet sind, hinsichtlich des zu erreichenden Ziels verbindlich, wobei die Richtlinien jedoch den innerstaatlichen Stellen die Wahl der Form und der Mittel überlassen.

353 Vgl. *Dreher*, in: Immenga/Mestmäcker, GWB-Komm., vor §§ 97 ff. Rn. 76 f.

non sunt extenda). Dabei hat derjenige, der eine Ausnahmevorschrift für sich in Anspruch nimmt, für das Vorliegen der außergewöhnlichen Umstände die Beweislast zu tragen.[354]

Die teleologisch-richtlinienkonforme Auslegung, der vielfach – besonders im Rahmen dieser Untersuchung – maßgebliche Bedeutung zukommt, muss sich im Grundsatz an den Hauptzielen und grundlegenden Funktionen des europäischen Vergaberechts orientieren. Zu nennen sind insoweit namentlich die Verwirklichung der Grundfreiheiten des EGV,[355] die Schaffung der erforderlichen Wettbewerbsbedingungen zur diskriminierungsfreien Vergabe öffentliche Aufträge,[356] die rationale Verwendung öffentlicher Mittel durch Wahl des besten Angebots, den freien Zugang von Unternehmen zu einem gemeinsamen Binnenmarkt mit großen Absatzmöglichkeiten sowie die Stärkung der Wettbewerbsfähigkeit der europäischen Unternehmen.[357]

3. Die Ausschreibungspflicht nach §§ 97 ff. GWB

Die Ausschreibungspflicht nach den §§ 97 ff. GWB unterliegt sachlichen und persönlichen Anwendungsvoraussetzungen. In sachlicher Hinsicht muss es sich um einen öffentlichen Auftrag handeln, der die maßgeblichen Schwellenwerte überschreitet. Eine Frage des persönlichen Anwendungsbereichs ist die Bestimmung des Kreises der öffentlichen Auftraggeber. Zur Einführung auf den Schwerpunkt dieser Abhandlung – die Ausschreibungspflicht von Unternehmensveräußerungen – werden die einzelnen Voraussetzungen nachfolgend im Überblick dargestellt.

---

354 St. Rspr.: EuGH, Urt. v. 10.3.1987 – Rs. 199/85, Slg. 1987, 1059 Rn. 14 ("Stadtreinigung Mailand"); EuGH, Urt. v. 18.5.1995 – Rs. C 57/94, Slg. 1995-I, 1271 Rn. 23 („Kommission/Italien"). Obwohl sich die EuGH-Rspr. explizit nur auf die EU-Vergaberichtlinien bezieht, gelten diese Grundsätze wegen der richtlinienkonformen Umsetzung in das deutsche GWB auch für das nationale Kartellvergaberecht (2. Vergabekammer Bund, ZVgR 1999, 129). Vgl. *Dreher*, in: Immenga/Mestmäcker, GWB-Komm., vor §§ 97 ff. Rn. 79.

355 Vgl. Art. 28 ff. EGV („Warenverkehrsfreiheit"); Art. 43 ff. EGV („Niederlassungsfreiheit"); Art. 49 ff. EGV („Dienstleistungsfreiheit").

356 Vgl. Art. 12 Abs. 1 EGV („Diskriminierungsverbot aus Gründen der Staatsangehörigkeit").

357 Grünbuch der EU-Kommission: „Das öffentliche Auftragswesen in der Europäischen Union – Überlegungen für die Zukunft", KOM (96), 583 endg. v. 27.11.1996, Nr. 2, S. 1. Vgl. auch *Dietlein*, NZBau 2002, 136; *Marx*, in: Beck'scher VOB-Komm., § 100 Rn. 21; *Koenig/Haratsch*, NJW 2003, 2637, 2638. Siehe auch die Mitteilung der EU-Kommission zu Auslegungsfragen im Bereich Konzessionen im Gemeinschaftsrecht v. 12.4.2000, abgedr. in: NVwZ-Beilage III 7/2000, S. 3 ff.

a) Der öffentliche Auftrag

Der Begriff der öffentlichen Aufträge ist in § 99 Abs. 1 GWB legal definiert als „entgeltliche Verträge zwischen öffentlichen Auftraggebern und Unternehmen, die Liefer-, Bau- oder Dienstleistungen zum Gegenstand haben (...)“.[358] Damit ist gleichsam klargestellt, dass der Begriff des Auftrags entgegen des ersten Anscheins nicht als Auftragsverhältnis im Sinne der § 662 ff. BGB, dem eine unentgeltliche Geschäftsbesorgung immanent ist, sondern als echter gegenseitiger Vertrag zu verstehen ist. Die einseitige, öffentlich-rechtliche Bestimmung zur Leistungserbringung – etwa durch Verwaltungsakt –[359] ist deswegen nicht vergaberechtsrelevant, weil das den gegenseitigen Vertrag konstituierende Merkmal des gegenseitigen Nachgebens auf einer Ebene der Gleichordnung hierbei gerade nicht erfüllt wäre.

Problematisch erweist sich in diesem Zusammenhang jedoch die Anwendbarkeit des § 99 GWB auf öffentlich-rechtliche Verträge im Sinne der §§ 54 ff. VwVfG. Mit Blick auf die Gesetzesbegründung[360] zu § 99 GWB gehen Teile der nationalen Rechtsprechung und Literatur davon aus, dass lediglich privatrechtliche Verträge vom Kartellvergaberecht umfasst seien.[361] Das inzwischen überwiegende Schrifttum[362] erteilt dieser Auffassung jedoch eine deutliche Absage. Zu recht wird hier der Wortlaut des § 99 Abs. 1 GWB herangezogen, der zwischen öffentlich-rechtlichen und privatrechtlichen Verträgen nicht differenziert. Zudem betont die nationale Gesetzesbegründung in sich widersprüchlich den Willen, einerseits den Begriff des öffentlichen Auftrags richtlinienkonform umzusetzen, andererseits jedoch sogleich den EU-Richtlinien eine Beschränkung auf privatrechtliche Verträge zu entnehmen, die diese nicht enthalten.[363] Eine solche Beschränkung in den EU-Richtlinien wäre widersinnig, da die Differenzierung zwischen öffentlich-rechtlichen und privat-rechtlichen Verträgen in den Rechtsordnungen aller Mitgliedstaaten nicht zwingend enthalten ist.[364]

---

358 Die ebenfalls erwähnten Auslobungsverfahren, die zu Dienstleistungsaufträgen führen sollen, spielen hier keine Rolle, da sie sich lediglich auf Wettbewerbe auf den Gebieten der Raumplanung, Stadtplanung, des Architekten- und Bauwesens beziehen, vgl. Art. 1 lit. g DKR und Ar. 16 SKR.

359 Vgl. § 35 S. 1 VwVfG-Bund bzw. entsprechende Regelungen in den VwVfG der Länder.

360 BT-Drs. 13/9340, S. 15.

361 OLG Celle, NZBau 2000, 299, 300; *Hailbronner*, in: Byok/Jaeger, Vergaberecht, § 99 Rn. 335; *Bechtold*, GWB-Komm., § 99 Rn. 1; *Dreher*, DB 1998, 2579, 2587; offen lassend: BGHZ 148, 55, 65.

362 *Antweiler*, NZBau 2003, 93, 95; *Kulartz*, NZBau 2001, 173, 176; *Eschenbruch*, in: Niebuhr/Kulartz/Kus/Portz, Vergaberecht, § 99 Rn. 22; *Althaus*, NZBau 2000, 277, 279; *Schulte*, NZBau 2000, 272, 275; *Müller-Wrede*, in: Festschrift Mantscheff, S. 429, 436.; *Stickler*, in: Reidt/Stickler/Glahs, Vergaberecht, vor §§ 97 ff. Rn. 7; *J.-E. Jasper*, Privatisierung und EG-Vergaberecht, S. 155 Fn. 891; in diese Richtung auch OLG Koblenz, Beschl. v. 6.11.2000 – 1 Verg 4/00, Umdr. S. 7; vgl. *Boesen*, Vergaberecht, § 99 Rn. 23-31.

363 Vgl. BT-Drs. 13/9340, S. 15.

364 OLG Koblenz, Beschl. v. 6.11.2000 – 1 Verg 4/00, Umdr. S. 7.

Darüber hinaus gilt es zu verhindern, dass sich die öffentliche Hand als Auftraggeber durch die Wahl der öffentlich-rechtlichen Vertragsform ohne besondere Schwierigkeiten der vergaberechtlichen Ausschreibungspflicht entziehen kann.[365] Ein solches Ergebnis läge ersichtlich nicht im Interesse des EU-Richtliniengebers, einen möglichst breiten vergaberechtlichen Anwendungsbereich zu erzielen.[366] Insofern judizierte auch der EuGH in einer neueren Entscheidung, dass anhand einer europarechtskonformen Auslegung ein öffentlich-rechtlicher (Erschließungs-)Vertrag der Anwendbarkeit des Vergaberechts nicht entgegensteht, sondern – im Gegenteil – gerade dafür spricht.[367]

Weiterhin muss es sich bei jedem öffentlichen Auftrag, wie sich aus einer Gesamtbetrachtung der §§ 99 Abs. 1, 97 Abs. 1 GWB ergibt, stets um einen entgeltlichen „Beschaffungsakt“ handeln. Der öffentliche Auftraggeber tritt also generell als Nachfrager einer Waren-, Bau- oder Dienstleistung am Markt auf, nicht hingegen als Anbieter. Sowohl das Kriterium des Beschaffungsaktes als auch der Entgeltlichkeit haben für die hier im Zentrum stehende Frage nach der Ausschreibungspflicht von Anteilsveräußerungen weitreichende Bedeutung und werden daher an späterer Stelle eingehend thematisiert.[368]

b) Der öffentliche Auftraggeber

Ausgangspunkt für die Bestimmung des öffentlichen Auftraggebers ist § 98 GWB. Öffentliche Auftraggeber sind nach § 98 Nr. 1 GWB zunächst die Gebietskörperschaften und deren Sondervermögen als Auftraggeber im „klassischen Sinn“. Diese institutionell-formelle Determinierung findet sich auch im Rechtsrahmen unterhalb Schwellenwerte wieder und stellt dort den einzigen Anknüpfungspunkt dar.[369] Das oberhalb der Schwellenwerte geltende Kartellvergaberecht dehnt demgegenüber den Kreis der Auftraggeber anhand eines enumerativen Katalogs (§ 98 Nr. 2 – 6 GWB) erheblich aus.[370] Die Zuordnung der Auftraggeber ist angesichts der §§ 4 bis 9 Ver-

[365] Plakativ könnte man von einer „Flucht ins öffentliche Recht“ sprechen, die im Endeffekt eine geringere Bindung an das Vergaberecht nach sich zöge.
[366] Vgl. oben 2.
[367] EuGH Slg. 2001-I, 5409 ff., Rn. 73 – „La scala Milano“, ebenfalls mit explizitem Hinweis darauf, dass die EG-Richtlinien keine Beschränkung auf privatrechtliche Verträge enthalten.
[368] Unten E. II. 1.
[369] Vgl. § 55 BHO, sowie exemplarisch für NRW: § 55 LHO NW, § 31 GemHVO NW. Eingehend hierzu unten c).
[370] Mit Blick auf den personellen Anwendungsbereich des Kartellvergaberechts sei hier – freilich nur am Rande – noch § 130 Abs. 1 S. 1 GWB erwähnt, der im fünften Teil des GWB verortet ist. Danach ist der Anwendungsbereich des im vierten Teil des GWB befindlichen Kartellvergaberechts für Unter-

gabeVO für das einzuhaltende Vergabeverfahren bedeutsam, da sich hieraus ergibt, welcher Auftraggeber welchen Abschnitt der einzelnen Verdingungsordnungen anzuwenden hat. Für die vorliegende Untersuchung ist – wie noch gezeigt wird – das funktionelle Begriffsverständnis des § 98 Nr. 2 GWB (sog. „funktioneller" Auftraggeberbegriff)[371] besonders bedeutsam. Danach sind öffentliche Auftraggeber „andere juristische Personen des öffentlichen und des privaten Rechts, die zu dem besonderen Zweck gegründet wurden, im Allgemeininteresse liegende Aufgaben nichtgewerblicher Art zu erfüllen, wenn [staatliche] Stellen sie überwiegend finanzieren oder über ihre Leitung die Aufsicht ausüben oder mehr als die Hälfte der Mitglieder des Geschäftsführungs- bzw. Aufsichtsorgans bestimmt haben." Prägnant formuliert kennzeichnet sich der funktionelle Auftraggeberbegriff damit durch das Bestehen einer eigenen Rechtspersönlichkeit, eines besonderen Gründungszwecks sowie einer besonderen Staatsnähe. Dieses funktionelle Begriffsverständnis geht ursprünglich zurück auf die Rechtsprechung des EuGH,[372] der zur Verhinderung einer „Flucht in das Privatrecht" das hergebrachte institutionelle Verständnis des Auftraggeberbegriffs verwarf und damit gleichzeitig einer tätigkeitsbezogenen Anknüpfung den Weg ebnete. Als Hauptargument diente hierzu die Überzeugung, dass – in Anbetracht der bezweckten Verwirklichung eines diskriminierungsfreien Zugangs zum europäischen Binnenmarkt – nicht die Rechtsform des öffentlichen Auftraggebers entscheidend sein könne, sondern allein die tatsächliche Erfüllung öffentlicher Aufgaben durch Organisationseinheiten, die in einem besonderen Verhältnis zum Staat stehen.[373]

Vor dem Hintergrund, dass eine exaktere Definition des funktionellen Auftraggeberbegriffs in den EU-Richtlinien zwischen den EU-Mitgliedstaaten keinen Konsens gefunden hätte, hat auch die Umsetzung in das nationale

---

nehmen eröffnet, die ganz oder teilweise im Eigentum der öffentlichen Hand stehen oder die von ihr verwaltet oder betrieben werden. Die Vorschrift geht damit von der grundsätzlichen Anwendbarkeit des GWB auf den wirtschaftenden Staat aus. Der Unternehmensbegriff des GWB ist dementsprechend in einem denkbaren weiten Sinne zu interpretieren. Seine Funktion beschränkt sich im Wesentlichen darauf, die Sphäre des privaten Verbrauchs aus dem Anwendungsbereich des Gesetzes auszuklammern (*Emmerich*, in: Immenga/Mestmäcker, GWB-Komm., § 130 Abs. 1 Rn. 7, 31 f.). Die staatlichen Stellen sind damit überall dort als Unternehmen zu behandeln, wo sie, gleich in welcher Form, durch das Angebot oder die Nachfrage von wirtschaftlichen Leistungen wirtschaftlich tätig werden (st. Rspr., vgl. nur BGHZ 36, 91, 103 sowie BGH NJW-RR 1999, 1266 zu § 1 GWB). Im Verhältnis dazu ist § 98 GWB ungleich konkreter formuliert und enthält insbesondere für das Handeln des Staates in privaten Rechtsformen engere Vorgaben. § 130 Abs. 1 S. 1 GWB kann damit zur Bestimmung des personellen Anwendungsbereichs im Kartellvergaberecht keinen signifikanten Beitrag leisten.

371 Hierzu ausführlich *Dietlein*, NZBau 2002, 136; *Seidel*, in: Festschrift Heiermann, S. 293 ff.; eingehend neuerdings auch *Hailbronner*, DÖV 2003, 534 ff.; *Ziekow*, VergabeR 2003, 483 ff.

372 Grundlegend EuGH, Slg. 1988, 4635, 4655 ff., Rn. 11 – „Beentjes":„Der in dieser Richtlinie (71/305 EWG) verwendete Begriff des Staates ist im funktionellen Sinn zu verstehen"; bestätigt in EuGH, Slg. 1998-I, 73 ff. – „Mannesmann Anlagenbau".

373 *Dietlein*, NZBau 2002, 136; *Marx*, in: Beck'scher VOB-Komm., § 98 GWB Rn. 2.

Recht für die einzelnen Tatbestandsvoraussetzungen keine abschließende Klarheit geschaffen. Als gewisser Anhaltspunkt für die Auslegung kann zunächst Anhang I der Baukoordinierungsrichtlinie dienen, worin eine Auflistung von juristischen Personen des öffentlichen und privaten Rechts enthalten ist.[374] Da dieser Anhang, auf den auch die Dienstleistungs- und die Lieferkoordinierungsrichtlinie verweisen, keine rechtliche Verbindlichkeit beansprucht und lediglich deklaratorischen Charakter hat, lässt sich letztlich eine allgemeingültige Begriffsbestimmung des funktionellen Auftraggebers nur in Auslegung der einzelnen Tatbestandsmerkmale des § 98 Nr. 2 GWB erzielen.[375]

aa) Die eigene Rechtspersönlichkeit

Die Bezugnahme auf den Kreis der juristischen Personen des öffentlichen und privaten Rechts bereitet keine Schwierigkeiten, wenn deren eigene Rechtsfähigkeit gesetzlich verankert ist.[376] Aber auch die sog. teilrechtsfähigen Personengesellschaften (vgl. §§ 124 Abs. 1, 161 Abs. 2 HGB für die OHG, KG), denen die GbR nach neuerer Rechtsprechung des BGH[377] in ihrem Rechtsstatus gleichgestellt ist, müssen vom funktionellen Begriffsverständnis zur Vermeidung einer Flucht in das Privatrecht erfasst sein.[378] Insofern sind auch die einschlägigen EU-Richtlinien[379] zu berücksichtigen, da diese nicht von juristischen Personen, sondern lediglich von „Einrichtungen“ sprechen, was ein weites Begriffsverständnis des Richtliniengebers vermuten lässt. Gleiches muss für Kapitalgesellschaften in Gründung[380] gelten, da auf diese Unternehmen bereits vor Eintragung in das Handelsregister das Aktien- bzw. GmbH-Recht anwendbar ist, soweit die gesetzli-

---

[374] Richtlinie 93/37/EWG, AblEG 1993 Nr. L 199/54.

[375] *Dreher*, DB 1998, 2579; *Marx*, in: Beck'scher VOB-Komm., § 98 GWB Rn. 8; *Boesen*, Vergaberecht, § 98 Rn. 31; *Seidel*, in: Dauses, Hdb. EU-Wirtschaftsrecht, H. IV. (Öffentliches Auftragswesen), Rn. 60 f.; anders noch *dies.*, in: Festschrift Heiermann, S. 293, 306, wonach die Orientierung in erster Linie an der Aufzählung des Anhangs I zur BKR zu erfolgen habe, die für den Kreis der öffentlichen Auftraggeber „maßgeblich“ sei.

[376] Als juristische Personen des Privatrechts sind nach deutschem Recht etwa die Aktiengesellschaft (§ 1 Abs. 1 S. 1 AktG), die GmbH (§ 13 Abs. 1 GmbHG), der eingetragene BGB-Verein (§ 21 BGB) und die KGaA (§ 278 Abs. 1 AktG) anerkannt. Im öffentlichen Recht sind die Körperschaften, Anstalten (vgl. hierzu auch § 114 a GO NW) sowie die rechtsfähigen Stiftungen anerkannt.

[377] BGHZ 146, 341, 343.

[378] *Eschenbruch*, in: Niebuhr/Kulartz/Kus/Portz, Vergaberecht, § 98 Rn. 30; *Stickler*, in: Reidt/Stickler/Glahs, Vergaberecht, § 98 Rn. 12; *Dreher*, in: Immenga/Mestmäcker, GWB-Komm., § 98 Rn. 21 ff.; a. A. VÜA Brandenburg, WuW 1996, 853 - „Heizkraftwerk Cottbus“.

[379] Art. 1 lit. b DKR sowie Art. 1 lit. b BKR.

[380] Von einer Kapitalgesellschaft i. G. ist die Rede im Zeitraum zwischen Errichtung, also dem Abschluss des Gesellschaftsvertrags bzw. der Feststellung der Satzung in notarieller Form, und der Eintragung in das Handelsregister (eingehend hierzu *K. Schmidt*, Gesellschaftsrecht, § 27 II, § 34 II, m. weit. Nachw.).

chen Bestimmungen keine Eintragung voraussetzen. In Bezug auf die Vorgründungs-Kapitalgesellschaften[381] besteht allgemeiner Auffassung zufolge zwar eine GbR; die vergaberechtliche Ausschreibungspflicht dürfte sich insofern allerdings als ein Problem geringer Praxisrelevanz darstellen, da die Tätigkeit der Vorgründungsgesellschaft regelmäßig nur auf den eigentlichen Gründungsakt, nicht hingegen auf den späteren geschäftlichen Tätigkeitsbereich bezogen ist.[382]

bb) Der besondere Gründungszweck

Die Gesellschaft muss zu dem besonderen Zweck gegründet worden sein, Aufgaben im Allgemeininteresse nichtgewerblicher Art zu erfüllen. Dieser Terminus ist mit besonderen Auslegungsproblemen behaftet. Hierbei ist zunächst festzuhalten, dass nach der Rechtsprechung des EuGH, die in der Literatur durchweg auf Zustimmung gestoßen ist, das Merkmal der Nichtgewerblichkeit von dem Merkmal der im Allgemeininteresse liegenden Aufgabe begrifflich zu trennen ist.[383]

(1) Das Allgemeininteresse

Die Auslegung des Rechtsbegriffs „Allgemeininteresse" konnte bislang noch nicht abschließend geklärt werden. Die Schwierigkeit besteht darin, dass der Begriff weder im deutschen staats- und verwaltungswissenschaftlichen Schrifttum erwähnt wird noch in den EU-Richtlinien definiert ist, zumal sich auch in den nationalen Rechtsordnungen der einzelnen EU-Mitgliedsstaaten kein einheitliches Verständnis ausmachen lässt.[384] Ein Definitionsansatz geht von einem Allgemeininteresse bei Wahrnehmung „genuin staatlicher Aufgaben" unter Zuhilfenahme öffentlicher Mittel aus.[385] In ähnlicher Weise erblickt der EuGH ein Allgemeininteresse, wenn die Aufgabenerfüllung „eng mit der öffentlichen Ordnung und dem institutio-

---

[381] Eine Vorgründungs-Kapitalgesellschaft besteht nur vor ihrem eigentlichen Errichtungsakt, also vor Abschluss des Gesellschaftsvertrags bzw. vor Feststellung der Satzung in notarieller Form (vgl. ausführlich *K. Schmidt*, Gesellschaftsrecht, § 27 II, 34 II, m. weit. Nachw.).

[382] *Dietlein*, NZBau 2002, 136, 138.

[383] EuGH, Slg. 1998-I, 6821 ff., Rn. 32 ff. – „Gemeente Arnhem", Insofern dürfte sich auch eine nähere Auseinandersetzung mit der Auffassung des älteren Schrifttums erübrigen, wonach die Nichtgewerblichkeit kein zusätzliches Kriterium darstelle, sondern allein die klarstellende Funktion habe, dass die Wahrnehmung der Aufgaben keine rein wirtschaftliche Tätigkeit sei; vgl. hierzu *Lampe-Helbig/Wörmann*, Hdb. Bauvergabe, Rn. 28.

[384] *Seidel*, in: Dauses, Hdb. EU-Wirtschaftsrecht, H. IV. (Öffentliches Auftragswesen), Rn. 72.

[385] VÜA Bund (ohne Nachw. zit. nach *Seidel*, in: Dauses, Hdb. EU-Wirtschaftsrecht, H. IV. (Öffentliches Auftragswesen), Rn. 72.

nellen Funktionieren des Staates verknüpft ist".[386] Weitere Versuche zur Begriffsbestimmung differenzieren zwischen Einzel- und Allgemeininteresse[387], halten das Allgemeininteresse bei Vorliegen eines sog. Kollektivbedürfnisses für verwirklicht[388] oder deuten das Allgemeininteresse im Sinne eines öffentlichen Interesses[389].

Insgesamt betrachtet führt dieses Meinungsspektrum für einen gewissen Kernbereich des Allgemeininteresses, in dem ein öffentlicher Zweck in hoheitlicher Rechtsform verfolgt wird, durchaus weiter. So kann bei der Gründung einer juristischen Person des öffentlichen Rechts eine tatsächliche Vermutung dafür sprechen, dass die Gründung zum Zweck der Erfüllung von Aufgaben erfolgt ist, die im Allgemeininteresse liegen.[390] Die Interpretationsansätze versagen hingegen in weitaus sensibleren Randzonen, wie etwa der erwerbswirtschaftlichen Betätigung der öffentlichen Hand in privaten Rechtsformen,[391] für die das funktionelle Begriffsverständnis im Sinne des § 98 Nr. 2 GWB doch gerade entwickelt worden ist. Insofern spricht einiges dafür, die Frage des Allgemeininteresses davon abhängig zu machen, ob eine rechtliche Entscheidung des Gemeinwesens ersichtlich ist, die Inhalt und Umfang eines staatlichen Infrastrukturauftrags bzw. Infrastrukturgewährleistungsauftrags festlegt.[392] Dieser Ansatz darf jedoch nicht dahingehend missverstanden werden, dass jegliche Form staatlicher Reglementierung eines bestimmten Aufgabenbereichs ein besonderes Allgemeininteresse indizierte. Denn gerade die besonders intensiven Reglementierungen entstammen vielfach dem Polizei- und Ordnungsrecht und betreffen gleichsam solche Bereiche, die im Grunde genommen unerwünscht sind damit gerade nicht im Allgemeininteresse liegen. Jedenfalls die Normierung von „Grundversorgungsaufträgen", die Begründung bestimmter Handlungspflichten bzw. die teilweise Außerkraftsetzung von Marktme-

---

386 EuGH, Slg. 1998-I, 73, 112 ff. – „Mannesmann Anlagenbau". In diese Richtung tendiert wohl auch eine kürzlich ergangene Entscheidung des EuGH, die sich mit der Auftraggebereigenschaft von Bestattungsunternehmen befasst. Hiernach sei das Vorliegen eines Allgemeininteresses indiziert, wenn eine Gebietskörperschaft gesetzlich dazu verpflichtet ist, für die Bestattung zu sorgen und gegebenenfalls die Kosten zu übernehmen (VergabeR 2003, 296 ff. – „Adolf Truley").

387 DOK. Öffentliche Aufträge und Gemeinschaftsfinanzierung, hrsg. v. Amt für Veröffentlichungen der Europäischen Gemeinschaften, 1991, S. 55; in diesem Sinne auch das Deutsche Rechtslexikon (zit. nach *Seidel*, in: Dauses, Hdb. EU-Wirtschaftsrecht, H. IV. (Öffentliches Auftragswesen), Rn. 70).

388 Vgl. *Heegemann*, ZBB-Report 1995, 387, 390, wonach dieser schillernde Begriff alle Bedürfnisse umfasse, die die „Individuen als Teil der Gemeinschaft zu unterstützen sich verpflichtet fühlen". Dazu zählten etwa die Dienste der öffentlichen Verwaltung, das Rechtswesen, die Bereiche Schulen, Krankenhäuser, Landesverteidigung, Auslandsvertretung und Sozialversicherung.

389 *Stickler*, in: Reidt/Stickler/Glahs, Vergaberecht, § 98 Rn. 16, m. weit. Nachw.

390 BayObLG, VergabeR 2003, 94, 95 – „Rotes Kreuz"; *Eschenbruch*, in: Niebuhr/Kulartz/ Kus/Portz, Vergaberecht, § 98 Rn. 38.

391 *Dietlein*, NZBau 2002, 136, 138.

392 Hierzu *Dietlein*, NZBau 2002, 136, 139; vgl. auch *Noch*, NVwZ 1999, 1083, 1084.

chanismen und Marktgesetzen können danach gewichtige Anhaltspunkte zur Annahme einer im Allgemeininteresse liegenden Aufgabe sein.[393]

(2) Die Nichtgewerblichkeit

Dem Tatbestandsmerkmal der „Nichtgewerblichkeit"[394] kommt - wie der EuGH mittlerweile geklärt hat – gegenüber dem Allgemeininteresse eine grundsätzlich eigenständige Bedeutung zu. Eine im Allgemeininteresse liegende Tätigkeit bringt damit nicht gleichzeitig auch deren Nichtgewerblichkeit zum Ausdruck.[395] Die Nichtgewerblichkeit ist vielmehr als Untergruppierung zu verstehen, die das Allgemeininteresse konkretisiert.[396] Die einzelnen Ansätze zur exakten Begriffsbestimmung unterscheiden sich jedoch auch hier teilweise erheblich. Insofern scheint es prima facie nahe zu liegen, mit Blick auf den im nationalen Wirtschaftsverwaltungsrecht hergebrachten Gewerbebegriff (vgl. § 1 GewO) die unternehmerische Absicht zur Gewinnerzielung – wenn schon nicht als maßgebliches Kriterium – zumindest als Indiz heranzuziehen.[397] Vor allem aber in Ansehung der eingangs dargestellten Organisationsprivatisierung,[398] der regelmäßig Aktiengesellschaften oder GmbH entspringen, verdeutlicht sich, dass das im Gewerbebegriff enthaltene Kriterium der Gewinnerzielungsabsicht zumindest isoliert betrachtet untauglich ist.[399] Denn diesen Privatrechtssubjekten ist die Gewinnerzielungsabsicht gerade wesensimmanent, so dass der funktionelle Auftraggeberbegriff des § 98 Nr. 2 GWB weitgehend leer liefe.[400] Es stünde der gesetzgeberischen Zwecksetzung insofern entgegen, wenn bei diesen juristischen Personen des Privatrechts, derer sich die öffentliche Hand am häufigsten bedient, der personelle Anwendungsbereich des Kartellvergaberechts generell entfiele.[401]

---

[393] *Heegemann*, ZBB-Report 1995, 387, 390; eingehend *Dietlein*, NZBau 2002, 136, 139.
[394] Ausführlich zu diesem Begriff zuletzt *Dietlein/Heinemann*, NVwZ 2003, 1080 f.
[395] So aber noch *Kulartz*, VergabeR 1998, 25, 28.
[396] EuGH, Slg. 1998-I, 6821, 6861 ff., Rn. 31 ff. - „Gemeente Arnhem".
[397] *Eilmansberger*, JurBl. 2001, 562, 568; *Stickler*, in: Reidt/Stickler/Glahs, Vergaberecht, § 98 Rn. 19; vgl. OLG Celle, VergabeR 2003, 91, 92 – „Wesertunnel".
[398] Oben C. III. 2. b).
[399] Insofern weisen *Dietlein/Heinemann*, NZBau 2003, 1080, auch darauf hin, dass sowohl die englische als auch die französische Richtlinienfassung den Begriff der „Gewerblichkeit" überhaupt nicht verwenden, sondern von „commercial or industrial nature" bzw. „caractère industriel ou commercial" sprechen, was eine selbstständige vergaberechtliche Entwicklung des Begriff erforderlich mache.
[400] OLG Düsseldorf, NZBau 2003, 400, 402 – „Bundeswehr-Bekleidungsmanagement", mit der Auffassung, dass jede Form von Nachfragetätigkeit als nichtgewerblich einzustufen sei; kritisch dazu *Dietlein/Heinemann*, NZBau 2003, 1080 f., die der Nachfragetätigkeit eine lediglich indizielle Bedeutung einräumen.
[401] *Dietlein*, NZBau 2002, 136, 139.

Eine mit der gesetzgeberischen Zielsetzung im Einklang stehende Auslegung wird nicht umhin können, das in § 97 Abs. 1 GWB enthaltene Wettbewerbsprinzip zu berücksichtigen, wonach für alle potenziellen Bewerber ein möglichst fairer und chancengleicher Zugang zum europäischen Binnenwettbewerb ermöglicht werden soll.[402] Somit erklärt sich auch die Intention von § 98 Nr. 2 GWB, Tätigkeiten gewerblicher Art vom Kartellvergaberecht auszunehmen, da der Gesetzgeber bei einer durchgängig ökonomischen Unternehmensführung von einer dem freien Wettbewerb entsprechenden Handlungsweise ohne weiteres ausgeht.[403] Diesen wirtschaftlichen Blickwinkel vor Augen nahmen schon der Generalanwalt *Alber* und ihm folgend der EuGH die Gewerblichkeit an, wenn das Unternehmen auf die Erträge zur Fortführung der Unternehmenstätigkeit deshalb angewiesen ist, weil es nicht auf einen Verlustausgleich durch die öffentliche Hand hoffen kann.[404] Eine verallgemeinerungsfähige Aussage lässt sich daraus gleichwohl nicht ableiten. Denn insoweit haben die obigen Ausführungen[405] bereits gezeigt, dass insbesondere bei der Aktiengesellschaft der Abschluss eines Beherrschungsvertrags – mit dem die verfassungsrechtlichen Ingerenzpflichten erfüllt werden sollen – die öffentlich-rechtliche Körperschaft als Anteilsinhaberin dazu verpflichtet, den Jahresfehlbetrag auszugleichen, vgl. § 302 AktG. Selbst eine zu 100 % im Anteilsbesitz der öffentlichen Hand stehende Aktiengesellschaft könnte damit – bei Berücksichtigung der verfassungsrechtlichen Vorgaben – unter keinen Umständen als öffentlicher Auftraggeber angesehen werden, was dem in § 98 Nr. 2 GWB zum Ausdruck kommenden funktionellen Verständnis entgegenstünde. Entscheidender Anknüpfungspunkt muss demnach sein, ob sich das Unternehmen im Wettbewerb mit anderen Unternehmen tatsächlich behauptet, ob es sich also voll und ganz den Gesetzen des Marktes unterwirft.[406] Der Wettbewerb in einem bestimmten Marktsegment kann per se jedoch die Nichtgewerblichkeit nicht entfallen lassen, da ein Unternehmen auch bei Bestehen einer entsprechenden Wettbewerbssituation Aufgaben im Allgemeininteresse wahrnehmen kann.[407] Das Vorliegen eines entwickelten Wettbewerbs kann aber immerhin ein gewichtiges Indiz für gewerbliche Tätigkeit sein, insbesondere wenn das finanzielle Risiko lediglich bei dem betreffenden Unternehmen liegt.[408] Demgegenüber wird man in Bereichen,

---

[402] *Kullack*, in: Heiermann/Riedl/Rusam, Handkomm. zur VOB, § 97 GWB Rn. 6 ff.

[403] *Dietlein*, NZBau 2002, 136, 139.

[404] *GA Alber*, Schlussanträge zu EuGH, Slg. 2001-I, 3605 ff. – "Ente Fiera"; im Anschluss daran auch EuGH, ebda. – Rn. 42.

[405] Oben C. IV. 7. d. (2).

[406] Vgl. EuGH, Slg. 2001-I, 3605 ff. – Rn. 42 – „Ente Fiera"; hierzu *Dietlein/Heinemann*, NVwZ 2003, 1080, 1081.

[407] EuGH, Slg. 1998-I, 6821, 6863 ff., Rn. 38 ff. – „Gemeente Arnhem"; zuletzt EuGH VergabeR 2003, 296 ff. - „Adolf Truley".

[408] *GA Alber*, Schlussanträge zu EuGH, Slg. 2001-I, 3605 ff. – "Ente Fiera".

die einen entwickelten Wettbewerb nicht erkennen lassen, etwa in Monopolbereichen und unter Umständen auch in Marktsegmenten, in denen die öffentliche Hand eine marktbeherrschende Stellung ausübt, auch kein Verhalten erblicken können, das den Regeln des freien Marktes entspricht. Insofern muss eine Tätigkeit nichtgewerblicher Art angenommen werden.[409]

Sowohl die fehlende Gewinnerzielungsabsicht als auch das Fehlen eines entwickelten Wettbewerbs können deshalb jeweils für sich genommen keine alles entscheidenden Kriterien für die Nichtgewerblichkeit sein. Allerdings dürfte von einer Nichtgewerblichkeit dann auszugehen sein, wenn beide Aspekte kummulativ vorliegen. Insofern geht auch der EuGH davon aus, dass eine ohne Gewinnerzielungsabsicht im Allgemeininteresse handelnde juristische Person jedenfalls dann nicht als öffentlicher Auftraggeber angesehen werden kann, wenn die Geschäftsführung an Leistungs-, Effizienz- und Wirtschaftlichkeitsgesichtskriterien ausgerichtet ist und sie in einem wettbewerblich geprägten Umfeld tätig ist.[410]

(3) Der maßgebliche Zeitpunkt

Die Gesellschaft muss zu dem Zweck gegründet sein, die soeben benannten besonderen Aufgaben zu erfüllen. Bereits ausgehend vom Wortsinn impliziert die Beachtung des „Gründungszwecks" eine subjektive Sichtweise, die hinsichtlich des Unternehmensgegenstands auf den Zeitpunkt der Gesellschaftsgründung abstellt. Daraus ist grundsätzlich nicht auf die tatsächliche wahrgenommene Geschäftstätigkeit, sondern allein auf die im Gründungsakt (Gesellschaftsvertrag, Satzung) festgeschriebene und für die Zukunft beabsichtigte Geschäftstätigkeit zu rekurrieren. Unerheblich ist dabei nach Auffassung des EuGH der Umfang der im Allgemeininteresse liegenden Aufgaben nichtgewerblicher Art, solange diese nur zumindest auch vom Gründungszweck umfasst sind, so dass ein nur geringer Anteil an der

---

[409] *Dietlein*, NZBau 2002, 136, 139 f.

[410] EuGH, Slg. 2001-I, 3605 ff. – „Ente Fiera", m. Anm. *Schabel*, VergabeR 2001, 285; *Kullack*, in: Heiermann/Riedl/Rusam, Handkomm. zur VOB, GWB § 98 Rn. 15; zustimmend auch *Wagner/Wiegand*, NZBau 2003, 369, 371 f. Wenig eindeutig zeigt sich auch die neueste Rspr. des EuGH zur Frage der Nichtgewerblichkeit, die auf eine Einzelfallabwägung hinausläuft. Der EuGH überlässt insofern den nationalen Gerichten die Würdigung der Umstände, die zur Gründung der Gesellschaft geführt haben, und der Voraussetzungen, unter denen sie ihre Tätigkeit ausübt (EuGH, NZBau 2003, 396 – „Korhonen"; EuGH, VergabeR 2003, 296 ff. – „Adolf Truley"; EuGH, VergabeR 2003, 420 ff. – „Varkaus").

gesamten unternehmerischen Tätigkeit bereits die Vergaberelevanz auslöst.[411]

Zur Vermeidung von Umgehungstatbeständen wird nach teleologischer Auslegung der Grundsatz vom Gründungszweck insoweit durchbrochen, als eine erst nachträglich – also nach Gesellschaftsgründung – erfolgte Änderung des Unternehmensgegenstands qua Satzung oder Vertrag hin zu Aufgaben, die im Allgemeininteresse liegen und nichtgewerblicher Art sind, von diesem Zeitpunkt an den Anwendungsbereich des Vergaberechts eröffnet.[412] Anders müsste es sich demgegenüber bei einer rein tatsächlichen Verschiebung des Aufgabenbereichs verhalten, die mitunter auch über einen längeren Zeitraum hinweg erfolgen kann. Angesichts der weitreichenden Bedeutung, die der EuGH dem Gesichtspunkt der Rechtssicherheit für potenzielle Auftragnehmer bisher eingeräumt hat, dürfte eine solche Konstellation in aller Regel keine Änderung des personellen Anwendungsbereichs bewirken.[413] Ein neueres Urteil des EuGH geht gleichwohl einen anderen Weg: Der besondere Gründungszweck werde hiernach auch bei einer tatsächlichen Verschiebung des Unternehmensgegenstands hin zu solchen Aufgaben, die im Allgemeininteresse liegen und nichtgewerblicher Art sind, ab diesem Zeitpunkt gewissermaßen fingiert, sofern die Übernahme dieser Aufgaben objektiv festgestellt werden kann.[414]

cc) Der besondere Staatseinfluss

Neben der eigenen Rechtspersönlichkeit und dem besonderen Gründungszweck bedarf es einer besonderen Staatsnähe,[415] um einen Auftraggeber als „öffentlichen" Auftraggeber qualifizieren zu können. § 98 Nr. 2 GWB stellt dafür drei alternative Voraussetzungen auf, die sich plakativ als überwiegende Finanzierung, Leitungsaufsicht und mehrheitliche Organbesetzung bezeichnen lassen. Insofern ist es in Übereinstimmung mit den EU-Vergaberichtlinien hinreichend, dass auch mehrere öffentliche Auftragge-

---

[411] Grundlegend EuGH, Slg. 1998-I, 73 ff., Rn. 25 – „Mannesmann Anlagenbau"; bestätigend EuGH, Slg. 1998-I, 6821 ff., Rn. 55 – „Gemeente Arnhem"; zur „Infizierungs-" oder „Kontaminierungstheorie": *Eschenbruch*, in: Niebuhr/Kulartz/Kus/Portz, Vergaberecht, § 98 Rn. 48 f.

[412] *Dreher*, in: Immenga/Mestmäcker, GWB-Komm., § 98 Rn. 24; *Bechtold*, GWB-Komm., § 98 Rn. 10; *Dietlein*, NZBau 2002, 136, 138: „vergaberechtlicher Statuswechsel"; VÜA Bund, WuW/E Verg 249 - „Werttransporte".

[413] EuGH Slg. 1998-I, 73, 112 ff. – „Mannesmann Anlagenbau"; *Marx*, in: Beck'scher VOB-Komm., § 98 GWB Rn. 13. Ausnahmen davon dürften freilich auch hier vor dem Hintergrund einer beabsichtigten Umgehung des Vergaberechts anzunehmen sein (*Dietlein*, NZBau 2002, 136, 138), wobei der Beweis für eine solche Vorgehensweise praktisch nur schwer zu erbringen sein wird.

[414] EuGH, WuW/E Verg 701, Urt. v. 12.12.2002 – Rs. C-470/99 – „Universale Bau AG"; hierzu *Koman*, ZfBR 2003 127 f.

[415] Ausführlich hierzu zuletzt *Dietlein/Heinemann*, NVwZ 2003, 1080 f.

ber im Sinne der Nr. 1 oder Nr. 3 gemeinsam einen der genannten Fälle verwirklichen.[416]

(1) Die überwiegende Finanzierung

Die überwiegende Finanzierung kann erfolgen durch die Bereitstellung von über 50 % der für den Geschäftsbereich notwendigen Kapitalmittel, in Form einer gesellschaftsrechtlichen Beteiligung am Anteilskapital aber auch durch sonstige Zuführung geldwerter Vorteile wie Darlehen, Bürgschaft, Bar- oder Sachmitteln sowie der unentgeltlichen Überlassung von Personal.[417] Die 50 %-Hürde stellt insofern eine absolute Untergrenze dar. Da § 98 Nr. 2 GWB lediglich von Finanzierung, nicht aber von tatsächlichen Einflüssen spricht, kann deshalb eine Minderheitsbeteiligung, deren Einfluss faktisch ungleicher höher zu bewerten ist, weil sich die übrigen Anteile im Streubesitz befinden, nicht zu einer überwiegenden Finanzierung führen.[418] Entscheidend ist in jedem Fall, dass die Finanzierung dem Rechtsträger zugute kommen, bei juristischen Personen des Privatrechts mithin gesellschaftsbezogen sein muss und damit nicht lediglich einem bestimmten Auftrag oder einer einzelnen Aufgabe dienen darf.[419] Denn eine vergaberechtlich relevante Unterordnung oder Verbindung des Unternehmens zum Kapitalgeber lässt sich nur durch solche Finanzhilfen begründen oder festigen, die vom konkreten Auftrag „entkoppelt" sind.[420] Zutreffender Auffassung nach gehören zu den geldwerten Vorteilen auch staatliche Subventionen, da der prima facie einschlägige spezielle Tatbestand des § 98 Nr. 5 GWB gerade nur die letztgenannten Fälle der Auftragsfinanzierung mit einbezieht, aber nicht die Fälle umfasst, in denen der Rechtsträger selbst finanziert wird.[421] Demgegenüber kann die umsatzsteuerliche Figur der Beistellung von Sachmitteln oder Arbeitskräften richtigerweise nicht

---

[416] *Dreher*, in: Immenga/Mestmäcker, GWB-Komm., § 98 Rn. 44. Der Wortlaut des § 98 Nr. 2 GWB deutet allerdings zunächst darauf hin, die „einzelne" oder „gemeinsame" Verwirklichung der Tatbestandsmerkmale nur auf die überwiegende Finanzierung zu beziehen.

[417] EuGH, Slg. 1998, I-73 – „Mannesmann Anlagenbau"; EuGH, Slg. 2000-I, 8035 ff., 8071 f., Rn. 19 ff. – „University of Cambridge"; OLG Düsseldorf, NZBau 2003, 400, 404 - „Bundeswehr-Bekleidungsmanagement"; *Hailbronner*, DÖV 2003, 534, 537; *Werner*, in: Byok/Jaeger, Vergaberecht, Rn. 262; *Marx*, in: Beck'scher VOB-Komm., § 98 GWB Rn. 10; *Eschenbruch*, in: Niebuhr/Kulartz/Kus/Portz, Vergaberecht, § 98 Rn. 64.

[418] *Dreher*, in: Immenga/Mestmäcker, GWB-Komm., § 98 Rn. 47.

[419] BayObLG, VergabeR 2003, 94, 96 – „Rotes Kreuz"; *Dreher*, in: Immenga/Mestmäcker, GWB-Komm., § 98 Rn. 45; vgl. EuGH, Slg. 2000-I, 8035 ff., Rn. 21 – „University of Cambridge", wonach Zahlungen, die im Rahmen eines Vertrags über Dienstleistungen oder als Gegenleistung für andere Dienstleistungen erfolgen, keine Finanzierung im Sinne der EU-Vergaberichtlinien darstellen können.

[420] *Dietlein/Heinemann*, NVwZ 2003, 1080, 1081.

[421] *Marx*, in: Beck'scher VOB-Komm., § 98 GWB Rn. 10; *Dreher*, in: Immenga/Mestmäcker, GWB-Komm., § 98 Rn. 45; *Dietlein*, NZBau 2002, 136, 140; a. A. *Reidt*, in: Reidt/Stickler/Glahs, Vergaberecht, § 98 Rn. 23.

als Finanzierung i. S. des § 98 Nr. 2 GWB gedeutet werden, da diese allein der Umsatzsteuerersparnis dient und demnach bereits „per Definitionem nur auftragsbezogen gewährt“ wird.[422]

Bei einer mehrheitlichen Kapitalbeteiligung ließe sich freilich daran zweifeln, ob damit immer auch eine überwiegende Finanzierung einhergeht, da Beteiligung und Finanzierung begrifflich nicht zwingend synonym zu verstehen sind. Auch hierbei ist allerdings maßgeblich zu berücksichtigen, dass sich die finanzielle Mittelzuführung allgemein auf die Einrichtung des Unternehmens beziehen muss und sich eben nicht auf einen bestimmten Auftrag beziehen darf.[423] Da sich eine mehrheitliche Kapitalbeteiligung stets auf das Unternehmen als solches auswirkt, ist darin auch immer eine finanzielle Mittelzuführung im Sinne des § 98 Nr. 2 GWB enthalten.[424]

Als Bezugszeitraum für den Finanzierungsumfang ist das Wirtschaftsjahr heranzuziehen, in dem die Vergabe erfolgt. Dem liegen die Gesichtspunkte der Markttransparenz und der Rechtssicherheit für alle am Vergabeverfahren Beteiligten zu Grunde, so dass sich relevante Änderungen der Finanzierungsquoten grundsätzlich nur bei jährlicher Betrachtungsweise auf zukünftige Auftragsvergaben auswirken.[425] Öffentliche Aufträge, die mangels Eigenschaft als funktioneller Auftraggeber zuvor kartellvergabefrei vergeben werden konnten und deren Laufzeit über das betreffende Wirtschaftsjahr hinausgeht, bleiben vom Statuswechsel gleichsam unberührt. Ein Statuswechsel hingegen, der die Eigenschaft als funktioneller Auftraggeber entfallen lässt, wirkt sich umgekehrt auf ein bereits laufendes Vergabeverfahren nicht aus, so dass die kartellvergaberechtlichen Verfahrensvorschriften weiterhin zu beachten sind.[426]

(2) Die Aufsicht über die Leitung

Ungeachtet staatlicher Finanzierung kann ein besonderer Staatseinfluss auch durch die Aufsicht über die Unternehmensleitung vermittelt werden. Diese Beherrschungsmodalität setzt voraus, dass die beaufsichtigende Stelle das Unternehmen insofern beherrscht, als sie ihren Willen in der Unter-

---

[422] *Dietlein/Heinemann*, NVwZ 2003, 1080, 1081; a. A. OLG Düsseldorf, NZBau 2003, 400, 404 – „Bundeswehr-Bekleidungsmanagement“.

[423] Klarstellend *Dreher*, DB 1998, 2579, 2583; *Werner*, in: Byok/Jaeger, Vergaberecht, Rn. 263.

[424] VÜA Bund, Beschl. v. 24.4.1998 – 1 VÜ 15/98; *Dietlein*, NZBau 2002, 136, 140; a. A. *Müller-Wrede*, VergabeR 2001, 116, 117.

[425] EuGH, Slg. 2000-I, 8035 ff. – „University of Cambridge“; *Dreher*, in: Immenga / Mestmäcker, GWB-Komm., § 98 Rn. 46.

[426] EuGH, Slg. 2000-I, 8035 ff. – „University of Cambridge“; *Dietlein*, NZBau 2002, 136, 140.

nehmens- und Geschäftspolitik tatsächlich umsetzt[427] bzw. vergaberechtliche Entscheidungen aktiv beeinflusst.[428] Das Bestehen eines bloßen Vetorechts oder eine paritätische Besetzung der Leitungsorgane reicht dazu nicht aus.[429] Nach Auffassung des EuGH muss der Umfang des Einflusses derart weitreichend sein, dass er der durch eine überwiegende Finanzierung oder eine überwiegende Bestimmung der Leitungsorgane vermittelten Staatsnähe entspricht, was sich unter Berücksichtigung aller maßgeblichen Umstände feststellen lasse.[430]

Mit Blick auf die juristischen Personen des Privatrechts ist die Staatseinfluss-Alternative vor allem bei der Aktiengesellschaft im Allgemeinen nur eingeschränkt anwendbar. Denn die Leitung des privaten Unternehmens unterliegt nur der Aufsicht der gesetzlich vorgesehenen Organe, etwa bei der Aktiengesellschaft der Vorstand gegenüber dem Aufsichtsrat bzw. der Hauptversammlung. Selbst wenn man annimmt, dass die Aufsichtsorgane mit staatlichen Vertretern besetzt sind, bezieht sich deren Kontrolle in der Regel lediglich auf einen gesetzlich fest umrissenen Themenkreis, wovon die alltägliche Geschäftsführung – und dazu dürften vergaberechtliche Entscheidungen zählen – nicht umfasst ist.[431] Diese Problematik stellt sich freilich nicht bei der GmbH, da hier die Gesellschafterversammlung ohne weiteres auch die alltägliche Geschäftsführung beeinflussen kann.[432] In der Praxis werden die öffentlich-rechtlichen Gebietskörperschaften daher bei der Aktiengesellschaft eher im Sinne der spezielleren dritten Alternative die Mitglieder dieser Aufsichtsorgane bestimmen.[433] Eine Leitungsaufsicht im Sinne des § 98 Nr. 2 GWB lässt sich allenfalls durch zivilrechtliche Vertragsgestaltung herstellen, namentlich durch den Abschluss von konzernrechtlichen Beherrschungsverträgen.[434]

Weitaus größere Probleme wirft hingegen das vor allem für die juristischen Personen des öffentlichen Rechts relevante öffentliche Aufsichtsrecht auf. Hierbei ist zwischen der Rechtsaufsicht und der Fachaufsicht zu unter-

---

[427] *Dietlein*, NZBau 2002, 136, 141; *Dreher*, DB 1998, 2579; abweichend hierzu *Stickler*, in: Reidt/Stickler/Glahs, Vergaberecht, § 98 Rn. 26; *Boesen*, Vergaberecht, § 98 Rn. 68, die auf die rechtliche Möglichkeit zur Einflussnahme abstellen; vgl. auch *Müller-Wrede*, in: Ingenstau/Korbion, VOB-Komm., § 98 Rn. 38; vgl. zu dieser Problematik unten (5).

[428] EuGH, EuZW 2001, 184, 186, Rn. 48 f. – „Kommission/Frankreich"; OLG Düsseldorf, NZBau 2003, 400, 403 – „Bundeswehr-Bekleidungsmanagement"; *Dietlein/Heinemann*, NVwZ 2003, 1080, 1081 f.; *Kullack*, in: Heiermann/Riedl/Rusam, Handkomm. zur VOB, GWB § 98 Rn. 20.

[429] *Dietlein/Heinemann*, NVwZ 2003, 1080, 1082.

[430] EuGH, EuZW 2001, 184, 186, Rn. 48 – „Kommission/Frankreich"; *Dietlein/Heinemann*, NVwZ 2003, 1080, 1082.

[431] Vgl. oben C. IV. 7. d) aa).

[432] Vgl. oben C. IV. 7. d) bb).

[433] Dazu sogleich (3). Vgl. *Dreher*, in: Immenga/Mestmäcker, GWB-Komm., § 98 Rn. 50.

[434] Vgl. hierzu *Roth*, VergabeR 2003, 397 ff.

scheiden. Während bei der Weisungserteilung im Rahmen der Rechtsaufsicht bloße Rechtmäßigkeitserwägungen zu Grunde gelegt werden dürfen, schließt die Fachaufsicht darüber hinaus eine weiterreichende Zweckmäßigkeitskontrolle mit ein. Allgemeiner Auffassung zufolge besteht eine hinreichende Leitungsmacht immerhin im Rahmen der Fachaufsicht, da sich hiermit eine aktive Einflussnahme auf die Unternehmensleitung erreichen lässt.[435] Demgegenüber kann die Rechtsaufsicht keinen inhaltlichen Einfluss auf die Unternehmensstrategie und die Geschäftstätigkeit nehmen, sondern allein die Einhaltung der rechtlichen Grenzen des institutionellen Handelns überwachen.[436] Insbesondere für Selbstverwaltungskörperschaften[437] oder sonstigen selbstständigen Einrichtungen, die lediglich der Rechtsaufsicht unterliegen, kann damit eine Aufsicht über die Leitung nicht begründet werden.[438] Auch die jüngste Judikatur des EuGH geht davon aus, dass eine bloß nachprüfende Kontrolle das Tatbestandsmerkmal der Aufsicht über die Leitung keineswegs erfüllt. Vielmehr sei darüber hinaus eine Kontrolle der laufenden Verwaltung im Hinblick auf ihre ziffernmäßige Richtigkeit, Ordnungsgemäßheit, Sparsamkeit, Wirtschaftlichkeit und Zweckmäßigkeit, die jederzeitige Möglichkeit zur Einsichtnahme der Betriebsräume und Anlagen sowie zur Prüfberichterstattung an kapitalmäßig beteiligte Gebietskörperschaft erforderlich.[439]

(3) Die Bestimmung der Mitglieder der Leitungsorgane

Schließlich ist von einem besonderen Staatseinfluss auszugehen, wenn die „klassischen" Auftraggeber mehr als die Hälfte der Mitglieder der zur Geschäftsführung oder zur Aufsicht berufenen Organe der betreffenden juristischen Person bestimmt haben. Angesichts des unmissverständlichen Wortlauts wird deutlich, dass die Bestellung der Organmitglieder tatsächlich erfolgt sein muss; allein die rechtliche Möglichkeit zur Bestellung – geschweige denn ein bloßes Vorschlagsrecht[440] – ist demgegenüber nicht hinreichend.[441] Auf Grund der alternativen Benennung von Geschäftsfüh-

---

[435] *Dietlein*, NZBau 2002, 136, 141.

[436] Vgl. EuGH, EuZW 2001, 184, 187, Rn. 55 – „Kommission/Frankreich". Zustimmend *Dietlein*, NZBau 2002, 136, 141; anders noch *Pietzcker*, ZHR 162 (1998), 427, 445.

[437] Ausführlich hierzu *Eschenbruch/Hunger*, NZBau 2003, 471 ff.

[438] BayObLG, VergabeR 2003, 94, 96 – „Rotes Kreuz"; *Eschenbruch*, in: Niebuhr/Kulartz/Kus/Portz, Vergaberecht, § 98 Rn. 65; *Marx*, in: Beck'scher VOB-Komm., § 98 Rn. 12. Beispielhaft seien hier genannt die Industrie- und Handelskammern, die Ärzte- und Rechtsanwaltskammern sowie die Sparkassen und öffentlichen Banken. .Instruktiv zur Unterscheidung von Rechts- und Fachaufsicht: § 59 HRG, § 106 Abs. 1 HG NW.

[439] EuGH, VergabeR 2003, 296 ff., Rn. 70 – „Adolf Truley".

[440] Vgl. *Dietlein/Heinemann*, NVwZ 2003, 1080, 1082.

[441] *Marx*, in: Beck'scher VOB-Komm., § 98 Rn. 12.

rungs- und Aufsichtsorganen reicht die überwiegende Anzahl von staatlich bestellten Mitgliedern in einem der vorhandenen Leitungsorgane aus.

(4) Der vermittelnde Staatseinfluss

§ 98 Nr. 2 S. 2 GWB lässt für die Eigenschaft als öffentlicher Auftraggeber im Sinne des § 98 Nr. 2 S. 1 GWB einen vermittelnden Staatseinfluss genügen. Die Vorschrift dient der Vermeidung von Umgehungssachverhalten, die mit der Zwischenschaltung einer weiteren (vom klassischen Auftraggeber) rechtlich selbstständigen juristischen Person herbeigeführt werden könnten. Demnach sind auch solche juristischen Personen vom funktionellen Auftraggeberbegriff umfasst, die von einer unter § 98 Nr. 2 S. 1 GWB fallenden juristischen Person einzeln oder gemeinsam mit anderen überwiegend finanziert werden oder bei der die Mehrzahl der Mitglieder der Organe von der unter § 98 Nr. 2 S. 1 GWB fallenden juristischen Person einzeln oder gemeinsam mit anderen bestellt werden.[442] Hierbei fällt auf, dass § 98 Nr. 2 S. 2 GWB weder die gemeinsame Tatbestandsverwirklichung durch mehrere institutionelle öffentliche Auftraggeber,[443] noch die in Satz 1 enthaltene Beherrschungsvariante der „Aufsicht über die Leitung" berücksichtigt.[444] Eine richtlinienkonforme Auslegung in Ansehung von Art. 1 lit. b der einschlägigen EU-Vergaberichtlinien kann insoweit zur Lückenschließung beitragen. Die genannten Fälle müssen danach zur Bestimmung des öffentlichen Auftraggebers stets miteinbezogen sein, zumal den EU-Vergaberichtlinien die im nationalen Recht existente Unterscheidung zwischen § 98 Nr. 2 S. 1 GWB und § 98 Nr. 2 S. 2 GWB unbekannt ist.[445]

---

[442] Diese Vorschrift leidet unter einer wenig geglückten Formulierung. So geht bspw. *Stickler*, in: Reidt/Stickler/Glahs, Vergaberecht, § 98 Rn. 29, davon aus, dass die finanzierende Stelle eine Einrichtung des öffentlichen Rechts i. S. des § 98 Nr. 1 oder 3 GWB sein müsse. Das kann zur Verhinderung der angesprochenen Umgehungssachverhalte (Gründung einer zwischengeschalteten juristischen Person des Privatrechts) ersichtlich nicht bezweckt sein. Zur besseren Verständlichkeit hätte es insofern beigetragen, wenn in § 98 Nr. 2 S. 1 GWB neben den Stellen i. S. des § 98 Nr. 1 und 3 GWB einfach noch eingefügt worden wäre, dass Stellen i. S. des § 98 Nr. 2 GWB ebenfalls dazugehören.

[443] Vgl. insofern den Wortlaut des § 98 Nr. 2 S. 1 GWB: „einzeln oder gemeinsam durch".

[444] *Stickler*, in: Reidt/Stickler/Glahs, Vergaberecht, § 98 Rn. 29.

[445] *Dreher*, in: Immenga/Mestmäcker, GWB-Komm., § 98 Rn. 56; *Stickler*, in: Reidt/Stickler/ Glahs, Vergaberecht, § 98 Rn. 29, spricht insofern von einem „Redaktionsversehen".

(5) Ausdehnung nach § 17 AktG bzw. § 10 VergabeVO?

Über die konkreten Vorgaben des § 98 Nr. 2 GWB hinaus wird bisweilen der Versuch unternommen, einen besonderen staatlichen Einfluss aus dem aktienrechtlichen Beherrschungsbegriff abzuleiten.[446] Nach § 17 Abs. 1 AktG sind abhängige Unternehmen rechtlich selbstständige Unternehmen, auf die ein anderes Unternehmen (herrschendes Unternehmen) unmittelbar oder mittelbar einen beherrschenden Einfluss ausüben kann. Dabei wird von einem im Mehrheitsbesitz stehenden Unternehmen vermutet, dass es von dem Unternehmen, das mit Mehrheit beteiligt ist, abhängig ist, § 17 Abs. 2 AktG. Im Ergebnis kann demnach bei einer einfachen Mehrheitsbeteiligung von einem beherrschenden Einfluss ausgegangen werden. Da allein die Existenz einer Mehrheitsbeteiligung entscheidend ist, bezieht sich § 17 AktG gleichsam nur auf die rechtliche Möglichkeit zur Einflussnahme – die Frage, ob in tatsächlicher Hinsicht Einfluss ausgeübt wird, ist hierfür irrelevant. Die Vermutungsregel lässt sich durch den Nachweis widerlegen, dass der öffentlich-rechtliche Mehrheitseigner auf Grund entsprechender vertraglicher oder satzungsmäßiger Regelungen trotz der mehrheitlichen Beteiligung nicht in der Lage ist, dem Unternehmen hinsichtlich der Geschäftspolitik seinen Willen aufzudrängen. Auch insoweit sind nur die rechtlichen Einflussmöglichkeiten entscheidend; der Nachweis, dass trotz der rechtlichen Möglichkeit in tatsächlicher Hinsicht kein Einfluss ausgeübt wird, wirkt sich auf den Versuch einer Widerlegung der Vermutung nicht aus.[447]

Die Anwendung des § 17 AktG im Rahmen des § 98 Nr. 2 GWB wird damit begründet, dass auch dem Vergaberecht eine Beherrschungsvermutung, wie sie § 10 Abs. 2 VergabeVO für den Sektorenbereich zum Ausdruck bringt, nicht unbekannt sei.[448] Zudem stehe bereits die rechtliche Möglichkeit der jederzeitigen Einflussnahme einer tatsächlichen Beherrschung qualitativ gleich.[449] Dieser Auffassung ist zuzugeben, dass eine weite Auslegung des Auftraggeberbegriffs grundsätzlich geboten ist, um einen mög-

---

[446] *Bechtold*, GWB-Komm., § 98 Rn. 15; *Eschenbruch*, in: Niebuhr/Kulartz/Kus/Portz, Vergaberecht, § 98 Rn. 56 ff., 60; *Bell/Rehak*, LKV 2001, 185, 189; *Werner*, in: Byok/Jaeger, Vergaberecht, § 98 Rn. 262 ff.; *Stickler*, in: Reidt/Stickler/Glahs, Vergaberecht, § 98 Rn. 26; vgl. auch VÜA Bund, WuW 1995, 1057 ff. = VergAB 27, 34 ff. - Kraftwerkskomponenten"; WuW 1996, 338 ff. = VergAB 58, 60 ff. - „Abrissarbeiten".

[447] *Bell/Rehak*, LKV 2001, 185, 189; vgl. auch *Boesen*, Vergaberecht, § 100 Rn. 2.

[448] Gemäß § 10 Abs. 2 VergabeVO wird – vergleichbar zu § 17 AktG – ein beherrschender Einfluss auf verbundene Unternehmen vermutet, wenn der Auftraggeber die Mehrheit des gezeichneten Kapitals besitzt, über die Mehrheit der Stimmrechte verfügt oder mehr als die Hälfte der Mitglieder des Verwaltungs-, Leitungs- oder Aufsichtsorgans des Unternehmens bestellen kann. Auch die Möglichkeiten zur Widerlegung der Vermutung entsprechen den Vorgaben des § 17 Abs. 2 AktG.

[449] *Ziekow*, VergabeR 2003, 483, 501; *Boesen*, Vergaberecht, § 98 Rn. 69.

lichst breiten vergaberechtlichen Anwendungsbereich zu erreichen.[450] Eine solche Interpretation findet ihre Grenzen aber im Wortlaut und einem zwingend zu beachtenden Systemvergleich. Dementsprechend ergeben sich erhebliche Zweifel angesichts der für den Auftraggeberbegriff systematischen Differenzierung zwischen § 98 Nr. 2 GWB und dem für die Sektorenauftraggeber maßgeblichen § 98 Nr. 4 GWB. Denn § 98 Nr. 2 GWB stellt auf den tatsächlich wahrgenommenen Einfluss ab und lässt damit – im Gegensatz zu § 98 Nr. 4 GWB, § 17 AktG und § 10 Abs. 2 VergabeVO – die bloß rechtliche Möglichkeit zur Einflussnahme gerade nicht ausreichen.[451] Zudem wird der Beherrschungsbegriff im Rahmen des § 98 Nr. 2 GWB mit keinem Wort erwähnt.[452] Vor diesem Hintergrund dürfte gegenüber einer solchen „Verquickung unterschiedlicher Normkomplexe" zumindest erhebliche Skepsis angebracht sein.[453]

Trotz der inhaltlich weitgehenden Parallelität des § 17 AktG zu § 10 Abs. 2 VergabeVO lässt das Schrifttum offen, warum es in § 10 VergabeVO lediglich eine „Unterstützungsnorm" zur Anwendung des § 17 AktG erblickt. Konsequenterweise muss sich die Frage stellen, ob § 10 Abs. 2 VergabeVO hier nicht auch eigenständige Rechtswirkung entfalten kann. Problematisch ist jedoch die Anwendbarkeit des § 10 Abs. 2 VergabeVO außerhalb des Sektorenbereichs. Wie sich nämlich aus dem Verweis auf § 7 VergabeVO ergibt, betrifft § 10 VergabeVO unmittelbar nur die Sektorenauftraggeber, welche bei einer Konzerntochter oder Konzernschwester einkaufen. Gleichwohl wird der Aussagegehalt des § 10 VergabeVO bisweilen als ein allgemeiner, das gesamte Vergaberecht durchziehender Rechtsgedanke gedeutet, der entgegen seines Wortlauts nicht auf die Sektorenbereiche begrenzt sei. Einzig entscheidend sei vielmehr das Merkmal des verbundenen Unternehmens, wofür bei entsprechender Beherrschungsmöglichkeit eine Vermutung besteht.[454] Ein weiterer Grund für die Ausdehnung des in § 10 VergabeVO enthalten materiell-rechtlichen Gehalts auf Sachverhalte außerhalb des Sektorenbereichs bestünde darin, dass es sich hierbei um eine für die Sektorenbereiche besonders gebotene Klarstellung handele. Denn anders als bei den übrigen Aktivitäten der öffentlichen Hand seien im Sektorenbereich Angebotsstrukturen weit verbreitet, in denen staatlich be-

---

[450] *Werner*, in: Byok/Jaeger, Vergaberecht, § 98 Rn. 267. Hierzu schon oben 2.

[451] § 98 Nr. 2 GWB spricht insofern von „Aufsicht ausüben", demgegenüber spricht § 98 Nr. 4 GWB davon, „einen beherrschenden Einfluss ausüben (zu) können"; mit dieser Wertung auch *Dreher*, DB 1998, 2579, 2583; *ders.*, in: Immenga/Mestmäcker, GWB-Komm., § 98 Rn. 57 ff., 109 ff.; *Dietlein*, NZBau 2002, 136, 141; explizit a. A. *Ziekow*, VergabeR 2003, 483, 501; *Stickler*, in: Reidt/Stickler/Glahs, Vergaberecht, § 98 Rn. 26.

[452] *Marx*, in: Beck'scher VOB-Komm., § 98 Rn. 9; vgl. auch die vorige Fn.

[453] *Dietlein*, NZBau 2002, 136, 141.

[454] Ähnlich *Marx*, NZBau 2002, 311, 315.

herrschte Unternehmen Versorgungs- und Marktleistungen erbringen.[455] Die Tatsache, dass der Gesetzgeber also gerade im Sektorenbereich besonderen Handlungsbedarf sah, könne nicht darüber hinwegtäuschen, dass auch außerhalb des Sektorenbereichs bisweilen vergleichbare Konstellationen entstünden, die eine entsprechende Vorschrift erforderten. Seien diese Überlegungen noch so überzeugend: Nach gegenwärtiger Rechtslage ruft eine solche Auslegung auf Grund des eindeutigen Wortlauts massive Bedenken hervor. Allerdings wäre es de lege ferenda wünschenswert, der Richtliniengeber und ihm folgend der nationale Gesetzgeber nähmen § 10 Abs. 2 VergabeVO seine Spezialität und dehnten ihn allgemein auf sämtliche Leistungsbereiche auch jenseits des Sektorenbereichs aus.

Ungeachtet einer abschließenden Entscheidung, dürfte der praktische Nutzen einer Anwendbarkeit des § 17 AktG oder § 10 Abs. 2 VergabeVO[456] innerhalb des § 98 Nr. 2 GWB gering sein. Zwar ist es richtig, dass der Beherrschungsbegriff insofern zu einer Erweiterung des funktionellen Auftraggeberbegriffs führt, als § 17 AktG und § 10 Abs. 2 VergabeVO – im Gegensatz zum Merkmal der „Ausübung von Leitungsmacht" im Sinne des § 98 Nr. 2 GWB – auch die rechtliche Möglichkeit zur Einflussnahme ausreichen lassen. Allerdings wird im Falle einer einfachen Mehrheitsbeteiligung häufig schon die Tatbestandsalternative einer „überwiegenden Finanzierung" vorliegen,[457] so dass es zur Feststellung des funktionellen Auftraggeberbegriffs eines Rückgriffs auf § 17 AktG bzw. § 10 Abs. 2 VergabeVO regelmäßig nicht bedarf.

dd) Auswirkungen auf den zentralen Prüfungsgegenstand

Der weitere Verlauf der Abhandlung wird zeigen, dass das funktionelle Verständnis das gesamte Kartellvergaberecht wie ein roter Faden durchzieht und keineswegs am Auftraggeberbegriff halt macht, sondern vielmehr auch bei der Determinierung des Auftragsbegriffs im Sinne des § 99 Abs. 1 GWB berücksichtigt werden muss.[458]

---

[455] *Marx*, NZBau 2002, 311, 315, vgl. VÜA Bund, WUW/E VergAB 58, 61 = WuW 1996, 338, 341, zu Art. 1 Nr. 2 SKR.

[456] Sofern man § 17 AktG bzw. § 10 Abs. 2 VergabeVO im Ergebnis für anwendbar hält, stellt sich weiterhin die Frage, ob der Beherrschungsbegriff aktienrechtlich oder vergaberechtlich zu qualifizieren ist. Da es sich bei der Bestimmung des funktionellen Auftraggebers jedoch um eine speziell vergaberechtliche Thematik handelt, dürfte es letztlich näher liegen, die vergaberechtlichen Sondervorschrift des § 10 VergabeVO anzuwenden (so auch *Marx*, NZBau 2002, 311, 314 f., mit Blick auf die Inhouse-Vergabe).

[457] Oben (1).

[458] Vgl. unten E. III.

Zudem erscheint es nicht von vornherein ausgeschlossen, dass die hier aufgezeigten Gestaltungsmöglichkeiten einer überwiegenden Finanzierung oder Leitungsaufsicht bedeutsam werden können für die Frage, unter welchen Voraussetzungen eine sog. ausschreibungsfreie In-house-Vergabe anzunehmen ist. Anknüpfend an die besondere Staatsnähe scheinen sich zumindest auf den ersten Blick bedeutsame inhaltliche Parallelen aufzudrängen, die im Rahmen der In-house-Vergabe einen Rückgriff auf § 98 Nr. 2 GWB nahe legen. Bereits vorab sei jedoch darauf hingewiesen, dass einer Gleichsetzung der in § 98 Nr. 2 GWB erforderlichen Intensität des staatlichen Einflusses mit der für die In-house-Vergabe erforderlichen Kontrollintensität äußerste Zurückhaltung entgegenzubringen ist. Für Einzelheiten sei auf die nachfolgenden Ausführungen verwiesen.[459]

c) Die Schwellenwerte

aa) Die rechtliche Ausgangslage

Von Bedeutung für die Anwendbarkeit des EU-Vergaberechts und damit des nationalen Kartellvergaberechts ist weiterhin die Überschreitung bestimmter Schwellenwerte, § 100 Abs. 1 GWB. Entsprechend den europarechtlichen Vorgaben[460] ist der deutsche Gesetzgeber mit Einführung der Schwellenwerte hier einer generellen Zweiteilung des Vergaberechts gefolgt.[461] Der wesentliche Unterschied zwischen den Bereichen oberhalb und unterhalb der Schwellenwerte besteht darin, dass dem Bieterkreis nur bei Überschreitung der Schwellenwerte ein subjektiv-rechtlicher Anspruch auf Einhaltung der verfahrensrechtlichen Bestimmungen des Kartellvergaberechts zusteht, was die Rechtsschutzmöglichkeiten bei Vergaben unterhalb der Schwellenwerte erheblich einschränkt, vgl. § 97 Abs. 7 GWB.

Damit ist freilich nicht gesagt, dass öffentliche Auftraggeber unterhalb der Schwellenwerte keinen rechtlichen Bindungen unterlägen. Eine bedeutende Rechtsmaterie stellt insofern das öffentliche Haushaltsrecht dar. So schreibt etwa § 55 Abs. 1 BHO vor, dass dem Abschluss von Verträgen über Lieferungen und Leistungen eine öffentliche Ausschreibung vorausgehen muss, sofern nicht die Natur des Geschäfts oder besondere Umstände eine Ausnahme rechtfertigen.[462] Kraft Verweisung in Verwaltungsvorschriften wird

---

[459] Eingehend hierzu unten E. I. 3. d) aa) (3) (b) (ff).
[460] Vgl. oben 1.
[461] Eingehend zum Ganzen *Pietzcker*, Die Zweiteilung des Vergaberechts.
[462] Entsprechend hierzu auf Landes- und Kommunalebene: § 55 Abs. 1 LHO NW bzw. § 31 Abs. 1 GemHVO NW.

diese generelle Ausschreibungspflicht durch die Anwendbarkeit zumindest der jeweils ersten Abschnitte der Verdingungsordnungen (VOB/A und VOL/A) ergänzt, vgl. § 55 Abs. 2 BHO.[463]

Die materiellen Vorgaben unterhalb der Schwellenwerte entsprechen damit zwar in weiten Teilen der kartellvergaberechtlichen Ausschreibungspflicht. Ein wesentlicher Unterschied besteht jedoch darin, dass den nationalen Vergabevorschriften des öffentlichen Haushaltsrechts der überkommene institutionelle Auftraggeberbegriff zu Grunde liegt, was gegenüber dem funktionellen Begriffsverständnis im EG-Kartellvergaberecht eine nicht unerhebliche Beschränkung impliziert.[464] Nach dieser rein formalen Betrachtungsweise können als öffentliche Auftraggeber nur die von den Haushaltsordnungen betroffenen Gebietskörperschaften, deren Sondervermögen sowie die sonstigen juristischen Personen des öffentlichen Rechts in Betracht gezogen werden.[465] Juristische Personen des Privatrechts, namentlich Eigengesellschaften (GmbH, AG) und gemischt-wirtschaftliche Unternehmen, unterliegen damit auf Grund ihrer rechtlichen und organisatorischen Selbstständigkeit unterhalb der Schwellenwerte von vornherein keiner kartellvergaberechtlichen Ausschreibungspflicht.[466]

---

[463] Vergleichbar dazu auf Landes- und Kommunalebene: § 55 Abs. 2 LHO NW, § 31 Abs. 2 GemHVO NW. Siehe auch Innenministerium NW, SMBl. NW 1993, S. 6300; für das Land Sachsen: Nr. 1.1 VwV v. 14.8.2000, SächsABl. S. 694. Kritisch hierzu *Koch,* VerwArch 91 (2000), 354, 357. Allgemein hierzu *Stickler,* in: Reidt/Stickler/Glahs, Vergaberecht, § 100 Rn. 9.

[464] Vgl. oben b).

[465] Siehe hierzu §§ 105 Abs. 1 Nr. 2, 113 S. 1 BHO/LHO NW sowie § 48 Abs. 1 HGrG.

[466] Vereinzelt wird deswegen der Versuch unternommen, den funktionellen Auftraggeberbegriff auch unterhalb der Schwellenwerte heranziehen, da die Aufgabenerfüllung in privatrechtlicher Form eine „Flucht in das Privatrecht" darstelle. Diese dürfe nicht dazu führen, dass sich der öffentlich-rechtliche Gewährträger dem Geltungsbereich der Haushaltsvorschriften entziehen kann (*Pauly/Figgen/Hünnekens,* Gemischtwirtschaftliche Entsorgungsunternehmen, S. 96; *Bell/Rehak,* LKV 2001, 185, 189, m. weit. Nachw.; ebenso Innenministerium Brandenburg, Runderlass II Nr. 3/1996 v. 1.4.1996, II/4-80-50-00, zit. nach *Tomerius,* NVwZ 2000, 727, 729). Eine derartige Ausdehnung des nationalen Vergaberechts, die auf eine Analogie des EG-Kartellvergaberechts hinausläuft, ruft bei derzeitiger Rechtslage jedoch Zweifel hervor. Zum einen setzt sich in verstärktem Maß die Erkenntnis durch, dass die Aufgabenerfüllung in privatrechtlichen Formen, auch bei öffentlich-privaten Kooperationsverhältnissen, weniger als Flucht in das Privatrecht als vielmehr im Sinne eines „Zukaufs gesellschaftlicher Handlungsrationalität" zu verstehen ist (Burgi, Funktionale Privatisierung und Verwaltungshilfe, S. 381; ders., NVwZ 2001, 601, 602; zustimmend Schmidt-Aßmann, NuR 2000, 598, 599). Zum anderen bestehen unterhalb der Schwellenwerte grundsätzliche Bedenken an einer entsprechenden Anwendung des funktionellen Auftraggeberbegriffs, da der gesetzliche Wortlaut der Haushaltsordnungen derart eindeutig ist, dass eine für die Analogie erforderliche ungeplante Regelungslücke nur schwer begründbar ist, vgl. §§ 105, 113 BHO/LHO NW. Vielmehr ließe sich auch anders gewendet so argumentieren, dass gerade eine Begrenzung des funktionellen Begriffsverständnisses auf den Bereich unterhalb der Schwellenwerte beabsichtigt ist, weil der wirtschaftliche Aufwand bei geringeren Auftragsvolumina ein kompliziertes Vergabeverfahren regelmäßig nicht rechtfertigt. Schließlich spricht gegen eine Übertragung des funktionellen Auftraggeberbegriffs auf die Rechtslage unterhalb der Schwellenwerte die Tatsache, dass das Thema „Privatisierung" bzw. die Aufgabenerfüllung in privater Rechtsform bereits seit mehreren Jahrzehnten im Schrifttum diskutiert und in der Staatspraxis praktiziert wird. Dem Haushalts-Gesetzgeber waren – gerade mit Blick auf das Vergabewesen – die möglichen Berührungspunkte zum gesamten Privatisierungsspektrum deswegen hinreichend bekannt,

Öffentlich-rechtliche Eigenbetriebe und eigenbetriebsähnliche Einrichtungen, die verstärkt im kommunalen Bereich anzutreffen sind,[467] sind freilich von den haushaltsrechtlichen Vorgaben erfasst und müssen die Vergabe des öffentlichen Auftrags auch unterhalb der Schwellenwerte grundsätzlich ausschreiben. Denn mangels eigener, vom öffentlich-rechtlichen Gewährträger abgekoppelter Rechtspersönlichkeit gelten diese Einrichtungen auch formell als öffentlicher Auftraggeber. Lediglich mit Blick auf die Anwendbarkeit der Verdingungsordnungen bieten die ministeriellen Vergabeanweisungen ein mitunter heterogenes Bild, das eine klare Linie nur schwer erkennen lässt. So ist etwa den nordrhein-westfälischen Kommunalbetrieben die Anwendung der VOL/A nur empfohlen.[468] Eigenbetriebe sind von der Anwendung der VOB/A sogar generell befreit, obwohl sie – ebenso wie Regiebetriebe – rechtlich unselbstständige Sondervermögen darstellen.[469] Diese Privilegierung lässt sich jedoch zu Recht mit der besonderen Wettbewerbsstellung der kommunalen Betriebe gegenüber den rechtlich verselbstständigten Eigengesellschaften begründen, auf deren private Rechtsform die Kommunen ohne diese Freistellung wohl ausweichen würden.[470]

Neben den haushaltsrechtlichen Vorschriften lassen sich auch dem Grundgesetz sowie dem primären Gemeinschaftsrecht der EU ausschreibungsbezogene Bindungen entnehmen. So bringen namentlich der Gleichbehandlungsgrundsatz des Art. 3 Abs. 1 GG sowie das allgemeine Diskriminierungsverbot des Art. 12 EGV die Grundsätze der Gleichbehandlung, Transparenz und Verhältnismäßigkeit zum Ausdruck, wie sie auch in den ersten Abschnitten der VOB/A und VOL/A ihren Niederschlag finden.[471] Das Verbot unzulässiger Beihilfen, Art. 87 ff. EGV, sowie das Missbrauchs- und Diskriminierungsverbot des allgemeinen Kartellrechts, §§ 19 f. GWB, verdienen ebenfalls Beachtung. Da diese rechtlichen Bestimmun-

---

so dass davon auszugehen ist, dass er – wenn er es denn gewollt hätte – die juristischen Personen des Privatrechts dem öffentlichen Haushaltsrecht ebenfalls unterworfen hätte.

[467] Vgl. § 107 Abs. 2 S. S. 1 und 2, § 114 GemeindeO NW.

[468] Innenministerium NW, SMBl. 1993, S. 1187.

[469] Innenministerium NW, Runderlass v. 8.4.1976 – III 13 U-5/701 – 4787/75 und Runderlass v. 16.5.1994 – III B 4-5/701 – 6033/94, vgl. *Hertwig*, Praxis der öffentlichen Auftragsvergabe Rn. 45; *Altmeppen*, NJW 2003, 2561; *H.-M. Müller*, NZBau 2001, 416, 417.

[470] Vgl. Runderlass v. 8.4.1976 – III 13 U-5/701 – 4787/75. Die eigenbetriebsähnlichen Einrichtungen sind hingegen zur Anwendung der VOB/A verpflichtet, wovon jedoch im Rahmen eines bis Ende des Jahres 2002 befristeten Modellversuchs eine Ausnahme gemacht wurde (hierzu StGB NW, Mitteilungen 1/2002 Nr. 36).

[471] *Dreher*, in: Immenga/Mestmäcker, GWB-Komm., vor §§ 97 ff. Rn. 9; *Stickler*, in: Reidt / Stickler/Glahs, Vergaberecht, § 100 Rn. 10, m. weit. Nachw. Dadurch wird die Ausgestaltung der Leistungsvergabe beispielweise dergestalt beeinflusst, dass die Bieter aus dem EU-Ausland die geforderte Leistung im Vergleich zu den inländischen Mitbewerbern ohne erheblich höheren Aufwand müssen erfüllen können (EuGH, Slg. 1988, 4635, 4660 f., Rn. 29 – "Beentjes"; vgl. *Huber*, JZ 2000, 877, 880).

gen auch und gerade für die Frage der Ausschreibungspflicht von isoliert betrachteten (teilweisen) Unternehmensveräußerungen bedeutsam sind, sei für Einzelheiten auf die späteren Erörterungen verwiesen.[472]

bb) Die Schwellenwertberechnung

Die auf die EU-Vergaberichtlinien zurückgehenden Schwellenwerte sind auf Grund der §§ 100 Abs. 1, 127 Nr. 1 GWB i. V. mit § 2 VergabeVO in nationales Recht umgesetzt worden. Sie betragen unter Abzug der Steuern im Grundsatz für Bauaufträge 5.000.000 Euro und für Liefer- und Dienstleistungsaufträge 200.000 Euro. Für die letztgenannten Auftragstypen gilt insoweit eine Ausnahme, als der Auftraggeber dem Sektorenbereich entstammt (400.000 Euro) oder eine oberste bzw. obere Bundesbehörde ist (130.000 Euro). Sofern Aufträge in einzelnen Losen vergeben werden, ist jedes Los mit einem geschätzten Auftragswert von mindestens 1.000.000 Euro bei Bauaufträgen bzw. 80.000 Euro bei Dienstleistungsaufträgen europaweit auszuschreiben. Bei zeitlich begrenzten Liefer- oder Dienstleistungsaufträgen berechnet sich der Schwellenwert je nach Vertragstyp anhand des Gesamtauftragswerts für die Laufzeit des Vertrags, bei unbefristeten Verträgen oder nicht absehbarer Vertragsdauer jedoch begrenzt auf die Dauer von 48 Monaten, § 3 Abs. 3 VergabeVO.

Es bleibt abzuwarten, wie sich der zukünftige Rechtsrahmen auf der Ebene der europäischen Vergaberichtlinien weiter entwickeln wird. Von aktuellem Interesse ist das sog. Legislativpaket, das zur Zeit in den Organen der europäischen Gemeinschaft beraten wird.[473] Mit Blick auf die Schwellenwerte zeichnen sich danach neue Grenzwerte ab, die sich jedoch von den bisherigen nur marginal unterscheiden. Nach der übereinstimmenden Auffassung in Kommission, Rat und Parlament dürfte bereits feststehen, dass es im Ergebnis zu einer vereinfachten Regelung mit nur noch jeweils einem Schwellenwert je Vertragstyp kommen wird. Allein über die Höhe der jeweiligen Schwellenwerte konnte noch keine Einigkeit erzielt werden. Tendenziell variieren die einzelnen Vorschläge der Gemeinschaftsorgane von 5.300.000 Euro bis zu 7.000.000 Euro für Bauaufträge sowie von 130.000 bis 300.000 Euro für Liefer- und Dienstleistungsaufträge.[474]

---

[472] Vgl. unten E. II. 2.

[473] Hierzu schon oben 1. Ausführlich *Braun,* NZBau 2002, Internet-Beitrag; *Opitz,* NZBau 2003, 183 ff.

[474] Vgl. Art. 8 Richtlinien-Entwurf der Kommission; Stellungnahme und legislative Entschließung des EP v. 17.1.2002 – Az.: A5/2001/378, Änderungsvorschlag 32; Politische Einigung des Rates v. 21.5.2002, Dok.-Nr. 9270/02, Art. 8; ausführlich hierzu *Opitz,* NZBau 2003, 183, 189 m. weit. Nachw.

Maßgeblicher Zeitpunkt für die Bestimmung des Auftragswerts ist die Einleitung des Vergabeverfahrens, § 3 Abs. 10 VergabeVO.[475] Freilich kann im Stadium der Einleitung des Vergabe*verfahrens*, das zu diesem Zeitpunkt noch ein bloßes Vergabe*vorhaben* darstellt, ex ante noch nicht feststehen, zu welchem Preis der Zuschlag an einen Bieter tatsächlich erfolgt. Der Preis soll nämlich erst durch das Vergabeverfahren ermittelt werden. Dem Auftraggeber bleibt zu Beginn des Vergabeverfahrens daher allenfalls die Möglichkeit einer vorherigen Schätzung des Auftragswerts. Dieser Tatsache trägt § 3 Abs. 1 bis 9 VergabeVO Rechnung, der dezidierte Regelungen dazu enthält, unter welchen Voraussetzungen die Gesamtvergütung für die vorgesehene Leistung zu schätzen ist. Gleichwohl kann es gerade im Grenzbereich eines bestimmten Schwellenwerts aus Sicht des Bieterkreises zu unerwünschten Ergebnissen kommen. So etwa, wenn eine Bauleistung seitens des Auftraggebers mit 4.500.000 Euro taxiert wird, sich im Nachhinein jedoch ein weitaus höheres Bauvolumen herausstellt, das den Schwellenwert von 5.000.000 Euro überschreitet. Derartige Prognosen sind allerdings aus ex-ante-Sicht alternativlos und naturgemäß mit gewissen Unsicherheiten und Zweifeln hinsichtlich des tatsächlichen, erst später exakt feststellbaren Auftragswerts belastet. Daher unterliegt die anfängliche Wertkalkulation einem lediglich eingeschränkt nachprüfbaren Beurteilungsspielraum.[476] Immerhin schützt § 3 Abs. 2 VergabeVO das Interesse des betroffenen Bieterkreises insofern, als eine absichtlich falsche Wertberechnung zwecks Umgehung des Vergaberegimes unzulässig ist.

cc) Die Gründe für die Einführung der Schwellenwerte

Die Motivlage für die Unterteilung des Vergaberechts in zwei Bereiche oberhalb und unterhalb der Schwellenwerte liegt – zumal aus Sicht des europäischen Richtliniengebers – auf der Hand. In diesem Zusammenhang muss man sich zunächst die Zielsetzung des europäischen Vergaberechts vor Augen führen, einen gemeinsamen grenzüberschreitenden Vergabebinnenmarkt herbeizuführen und damit gleichsam die traditionell geschlossenen, nationalen Beschaffungsmärkte zu öffnen.[477] Dieser Zweck tritt aus wirtschaftlich-praktischen Erwägungen des betroffenen Bieterkreises faktisch zumeist dann in den Hintergrund, wenn nur ein relativ geringes Auftragsvolumen zur Ausschreibung ansteht. Denn insofern dürfte kein potenzieller Bieter ein Interesse an der Aufwendung beachtlicher Transaktionskosten haben, die eine Bewerbung über die jeweiligen Grenzen der Mit-

---

[475] Hierzu *Hertwig*, Praxis der öffentlichen Auftragsvergabe, Rn. 31.
[476] *Glahs*, in: Reidt/Stickler/Glahs, Vergaberecht, § 3 VergabeVO Rn. 5, m. weit. Nachw.
[477] *Prieß*, in: Beck'scher VOB-Komm., Syst I Rn. 31 ff.

gliedsstaaten hinweg mit sich bringt. Neben das Kostenargument treten weitere – etwa sprachliche und logistische – Barrieren, die einen an einem Kleinauftrag interessierten, kleinen oder mittelständischen Unternehmer vielfach von vornherein davon abhalten werden, sich an einem grenzüberschreitenden Vergabeverfahren zu beteiligen.[478] Vergleichbares trifft für die Auftraggeberseite zu, der ein kosten- und zeitaufwändiges europaweites Vergabeverfahren bei geringen Auftragsvolumina nicht zumutbar ist. Dass es nicht opportun ist, sämtliche wertmäßig zu vernachlässigenden Kleinst-Aufträge europaweit auszuschreiben, ergibt sich auch aus der weiteren Zielsetzung des Vergaberechts, eine effiziente und sparsame Verwendung öffentlicher Finanzmittel zu bewirken, die angesichts nicht unerheblicher Verfahrenskosten ansonsten von vornherein zunichte gemacht würde.[479]

Gleichwohl üben Teile des vergaberechtlichen Schrifttums an der identischen Umsetzung der in den EU-Richtlinien enthaltenen Schwellenwerte in den deutschen Rechtsrahmen scharfe Kritik.[480] Namentlich von verfassungsrechtlichen Erwägungen ausgehend,[481] setzen sich die Gegner einer

---

478 *Dreher,* NZBau 2002, 419, 420.

479 Vgl. auch die Erwägungsgründe der BKR 93/37/EWG, AblEG 1993 L 199/54.

480 Ausführlich *Krist,* Die Neuordnung des Vergaberechtsschutzes unterhalb der EU-Auftragsschwellenwerte, S. 31 ff.; kritisch auch *Dreher,* in: Immenga/Mestmäcker, GWB-Komm., vor §§ 97 ff. Rn. 31; *ders.*, NZBau 2002, 419, 430; *ders.*, NVwZ 1997, 343 f.; *Huber*, JZ 2000, 877 ff.; so tendenziell auch *Malmendier,* DVBl. 2000, 963, 969; *Koch,* VerwArch 91 (2000), 354 ff.. Insofern könne ein unter europaweitem Blickwinkel geringes Auftragsvolumen aus Sicht des nationalen Beschaffungsmarktes durchaus bedeutsam sein, da nicht zuletzt dem kostenverursachenden Aspekt der räumlichen Distanz hierbei keine besondere Tragweite beizumessen sei. Auch die Begründung des Regierungsentwurfs zum Vergaberechtsänderungsgesetz, dass „das auf dem Richtlinienrecht beruhende Rechtsschutzverfahren schon wegen der Vielzahl der Fälle nicht auf Aufträge unterhalb der Schwellenwerte ausgedehnt werden kann“ (BT-Drs. 13/9340, S. 15), könne nicht überzeugen (so das OLG Saarbrücken, NZBau 2003, 462, 463 f. – „BAB 8“, allerdings mit dem Ergebnis, dass die unveränderte Übernahme der EG-rechtlichen Schwellenwerte sich „innerhalb des dem nationalen Gesetzgeber zustehenden Gestaltungsspielraums“ bewegt). Zudem bringe die identische Umsetzung der Schwellenwerte nur „die Furcht des Gesetzgebers vor einer nicht mehr zu bewältigenden Anzahl von Nachprüfungsverfahren auch unterhalb der Schwellenwerte zum Ausdruck“, die durch eine effektive Ausgestaltung des Nachprüfungsverfahrens auch ohne generellen Verzicht auf primären Rechtsschutz durchaus angemessen einzudämmen sei (*Binder,* ZZP 113 (2000), 195, 215; entsprechende Gestaltungsvorschläge formuliert *Krist*, a.a.O., S. 69 ff.) Schon fast polemische Kritik äußert *Huber* (JZ 2000, 877), wenn er meint, die unreflektierte Übernahme der europarechtlichen Schwellenwerte durch den deutschen Gesetzgeber ließe sich im Ergebnis nur mit dessen „bornierter Grundhaltung“ erklären, den zähen Abwehrkampf des deutschen Vergaberechts gegen seine Europäisierung weiter zu verfechten, um es so weit wie möglich bei der tradierten haushaltsrechtlichen Lösung ohne Einräumung eines subjektiv-rechtlichen Anspruchs i. S. des § 97 Abs. 7 GWB belassen zu können.

481 Ein Verstoß der Schwellenwertregelung wird insbesondere aus Art. 3 Abs. 1 GG (Gleichbehandlungsgrundsatz) und Art. 19 Abs. 4 (Gebot effektiven Rechtsschutzes) herausgelesen. Eine Verletzung von Art. 3 Abs. 1 GG sehen etwa - unter Annahme einer sog. Inländerdiskriminierung: ÖVerfGH, VergabeR 2001, 21, 33; *Krist,* VergabeR 2003, 17, 19; *v. Loewenich,* ZVgR 1999, 34, 37; ablehnend OLG Stuttgart, VergabeR 2002, 17, 19; vgl. auch BGHZ 108, 342, 346; VGH Mannheim, NJW 1996, 72. Für einen Verstoß gegen Art. 3 Abs. 1 GG – unter dem Aspekt einer einfachen Ungleichbehandlung treten ein: *Krist,* VergabeR 2003, 17, 19; *Malmendier,* DVBl. 2000, 963, 968. Einen Verstoß gegen Art. 19 Abs. 4 GG erkennen: *Binder,* ZZP 113 (2000), 195, 212; *Malmendier,* DVBl. 2000, 963, 964 , 968; *Krist,* VergabeR 2003, 17, 20 f.; eingehend hierzu *Dörr,* DÖV 2001, 1014 ff.

vergaberechtlichen Zweiteilung für eine umfassende Änderung der aktuellen Rechtslage ein. Sie fordern insbesondere die Abschaffung des institutionellen Auftraggeberbegriffs sowie die Einführung eines dem § 97 Abs. 7 GWB entsprechenden primären Vergaberechtsschutzes. Allerdings sehen auch die Kritiker eine Gefahr der übermäßigen Ausdehnung des vergaberechtlichen Anwendungsbereichs auf solche Aufträge, die angesichts ihres geringen Auftragsvolumens bei ausschließlich nationaler Marktbetrachtung ein kostenintensives und zeitaufwändiges Vergabeverfahren nicht zu rechtfertigen vermögen. Zur Verhinderung dieser ungewollten Folge favorisieren sie – nach dem Vorbild einiger neuerer, landesrechtlicher Vergabevorschriften –[482] de lege ferenda die Einführung sog. „de-minimis-Schwellen". Danach seien – abhängig vom geringer werdenden Auftragswert – vereinfachte Vergabevorschriften oder freihändige Vergaben möglich, womit auf ein aufwändiges, formalisiertes Vergabeverfahren verzichtet werden könne.[483] Die aus einer derart weitgehenden Umgestaltung des Vergaberechts resultierenden Folgen lassen jedoch Zweifel an diesen Forderungen aufkommen. Denn die Durchführung eines wie auch immer gearteten Vergabeverfahrens bei noch so geringen Auftragswerten führte angesichts der dann bestehenden Rechtsschutzmöglichkeiten für übergangene Mitbewerber zu einer weitgehenden Lähmung des Handelns der öffentlichen Hand. Die Implementierung eines abgestuften Vergabeverfahrens leistete der für

---

[482] Eine Vorbildfunktion kommt dabei dem Steiermärkischen Vergabegesetz zu, das eine abgestufte, bei geringer werdendem Schwellenwert gleichzeitig immer geringer werdende Bindung des öffentlichen Auftragebers an die Vergabegrundsätze vorsieht (Vgl. §§ 56 ff. VergG Steiermark (Österreich), das bei geringem Schwellenwert etwa die Durchführung des Verhandlungsverfahrens eröffnet und qualitativ andersartige Bekanntmachungspflichten enthält.). In eine ähnliche Richtung tendiert nunmehr auch die auf Grund von § 7 SächsVergabeG (Gesetz v. 8.7.2002, SächsGVBl. 2002, S. 218; ausführlich hierzu *Dammert/Köhler*, SächsVBl. 2002, 257 ff.) ergangene SächsVergabeDVO, die in § 9 zumindest ansatzweise einen verwaltungsinternen Rechtsschutz unterhalb der kartellvergaberechtlichen Schwellenwerte statuiert. Freilich unter ausdrücklicher Negierung eines Anspruchs des Bieters auf Tätigwerden der Nachprüfungsbehörde, unterliegt der Auftraggeber gegenüber den nicht berücksichtigten Bietern einer dem § 13 VergabeVO entsprechenden Informationspflicht vor Vertragsabschluss und Zuschlagserteilung, § 9 Abs. 1 und Abs. 2 S. 3 . Zudem bestimmt § 9 Abs. 2 S. 1 und 2, dass die fristgerecht angerufene Nachprüfungsbehörde die Zuschlagserteilung verhindern kann. Eine vergaberechtswidrige Zuschlagserteilung kann damit durch Inanspruchnahme primären Rechtsschutzes von vornherein verhindert werden; die bei der Vergabeentscheidung übergangenen Bieter sind nicht mehr bloß auf die Geltendmachung von – auf das negative Interesse gerichteten – sekundären Schadensersatzansprüchen beschränkt. Schließlich ist von besonderem Interesse , dass die SächsVergabeDVO sinnvollerweise auch der oben befürworteten Einführung der sog. „de-minimis-Schwellen" zugeneigt scheint. Dies verdeutlicht § 9 Abs. 3, wonach der Bieterschutz unter dem Vorbehalt steht, dass der Auftragswert ohne Umsatzsteuer für Bauleistungen 150.000 Euro, bei Leistungen und Lieferungen 50.000 Euro übersteigen muss.

[483] Hierfür explizit eintretend *Dreher*, NZBau 2002, 419, 428 f.; *v. Loewenich*, ZVgR 1999, 34, 37 f. Mit Blick auf die Einführung von grundsätzlich gleichen Verfahrens- und Rechtsschutzgarantien wird bei geringen Auftragswerten zudem befürwortet, die Entscheidungskompetenz auf den Einzelrichter zu übertragen oder durch Beschränkungen im Rechtszug ein vereinfachtes Rechtsschutzverfahren zu kreieren (in diese Richtung auch ÖVerfGH, VergabeR 2001, 32, 36 f.).

den Rechtsanwender ohnehin schon bestehenden Unübersichtlichkeit und Komplexität des Vergaberechts zudem nur noch weiter Vorschub.

Ohne hier eine abschließende Entscheidung über das Pro und Contra der vorhandenen Schwellenwertregelung treffen zu können, scheint es jedoch so, dass die geltende Rechtslage auch zukünftig beibehalten wird. So hält nicht zuletzt die EU-Kommission in dem aktuellen Richtlinien-Entwurf zum Legislativpaket richtigerweise ausdrücklich daran fest, auch zukünftig die Vorschriften der neuen Basisrichtlinie nicht auf Aufträge unterhalb der Schwellenwerte auszudehnen.[484] Speziell mit Blick auf die Veräußerungen von öffentlichen Unternehmen oder Unternehmensanteilen stellt sich damit die Frage, wie sich die maßgeblichen Schwellenwerte konkret berechnen lassen. Um späteren Ergebnissen nicht schon vorzugreifen, finden sich die entsprechenden Erörterungen am Schluss der Bearbeitung.[485]

4. Die Verfahrensarten

Das in Umsetzung der EU-Vergaberichtlinien geschaffene nationale Vergaberecht sieht in § 101 Abs. 1 GWB mit dem offenen Verfahren (Abs. 2), dem nicht offenen Verfahren (Abs. 3) und dem Verhandlungsverfahren (Abs. 4) drei verschiedene Arten der Leistungsvergabe vor. Dabei ist das offene Verfahren grundsätzlich vorrangig vor dem nicht offenen Verfahren und dem Verhandlungsverfahren.[486] Lediglich den sog. Sektorenauftraggebern im Sinne des § 98 Nr. 4 GWB stehen alle drei Verfahrensarten nach ihrer freien Wahl zur Verfügung, § 101 Abs. 5 GWB. Während beim offenen Verfahren eine unbeschränkte Anzahl von Unternehmen öffentlich zur Abgabe von Angeboten aufgefordert wird und beim nicht offenen Verfahren aus dem öffentlich zur Teilnahme aufgeforderten Bewerberkreis eine beschränkte Anzahl von Unternehmen zur Angebotsabgabe aufgefordert wird, kennzeichnet sich das Verhandlungsverfahren dadurch, dass sich der Auftraggeber mit oder ohne vorherige öffentliche Aufforderung zur Teilnahme an ausgewählte Unternehmen wendet, um mit einem oder mehreren über die Auftragsbedingungen zu verhandeln. Alle drei Verfahrensarten haben gleichermaßen die Vergabegrundsätze des Wettbewerbs- und Transparenzprinzips (§ 97 Abs. 1 GWB) sowie den Gleichbehandlungsgrundsatz

---

[484] Vgl. KOM (2002), 236 endg., S. 29.

[485] Vgl. unten E. IV.

[486] *Quilisch*, NZBau 2003, 249; vgl. auch die Baukoordinierungsrichtlinie, AblEG Nr. L 199 v. 9.8.1993, S. 54 ff. Angesicht der generellen Nachrangigkeit des Verhandlungsverfahrens vermag es zu überraschen, dass ca. 65 % aller Beschaffungsverfahren im Rahmen dieser Verfahrensart abgewickelt werden (vgl. *Willenbruch*, NZBau 2003, 422, unter Bezugnahme auf eine Analyse des Bundesinnenministeriums, abgedr. in Behördenspiegel Nov. 2002).

und das Verbot vergabefremder Kriterien zu beachten (§ 97 Abs. 2 GWB).[487] Dennoch verdeutlicht das Stufenverhältnis der drei Verfahrenstypen, dass für den öffentlichen Auftraggeber die Vorgaben an das einzuhaltende Verfahren im offenen und nicht offenen Verfahren ungleich strenger sind als im Verhandlungsverfahren. Denn gerade die letztgenannte Verfahrensart lässt auch im ansonsten streng formalisierten Auftragswesen einige Gestaltungsfreiheiten sowohl des Auftraggebers als auch des Auftragnehmers bestehen.[488]

Der wesentliche Vorteil des Verhandlungsverfahrens besteht darin, dass – sofern man in Übereinstimmung mit einer neueren Auffassung in der Literatur abweichend vom Wortlaut des § 3a Nr. 1 lit. c VOB/A auch die Vorschriften der Basisparagraphen anwenden will –[489] zumindest die Durchführung eines Submissionstermins (§ 22 VOB/A) nicht erforderlich ist und auch das Verbot der Nachverhandlung (§ 24 VOB/A) keine Anwendung findet. Zudem sind Verhandlungen über Preise und Änderungen des der ursprünglichen Leistungsbeschreibung zu Grunde liegenden Angebots möglich,[490] wenn keine grundlegenden Änderungen vorgenommen werden.[491] Ein weiterer entscheidender Unterschied zum offenen und nicht offenen Verfahren ist darin zu sehen, dass unter bestimmten Voraussetzungen von einer vorherigen Vergabebekanntmachung gänzlich abgesehen werden kann, vgl. § 3a Nr. 2 VOL/A bzw. § 3a Nr. 5 VOB/A.

Insbesondere mit Blick auf die zentrale Problematik der Ausschreibungspflicht von Anteilsveräußerungen ergeben sich gute Gründe für die Zulässigkeit des Verhandlungsverfahrens. Denn nur dieses Verfahren dürfte den

---

[487] *Kokott*, in: Byok/Jaeger, Vergaberecht, Einführung Rn. 33; *Kulartz*, in: Niebuhr/Kulartz/ Kus/Portz, Vergaberecht, § 101 Rn. 15.

[488] Vgl. hierzu *Willenbruch*, NZBau 2003, 422 ff.

[489] Nach § 3a Nr. 1 lit. c VOB/A tritt das Verhandlungsverfahren "an die Stelle der freihändigen Vergabe (§ 3 Nr. 1 III VOB/A)". Nach weiten Teilen der Literatur ist der Rückgriff auf die Vorschriften der Freihändigen Vergabe in den Basisparagraphen vor diesem Hintergrund gesperrt, zumal das Verhandlungsverfahren in den a-Paragraphen abschließend geregelt ist (*Müller-Wrede*, in: Ingenstau/Korbion, VOB-Komm., § 3a Rn. 8; zurückhaltend *Prieß*, Hdb. des europäischen Vergaberechts, S. 115, wonach die Vorschriften über das Verhandlungsverfahren nicht „speziell auf das freihändige Verfahren Bezug nehmen müssen"). Folgt man dieser Auffassung, wäre das Verhandlungsverfahren von den im ersten Abschnitt der VOB/A bzw. VOL/A geregelten Verfahrensvorschriften von vornherein befreit. Dennoch spricht aus systematischen und teleologischen Gründen einiges dafür, auch auf das Verhandlungsverfahren die Bestimmungen der Basisparagraphen im Grundsatz vollumfänglich neben den a-Paragraphen anzuwenden, soweit nicht die konkreten Bestimmungen über das Verhandlungsverfahren oder dessen konkrete Ausgestaltung entgegenstehen (hierzu im Einzelnen *Quilisch*, NZBau 2003, 249, 251). Diese „aufgelockerte" Sichtweise steht auch in Übereinstimmung mit § 1a Nr. 1 Abs. 1 S. 1 VOB/A und § 1a Nr. 1 Abs. 1 VOL/A, wonach die a-Paragraphen lediglich „zusätzlich" zu den Basisparagraphen anzuwenden sind. Letztere bleiben zudem insoweit unberührt, als die Bestimmungen der a-Paragraphen nicht entgegenstehen.

[490] Vgl. nur *Rusam*, in: Heiermann/Riedl/Rusam, Handkomm. zur VOB, Teil A, § 24 Rn. 38.

[491] VK Berlin, Beschl. v. 31.5.2000 (VK-B2-15/00), S. 15 f. (zit. nach *Quilisch*, NZBau 2003, 249, 251).

entsprechenden Gestaltungsspielraum bieten, der bei der Veräußerung von Unternehmen oder Unternehmensanteilen auf Grund der Vielschichtigkeit derartiger Veräußerungsgeschäfte erforderlich ist. Um nicht der Frage vorzugreifen, ob und unter welchen Voraussetzungen die Veräußerung von Gesellschaftsanteilen nach dem Kartellvergaberecht öffentlich auszuschreiben ist, befindet sich eine eingehendere Darstellung dieses Themenkomplexes an späterer Stelle.[492]

[492] Vgl. unten E. V.

E. Zur Ausschreibung von Auftragsvergabe und Anteilsveräußerung

Wie eingangs erwähnt, tritt die Veräußerung von Gesellschaftsanteilen häufig mit einer Auftragsvergabe an eben dieses Unternehmen durch den anteilsinhabenden öffentlichen Auftraggeber in Erscheinung. Hinsicht der zeitlichen Abfolge von Anteilsveräußerung und Auftragsvergabe sind die verschiedensten Möglichkeiten denkbar. Das Spektrum reicht von gesamten Unternehmensveräußerungen vor oder nach der Auftragsvergabe bis hin zur (schrittweise wiederholten) Veräußerung einzelner Gesellschaftsanteile, die ebenfalls vor und/oder nach der Auftragsvergabe erfolgen können. Der öffentlichen Hand ist nicht selten daran gelegen, den öffentlichen Auftrag zeitlich vor der Anteilsveräußerung zu vergeben. Sie verspricht sich hiervon eine umfassende Ausschreibungsfreiheit, der die Überlegung zugrunde liegt, dass die vorherige Auftragsvergabe in Anwendung der sog. In-house-Grundsätze nicht vergaberelevant sei[493] und die Anteilsveräußerung ebenfalls per se nicht ausschreibungspflichtig sei.[494] Umgekehrt geht die an einer freihändigen Vergabe interessierte öffentliche Hand davon aus, dass die der Anteilsveräußerung nachfolgende Auftragsvergabe in der Regel nach dem Kartellvergaberecht auszuschreiben sei. Denn die Voraussetzungen einer In-house-Vergabe lägen nach einer Anteilsveräußerung vielfach nicht mehr vor, da sie mit entsprechender Verringerung der Beteiligungsquote wegfielen.[495] Insofern wählt die öffentliche Hand die zeitliche Abfolge von Auftragsvergabe und Anteilsveräußerung bisweilen ganz bewusst, um sich dem vergaberechtlichen Anwendungsbereich entziehen zu können.

Angesichts dieser Ausgangslage ist hier zunächst die Frage zu klären, ob und unter welchen Voraussetzungen die Auftragsvergabe und die Anteilsveräußerung mit Bezug auf dasselbe Unternehmen bei isolierter Betrachtungsweise dem Kartellvergaberecht unterliegen. Für den Fall, dass beide Rechtsgeschäfte isoliert betrachtet nicht öffentlich auszuschreiben sind, wird zu untersuchen sein, ob das geltende Recht Mechanismen zur Verfügung stellt, die das „Gesamtpaket" aus Anteilsveräußerung und Auftragsvergabe in den Blick nehmen und damit gleichwohl dem Anwendungsbereich des Kartellvergaberechts unterwerfen.

---

493 Hierzu unten I.
494 Hierzu unten II.
495 Hierzu unten III.

I. Zur isolierten Ausschreibung der Auftragsvergabe

1. Zur Ausschreibungspflicht nach §§ 97, 99 GWB

Ausgangspunkt für die Frage nach der kartellvergaberechtlichen Ausschreibungspflicht der Auftragsvergabe ist der Begriff des öffentlichen Auftrags im Sinne des § 99 Abs. 1 GWB. Darunter sind entgeltliche Verträge zwischen öffentlichen Auftraggebern und Unternehmen zu verstehen, die Liefer-, Bau- oder Dienstleistungen zum Gegenstand haben sowie Auslobungsverfahren, die zu Dienstleistungen führen sollen. Derartige Aufträge sind bei Überschreitung der Schwellenwerte nach den Vorschriften des GWB im Wettbewerb und im Wege transparenter Vergabeverfahren zu vergeben, § 97 Abs. 1 GWB. Regelmäßig wird es sich in den hier relevanten Konstellationen, die in irgendeiner Weise mit Anteilsveräußerungen der zu beauftragenden Gesellschaft zusammenhängen, um Liefer- oder Dienstleistungsaufträge im Sinne des § 99 Abs. 2 und 4 GWB handeln.[496]

2. Ausnahme: § 100 Abs. 2 lit. g GWB

Neben dem bereits erwähnten vergabefreien In-house-Geschäft kann sich für die in § 99 Abs. 1 GWB genannten Vertragstypen der Bau-, Liefer- und Dienstleistungsaufträge eine gesetzlich fundierte Ausnahme vom Grundsatz der europaweiten Ausschreibung aus § 100 Abs. 2 lit. g GWB ergeben. Danach ist das Kartellvergaberecht nicht anwendbar auf Aufträge, „die an eine andere Person vergeben werden, die ihrerseits Auftraggeber nach § 98 Nr. 1, 2 oder 3 GWB ist und die ein auf Gesetz oder Verordnung beruhendes Recht zur Erbringung der Leistung hat". Die Voraussetzungen der Auftraggebereigenschaft wurden bereits oben thematisiert,[497] so dass an dieser Stelle dem Exklusivrecht zur Leistungserbringung besonders nachgegangen wird. Der Normzweck dieser nicht unproblematischen Bestimmung soll folgende, aus zwei Komponenten bestehende Konstellation erfassen: Die erste Komponente betrifft den Fall, dass auf Grund des Bestehens eines alleinigen Rechts zur Leistungserbringung feststeht, dass nur ein Unternehmen in der Lage ist, die Leistung zu erbringen.[498] Als zweite Komponente tritt hinzu, dass eben dieses mit dem alleinigen Leistungserbringungsrecht ausgestattete (organisationsprivatisierte) Unternehmen selbst öffentlicher

---

[496] Beispielhaft seien hier auf Grund der besonderen Praxisrelevanz die insbesondere für den kommunalen Sektor bedeutsamen Bereiche der Abfall- und Abwasserentsorgung, Trinkwasserversorgung sowie des Öffentlichen Personennahverkehrs genannt, kurzum: das gesamte Spektrum der öffentlichen Daseinsvorsorge.

[497] Oben D. II. 3. b).

[498] Vgl. *Stickler*, in: Reidt/Stickler/Glahs, Vergaberecht, § 100 Rn. 21.

Auftraggeber im Sinne von § 98 Nr. 2 GWB ist und damit auf der Tätigkeitsebene dem Vergaberecht unterliegt. Es würde insofern einen bloßen Formalismus darstellen, wenn die Beauftragung eben dieses Unternehmens durch den Aufgabenträger zur Verwirklichung von Wettbewerb ebenfalls ausschreibungspflichtig wäre. Eine solche Auftragsvergabe ist deshalb von den Vorgaben des Kartellvergaberechts freigestellt.[499]

a) Die Auftragsarten

Für das grundlegende Verständnis des § 100 Abs. 2 lit. g GWB ist zunächst von Interesse, welche Arten von Aufträgen von der Norm erfasst sind. Der Wortlaut des § 100 Abs. 2 GWB spricht insofern pauschal von „Aufträgen“, was einen weiten Anwendungsbereich auf Liefer-, Bau- und Dienstleistungsaufträge nahe legt. Auch der systematische Zusammenhang zu §§ 97 Abs. 1, 99 GWB deutet auf das gesamte im GWB enthaltene Spektrum von Auftragsarten hin. Rechtliche Probleme ergeben sich jedoch bei europarechts- bzw. richtlinienkonformer Auslegung der Norm. Denn sowohl Art. 6 DKR als auch Art. 11 SKR - als einschlägige Grundlagen für § 100 Abs. 2 GWB - sehen eine derartige Freistellung vom Vergabeverfahren nur für Dienstleistungsaufträge vor, nicht hingegen für Warenlieferungen und Bauleistungen. Der Ausweg aus dieser rechtlichen Diskrepanz findet sich in der Überlegung, dass die maßgeblichen EU-Richtlinien für die Mitgliedsstaaten zwingend und deswegen gegenüber nationalem Recht vorrangig sind.[500] Diese Auffassung erscheint auch zutreffend vor dem Hintergrund, dass die Mitgliedsstaaten in Abweichung zu den EU-Richtlinien grundsätzlich nur zu strengeren Regelungen befugt sind, die den Anwendungsbereich des Vergaberechts weiter ausdehnen. § 100 Abs. 2 GWB stellt aber gerade eine Ausnahmevorschrift dar, die den Anwendungsbereich des Kartellvergaberechts einschränkt.[501] Eine Abweichung vom Vorrang der richtlinienkonformen Auslegung lässt sich damit nicht rechtfertigen. Der Tatbestand des § 100 Abs. 2 lit. g GWB ist deswegen richtlinienkonform auf die Erfassung von Dienstleistungsaufträgen zu reduzieren.[502]

---

[499] Vgl. *Stapenhorst*, Vergaberecht 3/1997, Vergabe Spezial: Outsourcing, S. X.

[500] *Stickler*, in: Reidt/Stickler/Glahs, Vergaberecht, § 100 Rn. 21; *Boesen*, Vergaberecht, § 100 Rn. 76; *Dreher*, in: Immenga/Mestmäcker, GWB-Komm., § 100 Rn. 20, unter Hinweis auf EuGH, Slg. 1999-I, 8139, 8153, Rn. 44 – „Teckal“; so tendenziell auch *Sura*, EuZW 1999, 19, 20; abweichend wohl *Marx*, in: Beck'scher VOB-Komm., § 100 Rn. 21.

[501] Vgl. hierzu schon oben D. II. 2.; *Dreher*, in: Immenga/Mestmäcker, GWB-Komm., vor §§ 97 ff. Rn. 76 ff.

[502] So auch *Jestaedt/Kemper/Marx/Prieß*, Das Recht der Auftragsvergabe, S. 90; *Müller-Wrede*, in: Ingenstau/Korbion, VOB-Komm., § 100 GWB Rn. 16; *Boesen*, Vergaberecht, § 100 Rn. 76; *Thieme*, in: Langen/Bunte, Kartellrecht, § 100 Rn. 33.

Im Rahmen der Beratungen zum aktuellen EU-Legislativpaket erscheint dem Europäischen Parlament die Eingrenzung des Ausnahmetatbestands auf Dienstleistungsaufträge als nicht mehr nachvollziehbar, so dass es eine Ausdehnung der Ausnahmevorschrift auch auf Liefer- und Bauaufträge – in Übereinstimmung mit § 100 Abs. 2 lit. g GWB – ausdrücklich befürwortet.[503] Demgegenüber hat die EU-Kommission ihren Richtlinien-Entwurf in Würdigung der Auffassung des Europäischen Parlaments ausdrücklich aufrecht erhalten und eine Änderung der bestehenden Rechtslage bisher abgelehnt.[504] Die weitere Entwicklung des Richtlinienvorhabens bleibt abzuwarten.

b) Die Rechtsgrundlage für die Erteilung des Exklusivrechts

Die Umsetzung der EU-Vergaberichtlinien in das deutsche Gesetz gegen Wettbewerbsbeschränkungen weist hingegen eine größere Strenge mit Bezug auf das Recht zur ausschließlichen Leistungserbringung auf, welches nach § 100 Abs. 2 lit. g GWB auf „Gesetz oder Verordnung" beruhen muss. Die jeweiligen Richtlinientexte lassen dagegen auch Rechts- oder Verwaltungsvorschriften genügen, die mit dem EG-Vertrag übereinstimmen, Art. 6 DKR und Art. 11 SKR. Angesichts dieser europarechtlichen Ausgangslage wirft das Schrifttum bisweilen die Frage auf, ob es für die erforderliche Rechtsgrundlage nicht hinreichend sei, das privilegierende Recht auch in Deutschland durch Satzung, Verwaltungsvorschrift, Verwaltungsakt oder öffentlich- bzw. privatrechtlichen Vertrag zu verleihen, sofern diese Handlungsformen ihrerseits auf Gesetz oder Verordnung zurückzuführen sind.[505] Diese Auffassung stößt allerdings auf gravierende Bedenken, da die Richtlinientexte nur Mindestanforderungen festgelegt haben, die der nationale Gesetzgeber zulässigerweise verschärfen kann. Bei der hier anzutreffenden verschärfenden Richtlinienumsetzung handelt es sich insofern um die zulässige Einengung eines Ausnahmetatbestands bzw. um die Ausweitung des vergaberechtlichen Anwendungsbereichs.[506] Im Unterschied zu der Frage, ob § 99 Abs. 1 GWB auch auf öffentlich-rechtliche Verträge anwendbar ist,[507] ist in diesem Zusammenhang also gerade eine umgekehrte Betrachtungsweise angezeigt.

---

[503] Stellungnahme und legislative Entschließung des EP v. 17.1.2002 – Az.: A5/2001/378, Änderungsvorschlag 38; vgl. auch die Nachw. oben D. II. 1.

[504] KOM (2002), 236 endg., S. 33.

[505] *Gnittke/Siederer*, ZVgR 2000, 236, 239; *Kämper/Heßhaus*, NWVBl. 2001, 377, 383. Namentlich der Deutsche Städte- und Gemeindebund hält die Begründung eines Ausschließlichkeitsrechts durch Gesellschaftsvertrag für zulässig (Rundschreiben v. 3.4.2000).

[506] *Sura*, EuZW 1999, 19, 20; *Dreher*, in: Immenga/Mestmäcker, GWB-Komm., § 100 Rn. 20.

[507] Oben D. II. 3. a).

Einem weiten Normverständnis steht auch entgegen, dass sich ansonsten die explizite Erwähnung der „Verordnung" im Normtext des § 100 Abs. 2 lit. g GWB nicht schlüssig erklären ließe. Insofern ist zu berücksichtigen, dass die Verordnung - ebenso wie die übrigen sublegalen Rechtsakte - aus verfassungsrechtlichen Gründen auf einem förmlichen (Parlaments-)Gesetz beruhen muss, vgl. Art. 80 Abs. 1 GG. Hätte der Gesetzgeber alle denkbaren Formen von sublegalen Rechtsakten, die sich ihrerseits auf ein (Parlaments-)Gesetz zurückführen lassen, als zulässige Rechtsgrundlage für die Erteilung des Exklusivrechts angesehen, wäre die ausdrückliche Benennung der Verordnung in § 100 Abs. 2 lit. g GWB daher obsolet gewesen.[508] Die hier in Rede stehenden Maßnahmen öffentlichen Verwaltungshandelns – namentlich öffentlich-rechtliche Verträge und Verwaltungsakte – reichen damit zur Begründung eines ausschließlichen Rechts im Sinne des § 100 Abs. 2 lit. g GWB nicht aus.[509]

c) Der Zeitpunkt der Erteilung des Exklusivrechts

Unklar ist, ob das ausschließliche Recht zur Leistungserbringung gleichzeitig mit der Beauftragung erteilt werden kann. Weder § 100 Abs. 2 lit. g GWB noch den zu Grunde liegenden EU-Vergaberichtlinien (Art. 6 DKR, Art. 11 SKR) lassen sich hierzu Anhaltspunkte entnehmen. Gegen die Zulässigkeit einer gleichzeitigen Beauftragung und Rechtserteilung wird teilweise eingewendet, dass es damit in der Hand der ausschreibenden Behörde läge, den Anwendungsbereich der Vergabevorschriften selbst zu bestimmen.[510] Das Exklusivrecht müsse vielmehr zur Vermeidung von Missbrauchstatbeständen, die eine Umgehung des Vergaberechts bezwecken, zeitlich vor der Auftragsvergabe und unabhängig davon eingeräumt worden sein.[511] Diese Argumentation kann aus mehreren Gründen nicht überzeugen. Zum einen wäre die Gefahr eines Missbrauchs mit der Forderung nach zwei zeitlich unabhängig erfolgten Rechtsakten keinesfalls ge-

---

508 *Boesen*, Vergaberecht, § 100 Rn. 82.

509 So auch *Gnittke/Siederer*, ZVgR 2002, 236, 240; *Marx*, in: Beck'scher VOB-Komm., § 100 Rn. 21, der zur Begründung die größere Rechtssicherheit für das Vergaberecht sowie die Vermeidung von Schlupflöchern anführt. Die Vergabekammer Düsseldorf, BauR 2000, 1640, hat explizit den öffentlich- und privatrechtlichen Vereinbarungen die erforderliche Rechtsqualität abgesprochen. Zweifelnd *Kämper/Heßhaus*, NWVBl. 2001, 377, 383.

510 1. VK Leipzig, AbfallPrax 2000, 199, 200; *Kulartz*, Vergaberecht 2/1998, 25, 29; *Gröning*, ZIP 2001, 497, 500.

511 *Gnittke/Siederer*, ZVgR 2000, 236, 240; *Boesen*, Vergaberecht, § 100 Rn. 83; *Stapenhorst*, Vergaberecht 3/1997 – Vergabe Spezial: Outsourcing, S. X; *Jaeger*, NZBau 2001, 6, 9; *Schaaffkamp/Bayer*, WiVerw. 2001, 148, 157; Generalanwalt *Léger*, Slg. 2000-I, 11037, 11056, Rn. 91 – „ARGE Gewässerschutz".

bannt, da beide Rechtsakte trotz zeitlicher Differenz aufeinander abgestimmt sein können. Zum anderen steht die Anwendung des Vergaberechts insofern immer zur Disposition der jeweiligen Gebietskörperschaft, als die Einräumung eines Exklusivrechts durch eben diese öffentlich-rechtliche Körperschaft zwingend einen Wettbewerbsausschluss nach sich zieht.[512] Die Forderung nach einem zeitlich unabhängig erteilten Exklusivrecht stellt sich vor diesem Hintergrund als überflüssige Formalie dar.[513]

d) Der Begriff des Exklusivrechts

Der Begriff des ausschließlichen Rechts selbst ist ebenfalls umstritten. Hierbei ist noch nicht abschließend geklärt, ob das Exklusivrecht zur Leistungserbringung gegenüber jedermann im Sinne eines absolut wirkenden Monopols bestehen muss,[514] oder ob eine relative Wirkkraft gerade gegenüber dem Auftraggeber ausreicht[515]. Eine entsprechende Definition lässt sich weder dem GWB noch den EU-Vergaberichtlinien entnehmen. Auch der Definitionsansatz, wonach ein Exklusivrecht vorliegen soll, „wenn sich andere Unternehmen als das begünstigte um eine Auftragsausführung nicht bemühen können",[516] bleibt vage und eignet sich daher nicht für eine abschließende Bestimmung. Es spricht jedoch einiges dafür, ausgehend von einer teleologischen Auslegung eine relative Wirkkraft des § 100 Abs. 2 lit. g GWB bezogen auf das Rechtsverhältnis des Auftraggebers zum Inhaber des ausschließlichen Rechts für hinreichend zu erachten. Denn der Sinn und Zweck des Ausnahmetatbestands besteht gerade darin, die Schaffung zentraler Serviceeinheiten für die Erbringung bestimmter Leistungen zu ermöglichen. Dieses Ziel könnte nicht erreicht werden, wenn § 100 Abs. 2 lit. g GWB auf die seltenen Fälle beschränkt würde, in denen der Leistungserbringer ein Monopol gegenüber jedermann hat.[517] Eine Auslegung im Sinne eines relativen Exklusivrechts ist damit insgesamt vorzugswürdig.

Damit ist deutlich geworden, dass § 100 Abs. 2 lit. g GWB für die Vergabe eines öffentlichen Auftrags unter den vorgenannten Voraussetzungen eine gesetzlich normierte Ausnahme vom Grundsatz der europaweiten Ausschreibung enthält.

---

[512] *Eilmansberger*, JurBl. 2001, 562, 569; *Opitz*, ZVgR 2000, 97, 106; kritisch auch *Dreher*, in: Immenga/Mestmäcker, GWB-Komm., § 100 Rn. 20.
[513] *Opitz*, ZVgR 2000, 97, 106; *Tucker*, Europäisches Vergaberecht 2/1996, 79, 82.
[514] So *Stickler*, in: Reidt/Stickler/Glahs, Vergaberecht, § 100 Rn. 21.
[515] In diesem Sinn *Tucker*, Europäisches Vergaberecht 2/1996, 79, 82; *Boesen*, Vergaberecht, § 103 Rn. 83; *Opitz*, ZVgR 2000, 97, 106.
[516] In diesem Sinne *Opitz*, ZVgR 2000, 97, 106.
[517] *Boesen*, Vergaberecht, § 100 Rn. 78; *Dreher*, in: Immenga/Mestmäcker, GWB-Komm., § 100 Rn. 20; zustimmend *Stickler*, in: Reidt/Stickler/Glahs, Vergaberecht, § 100 Rn. 21.

3. Ausnahme: Das sog. „In-house-Geschäft"

Eine weitere Ausnahme vom vergaberechtlichen Anwendungsbereich ergibt sich im Falle eines sog. „In-house-Geschäfts", wofür – abgesehen vom Sektorenbereich –[518] eine ausdrückliche gesetzliche Kodifizierung bisher fehlt. Der sog. „In-house-Vergabe" liegt die Überlegung zugrunde, dass ein vergaberelevanter öffentlicher Auftrag grundsätzlich die Personenverschiedenheit von Auftraggeber und Auftragnehmer voraussetzt. An der Personenverschiedenheit fehlt es etwa bei der Vergabe von Aufträgen an kommunale Regie- oder Eigenbetriebe mangels eigener von der kommunalen Gebietskörperschaft abgekoppelter Rechtspersönlichkeit.[519] Die beabsichtigte Beauftragung kommt dann vielmehr – ohne als öffentlicher Auftrag qualifiziert werden zu können – einem internen Organisationsakt der Körperschaft des öffentlichen Rechts gleich. Diese Konstellation lässt sich plastisch als „In-house-Geschäft im engeren Sinn" beschreiben.[520]

Ungleich problematischer stellt sich hingegen die Beauftragung einer Eigengesellschaft oder eines gemischt-wirtschaftlichen Unternehmens in der Rechtsform einer Aktiengesellschaft oder GmbH dar. Denn bei rein formaler Betrachtungsweise ließe sich argumentieren, dass bereits aus der fehlenden Personenidentität zwischen Auftraggeber und Auftragnehmer eine generelle Ausschreibungspflicht folgen muss.[521] Ein derartig restriktiver und starrer Blickwinkel zur Bestimmung des „Auftragnehmerbegriffs" mutet angesichts der nunmehr allgemein anerkannten funktionellen Betrachtungsweise des Auftraggeberbegriffs[522] jedoch systemwidrig und dogmatisch inkonsequent an. Vielmehr muss es im Kern um die Frage gehen, ob die Beauftragung einer rechtlich selbstständigen juristischen Person als Tochtergesellschaft eines öffentlichen Auftraggebers noch als interner Organisationsakt zu bewerten ist, was zur Folge hätte, dass die Auftragsvergabe gleichsam den Regie- und Eigenbetrieben nicht dem Vergaberegime unterläge. Die Abgrenzung richtet sich danach, ob das beauftragte Unternehmen bereits als Dritter im Sinne des Kartellvergaberechts anzusehen ist, so dass materiell eine Fremdvergabe vorliegt, oder ob das beauftragte Unternehmen dem öffentlichen Auftraggeber derart zuzuordnen ist, dass sich die Leistungserbringung noch als Eigenleistung des Auftraggebers darstellt und somit faktisch „im Hause" bleibt. Um den letztgenannten Fall besser

[518] Vgl. § 10 VergabeVO.

[519] *Faber*, DVBl. 2001, 248, 250; *Boesen*, Vergaberecht, § 100 Rn. 89; vgl. § 114 GO NW.

[520] OLG Brandenburg, VergabeR 2003, 168, 171 – „In-house".

[521] *Arrowsmith*, The law of public and utilities procurement, S. 118 f., 414 f.; *Trepte*, Regulating procurement, S. 91, 106 f.; Generalanwalt *Cosmas*, EuGH, Slg. 1999-I, 8121, 8136, Rn. 59 ff. – „Teckal".

[522] Zu diesem Begriff oben D. II. 3. b).

von der Beauftragung eines rechtlich unselbstständigen Regie- oder Eigenbetriebs unterscheiden zu können, ist vielfach auch von einem „In-house-Geschäft im weiteren Sinn“ die Rede.[523] Diese grundlegende Differenzierung und Begriffswahl wird in der Literatur und Rechtsprechung – soweit ersichtlich – im Wesentlichen einmütig vertreten. Der Herleitung von sog. In-house-Geschäften liegen allerdings eine Reihe von unterschiedlichen rechtsdogmatischen Ansätzen zu Grunde, die nachfolgend dargestellt werden.

a) Die kommunalverfassungsrechtliche Betrachtungsweise

Vor allem im kommunalrechtlichen Schrifttum wird als Argument für die Ausschreibungsfreiheit der Auftragsvergabe an öffentliche Eigengesellschaften bisweilen geltend gemacht, dass ansonsten die aus Art. 28 Abs. 2 GG resultierende kommunale Organisationshoheit[524] durch das Vergaberegime unverhältnismäßig eingeschränkt werde.[525] Der Eingriff in das kommunale Selbstverwaltungsrecht ließe sich regelmäßig nicht mehr rechtfertigen, wenn den Kommunen die freie Gestaltungskompetenz für ihre Aufgabenerfüllung dadurch beschnitten würde, dass die unmittelbare Beauftragung kommunaleigener Unternehmen unzulässig und vielmehr ein europaweites Ausschreibungsverfahren durchzuführen wäre.[526] Diese Auffassung kann insoweit überzeugen, als die vergaberechtliche Ausschreibungspflicht als Einschränkung der kommunalen Gestaltungsfreiheit verstanden wird. Da das Vergaberecht jedoch allenfalls das „Wie“ der Auftragsvergabe betrifft und die kommunale Entscheidung über das „Ob“ der Auftragsvergabe hiervon unberührt bleibt, muss jedoch bezweifelt werden, ob bereits die Ausschreibungspflicht in nicht gerechtfertigter – weil unverhältnismäßiger – Weise in die kommunale Organisationshoheit eingreift. Kritik an der Bezugnahme auf Art. 28 Abs. 2 GG entzündet sich zudem an der Überlegung, dass für die konkrete Frage der Ausschreibungspflicht nicht das nationale Verfassungsrecht entscheidend sein kann, als vielmehr die zur Verwirklichung des gemeinsamen Binnenmarktes geschaffenen europäischen Vergaberichtlinien, die insofern eine besondere Sachnähe aufweisen.[527] Vor diesem Hintergrund ist gegenüber der Bezugnahme auf die kommunalverfassungsrechtliche Betrachtungsweise Skepsis angebracht.

---

[523] *H.-M. Müller,* NZBau 2001, 416, 418; *Ortlieb,* WuW 2003, 146, 147.
[524] Zu diesem Begriff oben C. IV. 6.
[525] *Kulartz/Portz,* VOL und VOF, S. 8; *Kämper/Heßhaus,* Der Städtetag 2000, 36, 37 f.; *Litpher/Berger,* Ausschreibungspflicht von Kommunen bei der Deckung des Energiebedarfs?, Sept. 2000, S. 3 (zit. nach *Ortlieb,* WuW 2003, 146, 148 Fn. 23).
[526] *Ortlieb,* WuW 2003, 146, 148.
[527] *Opitz,* ZVgR 2000, 97, 105.

b) Die europarechtliche Betrachtungsweise

Teilweise wird Art. 43 S. 2 DKR als Ansatzpunkt dafür angesehen, Aufträge an Eigengesellschaften oder gemischt-wirtschaftliche Unternehmen vom Anwendungsbereich der Dienstleistungskoordinierungsrichtlinie und damit gleichsam – bei richtlinienkonformer Auslegung – vom Anwendungsbereich des nationalen Kartellvergaberechts auszunehmen. Diese Rechtsnorm verpflichtet die EU-Kommission spätestens drei Jahre nach Ablauf der Umsetzungsfrist, die Auswirkungen staatlicher Eigenleistungen auf die Liberalisierung des Auftragswesens zu untersuchen. Hierzu wird die Auffassung vertreten, der EU-Richtliniengeber bringe hiermit zum Ausdruck, dass staatliche Eigenleistungen – für die es ganz vielfältige Erscheinungsformen gibt – grundsätzlich erlaubt seien und die Bewertung der damit zusammenhängenden Rechtsfragen noch einem Prozess laufender Entscheidungsfindung ausgesetzt sei.[528] Die staatlichen Eigenleistungen seien deswegen zunächst jedenfalls nicht Gegenstand der Dienstleistungskoordinierungsrichtlinie, sondern allenfalls nach Überprüfung durch die EU-Kommission darin aufzunehmen.[529]

Zweifel an dieser Auffassung kommen jedoch angesichts der engen Ausnahmebestimmungen des § 100 Abs. 2 GWB auf, der in lit. i einen Ausnahmetatbestand für Dienstleistungsaufträge von Sektorenauftraggebern an verbundene Unternehmen normiert und damit eine spezielle Ausprägung der In-house-Problematik bei Vergaben von Dienstleistungen im Sektorenbereich darstellt.[530] Da die Enumeration in § 100 Abs. 2 GWB als Ausnahmevorschrift abschließend ist, kann eine umfassende, sämtliche Formen von In-house-Geschäften umfassende Freistellung vom Vergaberecht hier nicht intendiert sein.[531] Art. 43 S. 2 DKR bleibt vor diesem Hintergrund auch weiterhin sinnvoll anwendbar. Denn der Bereich staatlicher Eigenleistungen, die im engeren Sinn innerhalb staatlicher Stellen erbracht werden, wird von der Richtliniennorm weiterhin erfasst, zumal sich auch außerhalb des Sektoren- bzw. Dienstleistungsbereichs ein immenses Betätigungsfeld für die EU-Kommission ergibt.[532]

Die Ausschreibungsfreiheit der sog. In-house-Geschäfte wird teilweise auch dem Art. 295 EGV entnommen, wonach der EGV die Eigentumsord-

---

[528] *Ortlieb*, WuW 2003, 146, 148 f.
[529] *Stapenhorst*, VergabeRecht 3/97, Vergabe Special: Outsourcing V, VIII; *Ortlieb*, WuW 2003, 146, 148 f.
[530] *Marx*, NZBau 2002, 311, 314 f.
[531] *Opitz*, ZVgR 2000, 97, 105; *Niebuhr/Eschenbruch*, in: Kapellmann/Vygen (Hrsg.), Jahrbuch Baurecht 1998, S. 195, 200.
[532] *Faber*, DVBl. 2001, 248, 252 f.

nungen in den verschiedenen Mitgliedsstaaten unberührt lässt. Diese Vorschrift soll sicherstellen, dass die Gestaltung der Eigentumsordnung, insbesondere auch Sozialisierung und Privatisierung, weiterhin Sache der Mitgliedsstaaten bleibt.[533] Vor diesem Hintergrund lässt sich erwägen, eine ausschreibungspflichtige In-house-Vergabe als unmittelbare Beeinflussung auf das privatisierte Vermögen der öffentlich-rechtlichen Gebietskörperschaften zu bewerten. Diesen Gedanken konsequent weitergeführt, verstieße der Zwang zur Anwendung des Vergaberechts bei In-house-Geschäften gegen Art. 295 EGV, weil das Vergaberegime die Eigentumsordnung der Mitgliedsstaaten und ihrer staatlichen Ebenen hier gerade nicht unberührt ließe.[534] Diese Gedankenführung vermag letztlich deshalb nicht zu überzeugen, da die Anwendung des Vergaberechts auf die Auftragsvergabe an Eigengesellschaften sich auf den eigentlichen Ausgliederungsakt nicht unmittelbar auswirken muss.[535] Denn insofern liegen – wie noch dargestellt wird – mit Ausgliederung und Auftragsvergabe zwei getrennte Rechtsgeschäfte vor, die mitunter in sachlicher und zeitlicher Unabhängigkeit zueinander stehen. Die mitgliedsstaatliche Eigentumsordnung nach Art. 295 EGV hilft somit zur Herleitung einer allgemeinen Vergabefreiheit bei Inhouse-Geschäften nicht weiter.

c) Die funktionelle Betrachtungsweise

Auf Grund der genannten Kritikpunkte an der kommunalverfassungsrechtlichen und europarechtlichen Betrachtungsweise muss es dabei bleiben, den Auftragsbegriff funktionell anhand des Telos der EU-Richtlinien zu bestimmen.[536] Insofern ist zur Annahme einer freihändigen Vergabe an Eigengesellschaften bzw. gemischt-wirtschaftliche Unternehmen die Suche nach weiteren systemimmanenten Kriterien erforderlich.

Eine der vergaberechtlichen Grundintentionen besteht in der sparsamen Verwendung öffentlicher Finanzmittel, die mit der Durchführung transparenter Vergabeverfahren gesichert werden soll. Deshalb soll grundsätzlich derjenige Anbieter im Wettbewerb beauftragt werden, der aus Sicht der öffentlichen Hand die wirtschaftlichste Leistung erbringen kann.[537] Dieses Grundprinzip kann seinen Sinngehalt nur dann voll entfalten, wenn es un-

---

[533] Vgl. nur *Schweizer*, in: Grabitz/Hilf, EUV/EGV, Art. 295 Rn. 2.
[534] *Ortlieb*, WuW 2003, 146, 148; *Stapenhorst*, VergabeRecht 3/97, Vergabe Special: Outsourcing V, VIII.
[535] *Faber*, DVBl. 2001, 248, 252.
[536] *Eilmansberger*, JurBl. 2001, 562, 563; *Faber*, DVBl. 2001, 248, 250 f.
[537] So vor allem § 97 Abs. 5 GWB; hierzu eingehend *Stickler*, in: Reidt/Stickler/Glahs, Vergaberecht, § 97 Rn. 26 ff.; *Faber*, DVBl. 2001, 248, 252.

abhängig davon gilt, ob ein öffentliches, privates oder gemischtwirtschaftliches Unternehmen mit der Leistung beauftragt wird.[538] Diese Überlegung legt den Schluss nahe, dass Aufträge an privatrechtsförmige Eigengesellschaften oder gemischt-wirtschaftliche Unternehmen nicht grundsätzlich von der Ausschreibungspflicht nach dem GWB befreit sein können. Für eine ausschreibungspflichtige Auftragsvergabe könnte zudem das dem Kartellvergaberecht immanente Ziel des Aufbrechens der traditionell geschlossenen nationalen Beschaffungsmärkte sprechen.[539] Insofern lässt sich nicht leugnen, dass sich die nationalen Beschaffungsmärkte besonders einfach und effektiv schließen lassen mit der Gründung öffentlich beherrschter, privatrechtsförmiger Tochterunternehmen und der im Nachgang erfolgten vergabefreien Erteilung öffentlicher Aufträge.[540]

Zumindest mit Blick auf die Beauftragung von Eigengesellschaften ist dennoch eine Ausnahme von der generellen Ausschreibungspflicht angezeigt, da in dieser Konstellation die Auftragsvergabe einen Akt der internen Organisationsprivatisierung darstellt.[541] Denn bei der beauftragten Stelle handelt es sich bei funktioneller Betrachtungsweise um einen Teil des öffentlichen Auftraggebers selbst, so dass die beauftragte Stelle nicht Dritter im Sinne des Vergaberechts sein kann.[542] Diese Situation ist tendenziell damit vergleichbar, dass der Auftraggeber die Leistung – etwa durch Einschaltung eines öffentlich-rechtlichen Eigen- oder Regiebetriebs – mit eigenen Mittel erbringt, so dass die bloße Wahl einer öffentlichen oder privaten Rechtsform hierbei nicht maßgeblich sein kann. Und in der Tat wäre es widersprüchlich, dem öffentlichen Auftraggeber einerseits zu gestatten, sich juristisch selbstständiger Einheiten in flexibler Privatrechtsform zu bedienen, ohne dass sich hiermit etwas an der öffentlichen Aufgabenstellung ändert, und ihn andererseits – soweit er davon Gebrauch macht – den Bestimmungen des Vergaberechts zu unterwerfen und die privatrechtliche Tätigkeit zu untergraben.[543] Auch für potenzielle Mitbewerber auf Beschaffungsmärkten wird regelmäßig kein Unterschied darin bestehen, ob der öffentliche Auftraggeber seinen internen Leistungsaustausch mit einem Re-

[538] Vgl. auch die bundes-, landes- und kommunalrechtlichen Haushaltsvorschriften wie § 7 Abs. 1 BHO/LHO NW und § 75 Abs. 2 GO NW.
[539] *Möschel*, WuW 1997, 120, 122.
[540] *Faber*, DVBl. 2001, 248, 252.
[541] So die ganz überwiegende Lit.; vgl. nur *Endler*, NZBau 2002, 125, 130; *Eschenbruch*, in: Niebuhr/Kulartz/Kus/Portz, Vergaberecht, § 99 Rn. 55; *Marx*, in: Beck'scher VOB-Komm., § 99 Rn. 3 f., der darüber hinaus fordert, dass die Eigengesellschaft ausschließlich für die beherrschende Gebietskörperschaft tätig wird, etwa auf Grundlage einer entsprechenden Zweckbestimmung in der Gesellschaftssatzung.
[542] *Portz*, BWGZ 2000, 191, 196.
[543] *Müller-Wrede*, in: Müller-Wrede, VOF-Komm., Einl. Rn. 38; *Boesen*, Vergaberecht, § 100 Rn. 95; *Portz*, BWGZ 2000, 191, 196.

gie- bzw. Eigenbetrieb oder einer Eigengesellschaft vollzieht. Vor diesem Hintergrund spricht viel dafür, die Auftragsvergabe an rechtlich selbstständige Eigengesellschaften und die Auftragsvergabe an rechtlich unselbstständige Betriebe gleich zu behandeln. Dies setzt jedoch einschränkend eine „nahezu ausnahmslose“ Tätigkeit[544] für den öffentlichen Auftraggeber voraus, da entsprechendes auch bei den unselbstständigen Betrieben regelmäßig der Fall ist. Zumindest die Auftragsvergabe an nahezu ausnahmslos für die Gebietskörperschaft tätig werdende Eigengesellschaften dürfte hiernach vergaberechtsfrei sein.[545] Für den Fall der Beauftragung eines gemischt-wirtschaftlichen Unternehmens stellt sich die Sachlage ungleich komplizierter dar, weil sich hier auf Grund der privaten Beteiligung eine Parallele zu den Regie- oder Eigenbetrieben nicht ohne weiteres ziehen lässt. Die Abgrenzung muss insofern anhand konkreter Merkmale erfolgen, welche die individuelle Beteiligungsquote und sonstigen gesellschaftsvertraglichen Aspekte berücksichtigen, welche für die Annahme eines besonderen Näheverhältnisses zum öffentlichen Auftraggeber bedeutsam sind.

d) Das Teckal-Urteil des EuGH

Der EuGH bestätigt in seinem „Teckal“-Urteil im Wesentlichen die funktionelle Betrachtungsweise des Auftragsbegriffs und konturiert dessen Anforderungen. Hierzu führt er aus, dass die Auftragsvergabe einer Gebietskörperschaft an eine von ihr rechtlich unabhängige Person grundsätzlich ausschreibungspflichtig ist. Die formale Personenverschiedenheit kann danach ausnahmsweise keine Ausschreibungspflicht begründen, wenn die Gebietskörperschaft über die fragliche Person eine „Kontrolle ausübt wie über ihre eigenen Dienststellen und wenn diese Person zugleich ihre Tätigkeit im Wesentlichen für die Gebietskörperschaft (...) verrichtet“.[546] Die mit dem Vorliegen der „Teckal“-Voraussetzungen einhergehende Gleichstellung der In-house-Geschäfte im engeren und im weiteren Sinn ist mittlerweile auf der Ebene der nationalen Rechtsprechung und Literatur allge-

---

[544] Zu diesem Begriff im Einzelnen unten e) bb).

[545] Bayerisches Staatsministerium für Wirtschaft, Verkehr und Technologie, Schreiben an die Kommunen vom 23.08.1999 – Az. 5806-I/4A-28936, widerrufen auf Grund des EuGH-„Teckal“-Urteils mit Schreiben vom 28.01.2000 – Az. 5800-I/4A-1660; Niedersächsisches Ministerium für Wirtschaft, Technologie und Verkehr, Nds.MBl. 43/1997, S. 1790. Vgl. auch die Stellungnahme des Ausschusses der Regionen zum „Grünbuch – Das öffentliche Auftragswesen in der Europäischen Union: Überlegungen für die Zukunft“, der sich gegen die Anwendung der Ausschreibungsrichtlinien ausspricht, da es sich nur um einen Fall der „Produktion in eigener Regie“ handele (zit. nach *Ortlieb,* WuW 2003, 146, 148).

[546] EuGH, Slg. 1999, I-8139, 8154 Rn. 50 – „Teckal“; EuGH, Slg. 2000, I-11066, 11080, Rn. 40 – „ARGE Gewässerschutz“.

mein anerkannt.[547] Der EuGH reduziert den Auftragsbegriff im Sinne der EU-Vergaberichtlinien[548] teleologisch, indem er – wie beim Auftraggeber – von einem funktionellen Begriffsverständnis des Auftragnehmers bzw. Auftrags ausgeht. Damit will er den unterschiedlichsten Erscheinungsformen von In-house-Geschäften besser gerecht werden und die fallbezogenen Eigenarten besser berücksichtigen können.[549] Ein weiterer Grund für die Gleichsetzung besteht in der Befürchtung, dass der öffentliche Auftraggebers durch das Vergaberecht in der seinem Gestaltungsermessen unterliegenden Wahl der öffentlichen oder privaten Organisationsform – Eigenbetrieb oder Eigengesellschaft - beschränkt wird, mittels derer er seine Aufgaben erfüllen will.[550] Wenn der öffentliche Auftraggeber die Aufgabe mit eigenen Mitteln zu erfüllen beabsichtigt, kann es keinen Unterschied machen, ob er dies durch einen Eigenbetrieb oder eine Eigengesellschaft tut.[551]

Der EuGH hat die Grundsätze der In-house-Vergabe nur mit Blick auf die Lieferkoordinierungsrichtlinie entwickelt. Dass die betreffenden Kriterien auch der Dienstleistungskoordinierungsrichtlinie unterfallen, hat der BGH anhand einer funktionellen Betrachtungsweise mit der Begründung bejaht, dass die Gleichbehandlung deswegen sachgerecht sei, „weil beide Richtlinien einen Vertrag zwischen öffentlichem Auftraggeber und Auftragnehmer voraussetzen".[552] Diese Ausdehnung der EuGH-Rechtsprechung erfolgte zu Recht, da sich sowohl bei Warenlieferungen als auch bei Dienstleistungen in gleicher Weise die „Vorfrage" stellt, ob bei der Vergabe an ein öffentliches Unternehmen ein vergaberelevanter Vorgang vorliegt. Aus diesem Grund steht konsequenterweise auch der Anwendung der In-house-Kriterien im Bereich der Baukoordinierungsrichtlinie nichts im Weg.

---

547 Vgl. nur BGHZ 148, 55, 61 f.; *Gröning*, ZIP 2001, 497, 500; *Dreher*, NZBau 2002, 245, 252.

548 Entsprechend dazu § 99 Abs. 1 GWB.

549 *Endler*, NZBau 2002, 125, 129 f.; *Jaeger*, NZBau 2001, 6, 10; *Kulartz*, NZBau 2001, 173, 177; *Eilmansberger*, JurBl. 2001, 563 f.

550 Vgl. oben a).

551 *Masing*, ZfBR 2002, 450 ff.; OLG Brandenburg, VergabeR 2003, 168, 171 – "In-house".

552 BGHZ 148, 55, 62 f., unter Hinweis auf EuGH, Slg. 2000, I-11066, 11080, Rn. 40 - „ARGE Gewässerschutz".

aa) Die dienststellen-ähnliche Kontrolle

Neben der Bestimmung der Wesentlichkeitsschwelle[553] wirft die Auslegung des Begriffs „Kontrolle des Auftragnehmers wie über eine eigene Dienststelle“ die größten Auslegungsschwierigkeiten auf. Scheint dieses Tatbestandsmerkmal auf den ersten Blick gut greifbar und aussagekräftig zu sein, zeigt sich doch bei genauerem Hinsehen, dass es sich hierbei um einen stark wertausfüllungsbedürftigen Rechtsbegriff handelt, der die ursprüngliche Intention des EuGH weitgehend im Unklaren lässt.[554] Auch in der Literatur ist dieser Kontrollbegriff auf Grund seiner mangelnden Bestimmtheit deshalb zu recht auf Kritik gestoßen. Inhalt und Grenzen des Begriffs werden entsprechend kontrovers diskutiert.

(1) Einige grundlegende Auslegungsversuche

Grundsätzlich gilt, dass der Begriff „Kontrolle“ weder im deutschen Vergaberecht noch im Gesellschaftsrecht im technischen Sinn vorhanden ist.[555] Eine Auslegung, die sich am natürlichen Wortsinn orientiert, muss demnach Gesichtspunkte der Überwachung, Überprüfung, Gewalt und Aufsicht[556] berücksichtigen. Gleichwohl ist damit noch nichts darüber ausgesagt, welchen Intensitätsgrad die betreffenden Kontrollmaßnahmen aufweisen müssen.

Mit Blick auf die Auslegung der Kontrollintensität wird vereinzelt der Versuch unternommen, die verwaltungsrechtlichen Aufsichts- und Weisungsbefugnisse auf das Verhältnis der öffentlichen Hand zu ihrer Eigengesellschaft bzw. dem gemischt-wirtschaftlichen Unternehmen zu übertragen.[557] Die Aufsichts- und Weisungsbefugnisse der übergeordneten Behörden sowie damit korrespondierend die Gehorsamspflichten der nachgeordneten Dienststellen resultieren dort aus der hierarchischen Struktur öffentlicher Verwaltung. Behördenintern werden diese Befugnisse ausgeübt in Form der Dienstaufsicht, die sich auf die innere Ordnung, die allgemeine Geschäftsführung und die Personalangelegenheiten bezieht.[558] Die Fachaufsicht hingegen betrifft die recht- und zweckmäßige Erledigung der Verwaltungsaufgaben; darauf bezogene Aufsichts- und Weisungsbefugnisse sind selbst dann zu beachten, wenn die nachgeordnete Behörde die Weisung

---

553 Dazu unten bb).
554 *Gröning*, ZIP 2001, 497, 501 spricht insofern von einer „verwaltungsrechtlichen Archetype“.
555 Vgl. *Schauenburg*, NZBau 2002, 259 – Internet-Beitrag, S. 3.
556 *Brockhaus* Enzyklopädie – Stichwort: „Kontrolle“.
557 *Schauenburg*, NZBau 2002, 259 – Internet-Beitrag S. 3 ff.
558 *Maurer*, Verwaltungsrecht AT, § 22 Rn. 31.

(vermeintlich) für rechtswidrig erachtet.[559] Vor allem aber die hierarchische Struktur öffentlicher Verwaltung spricht bereits gegen eine synonyme Anwendung auf privatrechtsförmige Unternehmen mit (ausschließlich) staatlicher Beteiligung, da die Privatisierungsmaßnahme doch gerade eine Loslösung von als starr und verkrustet empfundenen Verwaltungsstrukturen bezweckt.

Die behördlichen Kontroll- und Weisungsbefugnisse können allenfalls als Anhaltspunkt für die Auslegung des Begriffs der dienststellen-ähnlichen Kontrolle berücksichtigt werden. Denn nach dem Wortlaut des EuGH-Urteils müssen keineswegs sämtliche Aufsichts- und Weisungsrechte, die innerhalb einer hierarchischen Verwaltungsstruktur bestehen, für ein privatrechtliches Unternehmen mit staatlicher Beteiligung gelten. Deutlich wird dies insbesondere anhand einer Negativ-Abgrenzung des zu untersuchenden Begriffsmerkmals, wonach keine identische, sondern lediglich eine vergleichbare Kontrolle wie über eine eigene Dienststelle vorausgesetzt ist.[560] Für diese Wertung spricht zum einen, dass ansonsten bei Annahme einer identischen Kontrolle dem soeben geschaffenen Ausnahmetatbestand des „In-house-Geschäfts“ sogleich wieder seine Anwendbarkeit entzogen würde. Insoweit kann der Grad der Weisungsgebundenheit eines von der öffentlichen Hand beherrschten Unternehmens noch so hoch sein – eine dienststellen-identische Kontrolle ließe sich wohl kaum jemals herstellen.[561] Denn wie eingangs bereits erwähnt,[562] liegen die Gründe und Motivation der öffentlichen Hand bei Privatisierungen und Ausgliederungen doch gerade darin, handlungsfähige Einheiten zu schaffen, die losgelöst von hergebrachten Verwaltungsstrukturen agieren können. Zum anderen zeigt auch ein Vergleich mit den übrigen Sprachversionen des EuGH-Urteils, dass eine identische Kontrolle vom EuGH nicht bezweckt sein kann, da sowohl die italienische, französische als auch englische Übersetzung die Vergleichbarkeit bzw. Ähnlichkeit der Kontrolle betonen und gerade nicht die Identität.[563]

Dem Kontrollbegriff des „Teckal“-Urteils lassen sich per se also keine exakten Angaben dazu entnehmen, inwiefern die Auftragsvergabe bei formaler Personenverschiedenheit vom Anwendungsbereich des Vergaberechts

---

559 *Endler*, NZBau 2002, 125, 131.

560 OLG Naumburg, VergabeR 2003, 196, 202 – „Thermische Abfallbehandlung“; vgl. auch BayObLG, NZBau 2002, 397, 398 f., m. weit. Nachw.

561 *Faber*, DVBl. 2001, 248, 253 f.; *Gallwas*, GewArch 2000, 401, 405, spricht von einer "faktischen" Kontrolle.

562 Oben C. I.

563 Vgl. hierzu die einzelnen Sprachversionen des Urteils: „un controlle *analogo* a quelle da esso esercitato sui propri servizi“ (ital.); „ un contrôle *analogue* à celui qu'elle exerce sur ses propres services" (franz.); „a control which is *similar* to that which it exercises over its own departments“ (engl.).

ausgenommen ist. Diese unklare Ausgangslage, die auch die Literatur bisher nicht erhellen konnte, erfordert es, für die Bewertung der Rechtsbeziehung zwischen der öffentlich-rechtlichen Gebietskörperschaft und dem beauftragten Unternehmen drei Fallgruppen zu unterscheiden: die Beauftragung einer Eigengesellschaft, eines gemischt-wirtschaftlichen oder gemischt-öffentlichen Unternehmens. Letzteres kennzeichnet sich dadurch, dass – unter Ausschluss von Privaten – die Gesellschaftsanteile ausschließlich in der Hand mehrerer Träger öffentlicher Verwaltung liegen.[564] Dem EuGH-Urteil lassen sich nur in Bezug auf diese Unternehmensform eindeutige Rückschlüsse entnehmen, da der zu Grunde liegende Sachverhalt die Auftragsvergabe an ein unternehmerisch und rechtlich selbstständiges Konsortium betraf, dem mehrere Kommunen angehörten.[565] In der Folgezeit bekräftigte der BGH die „Teckal"-Rechtsprechung – allerdings nur mit Blick auf solche beauftragten Gesellschaften mit beschränkter Haftung, bei denen der öffentliche Auftraggeber alleiniger Anteilseigner ist.[566] Sowohl zu aktienrechtlichen Eigengesellschaften als auch zu gemischt-wirtschaftlichen Unternehmen im Allgemeinen steht eine höchstrichterliche Entscheidung bisher aus.

Eine systemkonforme, aber gleichzeitig praktikable Auslegung der dienststellen-ähnlichen Kontrolle für sämtliche Konstellationen wird sich letztlich an den gesetzlich vorhandenen und vertraglich vereinbarten Einfluss- und Kontrollmöglichkeiten des Gesellschaftsrechts orientieren müssen. Der Vorrang des Gesellschaftsrechts vor dem Konstrukt eines „Verwaltungsgesellschaftsrechts" wurde insofern bereits dargelegt.[567] Ausgehend von den staatlichen Einfluss- und Kontrollmöglichkeiten bei privatrechtsförmigen Eigengesellschaften und gemischt-wirtschaftlichen Unternehmen, wird das Kriterium der dienststellen-ähnlichen Kontrolle zunächst isoliert anhand der Eigengesellschaft durchleuchtet, um es sodann für gemischt-wirtschaftliche Unternehmen zu untersuchen.

(2) Die Kontrolle bei Eigengesellschaften

Bei Eigengesellschaften liegt es nahe, auf Grund des alleinigen öffentlichen Anteilsbesitzes ohne Umschweife von einer dienststellen-ähnlichen Kontrolle zu Gunsten des öffentlichen Auftraggebers auszugehen. Allerdings

---

[564] *Ortlieb*, WuW 2003, 146, 150.
[565] EuGH, Slg. 1999-I, 8139 ff. Derartige gemischt-öffentliche Unternehmen spielen im Rahmen dieser Abhandlung jedoch keine tragende Rolle, so dass sich eine nähere Erörterung erübrigt.
[566] BGHZ 148, 55 ff.
[567] Vgl. oben C. IV. 7.

haben die vorhergehenden Ausführungen gezeigt, dass die nach dem Gesellschaftsrecht vorhandenen Einfluss- und Kontrollmöglichkeiten sich für den Aktionär der Aktiengesellschaft regelmäßig ganz anders darstellen als für den Gesellschafter der Gesellschaft mit beschränkter Haftung.[568] Bei genauerer Betrachtung wird man also nicht umhin können, den unterschiedlichen gesellschaftsrechtlichen Grundstrukturen von Aktiengesellschaft und Gesellschaft mit beschränkter Haftung auch in diesem Zusammenhang Rechnung zu tragen.

(a) Die Aktiengesellschaft

Mit Blick auf die eingangs dargestellten rechtlichen Grundstrukturen der Aktiengesellschaft lässt sich eine dienststellen-ähnliche Kontrolle in der Regel nur bezweifeln. Als Grund hierfür ist vor allem die Eigenverantwortlichkeit des Vorstands zu nennen, die eine Weisungsgebundenheit regelmäßig ausschließt, vgl. § 76 Abs. 1 AktG. Zudem kann sich die Berechtigung des Aufsichtsrats, nach § 111 Abs. 4 AktG die Vornahme bestimmter Geschäfte unter seinen Zustimmungsvorbehalt zu stellen, nicht auf sämtliche Maßnahmen der Geschäftsführung auswirken. Auch durch diese „Hintertür" kann also dem Vorstand keineswegs die gesamte Geschäftsleitung aus der Hand genommen werden.[569] Eine gewisse Einflussnahme auf Vorstandshandlungen ist daher allenfalls mittelbar in eng umgrenzten Ausnahmefällen zulässig. Die Interpretation des EuGH-Urteils entsprechend dem natürlichen Wortsinn spricht jedoch eher für das Bedürfnis nach einer unmittelbaren Beeinflussung von sämtlichen Vorstandshandlungen.[570] Eine „dienststellen-ähnliche Kontrolle", die im tendenziellen Vergleich zu den rechtlich eindeutigen Weisungsbefugnissen innerhalb einer Verwaltungshierarchie steht, kann unter diesen Voraussetzungen nicht angenommen werden.[571]

Wie schon innerhalb der gesellschaftsrechtlichen Ingerenzmöglichkeiten dargestellt,[572] verstärken sich die Einfluss- und Kontrollrechte über die Geschäftsführung bei Abschluss eines entsprechend ausgestalteten Beherrschungsvertrags, da insofern die unbeschränkte Erteilung von Weisungen

---

[568] Vgl. oben C. IV. 7. d).
[569] Vgl. oben C. IV. 7. d) aa); *Endler*, NZBau 2002, 125, 131.
[570] So zutreffend *Eilmansberger*, JurBl. 2001, 562, 566; *Potacs*, in: Potacs (Hrsg.), Kärntner Vergaberecht, S. 79, 86.
[571] *Ehlers*, DÖV 1986, 897, 904; DVBl. 1997, 137, 140; wohl a. A. *Möstl*, Grundrechtsbindung öffentlicher Wirtschaftstätigkeit, S. 19 ff.; *Nesselmüller*, Rechtliche Einwirkungsmöglichkeiten, S. 118 ff.; *Kämper/Hesshaus*, Der Städtetag, 2000, 36, 40.
[572] Oben C. IV. 7. d).

an den Vorstand gem. § 308 Abs. 1 AktG zulässig ist. Die Existenz eines faktischen Konzerns führt demgegenüber nicht zu vergleichbaren Kontrollverhältnissen, weil der öffentlich-rechtliche Anteilseigner hier über die Hauptversammlung bzw. den Aufsichtsrat lediglich die allgemeinen Grundsätze der Geschäftspolitik, nicht aber die alltägliche Geschäftsführung bestimmen kann. Außerdem bleibt die Weisungsunabhängigkeit und Eigenverantwortlichkeit des Vorstands bei aller faktischer Einflussnahme in jedem Fall unberührt. Im Ergebnis lässt sich eine dienststellen-ähnliche Kontrolle über die im alleinigen Anteilsbesitz der öffentlichen Hand stehende Aktiengesellschaft nur durch Abschluss eines Beherrschungsvertrags erreichen, da nur diese Gestaltung eine hinreichende Kontrollintensität sicherstellt.

(b) Die GmbH

Gänzlich anders stellt sich die Rechtslage hinsichtlich der GmbH als Eigengesellschaft dar. So bietet die Wahl dieser Rechtsform dem öffentlichen Auftraggeber als Anteilseigner auf Grund der ihr eigenen Organisationsstruktur umfassende Einfluss- und Steuerungsmöglichkeiten auf die Geschäftsführung.[573] Diese Ingerenzrechte gewährleisten eine über eine eigene Dienststelle vergleichbare Kontrolle schon in der rechtlichen Ausgangssituation ungeachtet des Vorliegens eines Beherrschungsvertrags.[574]

(3) Die Kontrolle bei Beteiligungsgesellschaften

Wesentlich undurchsichtiger wird die Frage nach der dienststellen-ähnlichen Kontrolle in Bezug auf die Beauftragung von (gemischtwirtschaftlichen) Beteiligungsgesellschaften. Mangels eindeutiger höchstrichterlicher Rechtsprechung zeigt sich im Schrifttum ein diffuses Meinungsbild dazu, ob und inwiefern sich allein aus der vorhandenen Anteilsquote der öffentlichen Hand Rückschlüsse auf eine dienststellen-ähnliche Kontrolle ziehen lassen.[575]

---

573 Oben C. IV. 7. d) bb).

574 Hierzu auch BGHZ 148, 55, 63.

575 Vgl. hierzu VK Düsseldorf, NZBau 2001, 46, 48 – „Trienekens"; OVG Schleswig, AbfallPrax 1999, 28; *Pauly/Figgen/Hünnekens*, Gemischtwirtschaftliche Entsorgungsunternehmen, S. 85 f.; Boesen, Vergaberecht, § 100 Rn. 10; *Faber*, DVBl. 2001, 248, 256; *Kämper/Heßhaus*, Der Städtetag, 2000, 36, 40; *Burgi*, NVwZ 2001, 601, 605; *Otting*, VergabeR 2002, 11, 16; *Jaeger*, NZBau 2001, 6, 10; *Kulartz*, NZBau 2001, 173, 177; *Schauenburg*, NZBau 2002, 259 – Internet-Beitrag; *Steffen/Venus*, VKS-News, 2001, 19, 26 f.; *Bell/Rehak*, LKV 2001, 185, 190; *Trurnit*, BWVBl. 2001, 93, 94; *Möschel*, WuW 1997, 120, 124; *Müller-Serten*, NZBau 2000, 120, 123; *Gröning*, ZIP 2001, 502 ff.; *Eilmansberger*, JurBl. 2001, 562, 565; *Dreher*, NZBau 2002, 245 ff.

(a) Anteilsmehrheit bei privaten Rechtssubjekten

Ein vergabefreies In-house-Geschäft lässt sich richtigerweise jedenfalls dann nicht mehr begründen, wenn sich die Mehrheit der Gesellschaftsanteile in der Hand privater Rechtssubjekte vereinigt. Nach allgemeiner Auffassung sind die Einfluss- und Kontrollmöglichkeiten der öffentlich-rechtlichen Körperschaft in aller Regel derart gering, dass das Kontrollkriterium im Sinne der Teckal-Rechtsprechung nicht erfüllt ist.[576] Im Grunde handelt es sich hierbei um einen typischen Fall des sog. contracting-out,[577] bei dem sich die öffentliche Hand zur Aufgabenerfüllung eines Privatunternehmens bedient, ohne eine maßgebliche Kontrolle über das Unternehmen als solches zu besitzen.[578] Etwas anderes gilt nur insofern, als der Gesellschaftsvertrag die Stimmrechte zum Vorteil des öffentlich-rechtlichen Minderheitsgesellschafters verteilt oder die Gesellschaftsanteile des privaten Mehrheitsgesellschafters – zumindest teilweise – nur als stimmrechtslose Anteile geschaffen hat, so dass der Minderheitsgesellschafter gleichwohl die Majorität bei Gesellschaftsbeschlüssen behält.[579] Eine solche Vertragsgestaltung dürfte freilich in der Rechtspraxis nur eingeschränkte Bedeutung erlangen, da sich ein privater Investor, der ein Beteiligungsverhältnis regelmäßig nur aus wirtschaftlichen Motiven eingeht, nicht ohne weiteres mit einer derart weitreichenden Beschneidung seiner Mitgliedschaftsrechte einverstanden erklären wird.

(b) Anteilsmehrheit bei öffentlichen Rechtssubjekten

Wesentlich komplizierter stellt sich die Situation dar, wenn die Mehrheit der Gesellschaftsanteile bei der öffentlichen Hand verortet ist. Das Schrifttum diskutiert hier überaus kontrovers, unter welchen Voraussetzungen noch von einer dienststellen-ähnlichen Kontrolle die Rede sein kann.

---

576 Statt aller *Endler*, NZBau 2002, 125, 132; *T. Müller*, in: Daub/Eberstein, VOL/A-Komm., § 1a Rn. 34.

577 Dazu oben C. III. 2. d) aa).

578 *T. Müller*, in: Daub/Eberstein, VOL/A-Komm., § 1a Rn. 34.

579 Zur Zulässigkeit dieser Vorgehensweise *Lutter/Hommelhoff*, GmbH-Gesetz, § 47 Rn. 4; *K. Schmidt*, Gesellschaftsrecht, § 21 II 1.

(aa) 100%ige Beteiligungsquote

Eine dienststellen-ähnliche Kontrolle sei nach einer stark restriktiven Ansicht ausschließlich bei 100%iger Beteiligung des öffentlichen Auftraggebers gegeben, und zwar ungeachtet der bestehenden Ingerenzmöglichkeiten, die sich aus den unterschiedlichen Organisationsstrukturen von Aktiengesellschaft und GmbH ergeben.[580] Der für den öffentlichen Auftraggeber in der In-house-Vergabe liegende Vorteil, Aufträge nicht entsprechend den Vergabevorschriften ausschreiben zu müssen, sei bei einer noch so geringen Beteiligung eines privaten Investors mit dem Sinn und Zweck des öffentlichen Auftragswesens, einen funktionierenden Binnenmarkt zu gewährleisten,[581] nicht vereinbar und lade zum Missbrauch ein.[582] Der Gesellschaft werde bei Hinzutreten eines privaten Partners zudem die eigene Entscheidungsgewalt genommen, da die partnerschaftlichen Interessen auch bei geringer Anteilsquote zwingend zu berücksichtigen seien.[583] In der Tat dürfte den Interessen des privaten Partners auch praktisch eine nicht untergeordnete Bedeutung zukommen, weil das partnerschaftliche Interesse häufig in einem besonders ausgeprägten Verlangen nach privater Handlungsrationalität zum Ausdruck kommt, deren Zuerwerb für den öffentlichrechtlichen Anteilsinhaber regelmäßig sogar das Ziel der Beteiligung eines privaten Investors sein wird.[584]

Ebenfalls ist zutreffend, dass gerade in der personalisierten Gesellschaftsform der GmbH neben den geschriebenen auch die ungeschriebenen Minderheitenrechte zu beachten sind, die sich aus den Grundsätzen von Treu und Glauben ergeben.[585] Dazu gehört insbesondere die Unterlassung jedweden gesellschaftsschädlichen Verhaltens, das etwa die wirtschaftliche Ertragschance vermindert.[586] Die Berücksichtigung der ökonomischen Aspekte ist für den privaten Mitgesellschafter besonders bedeutsam, weil diese einerseits in diametralem Gegensatz zur öffentlichen Zweckverfolgung stehen können, andererseits aber sein Beteiligungsengagement häufig erst rechtfertigen. Die gesellschaftsrechtlichen Treuepflichten können damit aus

---

580 *Faber*, DVBl. 2001, 248, 256; *Burgi*, NVwZ 2001, 601, 605; *Pauly/Figgen/Hünnekens*, Gemischtwirtschaftliche Entsorgungsunternehmen, S. 85 f.; Boesen, Vergaberecht, § 100 Rn. 10; tendenziell in diese Richtung auch VK Düsseldorf, NZBau 2001, 46, 48 – „Trienekens"; ähnlich, aber ohne vertiefende Begründung: OVG Schleswig, AbfallPrax 1999, 28, mit Blick auf die GemHVO.

581 2. und 4. Erwägungsgrund zur Dienstleistungskoordinierungsrichtlinie.

582 *Pauly/Figgen/Hünnekens*, Gemischtwirtschaftliche Entsorgungsunternehmen, S. 85 f.

583 *Faber*, DVBl. 2001, 248, 256; *Burgi*, NVwZ 2001, 601, 605; so tendenziell auch VK Düsseldorf, NZBau 2001, 46, 48 – „Trienekens".

584 Vgl. *Burgi*, NVwZ 2001, 601, 605; *Otting*, VergabeR 2002, 11, 16.

585 VK Düsseldorf, NZBau 2001, 46, 48 – „Trienekens".

586 *Baumbach/Hueck*, GmbH-Gesetz, § 13 Rn. 19 ff.

Gründen des Minderheitenschutzes durchaus eine tragende Rolle spielen.[587] Es muss jedoch bezweifelt werden, ob allein auf Grund des Bestehens von Treuepflichten gegenüber privaten Minderheitsgesellschaftern eine dienststellen-ähnlichen Kontrolle abgelehnt werden kann.. Denn die Interessen der Minderheit dürften zumindest in dem Fall zu vernachlässigen sein, in dem – wie in der Praxis häufig – die Verfolgung des öffentlichen Zwecks im Gesellschaftsvertrag statuiert wird.[588] Auch an diesem Punkt verdeutlicht sich, warum bereits oben eine entsprechende Fixierung des öffentlichen Zwecks im Gesellschaftsvertrag auch bei geringer privater Beteiligung empfohlen wurde.[589] Insofern hat die Minderheit, die umgekehrt zur Treue gegenüber der Mehrheit verpflichtet ist,[590] in besonderem Maß bei öffentlich-privaten Kooperationen wie den Public Private Partnerships den verwaltungsspezifischen Gesellschaftszweck zu respektieren. Das Erfordernis einer Beteiligung der öffentlichen Hand von 100 % ist aber auch bei fehlender gesellschaftsvertraglicher Verankerung des öffentlichen Zwecks nicht stichhaltig, da sowohl die Hinzuziehung und Einbindung externen Sachverstands als auch die Gewährung von formellen Rechten für Dritte, insbesondere von Anhörungs- und Auskunftsrechten, dem staatlichen Handeln keineswegs wesensfremd ist. Zudem ist die gesamte Geschäftstätigkeit, die sich an der Struktur der öffentlichen Aufgaben – gegebenenfalls auch an wirtschaftlich weniger attraktiven Aufgaben – ausrichtet, regelmäßig bereits als Geschäftsgrundlage der Beteiligung des privaten Investors anzusehen.[591]

Ferner wird die Notwendigkeit einer Beteiligungsquote von 100 % seitens der öffentlichen Hand damit begründet, dass die Anwendung der In-house-Kriterien die absolute Ausnahme darstelle und deswegen stets eng zu interpretieren sei.[592] Richtig ist, dass der EuGH in der Teckal-Rechtsprechung einen Vertrag zwischen einer Gebietskörperschaft und einer davon formal verschiedenen Person grundsätzlich als öffentlichen Auftrag bewertet und die einschränkenden Kriterien des In-house-Geschäfts als Ausnahme formuliert. Zutreffend ist weiterhin, dass Ausnahmen von einer grundsätzli-

---

587 Für die GmbH: BGHZ 65, 15, 18 f. – „ITT"; für die AG: BGHZ 103, 184, 194 f. – „Linotype".

588 *Schauenburg*, NZBau 2002, 259 – Internet-Beitrag S. 5, meint, dass die Treuepflichten häufig schon durch die ungeschriebene Geschäftsgrundlage für die Gesellschaftsgründung, mithin den öffentlichen Zweck der Gesellschaft, begrenzt seien. Ob eine ungeschriebene Geschäftsgrundlage, die zudem noch vom gesellschaftsrechtlichen Leitbild der Gewinnerzielungsabsicht abweicht, bei der Beteiligungsgesellschaft die privaten Interessen in einem derart weitgehenden Umfang verdrängen kann, ruft jedoch erhebliche grundlegende Bedenken hervor.

589 Vgl. C. IV. 7. c).

590 *Scholz/Crezelius*, GmbHG, § 14 Rn. 54.

591 OLG Naumburg, VergabeR 2003, 196, 203 – „Thermische Abfallbehandlung"; in diese Richtung auch *Schauenburg*, NZBau 2002, 259 – Internet-Beitrag, S. 4 f.

592 *Endler*, NZBau 2002, 125, 132.

chen Richtlinien- bzw. Gesetzesanwendung nach hergebrachtem Verständnis der EuGH-Rechtsprechung restriktiv zu behandeln sind, um der betroffenen Vorschrift einen möglichst großen Anwendungsbereich zu eröffnen und den vergaberechtlichen Sinn und Zweck möglichst weitreichend zu verwirklichen. Für eine 100%ige Beteiligungsquote als notwendiges Kriterium eines In-house-Geschäfts werden auch die Gründe des BGH-Urteils herangezogen, die sich explizit nur mit der Eigengesellschaft befassen, die im alleinigen Anteilsbesitz der Gebietskörperschaft steht.[593] Demgegenüber ist allerdings festzustellen, dass sich weder EuGH noch BGH ausdrücklich gegen die Annahme eines In-house-Geschäfts bei gemischtwirtschaftlichen Unternehmen geäußert haben. Ein gewisser Interpretationsrahmen, der die Intention der Rechtsprechung berücksichtigt und damit gleichsam von einem funktionellen Verständnis des Auftragnehmers getragen ist, bleibt damit offen.

(bb) Starre Beteiligungsgrenzen

Teile des Schrifttums orientieren sich für die Ausnahme der In-house-Vergabe vom kartellvergaberechtlichen Anwendungsbereich an festen Beteiligungsgrenzen.

Namentlich *Jaeger* vertritt die Auffassung, die öffentliche Hand habe ab einer privaten Minderheitsbeteiligung von wenigstens 10 % die Interessen des privaten Partners zu berücksichtigen, so dass ab dieser Beteiligungshöhe eine dienststellen-ähnliche Kontrolle sicher ausgeschlossen sei.[594] Und in der Tat erscheint der dort anzutreffende Hinweis insbesondere auf §§ 50, 61 Abs. 2, 66 Abs. 2 und 3 GmbHG, §§ 120, 137, 142 Abs. 4, 147 AktG, die der Anteilsminderheit besondere Rechte bei mindestens 10%iger Kapitalbeteiligung gewähren, prima facie einleuchtend. Bei genauerem Blick auf die Gemeinsamkeiten dieser Minderheitsrechte wird jedoch deutlich, dass damit lediglich Informationsrechte gewährt und die Erzwingung von formellen Mehrheits-Entscheidungen ermöglicht werden. Als reine Informations- und Antragsrechte vermögen es die einschlägigen Normen hingegen nicht, auch den materiellen Entscheidungsgehalt selbst zu beeinflussen.[595] Im Ergebnis spricht dies eher dafür, dass auch bei einer Beteiligungsquote der öffentlichen Hand von weniger als 90 % eine dienststellenähnliche Kontrolle dennoch vorliegen kann.

---

593 *Endler*, NZBau 2002, 125, 132; i. E. auch *Kullack*, BBauBl. 2001, 56.

594 *Jaeger*, NZBau 2001, 6, 10; zustimmend *Kulartz*, NZBau 2001, 173, 177.

595 So zutreffend *Schauenburg*, NZBau 2002, Internet-Beitrag S. 7; zurückhaltend auch *Gramm*, UBWV 2002, 161, 165.

Andererseits lässt sich nicht leugnen, dass die gesellschaftsrechtlichen Minderheitsrechte bedeutende Treuepflichten entfalten können. Dann aber eine Grenze von 10 % anzunehmen, mutet mit Blick auf die Rechtsprechung des BGH, der bereits bei einer Beteiligung in Höhe von 4 % vom Bestehen von Treuepflichten ausgeht,[596] inkonsequent an. Zudem erscheint es mehr als fragwürdig, die Annahme einer starren 10%-Grenze mit dem Sinn und Zweck der gesellschaftsrechtlichen Treuepflichten zu vereinbaren, weil Minderheiten mit minimalen, also unter Umständen noch geringen Anteilsquoten geschützt werden sollen.[597] Die letztgenannten Aspekte sprechen also eher für eine noch striktere Handhabung des Kriteriums der dienststellen-ähnlichen Kontrolle, die sich danach erst ab einer Beteiligungsquote von mehr als 95 % ergeben dürfte.

Insgesamt zeigt sich damit, dass sich gute Gründe sowohl für eine Absenkung der Anteilsgrenze auf deutlich unter 90 % seitens der öffentlichen Hand als auch – mit Blick auf die BGH-Rechtsprechung – für die Forderung nach einer noch höheren Anteilsbeteiligung der öffentlichen Hand finden lassen. Vor diesem Hintergrund lässt sich nur bezweifeln, ob eine öffentliche Kapitalbeteiligung von 10 % bereits als alleiniges Merkmal – gewissermaßen aus sich selbst heraus – geeignet ist, eine dienststellenähnliche Kontrolle zu begründen.

Eine ähnliche Auffassung im Schrifttum orientiert sich ebenfalls an festen Beteiligungsgrenzen, geht im Übrigen aber davon aus, dass eine Geschäftsbeteiligung privater Personen unterhalb von 25 % regelmäßig den Inhouse-Charakter eines Unternehmens nicht in Frage stellt.[598] Unter Hinweis auf die ebenso verfahrende Staatspraxis werden auch hier konkrete gesellschaftsrechtliche Normen zur Begründung herangezogen: Namentlich die Änderung eines Gesellschaftsvertrags (§ 53 Abs. 2 GmbHG), die Satzungsänderung (§ 179 Abs. 2 AktG) sowie die Auflösung einer Gesellschaft (§ 60 Abs. 1 Nr. 2 GmbHG) setzen Mehrheitsbeschlüsse von mindestens 75 % des gesamten Kapitals voraus. Auch eine Erhöhung des Grundkapitals einer Aktiengesellschaft bedarf der gleichen Mehrheit, § 182 Abs. 1 S. 1 AktG. Dieser Meinung ist zuzugeben, dass eine Beteiligung von mindestens 25 % damit über eine beachtliche Sperrminorität in wesentlichen, die Gesellschaft in ihrem Kern betreffenden Angelegenheiten verfügt. Allerdings handelt es sich dabei in erster Linie um Aspekte, die sich auf die langfristige Strategie der Gesellschaft auswirken, dagegen keine unmittel-

[596] BGHZ 103, 184, 194 f. – „Linotype“.
[597] Vgl. *Schauenburg*, NZBau 2002, 259, Internet-Beitrag S. 6 f.; vgl. VK Düsseldorf, NZBau 2001, 46 – „Trienekens“.
[598] *Gramm*, UBWV 2002, 161, 164.

baren Auswirkungen auf das Alltagsgeschäft mit sich bringen. Vor diesem Hintergrund fällt es schwer anzunehmen, dass allein eine Beteiligungsquote von mindestens 25 % zu Gunsten des privaten Minderheitsgesellschafters geeignet ist, die dienststellen-ähnlichen Kontrolle des öffentlich-rechtlichen Mehrheitsgesellschafters entfallen zu lassen.

Schließlich ist bei der Anwendung fester Beteiligungsgrenzen zu berücksichtigen, dass diese die Gefahr in sich bergen, gerade auch andere gesellschaftsrechtliche Kontrollinstrumente, die zumeist in der Satzung oder im Gesellschaftsvertrag verankert sind, außer Acht zu lassen. Das Gesellschaftsrecht der GmbH zeichnet sich durch seine weitgehende Abdingbarkeit aus. Es bestehen insofern weitreichende, in der Praxis auch vielfach genutzte Möglichkeiten, die gesetzlichen Vorschriften durch vertragliche Abreden zu modifizieren. Demnach können Anteilsgrenzen von 10 % bzw. 25 % allenfalls einen gewissen Anhaltspunkt für die jeweilige Kontrollintensität vermitteln, wobei in vielen Fällen freilich eine genauere Erörterung der gesellschaftsvertraglichen oder satzungsmäßigen Ausgestaltung erforderlich bleibt. Aus diesen Gründen bietet es sich an, weitere flexiblere Möglichkeiten zur Herbeiführung einer dienststellen-ähnlichen Kontrolle zu suchen.

(cc) Einfache Mehrheitsbeteiligung

Teile des Schrifttums gehen davon aus, dass im Grundsatz bereits eine Anteilsquote des öffentlichen Auftraggebers in Höhe von 50,1 % ausreicht, um eine dienststellen-ähnliche Kontrolle im Sinne der „Teckal"-Rechtsprechung zu begründen.[599] Eine derartig weitreichende Auslegung der Teckal-Grundsätze stößt jedoch auf grundlegende Bedenken, da – sofern kein Beherrschungsvertrag besteht – der beherrschende Einfluss bei einfacher Mehrheitsbeteiligung rechtlich soweit begrenzt ist, dass er sich zur Annahme einer umfassenden „dienststellen-ähnlichen Kontrolle" nicht eignen dürfte. Ein wesentlicher Kritikpunkt verbirgt sich hinter der fehlenden Berücksichtigung gesellschaftsrechtlicher Treuepflichten und Kontrollrechte, die umso bedeutsamer werden, je stärker ausgeprägt die Minder-

---

[599] Grundsätzlich dafür: *J.-E. Jasper*, Privatisierung und EG-Vergaberecht, S. 160 f.; *Eschenbruch*, in: Niebuhr/Kulartz/Kus/Portz, Vergaberecht, § 99 Rn. 56; Generalanwalt *Léger*, Slg. 2000-I, 11037, 11064, – „ARGE Gewässerschutz"; *Steffen/Venus*, VKS-News, 2001, 19, 26 f.; *Bell/Rehak*, LKV 2001, 185, 190; Der Städtetag v. 10.04.2000; *Trurnit*, BWVBl. 2001, 93, 94; *Möschel*, WuW 1997, 120, 124; *Müller-Serten*, NZBau 2000, 120, 123; *Gröning*, ZIP 2001, 502; zumindest für die GmbH auch *Eilmansberger*, JurBl. 2001, 562, 565; i. E. auch OVG Münster NVwZ 1995, 1238, zur GemH-VO; tendenziell a. A. BayObLG, VergabeR 2002, 244, 249 – „Abfallzweckverband"; OVG Schleswig, AbfallPrax 1999, 28; VK Düsseldorf, NZBau 2001, 46, 48 – „Trienekens".

heitsbeteiligung ist.[600] Zudem besteht die Gefahr der Aufweichung nominaler Mehrheiten durch gesellschaftsvertragliche Verankerung von Einstimmigkeitserfordernissen bzw. qualifizierten Beschlussquoren.[601] Es handelt sich dabei um einen Aspekt, der – wie bereits angesprochen – gerade im weitgehend abdingbaren GmbH-Recht nicht zu unterschätzen ist und auf den die Praxis nicht selten zurückgreift. Darüber hinaus kann unter Zugrundelegung des Rechts vom faktischen Konzern ein etwaiges Weisungsrecht in aller Regel nicht zum Nachteil der beherrschten Gesellschaft ausgeübt werden, vgl. §§ 308, 311 AktG. Gerade derartiges wäre für die Annahme einer dienststellen-ähnlichen Kontrolle aber erforderlich. Der Mehrheitsgesellschafter kann insgesamt - wie schon innerhalb des faktischen Konzernrechts erläutert[602] - allenfalls einen gewissen faktischen Druck auf die Geschäftsführung ausüben, keineswegs aber die alltägliche Geschäftstätigkeit in letzter Konsequenz bestimmen. Eine Kontrolle „wie über eine eigene Dienststelle“ impliziert aber wohl, dass auf sämtliche geschäftliche Entscheidungen direkter Einfluss ausgeübt werden kann. Vor diesem Hintergrund dürfte eine solche Auslegung, die bereits einer einfachen Mehrheitsbeteiligung die geforderte Kontrollintensität beimisst, der Intention des EuGH-Urteils nicht entsprechen.[603]

(dd) Konzernrechtliche Beherrschung

Die vorhergehenden Erläuterungen haben gezeigt, dass auf Grund der vielschichtigen gesellschaftsrechtlichen Gestaltungsmöglichkeiten nur die konkrete gesellschaftsrechtliche Lage eindeutige Auskunft über die vorhandene Kontrollintensität geben kann. In Anbetracht der dargestellten rechtlichen Hindernisse, welche die Anwendung starrer Beteiligungsgrenzen mit sich bringt, liegt die Überlegung nahe, den Begriff der dienststellen-ähnlichen Kontrolle unter Berücksichtigung gesellschafts- und konzernrechtlicher Beherrschungsgrundsätze zu interpretieren.

Nach einer vereinzelt gebliebenen Auffassung sei von einer den „Teckal“-Grundsätzen entsprechenden Beherrschung bei einer „mindestens faktischen Kontrollmöglichkeit“ seitens des öffentlichen Auftraggebers auszugehen.[604] Diese faktische Kontrollmöglichkeit könne sich etwa in Form von

---

600 Vgl. BayObLG, VergabeR 2002, 244, 249 – „Abfallzweckverband“.
601 *Portz*, BWGZ 2000, 191, 197; VÜA Bund, WuW/E VergAB 27, 34 ff.; *Stapenhorst*, Vergaberecht 3/1997, Vergabe Spezial V, IX.
602 Oben C. IV. 7. d) aa) (3).
603 *Potacs*, in: Potacs (Hrsg.), Kärntner Vergaberecht, S. 79, 86; *Eilmansberger*, JurBl. 2001, 562, 566.
604 *Gallwas*, GewArch 2000, 401, 405.

Aufsichts- und Weisungsrechten ausdrücken.[605] Allerdings ist diese Sichtweise mit dem Makel mangelnder Bestimmtheit behaftet, da eine nähere Begriffsdefinition unterbleibt und erst recht keine genauen Grenzen einer dienststellen-ähnlichen Kontrolle abgesteckt werden. Selbst wenn man die „faktische Kontrollmöglichkeit" entsprechend ihrem engeren Wortsinn im Kontext der Beherrschung im faktischen Konzern interpretierte,[606] ließen sich die Zweifel nicht vollends beiseite schieben. Die Annahme einer dienststellen-ähnlichen Kontrolle im faktischen Konzern ist zwar insoweit nicht abwegig, als es in der Tat keinen Unterschied macht, ob der (Mehrheits-)Gesellschafter den Abschluss eines Beherrschungsvertrags beschließt oder sich darauf beschränkt, sein gesellschaftsinternes Weisungsrecht durch Gesellschafterbeschluss auszuüben.[607] Die gegen diese Auffassung sprechenden Bedenken müssen jedoch überwiegen, wenn man sich die weitgehende Parallelität zur Kontrollintensität bei der einfachen Mehrheitsbeteiligung vor Augen führt, die regelmäßig eine faktische Konzernlage erst eröffnet. Insofern werden die beim faktischen Konzern bestehenden Kontrolldefizite in gleicher Weise sichtbar wie bei der einfachen Mehrheitsbeteiligung. Im Ergebnis ist eine Auslegung im Sinne einer faktischen Kontrollmöglichkeit damit nicht tragbar.

Ansatzpunkte zur Interpretation des Kontrollbegriffs werden weiterhin im Bestehen einer konzernrechtlichen Beherrschung erblickt.[608] Wie schon im Rahmen des funktionellen Auftraggeberbegriffs stellt sich auch hier die Frage eines Rückgriffs auf die in § 17 Abs. 2 AktG bzw. § 10 Abs. 2 VergabeVO enthaltenen Vermutungsregeln für das Bestehen eines beherrschenden Einflusses.[609] Sofern man einen der Vermutungstatbestände hier für anwendbar hielte, wäre bereits bei einfacher Mehrheitsbeteiligung von einem beherrschenden Einfluss und damit von einer der dienststellen-ähnlichen Kontrolle entsprechenden Kontrollintensität auszugehen. Neben den innerhalb des funktionellen Auftraggeberbegriffs dargestellten Bedenken, die einer Anwendung des § 17 AktG bzw. § 10 Abs. 2 VergabeVO generell entgegen stehen, sprechen die soeben[610] sichtbar gewordenen Unsicherheiten bei der Heranziehung einer Anteilsgrenze von 50 % gegen ein derart laxes Verständnis des Kontrollbegriffs der In-house-Vergabe. Dass in diesem Zusammenhang weder der aktienrechtliche noch der vergabe-

---

605 *Gallwas*, GewArch 2000, 401, 405.
606 Vgl. hierzu oben C. IV. 7. d) aa) (3).
607 Auch *Kämper/Heßhaus*, Der Städtetag, 2000, 36, 40, lassen eine faktische Beherrschung genügen.
608 Vgl. *Marx*, Behördenspiegel Juli 2001 – Vergaberecht, S. 19; kritisch hierzu aber *Dreher*, NZBau 2002, 245, 253; *Jaeger*, NZBau 2001, 6, 9; offenlassend VK Südbayern, Beschl. v. 24.10.2001 – Az. 120.3-3194.1-32-09/01, S. 16 (zit. nach *Dreher*, ebda.); hierzu auch *Kämper/Heßhaus*, Der Städtetag 2000, 36, 40.
609 Vgl. oben D. II. 3. b) (cc) (5).
610 Vgl. oben (cc).

rechtliche Beherrschungsbegriff überzeugen kann, wird zudem anhand der Überlegung deutlich, dass schon nach dem Wortsinn der „dienststellen-ähnlichen Kontrolle" weder ein herrschendes Unternehmen ein abhängiges Unternehmen unbedingt umfassend kontrolliert noch dass umgekehrt ein abhängiges Unternehmen allein auf Grund einer konzernrechtlichen Beherrschungssituation keinerlei „eigene Entscheidungsgewalt" mehr innehat.[611]

(ee) Umfassende Einflussnahme

Das überwiegende Schrifttum erteilt dem an die Vermutungsregel anknüpfenden Beherrschungsbegriff vor diesem Hintergrund eine ausdrückliche Absage. Von einer „dienststellen-ähnlichen Kontrolle" sei danach nur dann auszugehen, wenn ein weit oberhalb der Beherrschung liegender umfassender Einfluss des öffentlichen Auftraggebers auf die gemischtwirtschaftliche Gesellschaft besteht.[612] Auffallend an dieser Terminologie ist zunächst die Abkehr vom Kriterium der „Beherrschung" hin zu einem „umfassenden Einfluss". Dies vermag einzuleuchten, da die verwendeten Begriffe bei näherer Betrachtung keineswegs inhaltlich synonym zu verstehen sind und das Erfordernis eines umfassenden Einflusses einen deutlich höheren Intensitätsgehalt aufweist als dasjenige der Beherrschung. Eine umfassende Einflussnahme lässt sich danach nicht an einer pauschalen Mehrheitsbeteiligung festmachen, sondern zieht weitläufige Aufsichts- und Weisungsrechte gegenüber der Geschäftsführung nach sich. Die Verortung des maßgeblichen Einflusses „weit oberhalb des Beherrschungsbegriffs" erklärt sich daraus, dass auch beim Vorliegen einer „einfachen" Beherrschung im Sinne der § 17 AktG, § 10 VergabeVO die einzelnen Mitsprache- und Blockaderechte der Minderheit teilweise ganz erheblich sind. Je weitgehender die maßgeblichen Rechte der privaten Minderheitsgesellschafter sind, umso mehr entfernt sich der öffentliche Anteilseigner von einem umfassenden Einfluss. Wie umfassend die Minderheitenrechte im Einzelnen sind, lässt sich - wie oben dargelegt -[613] nur aus gesellschaftsrechtlicher Sicht beurteilen. Notwendig ist insofern eine Einzelfallbetrachtung des gesetzlichen und gegebenenfalls vertraglichen bzw. satzungsmäßigen Statuts der Gesellschaft.[614]

---

[611] *Dreher*, NZBau 2001, 360, 363.

[612] BayObLG, VergabeR 2002, 244, 248 – „Abfallzweckverband"; *Dreher*, NZBau 2001, 360, 363; *ders.*, NZBau 2002, 245, 253.

[613] C. IV. 7. b).

[614] Der Einzelfallabwägung schließen sich ebenfalls an: *Schauenburg*, NZBau 2002, 259, Internet-Beitrag, S. 6 ff.; *T. Müller*, in: Daub/Eberstein, VOL/A-Komm., § 1a Rn. 32; *Gramm*, UBWV 2002, 161, 165; *Gröning*, ZIP 2001, 497, 502; *H.-M. Müller*, NZBau 2001, 416, 419 f.; LT-Drs. NRW

Es bleibt gleichwohl offen, ab welcher inhaltlichen Reichweite der bestehenden Minderheitenrechte eine umfassende Einflussnahme und damit eine dienststellen-ähnliche Kontrolle abzulehnen ist. Insofern ist zu bedenken, dass die Annahme eines vergabefreien In-house-Geschäfts in Bezug auf Beteiligungsgesellschaften in nahezu keinem Fall möglich wäre, wenn jegliche Formen von Minderheitenrechten, und seien sie noch so unbedeutend und im Ergebnis ohne Auswirkung auf die Geschäftsführung, dem Kriterium der umfassenden Einflussnahme entgegen stünden. Vor diesem Hintergrund schränken Teile der Rechtsprechung und Literatur die Notwendigkeit der umfassenden Einflussnahme insoweit ein, als die umfassende Einflussnahme immerhin mit Bezug auf solche Kernfragen möglich sein muss, die für die Gesellschaft wesentlich sind.[615] Die Frage nach einer ausreichenden Kapital- und Stimmrechtsmacht richtete sich also im Ergebnis danach, ob eine blockadefreie Durchsetzung solcher Maßnahmen möglich ist, welche die gesellschaftliche Struktur entscheidend ändern. Insofern kann jedoch nicht vollends überzeugen, warum die alltägliche Geschäftstätigkeit aus dem notwendigen Einflussbereich ausgeklammert werden soll. Eine dienststellen-ähnliche Kontrolle dürfte vielmehr eine umfassende Einflussnahme nicht nur auf gesellschaftliche Kernfragen sondern auch auf die Geschäftsführung erforderlich machen.

(ff) Auftraggebereigenschaft

Vereinzelt wird in der Literatur schließlich die Auffassung vertreten, das Merkmal der dienststellen-ähnlichen Kontrolle sei danach zu beurteilen, ob das Vergaberecht die Beteiligungsgesellschaft selbst als öffentlichen Auftraggeber einstuft oder nicht. Sofern es sich bei der beauftragten Gesellschaft um einen (ausgelagerten) Teil der Verwaltung handelt, sei die Vergabe lediglich als verwaltungsinterner Vorgang anzusehen.[616] Die Auftragsvergabe an ein Unternehmen, das selbst öffentlicher Auftraggeber im Sinne von § 98 Nr. 2 GWB ist, wäre demnach vergaberechtlich irrelevant. Der dieser Überlegung zu Grunde liegende Systemfehler besteht darin, dass eine Privilegierung im Sinne einer Befreiung von den vergaberechtlichen

---

13/1427; ähnlich Generalanwalt *Léger*, Slg. 2000-I, 11037, 11051, Rn. 63 – „ARGE Gewässerschutz", der grundsätzlich eine Mehrheit von 50, 1 % für hinreichend erachtet, ausnahmsweise aber eine Einzelfallprüfung vornehmen will; die Selbstständigkeit der betroffenen Gesellschaft ergebe sich aus einer Vielzahl von Kriterien.

615 In diese Richtung BayObLG, VergabeR 2002, 244, 249 – „Abfallzweckverband": Betonung der Weisungsgebundenheit in wesentlichen Kernfragen, die etwa das Vermögen und die Haushaltsführung der Gesellschaft sowie die Geschäftsführerbestellung und –abberufung betreffen; *T. Müller*, in: Daub/Eberstein, VOL/A-Komm., § 1a Rn. 32; offenlassend VK Südbayern, Beschl. v. 24.10.2001 – 120.3-3194.1-32-09/01, S. 16 (zit. nach *Dreher*, NZBau 2002, 245, 248 (Fn. 29).

616 *Schauenburg*, NZBau 2002, 259, Internet-Beitrag S. 12; vgl. auch *U. Jasper*, DB 1998, 2151, 2153.

Bindungen nur in den nach § 100 Abs. 2 lit. g und i GWB eng umgrenzten Ausnahmefällen sowie bei der Auftragsvergaben an privatrechtliche Unternehmen in Betracht kommt, die nicht Auftragnehmer im Sinne des Vergaberechts sind.[617] Insgesamt müssen zur Annahme einer Ausschreibungsfreiheit damit weitere qualifizierende Voraussetzung hinzutreten, die über die Auftraggebereigenschaft des Auftragnehmers hinausgehen. Der EuGH hat dementsprechend richtigerweise – freilich ohne nähere Begründung – darauf hingewiesen, dass die Frage, ob der Auftragnehmer seinerseits öffentlicher Auftraggeber ist, zur Entscheidung über eine In-house-Konstellation unerheblich ist.[618]

(gg) Stellungnahme

Ausgangspunkt für die Auslegung des Begriffs der dienststellen-ähnlichen Kontrolle muss zunächst der natürliche Wortsinn sein, der nur eine vergleichbare, nicht aber identische Kontrolle voraussetzt.[619] Es kann daher nicht darum gehen, dass dem öffentlich-rechtlichen Anteilsinhaber die Befugnis zusteht, generell auf sämtliche in der Gesellschaft anstehende Entscheidungen – und seien sie von noch so untergeordneter Bedeutung – bestimmend einzuwirken. Entscheidend ist vielmehr, ob die öffentliche Hand auch bedeutsame Fragen der Geschäftstätigkeit ebenso kontrollieren kann wie etwaige Änderungen und Modifikationen der gesellschaftsvertraglichen oder satzungsmäßigen Grundstrukturen. Damit ist freilich noch keine Aussage zu der Frage getroffen, auf welche Art und Weise diese Einfluss- und Kontrollmöglichkeiten konkret in Erscheinung treten und ab welchem Intensitätsgrad von einer hinreichenden Kontrolle auszugehen ist.

Ungeachtet der im Schrifttum dargestellten Auslegungsansätze zur dienststellen-ähnlichen Kontrolle scheint es sich aufzudrängen, die Frage nach der für die In-house-Vergabe erforderlichen Beherrschungsintensität in Anlehnung an den in § 98 Nr. 2 GWB enthaltenen Beherrschungsgrad zu lösen. In Ansehung der (scheinbaren) begrifflichen Parallelen sprach jüngst auch die Vergabekammer Düsseldorf innerhalb des § 98 Nr. 2 GWB von einer „Kontrolle wie über eine eigene Dienststelle".[620] Die inhaltlichen Konkretisierungen der besonderen Staatsnähe im Sinne von § 98 Nr. 2

---

[617] *Thieme*, in: Langen/Bunte, Kartellrecht, § 99 Rn. 33.

[618] EuGH, Slg. 1999, I-8139, 8154 f., Rn. 51 – „Teckal"; EuGH, Slg. 2000-I, 11066, 11080, Rn. 40 – „ARGE Gewässerschutz"; zustimmend *Dreher*, in: Immenga/Mestmäcker, GWB-Komm., § 99 Rn. 27.

[619] Vgl. *Faber*, DVBl. 2001, 248, 253.

[620] VK Düsseldorf, Beschl. v. 12.12.2002 – Az. VK 83/02 (Vorinstanz zu OLG Düsseldorf, NZBau 2003, 400 ff. – „Bundeswehr-Bekleidungsmanagement").

GWB, namentlich der „überwiegenden Finanzierung“, für die In-house-Vergabe fruchtbar zu machen, bedeutete hierbei, dass eine den In-house-Kriterien entsprechende Beherrschungsintensität bereits bei einer Anteilsquote der öffentlichen Hand von über 50 % vorläge.[621] Dem steht jedoch entgegen, dass die besondere Staatsnähe im Sinne des § 98 Nr. 2 GWB einen anderen Sachverhalt betrifft, der demjenigen der In-house-Vergabe nicht vergleichbar ist. Denn der Begriff des funktionellen Auftraggebers ist dort extensiv auszulegen, um dem Kartellvergaberecht zu einem möglichst weiten Anwendungsbereich zu verhelfen.[622] Demgegenüber betrifft die In-house-Vergabe den Begriff des öffentlichen Auftrags nach § 99 Abs. 1 GWB. Dieser ist nach den vergaberechtlichen Auslegungsgrundsätzen zwar ebenfalls weit auszulegen; jedoch schränken die In-house-Kriterien den Auftragsbegriff wiederum ein und bewirken damit gleichsam eine Gegenausnahme, die nach allgemeinen Grundsätzen – ebenfalls zur Erzielung eines weiten vergaberechtlichen Anwendungsbereichs – restriktiv auszulegen ist. Die inhaltlichen Konkretisierungen des besonderen staatlichen Einflusses im Sinne des § 98 Nr. 2 GWB lassen sich somit auf die Auslegung des Begriffs der „dienststellen-ähnlichen Kontrolle“ nicht übertragen.

Um der öffentlichen Hand einer im Sinne der „Teckal“-Rechtsprechung hinreichende Kontrollintensität auf das zu beauftragende Unternehmen einzuräumen, bietet es sich zudem an, die Verfolgung eines öffentlichen Zwecks in der Satzung oder im Gesellschaftsvertrag zu verankern, so dass sich die öffentliche Hand bei der Durchsetzung ihrer Interessen hierauf berufen kann. Diesem Ansatz liegt die Prämisse zu Grunde, dass private und öffentliche Anteilsinhaber mit ihrer Beteiligung in der Regel divergierende Interessen verfolgen. So wird in aller Regel beim privaten Anteilseigner der finanzwirtschaftliche Erfolg des Unternehmens im Vordergrund stehen und damit entscheidender Antrieb für das unternehmerische Engagement sein, während der öffentlich-rechtliche Gesellschafter sich häufig von der Erfüllung der öffentlichen Aufgabe leiten lassen wird. Zur Vermeidung möglicher Differenzen in Fragen der Geschäftspolitik könnte eine unmissverständliche Ausgestaltung des gesellschaftsvertraglichen oder satzungsmäßigen Unternehmenszwecks zur Richtschnur für die Ausübung der mitgliedschaftlichen Rechte und organschaftlichen Funktionen für alle Beteiligten werden. Damit das öffentliche Interesse an der Aufgabenerfüllung grundsätzlich im Vordergrund steht, müsste der öffentlich-rechtliche Anteilseigner von vornherein darauf hinwirken, dass die Satzung oder der Gesellschaftsvertrag einen Passus enthält, der den Zweck der Gesellschaft – die Verfolgung öffentlicher Interessen – hinreichend deutlich zum Aus-

[621] Oben D. II. 3. b) cc) (1).
[622] Vgl. oben D. II. 2.

druck bringt.[623] Damit wäre zumindest die Gefahr gebannt, dass die Unternehmensführung sich in erster Linie von Aspekten der Gewinnmaximierung leiten lässt. Zweifelhaft bleibt jedoch, ob diese Vorgehensweise einen derart weiten Rechtsrahmen eröffnet, dass sie schon aus sich selbst heraus eine dienststellen-ähnliche Kontrolle begründet. Ungeachtet dessen birgt dieser Ansatz die Gefahr in sich, dass die öffentliche Hand sämtliche ihrer Anliegen mit der Existenz eines (scheinbaren) öffentlichen Interesses zu rechtfertigen versucht, was ebenfalls ein erhebliches Konfliktpotenzial zwischen öffentlich-rechtlichem Anteilseigner und Geschäftsführung nach sich ziehen kann.

Die starre Anwendung der Prozentsätze (50, 75, 90 %) dürfte im Ergebnis für sich genommen nicht geeignet sein, die vielfältig gelagerten Kompetenzfragen, für deren Entscheidung das Gesellschaftsrecht mitunter verschieden hohe Beschlussquoren voraussetzt, innerhalb einer Kapitalgesellschaft angemessen zu lösen. Die gesellschaftsrechtlichen Ausgangslagen der GmbH und der Aktiengesellschaft sowie die konkrete rechtliche Ausgestaltung der Gesellschaft durch den Gesellschaftsvertrag bzw. die Satzung sind derart vielschichtig, dass eine pauschale Anteilsquotengrenze zur Bestimmung von konkreten Mitgliedschaftsrechten zur Einflussnahme nur bedingt geeignet ist.[624] In praktischer Hinsicht dürften die Prozentsätze allenfalls eine Orientierungshilfe dafür bieten, ob eine qualifizierte Mehrheit von 75 % bis 90 % auch bei fehlendem Beherrschungsvertrag hinreichend ist. Insoweit gilt der plausible Grundsatz, dass die Einfluss- und Kontrollmöglichkeiten mit zunehmender Anteilsbeteiligung des öffentlichen Rechtsträgers steigen. Letzte Zweifel an einer hinreichenden Kontrollintensität kann aber auch diese Formel mangels konkreter Abgrenzungskriterien vielfach nicht beseitigen. In entsprechenden Zweifelsfällen ist daher von einem vergabepflichtigen Auftrag auszugehen, da nach allgemeinen Auslegungsgrundsätzen das In-house-Geschäft eine Ausnahme von der generellen Ausschreibungspflicht der Auftragsvergabe darstellt und somit restriktiv anzuwenden ist (singularia non sunt extenda).[625]

Insbesondere bei einfacher Mehrheitsbeteiligung der öffentlichen Hand dürfte das Vorliegen eines Beherrschungsvertrags regelmäßig von entscheidender Bedeutung sein. Es gelten hier – vor allem aus Gründen der Rechtssicherheit – im Wesentlichen die gleichen Grundsätze wie bei der „Aktien-Eigengesellschaft" und der „Eigengesellschaft mbH". Die dort auf Grund der andersartigen gesetzlichen Ausgangslage und der daraus resul-

---

623 Vgl. *Habersack*, ZGR 1996, 544, 563.
624 Hierzu auch OLG Jena, NZBau 2001, 281, 282.
625 Vgl. hierzu oben D. II. 2.; *Masing*, ZfBR 2002, 450, 454.

tierenden tendenziell unterschiedlichen Kontrollintensität anzulegende Differenzierung zwischen Aktiengesellschaft (Beherrschungsvertrag zwingend) und GmbH (Beherrschungsvertrag empfohlen) muss im Kontext der gemischt-wirtschaftlichen Beteiligungsgesellschaften allerdings regelmäßig aufgegeben werden. Denn vergleichbar mit der Aktien-Eigengesellschaft wird man selbst bei der gemischt-wirtschaftlichen GmbH – auf einen Beherrschungsvertrag nicht verzichten können, ohne gleichzeitig die erforderliche Kontrollintensität in Frage zu stellen. Denn der Begriff einer dienststellen-ähnlichen Kontrolle setzt voraus, dass die Gebietskörperschaft in der GmbH-Gesellschafterversammlung einen bestimmenden Einfluss auf die nicht untergeordneten Fragen der Geschäftsführung bzw. gesellschaftlichen Grundstrukturen behält. Bei einfacher Mehrheitsbeteiligung ist dies ohne Konsens unter den Mitgesellschaftern jedoch nur schwer durchzusetzen.

Deswegen ist für die Annahme einer den „Teckal"-Grundsätzen entsprechenden Einflussnahme der öffentlichen Hand auf das Unternehmen in aller Regel ein Beherrschungsvertrag erforderlich, der entsprechend §§ 308, 311 AktG auch Weisungen zum Nachteil der Gesellschaft ermöglicht. Mit dieser Vorgehensweise lassen sich selbst die letzten Zweifel an einer für die In-house-Vergabe hinreichenden Kontrollintensität aus dem Weg räumen.

bb) Das wesentliche Tätigwerden

Ebenfalls noch weitgehend ungeklärt ist das zweite Kriterium der „Teckal"-Rechtsprechung, wonach das zu beauftragende Unternehmen seine „Tätigkeit im Wesentlichen für die Gebietskörperschaft oder die Gebietskörperschaften verrichten" muss, die seine „Anteile innehaben".[626] Dementsprechend werden im Schrifttum unterschiedliche Konkretisierungsansätze sichtbar zu der Frage, ab welchem Tätigkeitsumfang am Markt nicht mehr davon ausgegangen werden kann, dass der Auftragnehmer seine Tätigkeit im Wesentlichen für den öffentlichen Auftraggeber ausführt.[627]

Teilweise wird der Versuch unternommen, den Anhaltspunkt für eine nähere Bemessung des Tätigkeitsvolumens aus den Regelungen zu den konzerninternen Verträgen der Sektorenauftraggeber (sog. Konzernprivileg) zu entnehmen.[628] Ausgangspunkt dafür ist § 100 Abs. 2 lit. i GWB, der

---

[626] EuGH, Slg. 1999-I, 8139, 8154, Rn. 50 – „Teckal".
[627] Der BGH konnte diese Frage offen lassen (BGHZ 148, 55, 64 f.).
[628] *Faber*, DVBl. 2001, 248, 254.

Dienstleistungen von verbundenen Unternehmen[629] für Sektorenauftraggeber (§ 98 Nr. 4 GWB) vom Anwendungsbereich des Kartellvergaberechts ausnimmt. In Konkretisierung dazu müssen nach § 10 Abs. 1 VergabeVO mindestens 80 % des von dem verbundenen Unternehmen während der letzten drei Jahre in der Europäischen Gemeinschaft erzielten durchschnittlichen Umsatzes im Dienstleistungssektor aus der Erbringung dieser Dienstleistungen für die mit ihm verbundenen Unternehmen stammen. Das Fremdgeschäft des beauftragten verbundenen Unternehmens darf umgekehrt nicht mehr als 20 % betragen.[630] Wie schon im Rahmen der vergaberechtlichen Qualifikation des Beherrschungsbegriffs,[631] wird § 10 VergabeVO auch vor diesem Hintergrund nicht als reine Ausnahmevorschrift für Sektorenauftraggeber verstanden, sondern als „Ausdruck eines allgemeinen, das gesamte Vergaberecht durchziehenden Gedankens" aufgefasst, der insofern „in der Sache eine spezielle Ausprägung des In-house-Geschäfts" für alle Auftragsarten darstelle.[632] Dieses weite, den systematischen Zusammenhang zu § 7 VergabeVO außer Acht lassende Verständnis gründet sich darauf, dass § 10 VergabeVO gerade nicht als ausschließliche Ausnahmeregel für die ausdrücklich in der EU-Sektorenrichtlinie und der VergabeVO fixierten Bedingungen begriffen werden könne. Eine streng wörtlich-systematische Auslegung des 10 VergabeVO sei nur insoweit möglich, als dem Kartellvergaberecht über die Marktöffnung für den Einkauf durch die öffentliche Hand hinaus weitere wettbewerbspolitische Zielsetzungen zu entnehmen seien. Für den Bereich der Sektorenauftraggeber sei davon aber nur insoweit auszugehen, als die EU-Sektorenrichtlinie den Wettbewerb auch in die Konzernstrukturen von Versorgungsunternehmen tragen wollte, was ersichtlich nicht intendiert sei.[633] In der Tat lässt sich vor diesem Hintergrund eine konsistente Begründung für die Beschränkung des Anwendungsbereichs von § 10 VergabeVO auf den Sektorenbereich nur schwer finden.

---

[629] Ein verbundenes Unternehmen ist nach der Legaldefinition des § 10 Abs. 2 S. 1 und 2 VergabeVO ein solches, das als Mutter- oder Tochterunternehmen i. S. des § 290 Abs. 1 HGB gilt oder auf das der Auftraggeber unmittelbar oder mittelbar einen beherrschenden Einfluss ausüben kann, insbesondere auf Grund der Eigentumsverhältnisse, der finanziellen Beteiligung oder der für das Unternehmen geltenden Vorschriften.

[630] *Eschenbruch*, in: Niebuhr/Kulartz/Kus/Portz, Vergaberecht, § 99 Rn. 59 f.

[631] Oben aa) (3) (b) (dd) und auch D. II. 3. b) cc) (5).

[632] *Marx*, NZBau 2002, 311, 314 f.; so tendenziell auch *H.-M. Müller*, NZBau 2001, 416, 420 f.; *Gnittke/Siederer*, ZVgR 2000, 236, 238; *Jennert*, ZKF 2001, 248, 250; Sächsisches Staatsministerium des Innern, Hinweise zur Vergabe von Aufträgen im kommunalen Bereich, Amtsblatt 42/2000, S. 794 f. (zit. nach *Gnittke/Siederer*, ebda.).

[633] Eingehend hierzu *Marx*, NZBau 2002, 311, 315, der in Fn. 23 darauf hinweist, dass die EG-Richtlinien auch deshalb keine über die Marktöffnung hinaus gehende Sachpolitik im Bereich der Sektoren betreiben wollten, weil auch die Beschaffung der Vorprodukte für die Versorgung mit Wasser und Energie nach § 9 Abs. 5 VergabeVO, der den Art. 9 SKR direkt in deutsches Recht transportiert, nicht den Vergaberegeln unterliegt.

Dem stehen jedoch die oben dargestellten grundsätzlichen Zweifel an der Ausdehnung des § 10 VergabeVO außerhalb des Sektorenbereichs zu einem allgemeinen Rechtsgedanken entgegen.[634] Weiterhin ist zu berücksichtigen, dass sich eine Ausnahme vom Anwendungsbereich des Vergaberechts bei In-house-Geschäften zwischen zwei selbstständigen Rechtsträgern grundsätzlich nur dann rechtfertigen lässt, wenn eine gewisse Gleichartigkeit zu solchen In-house-Vergaben besteht, die innerhalb desselben Rechtsträgers vollzogen werden. Denn derartige In-house-Konstellationen „im engeren Sinn" kennzeichnen sich in der Praxis regelmäßig dadurch, dass ein unselbstständiges Rechtssubjekt (Eigen- oder Regiebetrieb) nahezu ausschließlich für die Gebietskörperschaft tätig wird.[635] Ob gleichwohl – wie in § 10 Abs. 1 VergabeVO vorgesehen – eine Tätigkeit von 80 % für die Gebietskörperschaft bereits ausreicht, lässt sich vor diesem Hintergrund bezweifeln.

Einer wesentlich strengeren Auffassung zufolge ist der Begriff der „Wesentlichkeit" so zu verstehen, dass dem Unternehmen lediglich in ganz untergeordnetem Maße Tätigkeiten für andere Auftraggeber gestattet sind.[636] Diese Auslegung resultiert aus einer – freilich nicht ohne weiteres erkennbaren – Gegenüberstellung zu dem in § 98 Nr. 2 GWB enthaltenen Kriterium der „überwiegenden Finanzierung", für das der EuGH in Anwendung eines weiten Auslegungsmaßstabs bereits eine Finanzierung von 50 % ausreichen lässt.[637] Das Tatbestandsmerkmal der „wesentlichen Tätigkeit" sei insoweit ungleich restriktiver auszulegen, da es im Unterschied zur „überwiegenden Finanzierung" einen – was zutrifft – vollkommen anderen, engeren Wortsinn enthält. Von einer „Wesentlichkeit" könne daher nur bei nahezu vollständiger Tätigkeitserbringung zu Gunsten des öffentlichen Auftraggebers die Rede sein.[638] Und in der Tat lässt sich bei Inblicknahme der diametral entgegengesetzten Rechtsfolgen der betroffenen Rechtsnormen diese Auslegung nicht einfach von der Hand weisen: Während § 100 Abs. 2 GWB (lit. i i. V. mit § 10 VergabeVO) die Anwendung des Vergaberechts einschränkt und damit nach allgemeinen Grundsätzen eng auszulegen ist, weitet § 98 Nr. 2 GWB den Anwendungsbereich über die klassi-

---

[634] Vgl. D. II. 3. b) cc) (5).

[635] *Dreher*, NZBau 2001, 360, 364.

[636] *Dreher*, NZBau 2001, 360, 363; *J.-E. Jasper*, Privatisierung und EG-Vergaberecht, S. 161; *Müller-Wrede*, in: Müller-Wrede, VOF-Komm., Einl. Rn. 39, wonach lediglich ein „zu vernachlässigendes Tätigwerden" zu Gunsten anderer Auftraggeber das Vorliegen eines In-house-Geschäfts ausschließe.

[637] EuGH, Slg. 2000-I, 8035 ff. – „University of Cambridge".

[638] *Dreher*, NZBau 2001, 360, 363; Generalanwalt *Léger* hält das Wesentlichkeitskriterium nur dann für erfüllt, wenn die (gewerbliche) Tätigkeit im Verhältnis zu seiner gesamten Tätigkeit nur eine untergeordnete Stellung einnimmt (Slg. 2000-I, 11037, 11054, Rn. 81 – „ARGE Gewässerschutz").

schen Auftraggeber hinweg aus und ist deshalb entsprechend weitgehend zu deuten.[639]

Ein entscheidender Nachteil der Vergleichs der unterschiedlichen Begriffsmerkmale besteht in seiner fehlenden Trennschärfe. Insofern hilft die Umschreibung der „untergeordneten Bedeutung" für die konkrete Rechtsanwendung ebenso wenig weiter wie die Formulierung einer „wesentlichen Tätigkeit". Zudem ist der Begriff „überwiegend" schon nach seinem natürlichen Wortsinn mit größerer Klarheit besetzt, als der Begriff „wesentlich": So lässt ein „Überwiegen" regelmäßig bereits ein Kräfteverhältnis genügen, das sich unter Umständen nur ganz minimal unterscheidet. Theoretisch kann die Unterscheidung hierbei so gering wie möglich sein, wenn sie denn nur messbar ist. Der Begriff „wesentlich" erfordert hier schon ein deutlich unterschiedlicheres Kräfteverhältnis, wobei die eigentliche Problematik darin liegt, entsprechende Abgrenzungskriterien zur Unwesentlichkeit zu entwickeln. Zudem müssen sich die Bereiche der wesentlichen Tätigkeit und der überwiegenden Finanzierung – sofern man die Erfüllung der Tatbestandsmerkmale in prozentualen Zahlen ausdrückt – nicht unbedingt überschneiden, da die Messlatte für die Wesentlichkeit keineswegs schon bei 50 % angesetzt werden kann. Auch wegen dieses unter Umständen großen Bereichs mangelnder Übereinstimmung erscheint es höchst zweifelhaft, eine bekannte Begriffsdefinition für die Bestimmung eines anderen, davon gänzlich unabhängigen Tatbestandsmerkmals fruchtbar zu machen.

Im Ergebnis lässt sich feststellen, dass zumindest die Auffassung, die ein wesentliches Tätigwerden bereits ab einem Prozentsatz von 50 % annimmt, angesichts der Zielsetzung der Vergabefreiheit von In-house-Geschäften keine Stütze im Gesetz findet.[640] Insoweit erfordert bereits der Wortsinn der „Wesentlichkeit" eine deutlich höhere Schwelle.[641]

Für die Anwendung der 80 %-Schwelle im Sinne von § 10 Abs. 1 VergabeVO spricht in erster Linie ihre Praktikabilität. Dieser Grenzwert dürfte für die Geschäftstätigkeit zu sonstigen Zwecken gleichzeitig die absolute Untergrenze für die Vergabefreiheit aufzufassen sein. Eine einschränkende Ausnahme dazu ließe sich insoweit annehmen, als die Geschäftstätigkeit für sonstige Zwecke zwar lediglich einen Umsatz in Höhe von 20 % des Gesamtumsatzes ausmacht, aber einen darüber hinausgehenden Zeit- und

[639] *Dreher*, NZBau 2001, 360, 363; in diese Richtung auch *Opitz*, ZVgR 2000, 97, 105; ablehnend *Boesen*, Vergaberecht, § 100 Rn. 97.
[640] So aber der Deutsche Städtetag, Rundschreiben v. 10.04.2000 (zit. nach *Gnittke/Siederer*, ZVgR 2000, 236, 238 Fn. 29).
[641] Ähnlich auch *Faber*, DVBl. 2001, 248, 254.

Personalaufwand erfordert. Praktisch bedeutsam kann eine solche Differenzierung etwa bei der Erbringung von besonders aufwändigen Dienstleistungen in geographisch entlegenen Gebieten werden. Weder Rechtsprechung noch Schrifttum äußern sich insofern, ob das Kriterium der „Wesentlichkeit" umsatzbezogen oder tätigkeitsbezogen zu verstehen ist. Lediglich die Befürworter einer entsprechenden Anwendung des § 10 Abs. 1 VergabeVO gehen mit Blick auf den Wortlaut der Norm ohne weitere Begründung von einer Umsatzbezogenheit aus.[642] Dafür spricht jedenfalls der Aspekt besserer Messbarkeit. Denn es bereitet regelmäßig geringere Probleme, die Verteilung des Umsatzes auf einzelne Teilsegmente durch einen Einblick in den Jahresabschluss zu beurteilen, als den tatsächlichen personellen und zeitlichen Aufwand zu messen, der mitunter von zufälligen Faktoren abhängt, die dem eigenen Einfluss entzogen sind.[643] Gleichwohl muss eine abschließende Determinierung der „wesentlichen Tätigkeit" in letzter Konsequenz offen bleiben, da im Rahmen der In-house-Vergabe außerhalb des Sektorenbereichs bisher noch nicht einmal die entsprechende Anwendbarkeit des § 10 Abs. 1 VergabeVO gesichert ist.

e) Ausblick auf die zukünftige Entwicklung

Kürzlich hat das OLG Naumburg[644] einen Vorlagebeschluss an den EuGH gefertigt, der einen so dezidierten Fragenkatalog enthält, dass der EuGH seine „Teckal"-Rechtsprechung in allen wesentlichen Punkten wird konkretisieren müssen. Es bleibt abzuwarten, inwieweit der EuGH den hier dargestellten Lösungsansätzen folgt.

Die EU-Kommission greift nunmehr die Teckal-Rechtsprechung des EuGH in ihrem modifizierten Vorschlag für eine neue, auf Liefer-, Dienstleistungs- und Bauaufträge bezogene Basisrichtlinie auf. Art. 19 a LDB-Richtlinienentwurf sieht vor, „dass die Richtlinie nicht für öffentliche Aufträge von Auftraggebern gilt, deren Anteile allein er selbst besitzt, sofern der Auftragnehmer gegenüber dem Auftraggeber nicht autonom entscheiden kann, weil der Auftraggeber über den Auftragnehmer eine Kontrolle wie über eine eigene Dienststelle ausübt und der Auftragnehmer seine Tätigkeit nur für den Auftraggeber verrichtet, der die Anteile inne-

---

642 „80 vom Hundert (...) des (..) Umsatzes".

643 Man denke etwa an unbeherrschbare Risiken wie eine schlechte Wetterlage oder einen hohen Krankenstand, die sich auf den zeitlichen und personellen Aufwand auswirken.

644 OLG Naumburg, VergabeR 2003, 196 ff – „Thermische Abfallbehandlung"; hierzu *Höfler*, NZBau 2003, 431 ff.

hat".[645] Nach Auffassung der EU-Kommission werde diese Fassung allen Aspekten des „Teckal"-Urteils zur Behandlung von In-house-Vergaben gerecht. Tatsächlich verschärft diese Formulierung die im Urteil enthaltenen Anforderungen insofern, als sie die Vergabefreiheit auf Eigengesellschaften beschränkt („Besitz aller Anteile") und gleichzeitig nur solche Eigengesellschaften privilegiert, die ausschließlich („nur") für den Auftraggeber tätig werden.[646] Auf gemischt-wirtschaftliche Unternehmen, die nicht allein für den öffentlichen Auftraggeber tätig werden, könnten die In-house-Kriterien demnach wohl nicht mehr angewendet werden.

Gerade vor diesem Hintergrund wäre die EU-Kommission gut beraten, wenn sie ihren Richtlinien-Entwurf noch einmal überdenken würde. Zweifel ergeben sich zunächst aus dem Erfordernis der alleinigen (100%igen) Anteilsinhaberschaft der öffentlichen Hand. Hier ist kein wesentlicher, sachlicher Grund dafür ersichtlich, warum gemischt-wirtschaftliche Unternehmen, die von der öffentlichen Hand konzernrechtlich beherrscht werden oder eine lediglich geringe private Beteiligung aufweisen, den Eigengesellschaften nicht gleichgestellt werden.[647] Da der Kommissionsentwurf zu Art. 19 a LDB-Richtlinie davon spricht, die Tätigkeit dürfe „nur" für den Auftraggeber verrichtet werden, bleibt weiterhin fraglich, ob die vom überwiegenden Schrifttum befürwortete Grenze von 80 % auch in Zukunft noch Bestand haben wird.[648] Angesichts des Wortlauts der Vorschrift deutet einiges darauf hin, dass der Grenzwert für die übrigen Tätigkeiten weiter verringert, wenn nicht auf Null reduziert werden muss. Die Beratungen zum Legislativpaket lassen allerdings auch entgegengesetzte Bestrebungen sichtbar werden, die entsprechende Bezugsgröße von 80 % auf 50 % des durchschnittlichen Umsatzes zu verringern.[649] Ungeachtet einer Entscheidung zur konkreten Bezugsgröße stellt sich ganz generell die Frage, ob die Ausdehnung der sog. Konzernklausel (Art. 13 SKR, § 10 VergabeVO) auf Auftragsvergaben außerhalb des Sektorenbereichs und außerhalb von Dienstleistungsaufträgen zukünftig weiterhin als zulässig erachtet werden kann. Denn die EU-Kommission befürwortet ausdrücklich die Beibehaltung der entsprechenden Vorschrift in der bisherigen Form. Gleichwohl erscheint es de lege ferenda angezeigt, die Konzernklausel in die Basisrichtlinie aufzunehmen und damit auf sämtliche Auftragsarten auch außerhalb des Sektorenbereichs auszudehnen. Denn für eine vergaberechtliche

---

645 KOM (2002), 236 endg., geänderter Richtlinien-Entwurf v. 6.5.2002; eingehend zum Ganzen *Braun*, NZBau 2002 – Internet-Beitrag.
646 *Opitz*, NZBau 2003, 183, 192.
647 Vgl. hierzu im Einzelnen die obige Argumentation zu den einzelnen Auslegungsansätzen.
648 Vgl. KOM (2002), 236 endg., geänderter Richtlinien-Entwurf v. 6.5.2002.
649 Stellungnahme und legislative Entschließung des EP v. 17.1.2002 – Az.: A5/2001/379, Änderungsvorschlag 27.

Privilegierung von Dienstleistungsaufträgen im Sektorenbereich besteht eigentlich kein nachvollziehbarer Grund.[650]

II. Zur isolierten Ausschreibung der Anteilsveräußerung

1. Die Ausschreibungspflicht nach dem GWB

Die Frage, ob die Auswahl eines Mitgesellschafters nach dem Kartellvergaberecht öffentlich auszuschreiben ist, stellt sich bei Gründung eines gemischt-wirtschaftlichen Unternehmens gleichermaßen wie bei der Veräußerung von öffentlichen Gesellschaftsanteilen an private Dritte. Als gesetzlicher Anknüpfungspunkt kommt insofern der Begriff des öffentlichen Auftrags in Betracht.[651] Darunter sind gemäß § 99 Abs. 1 GWB entgeltliche Verträge zwischen öffentlichen Auftraggebern und Unternehmen zu verstehen, die Liefer-, Bau- oder Dienstleistungen zum Gegenstand haben und Auslobungsverfahren, die zu Dienstleistungsaufträgen führen sollen. Aus § 97 Abs. 1 GWB ergibt sich, dass öffentliche Auftraggeber Waren-, Bau- und Dienstleistungen nach Maßgabe der folgenden Vorschriften beschaffen. Für alle genannten Leistungsbereiche ist damit gleichermaßen bedeutsam, dass sich der Vertragsinhalt auf einen entgeltlichen Beschaffungsakt beziehen muss.[652] Darunter ist im Allgemeinen der Einkauf einer bestimmten Leistung durch einen öffentlichen Auftraggeber gegen Leistung eines bestimmten Entgelts zu verstehen.[653]

Insofern wird bereits deutlich, dass dem Typus der formellen Privatisierung in diesem Kontext keine wesentliche Bedeutung zukommt, da es hier nicht um die Anteilsveräußerung an Private geht, sondern vielmehr um die Umwandlung eines bisherigen Staatsbetriebs in eine juristische Person des Pri-

---

[650] So auch die politische Einigung des Rats v. 30.9.2002, Dok.-Nr. 12 204/02 und 12 205/02, Art. 23 a des Entwurfs zur Sektorenrichtlinie; zustimmend *Opitz*, NZBau 2003, 183, 201.

[651] Lediglich am Rande sei erwähnt, dass die Anteilsveräußerung unter zivilrechtlichem Blickwinkel einen Beteiligungskauf (sog. „share-deal") oder einen Unternehmenskauf vom Unternehmensträger (sog. „asset-deal") darstellen kann, je nachdem, ob lediglich ein Aktien- bzw. Anteilspaket oder darüber hinaus die Gegenstände des Unternehmensvermögens übereignet werden sollen. Die Abgrenzung kann sich im Einzelfall schwierig gestalten, da der Beteiligungskauf unter wirtschaftlichem Blickwinkel durchaus auch den Zweck eines Unternehmenskaufs erfüllen kann, man denke etwa an den in beiden Fällen vorstellbaren beabsichtigten Erwerb des Gesellschaftsvermögens und der Herrschaftsmacht im Unternehmen. Dessen ungeachtet lässt sich der Beteiligungskauf als Rechtskauf i. S. der §§ 433 Abs. 1 S. 2, 435 BGB einordnen. Auch der Unternehmenskauf wird vom Kaufrecht i. S. der §§ 433 ff. BGB umfasst, wobei sich hier die Frage stellt, welche der auf den Kauf einzelner Sachen oder Rechte gemünzten kaufrechtlichen Regelungen sinnvollerweise anzuwenden sind (für Einzelheiten vgl. *K. Schmidt*, Handelsrecht, § 6 II 2.

[652] Allg. Meinung; vgl. nur *Marx*, in: Beck'scher VOB-Komm., § 99 GWB Rn. 10; *Müller-Wrede*, in: Ingenstau/Korbion, VOB-Komm., § 99 GWB Rn. 2 a. E.

[653] *Otting*, VergabeR 2002, 11, 12.

vatrechts oder die Neugründung einer privatrechtlich verfassten Eigengesellschaft.[654] Die reine Veräußerung von Gesellschaftsanteilen erfolgt – sofern es der öffentlichen Hand allein um die Veräußerung des Tafelsilbers geht und gleichzeitig keine öffentliche Auftragsvergabe erfolgt – vielmehr in Form der Vermögensprivatisierung.[655] Hierzu wird vereinzelt – soweit ersichtlich nur von *Graf Kerssenbrock*[656] – die Auffassung vertreten, dass die Auswahl eines privaten Mitgesellschafters als ausschreibungspflichtige Auftragsvergabe im Sinne von § 99 Abs. 1 GWB zu sehen sei.[657] Die anschließenden Erörterungen setzen sich mit diesem Ansatz auseinander.

a) Der Beschaffungsakt

Fraglich ist, ob die Veräußerung von Vermögensgegenständen wie Gesellschaftsanteilen begrifflich einen Beschaffungsakt im Sinne von §§ 99 Abs. 1, 97 Abs. 1 GWB darstellt. Das Schrifttum[658] verneint dies zu Recht ganz überwiegend mit der Begründung, dass die Veräußerung in terminologischer Hinsicht keinen „Einkauf", sondern eher einen „Verkauf" darstellt.[659] Ausgehend vom vertraglichen Hauptgegenstand beschafft die öffentliche Hand durch die Anteilsveräußerung nichts, sondern stößt vielmehr einen Vermögenswert ab.[660] Außerdem sieht die allgemein übliche, auf § 97 Abs. 1 GWB basierende Definition das Vergaberecht als das „Recht zur Beschaffung von Sach- und Dienstleistungen zur Erfüllung der Aufgaben der öffentlichen Hand" an,[661] das den Staat nur in seiner Rolle als Güternachfrager, nicht aber als Anbieter von Vermögensrechten erfasst.[662]

Es ließe sich allenfalls überlegen, dass sich die öffentliche Hand zumindest mittelbar mit der Beteiligung des Privaten eine Leistung beschafft, indem sie dessen besonderes Know-how nutzt und ihre gegebenenfalls ihre Finanzkraft erweitert. Allerdings muss der Verkauf von Geschäftsanteilen

---

654 Vgl. oben C. III. 2. b).
655 Vgl. oben C. III. 2. a).
656 *Graf Kerssenbrock*, WuW 2001, 122, 123 ff.
657 Innenministerium Brandenburg, Runderlass II Nr. 3/1996 v. 1.4.1996 - Az.: II/4-80-50-00; Innenministerium Thüringen, Rundschreiben 1/98 v. 16.1.1998 – Az.: 34-1582-001(28); Innenministerium Sachsen, Rundschreiben v. 21.8.1995 - Az.: 23-226/97.
658 Vgl. nur *Boesen*, Vergaberecht, § 100 Rn. 105; *Endler*, NZBau 2002, 125, 132; *Prieß*, in: Jestaedt/Kemper/Marx/Prieß, Das Recht der Auftragsvergabe, S. 53; *Opitz*, ZVgR 2000, 97, 106; *Steffen/Venus*, VKS-News 2001, 19, 20; a. A. lediglich *Graf Kerssenbrock*, WuW 2001, 122, 123 f.
659 *Otting*, VergabeR 2002, 11, 12.
660 *Frenz*, DÖV 2002, 186, 187; *Masing*, ZfBR 2002, 450, 451.
661 *Kokott*, in: Byok/Jaeger, Vergaberecht, Einführung Rn. 1; *Boesen*, Vergaberecht, Einleitung Rn. 1.
662 Vgl. OLG Brandenburg, VergabeR 2002, 45, 49 – „Kabelfernsehen"; *Opitz*, ZVgR 2000, 97, 103; *Mehlitz*, WuW 2001, 569, 570; *Ullrich*, ZVgR 2000, 85; *Dreher*, in: Immenga/Mestmäcker, GWB-Komm., § 99 Rn. 4.

nicht zwingend mit einem derartig vermeintlichen Beschaffungsvorgang zusammenfallen und kann angesichts reiner Vermögensprivatisierungen ausschließlich der Erzielung eines möglichst hohen Veräußerungserlöses zur Entlastung des öffentlichen Haushalts dienen.[663] Aus diesem Grund kann auch der Gesetzeszweck des Vergaberechts, eine transparente und gerechte Auftragsvergabe für alle potenziellen Auftragnehmer zu sichern und den ökonomisch bedeutungsvollen Markt des öffentlichen Auftragswesens dem europäischen Binnenwettbewerb zu öffnen, in diesem Fall nicht maßgebend sein.[664] Für eine allgemeingültige Lösung ist dieses Konstrukt damit unbrauchbar.

b) Das Merkmal der Entgeltlichkeit

Zudem ist der Frage nachzugehen, ob den hier im Mittelpunkt stehenden Rechtsgeschäften auch das Merkmal der Entgeltlichkeit abgesprochen werden kann. Hierzu ist es erforderlich, zunächst den Entgeltbegriff inhaltlich zu umschreiben um sodann zu erörtern, welche Person – Veräußerer oder Erwerber – als Entgelterbringer in Betracht kommt.

aa) Der enge Entgeltbegriff

Teile des Schrifttums befürworten den sog. engen Entgeltbegriff, wonach das Tatbestandsmerkmal der Entgeltlichkeit nur reine Geldzahlungen anerkennt.[665] Die Vertreter des engen Entgeltbegriffs gehen von der Prämisse aus, dass – und insoweit sind sich Rechtsprechung und Literatur einig –[666] die Dienstleistungskoordinierungsrichtlinie anders als die Baukoordinierungsrichtlinie auf Konzessionsverträge keine Anwendung findet. Dies sei darauf zurückzuführen, dass Konzessionsverträge, die lediglich Nutzungs- und Verwertungsrechte gewähren,[667] nicht als entgeltliche Verträge im

---

663 *Endler*, NZBau 2002, 125, 132 f.

664 *Otting*, VergabeR 2002, 11, 12; ebenso VK Stuttgart, NZBau 2001, 406, 407 – „Flughafen Stuttgart", im Fall der „Verwertung von Eigentumsrechten, insbesondere aus Grundstückseigentum".

665 *Thieme*, in: Langen/Bunte, Kartellrecht, § 99 Rn. 5; *Baur/Matthey*, Rechtliche Anforderungen an die Vergabe von Energiespar-Contracting-Aufträgen, S. 33, wonach zwingend Haushaltsausgaben vorliegen müssten; *Werner/Köster*, NZBau 2003, 420, 421 f.; wohl auch noch *Prieß*, Das öffentliche Auftragswesen in der Europäischen Union, S. 53 (Vorauflage); *Hailbronner*, in: Byok/Jaeger, Vergaberecht, § 99 Rn. 340; *Mehlitz*, WuW 2001, 569, 570.

666 So ausdrücklich für die Sektorenrichtlinie, aber mit gleichgelagerten Argumenten: EuGH, Slg. 2000-I, 10745 ff. – „Telaustria"; mit zust. Anm. *Gröning*, NZBau 2001, 123 ff.; OLG Brandenburg, VergabeR 2002, 45, 49 – „Kabelfernsehen"; *Masing*, ZfBR 2002, 450, 451; *Stickler*, in: Reidt/Stickler/Glahs, Vergaberecht, § 99 Rn. 33, m. weit. Nachw. insbes. aus der Rspr.

667 Oben C. III. 2. d) aa).

Sinne der Dienstleistungskoordinierungsrichtlinie anzusehen seien.[668] Auch diese Auffassung liegt noch auf der Linie der herrschenden, jedoch nicht unumstrittenen Meinung in Rechtsprechung und Literatur.[669] Die Befürworter des engen Entgeltbegriffs ziehen aus dem Vergleich zur Dienstleistungskonzession den Schluss, dass es sich nicht rechtfertigen ließe, die Anteilsübertragung als geldwerte Gegenleistung unter den Begriff der Entgeltlichkeit zu subsumieren, wenn hingegen der Einräumung von vergleichbaren, weil ebenfalls geldwerten (Nutzungs- und Verwertungs-) Rechten im Bereich der Konzessionen die Entgeltlichkeit abgesprochen werde.[670]

bb) Der weite Entgeltbegriff

Die ganz herrschende Meinung tritt richtigerweise für den sog. weiten Entgeltbegriff ein, der nicht nur auf die Zahlung eines bestimmten Geldbetrags, sondern grundsätzlich auf jede geldwerte Vergütung ausgerichtet ist.[671] Die Entgeltlichkeit ist danach lediglich zur Abgrenzung von rein ka-

---

[668] *Werner/Köster*, NZBau 2003, 420, 421 f., vgl. auch *Hailbronner*, in: Byok/Jaeger, Vergaberecht, § 99 Rn. 340.

[669] In diesem Sinn OLG Brandenburg, VergabeR 2002, 45, 48 – „Kabelfernsehen"; *Gröning*, NZBau 2001, 123, 124; *Marx*, in: Beck'scher VOB-Komm., § 99 GWB Rn. 13; *Stickler*, in: Reidt/Stickler/Glahs, Vergaberecht, § 99 Rn. 27b; dezidiert a. A. OLG Naumburg, WuW/E 2002, 324, 325 (Verg AB 558, 560) – „Wochenmarkt"; BayObLG, VergabeR 2002, 55, 57 – „U-Bahn-Fernsehen"; *Höfler*, WuW 2000, 136, 138; *Ax/Schneider/Nette*, Handbuch Vergaberecht, S. 70. Der Streit kreist um die Frage, ob Konzessionsverträge als öffentliche Aufträge mit entgeltlichem Charakter zu verstehen sind und die Anwendung der Richtlinie lediglich ganz allgemein ausgeschlossen ist, oder ob Konzessionsverträge tatsächlich gerade mit dem Charakteristikum der Entgeltlichkeit nicht kompatibel sind. Ausgehend von der bisherigen Rechtsprechung des EuGH (Slg. 2000-I, 10745 ff. – „Telaustria"), die insofern eine eindeutige Begründung vermissen lässt, lassen sich Gründe sowohl für die eine wie für die andere Auffassung finden (eingehend zum Streitstand *Stickler*, in: Reidt/Stickler/Glahs, Vergaberecht, § 99 Rn. 27b). Jedenfalls in der von der herrschenden Meinung favorisierten Annahme, dass die Gegenleistung bei Konzessionsverträgen kein Entgelt i. S. einer Vergütung darstellt, zeigt sich eine gewisse Widersprüchlichkeit, die bei einer Gegenüberstellung der Dienstleistungskonzession zur Baukonzession besonders deutlich wird: Insoweit vermag es nämlich nicht einzuleuchten, warum die Baukonzession – wie zu recht allgemein angenommen – dem Vergaberecht unterliegen soll, obwohl auch hier statt einer Vergütung ein Recht auf Nutzung der baulichen Anlage eingeräumt wird. Wenn aber der Baukonzession kein entgeltlicher Charakter innewohnt - und davon wäre im systematischen Vergleich zur Dienstleistungskonzession auszugehen - ist nicht einzusehen, wie die Baukonzession ohne nennenswerte Systembrüche gleichwohl als entgeltlicher öffentlicher Auftrag i. S. des § 99 Abs. 1 GWB gedeutet werden kann (*Enzian*, DVBl. 2002, 235, 237). Eine Auflösung dieses Wertungswiderspruchs dürfte allerdings unter der Voraussetzung möglich sein, dass die Anwendbarkeit des § 99 GWB auf die „nicht-entgeltliche" Baukonzession aus einer EU-richtlinienkonformen Auslegung entnommen wird (h. M., vgl. nur *Stickler*, in: Reidt/Stickler/Glahs, Vergaberecht, § 99 Rn. 28; *Marx*, in: Beck'scher VOB-Komm., § 99 GWB Rn. 13). Insgesamt stellt sich der enge Entgeltbegriff vor diesem Hintergrund als nicht unproblematische Rechtskonstruktion dar.

[670] So dezidiert *Werner/Köster*, NZBau 2003, 420, 421 f.

[671] OLG Düsseldorf, NZBau 2000, 530 L, Umdruck S. 5 – „Verlagsvertrag"; zustimmend: *Müller-Wrede*, in: Ingenstau/Korbion, VOB-Komm., § 99 GWB Rn. 2 a. E.; *Eschenbruch*, in: Niebuhr/Kulartz/Kus/Portz, Vergaberecht, § 99 Rn. 39; *J.-E. Jasper*, Privatisierung und EG-Vergaberecht, S. 157; *Stickler*, in: Reidt/Stickler/Glahs, Vergaberecht, § 99 GWB Rn. 5; *Kulartz*, NZBau 2001, 173, 175;

ritativen Zwecken im weitesten Sinn zu verstehen.[672] Diese Auslegung des Begriffs „entgeltlich" nimmt für sich in Anspruch, dass sie die nicht unproblematischen rechtlichen Konstruktionen, die dem engen Entgeltbegriff immanent sind, vermeidet. Zudem hilft sie, durch Herstellung eines möglichst weiten vergaberechtlichen Anwendungsbereichs, nicht nur dem Ziel einer sparsamen Verwendung öffentlicher Finanzmittel zu dienen, sondern ganz allgemein auch den Binnenwettbewerb innerhalb der Europäischen Union zu fördern.[673] Sowohl die Europäische Kommission[674] als auch der Europäische Gerichtshof[675] haben sich denn auch mit guten Gründen für den weiten Entgeltbegriff ausgesprochen.

cc) Die Person des Entgelterbringers

Beide Auffassung kommen zum gleichen Ergebnis, sofern man davon ausgeht, dass die Leistung des Anteilserwerbers – und nicht des Anteilsveräußerers – für die Ausfüllung des Entgeltbegriffs maßgeblich ist. Insofern scheint es sich prima facie aufzudrängen, für die Bestimmung des vertraglichen Entgelts auf die Leistung des privaten Rechtsträgers (Anteilserwerber) an die öffentliche Hand (Anteilsveräußerer) abzustellen. Denn es scheint nahe zu liegen, das Entgelt in der Zahlung des Kaufpreises seitens des privaten Investors als Gegenleistung für den Anteilserwerb zu erblicken.[676] Da es sich um eine reine Geldleistung handelt, wäre sowohl nach dem engen als auch weiten Entgeltbegriff von einer Entgeltlichkeit im Sinne des § 99 Abs. 1 GWB auszugehen.

Bei genauerer Betrachtung krankt diese Überlegungen jedoch daran, dass im Rahmen von derartigen Privatisierungsmaßnahmen die Frage nur lauten kann, ob gerade umgekehrt die öffentliche Hand mit der Anteilsveräußerung eine entgeltliche Leistung erbringt. Denn unter Berücksichtigung der obigen Ausführungen zum Beschaffungsakt wird man aus Gründen der Systemgerechtigkeit auch in diesem Zusammenhang anerkennen müssen,

---

Marx, in: Beck'scher VOB-Komm., § 99 GWB Rn. 13 a.E.; *Dreher*, in: Immenga/Mestmäcker, GWB-Komm., § 99 Rn. 8; *Boesen*, Vergaberecht, § 99 Rn. 57.

672 *Opitz*, ZVgR 2000, 97, 104.

673 *J.-E. Jasper*, Privatisierung und EG-Vergaberecht, S. 157. Auch der EuGH deutet den Begriff der Entgeltlichkeit im Rahmen der Dienstleistungsfreiheit in einem unfassenderen Sinn, um dem Grundsatz des „effet utile", nach dem jede Norm des Gemeinschaftsrechts so auszulegen ist, dass sie volle Wirkung entfalten kann, hinreichend Rechnung zu tragen (vgl. EuGH, Slg. 1988, 5365, 5388 Rn. 17 – „Belgischer Staat/Humbel").

674 EU-Kommission, Leitfaden zu den Gemeinschaftsvorschriften über öffentliche Dienstleistungsaufträge, S. 12 (ZVgR 1998, 386, 387). Hierauf ausdrücklich hinweisend *Boesen*, Vergaberecht, § 99 Rn. 57.

675 EuGH, Slg. 2001-I, 5409 ff., Rn. 76 ff. – „La scala Milano", hierzu *Würfel/Butt*, NVwZ 2003, 153 ff.

676 Vgl. *Otting*, VergabeR 2002, 11, 12.

dass sich bei Privatisierungsmaßnahmen in Form von Anteilsveräußerungen ein beschaffungsrechtlicher Bezug – wenn überhaupt – allein aus der Überlegung herleiten lässt, dass sich die öffentliche Hand mit der Anteilsveräußerung privates Know-how einkauft und gleichzeitig ihre Finanzkraft erweitert.[677] Da die öffentliche Hand insofern als Anteilsveräußerer und gleichzeitig als Einkäufer in Erscheinung tritt, muss auch die Frage der Entgeltlichkeit von der Art ihrer (Gegen-) Leistung abhängen. Entsprechendes ergibt sich aus der Überlegung, dass die öffentliche Hand auch bei der Anteilsveräußerung stets die Eigenschaft als öffentlicher Auftraggeber nach § 98 GWB beibehält; würde man ihr diesen Status nämlich nicht zuerkennen, erübrigte sich von vornherein die Frage nach der vergaberechtlichen Ausschreibungspflicht. Dann ist aber in Übereinstimmung mit der herrschenden Meinung zu berücksichtigen, dass das vertragliche Entgelt von niemand anderem als dem Auftraggeber, der hier Anteilsveräußerer ist, erbracht werden muss.[678] Auf die Frage, ob der private Anteilserwerber eine entgeltliche Leistung erbringt, kann es mithin für den Entgeltlichkeitsbegriff im Sinne des § 99 Abs. 1 GWB nicht ankommen. Entscheidend ist nur die Leistung des öffentlichen Auftraggebers als Anteilsveräußerer.

Eine Leistung des Anteilsveräußerers kann vor diesem Hintergrund allenfalls in der (Mit-)Veräußerung der Vermögens- und Gewinnrechte aus der Gesellschafter-Stellung angenommen werden. Mangels reiner Geldzahlung gelänge eine Subsumtion der Übertragung dieser Gesellschafter-Rechte unter den Entgeltbegriff aber nur bei Zugrundelegung des weiten Entgeltbegriffs. Der weite Entgeltbegriff ist zwar – wie oben erläutert – dem engen Entgeltbegriff vorzugswürdig, so dass das Kriterium der Entgeltlichkeit bei der Anteilsveräußerung vorzuliegen scheint. Gegen eine solche Wertung spricht jedoch ganz wesentlich, dass die Heranziehung der mitgliedschaftlichen Vermögens- und Gewinnrechte pauschal und wenig schlagkräftig anmutet. Die Übertragung von Gesellschaftsanteilen eröffnet nämlich in erster Linie eine reine Chance zur Gewinnerzielung, zumal die Beteiligung an einer Kapitalgesellschaft auch weitreichende Risiken mit negativen finanziellen Folgen in sich birgt.[679] Die Übertragung der Vermögens- und Gewinnrechte lässt sich damit im Rahmen des Entgeltbegriffs nicht fruchtbar machen. Es muss also im Ergebnis dabei bleiben, dass der Anteilsveräuße-

---

677 Oben C. I.

678 *Marx*, in: Beck'scher VOB-Komm., § 99 GWB Rn. 13; *Stickler*, in: Reidt/Stickler/Glahs, Vergaberecht, § 99 Rn. 5; *Boesen*, Vergaberecht, § 99 Rn. 57; a. A. *Arrowsmith*, The law of public and utilities procurement, S. 366, wonach es hinreichend sei, dass überhaupt ein Entgelt – von wem auch immer – gezahlt wird; entscheidend sei nur die wirtschaftliche Ausrichtung (*Dreher*, in: Immenga/Mestmäcker, GWB-Komm., § 99 Rn. 8).

679 *Frenz*, DÖV 2002, 186, 188.

rer keine entgeltliche Gegenleistung erbringt und damit die Anteilsveräußerung in ihrer Gesamtheit keinen entgeltlichen Charakter aufweist.

c) Die Vertragstypen im Sinne des § 99 Abs. 2 und 4 GWB

Losgelöst von den vorhergehenden Ausführungen, wonach Anteilsveräußerungen mit Blick auf § 99 Abs. 1 GWB weder das Merkmal eines Beschaffungsaktes noch der Entgeltlichkeit aufweisen, wird vereinzelt der Versuch unternommen, die einschlägigen Veräußerungsgeschäfte dennoch einem der in § 99 Abs. 2 und 4 GWB genannten Vertragstypen zu unterwerfen.[680] In der Tat ist die Legaldefinitionen des Liefer- und Dienstleistungsauftrags insoweit nicht eindeutig, als etwa bei gemischten Verträgen, die Merkmale beider Auftragstypen aufweisen, oder bei Verträgen, die schon von vornherein keinem der entsprechenden Auftragstypen zuzuordnen sind, Abgrenzungs- und Subsumtionsprobleme vorbestimmt sind. Davon betroffen sind insbesondere auch die hier relevanten Fälle der Anteilsveräußerungen oder der Gründung von Public Private Partnerships im engeren Sinn, die über das hergebrachte Verständnis des öffentlichen Auftrags hinausgehen.[681] Eine systematisch-teleologische Auseinandersetzung mit den materiell-rechtlichen Inhalten von Liefer- und Dienstleistungsauftrag ist damit unumgänglich.

aa) Der Lieferauftrag, § 99 Abs. 2 GWB

Fraglich ist, ob die Veräußerung von Gesellschaftsanteilen einen geeigneten Vertragsgegenstand im Sinne von § 99 Abs. 2 GWB darstellt. Lieferaufträge sind Verträge zur Beschaffung von Waren, die insbesondere Kauf oder Ratenkauf, Leasing, Miete oder Pacht mit oder ohne Kaufoption betreffen, wobei die Verträge auch Nebenleistungen umfassen können. Ausgehend vom Begriffsmerkmal „Waren“, das sich auf körperliche, bewegliche Sachen bezieht,[682] fallen die hier in Rede stehenden Gesellschaftsanteile als vermögenswerte Rechte nicht darunter.[683] Die Anteilsveräußerung führt als sog. share deal zu einem gesellschaftsrechtlichen Beteiligungserwerb des Käufers und stellt damit einen Rechtskauf im Sinne von

---

[680] Vgl. *Graf Kerssenbrock*, WuW 2001, 122, 123.
[681] *Thieme*, in: Langen/Bunte, Kartellrecht, § 99 Rn. 14.
[682] *Kleine/Flöter/Bräuer*, NVwZ 2002, 1046, 1047.
[683] *Frenz*, DÖV 2002, 186, 188.

§ 453 BGB dar, dem die für § 99 Abs. 2 GWB notwendige Sachqualität fehlt.[684]

Eine vereinzelt gebliebene Auffassung geht dennoch – unabhängig vom Vorliegen eines entgeltlichen Beschaffungsaktes – von einem Lieferauftrag unter Hinweis auf § 99 Abs. 2 S. 2 GWB aus.[685] Lieferverträge umfassen danach auch Nebenleistungen. Die Nebenleistungen seien hier die miterworbenen Ausübungsrechte über das aus beweglichem und unbeweglichem Vermögen bestehende Anlagevermögen, das sich unter den Warenbegriff subsumieren lasse.[686] Bei europarechtskonformer Auslegung erscheint die Bezugnahme auf Nebenleistungen jedoch nur schwer nachvollziehbar. Die zu Grunde liegende EU-Lieferkoordinierungsrichtlinie umschreibt Nebenleistungen nämlich beispielhaft als „Verlegen und Anbringen" der Hauptleistungen.[687] Die dort genannten Beispiele sprechen nur von handwerklichen Tätigkeiten, die mit einer allein aus Rechtsgründen resultierenden Konstruktion nichts gemein haben. Eine solche Auslegung widerspricht außerdem der Intention der Lieferkoordinierungsrichtlinie, nur solche Tätigkeiten „mit ins Boot zu holen", die typischerweise für die Nutzbarmachung der Hauptleistung zwingend erforderlich sind. Mit dem Begriff „Nebenleistung" kann deshalb nur gemeint sein, dass die Nebenleistung ebenfalls in einen aus Hauptleistungen bestehenden Lieferauftrag miteinbezogen wird, nicht hingegen, dass diese Nebenleistung einen Lieferauftrag im Sinne von § 99 Abs. 2 GWB selbst begründet. Konstituierend für das Vorliegen eines Lieferauftrags muss jedenfalls sein, dass es sich in der Hauptsache um die Lieferung von Waren handelt.

Die Einbeziehung des Anlagevermögens in den Warenbegriff über das Bindeglied „Nebenleistung" ist auch deswegen nicht gangbar, weil es von vornherein an einem Beschaffungsvorgang seitens der öffentlichen Hand fehlt: Da die Anteile und Ausübungsrechte von der öffentlichen Hand an den Vertragspartner übertragen werden, liegt schon keine Lieferung an den Auftraggeber, sondern eher durch den Auftraggeber vor. Eine solche Geschäftstätigkeit wird von der Lieferkoordinierungsrichtlinie aber nicht erfasst.[688] Art. 1 lit. a LKR definiert insofern den öffentlichen Lieferauftrag als „Vertrag zwischen einem Lieferanten und einem öffentlichen Auftraggeber", freilich ohne die Lieferung durch den Auftraggeber selbst vorzuse-

---

684 *Kleine/Flöter/Bräuer*, NVwZ 2002, 1046, 1047.
685 *Graf Kerssenbrock*, WuW 2001, 122, 123.
686 *Graf Kerssenbrock*, WuW 2001, 122, 123.
687 Art. 1 lit. a) Richtlinie 93/36 EWG v. 14.6.1993, AblEG Nr. L 109, S. 1 f. v. 19.8.1993. Hierauf ausdrücklich hinweisend *Mehlitz*, WuW 2001, 569, 570.
688 VÜA Bund, WuW/E VergAB 56, 57 – „Briefmarkenversand"; *Mehlitz*, WuW 2001, 569, 570.

hen.[689] Die Anteilsveräußerung kann damit insgesamt nicht als Lieferauftrag i. S. des § 99 Abs. 2 GWB eingeordnet werden.

bb) Der Dienstleistungsauftrag, § 99 Abs. 4 GWB

Nachfolgend steht die Frage zu beantworten, ob die Veräußerung von Gesellschaftsanteilen bzw. die Gründung von gemischt-wirtschaftlichen Unternehmen einen geeigneten Vertragsgegenstand im Sinne eines Dienstleistungsauftrags darstellt. Nach § 99 Abs. 4 GWB gelten als Dienstleistungsaufträge die Verträge über Leistungen, die nicht unter Absatz 2 oder 3 (Lieferaufträge oder Bauaufträge) fallen und keine Auslobungsverfahren sind. Gegen die Qualifizierung des gesellschaftsrechtlichen Transfergeschäfts als Dienstleistungsauftrag spricht bereits, dass Dienstleistungen zwar als Gegenstand der Unternehmenstätigkeit in Betracht kommen, aber in der Regel selbst nicht Teil des Geschäfts zur Übertragung der Gesellschaftsanteile sind.[690]

(1) Anteilsveräußerung als Fiktion?

Abweichend davon versucht dieselbe Literaturmeinung, welche die Anteilsveräußerung als Lieferauftrag einstuft, den Vertrag über die Veräußerung von Gesellschaftsanteilen „im Sinne einer gesetzlichen Fiktion" als Dienstleistungsauftrag einzustufen.[691] Dem ist zuzugestehen, dass § 99 Abs. 4 GWB tatsächlich als Auffangtatbestand zu § 99 Abs. 2, 3 GWB konzipiert ist.[692] Allerdings steht dem der Wortlaut des Art. 1 lit. a Abs. 7 DKR entgegen, wonach ausdrücklich „Verträge über (...) den Verkauf, Ankauf oder die Übertragung von Wertpapieren oder anderen Finanzinstrumenten" vom Anwendungsbereich der Richtlinie ausgenommen sind.[693] Grund dieser Regelung ist neben dem besonderen, für einen derartigen Vertrag erforderlichen Vertrauensverhältnis zwischen den Parteien,[694] dass das relativ schwerfällige Instrumentarium des öffentlichen Vergaberechts kaum

---

[689] *Stickler*, VergabeR 2002, 49.
[690] *Frenz*, DÖV 2002, 186, 188.
[691] *Graf Kerssenbrock*, WuW 2001, 122, 123.
[692] *Seidel*, in: Dauses, Hdb. EU-Wirtschaftsrecht, H. IV. (Öffentliches Auftragswesen), Rn. 102; *Noch*, BauR 1998, 941, 945. Auch nach *U. Jasper*, DB 1998, 2151, 2152, sollen „grundsätzlich alle Aufträge, unabhängig von der Vertragsart, vom Vergaberecht erfasst" werden. Die Formulierung „grundsätzlich" dürfte jedoch wiederum als Einschränkung des vergaberechtlichen Anwendungsbereichs auf Beschaffungsaufträge zu verstehen sein (vgl. *Mehlitz*, WUW 2001, 569, 572).
[693] EU-Richtlinie 92/50 EWG v. 18.6.1992, AblEG 1992, Nr. L 209. Vgl. gleichlautend § 100 Abs. 2 lit. m GWB.
[694] *Bechtold*, GWB-Komm., § 100 Rn. 17.

geeignet ist, auf die schnelllebigen Mechanismen der Kapitalmärkte zeitnah zu reagieren.[695] Der Verkauf von Aktien lässt sich damit als Verkauf von Wertpapieren qualifizieren, der schon auf Grund des eindeutigen Wortlauts nicht unter die Dienstleistungskoordinierungsrichtlinie zu subsumieren ist. Auch die Einordnung des Verkaufs von GmbH-Anteilen bereitet keine Schwierigkeiten, da eine weite Auslegung der Begriffe „Wertpapier" und „Finanzinstrument" dem Normzweck wohl am ehesten gerecht wird.[696] Im Ergebnis können sämtliche Formen von Gesellschaftsanteilen unter den Begriff des Wertpapiers im Sinne der Dienstleistungskoordinierungsrichtlinie subsumiert werden. Selbst unter Annahme einer gesetzlichen Fiktion fielen Anteilsveräußerungen daher unter den Ausnahmetatbestand des Art. 1 lit. a Abs. 7 DKR (§ 100 Abs. 2 lit. m GWB) und müssten gleichsam vom vergaberechtlichen Anwendungsbereich ausgenommen werden.

Gegen die Subsumtion der Veräußerung von Unternehmen oder Unternehmensanteilen unter den Dienstleistungsbegriff spricht ein weiterer Aspekt, der sich ebenfalls aus der Dienstleistungskoordinierungsrichtlinie ergibt. Von der EU-Richtlinie sind insofern nur solche Dienstleistungen erfasst, die auf Grund von regelrechten Aufträgen zur Gewährleistung eines freien Verkehrs von Waren, Personen, Dienstleistungen und Kapital vergeben werden.[697] Bei der Aufnahme privater Mitgesellschafter im Rahmen der Unternehmensgründung oder –neuorganisation steht jedoch die personelle Gesellschaftsstruktur im Vordergrund, nicht die Erbringung einer Dienstleistung.[698] Die Vergabe von Dienstleistungen kann vielmehr auch zu einem späteren Zeitpunkt erfolgen, so dass das Unternehmen möglicherweise selbst noch gar nicht außenwirksam handelt.[699] Eine generelle Anwendung der Dienstleistungskoordinierungsrichtlinie auf die Gesellschaftsgründung bzw. auf eine spätere Anteilsveräußerung ist deshalb unzulässig.

(2) Anteilsveräußerung als Dienstleistungskonzession?

Darüber hinaus ließe sich überlegen, die Anteilsveräußerung als Dienstleistungskonzession zu qualifizieren.[700] Insofern erscheint es nicht abwegig, den Anteilserwerber mit einem Konzessionär zu vergleichen, da gewisse

---

695 *Thieme*, in: Langen/Bunte, Kartellrecht, § 99 Rn. 51.

696 Vgl. auch Art. 1 Nr. 4 Wertpapierdienstleistungsrichtlinie, wonach unter „Wertpapieren" Aktien und andere, gleichzustellende Wertpapiere (...) verstanden werden; vgl. *Thieme*, in: Langen/Bunte, Kartellrecht, Bd. 1, § 99 Rn. 51.

697 Vgl. die Präambel der Richtlinie 92/50 EWG v. 18.6.1992, AblEG 1992, Nr. L 209.

698 *Frenz*, ZHR 166 (2002), 307, 331; *Gnittke/Siederer*, ZVgR 2000, 236, 242.

699 *Pauly/Figgen/Hünnekens*, Gemischtwirtschaftliche Entsorgungsunternehmen, S. 84, mit Hinweis auf den 3. und 8. Erwägungsgrund der Dienstleistungskoordinierungsrichtlinie.

700 Vgl. *Boesen*, Vergaberecht, § 100 Rn. 107.

Parallelen nicht zu leugnen sind: So erwirbt der Anteilserwerber vergleichbar zum Konzessionär zumindest mittelbar über seine Beteiligung das Recht, die von dem Unternehmen erbrachte Leistung entgeltlich zu verwerten. Ähnlich dem Konzessionär steht auch der (Mit-) Gesellschafter auf Grund seiner Beteiligung in einer Rechtsbeziehung zum Leistungsempfänger, der zur Zahlung eines bestimmten Entgelts an die Gesellschaft verpflichtet ist. Das wirtschaftliche Unternehmensrisiko des (Mit-) Gesellschafters lässt sich ohne Schwierigkeiten in Bezug setzen zum wirtschaftlichen Nutzungsrisiko des Konzessionärs.[701] Parallelen zwischen der Anteilsveräußerung und der Dienstleistungskonzession zeigen sich zudem daran, dass in beiden Fällen die Rollen der Vertragsparteien im Vergleich zum typischen entgeltlichen Beschaffungsakt vertauscht sind. Beim entgeltlichen Beschaffungsakt fragt der Auftraggeber nämlich eine Ware oder Dienstleistung nach und entrichtet dafür ein bestimmtes Entgelt. Sowohl die Anteilsveräußerung als auch die Konzessionsvergabe kennzeichnen sich hingegen dadurch, dass gerade umgekehrt der Auftragnehmer etwas – das Nutzungsrecht bzw. die Gesellschaftsanteile – nachfragt und für den Erwerb ein bestimmtes Entgelt leistet.[702]

Allerdings unterliegen Dienstleistungskonzessionen nach weit überwiegender Auffassung in Literatur und Rechtsprechung nicht der Dienstleistungskoordinierungsrichtlinie, so dass Anteilsveräußerungen auch unter diesen Umständen keinen ausschreibungspflichtigen Vorgang darstellen können.[703] Die Entstehungsgeschichte der Dienstleistungskoordinierungsrichtlinie spricht hier eine eindeutige Sprache. So verdeutlichen die Beratungen des Europäischen Rats, dass Dienstleistungskonzessionen nicht in den Geltungsbereich der Dienstleistungskoordinierungsrichtlinie einbezogen werden sollen. Konkret ergibt sich dies aus einem Vergleich zu der am gleichen Tag verabschiedeten Baukoordinierungsrichtlinie, welche die Bau-

---

701 Eine griffige Definition der Dienstleistungskonzession bietet das OLG Brandenburg, VergabeR 2002, 45, 48. Nach dem aktuellen Richtlinienvorschlag der EU-Kommission sind Dienstleistungskonzessionen Verträge, „die von öffentlichen Dienstleistungsaufträgen nur insoweit abweichen, als die Gegenleistung für die Dienstleistung ausschließlich in dem Recht zur Nutzung der Dienstleistung oder in diesem Recht zuzüglich der Zahlung eines Preises besteht" (hierzu *Koenig/Haratsch*, NJW 2003, 2637, 2639). Eingehend zur Dienstleistungskonzession *Gröning*, VergabeR 2002, 24 ff. sowie *Enzian*, DVBl. 2002, 235 ff.

702 *Gröning*, NZBau 2001, 123; vgl. *Stickler*, VergabeR 2002, 49, 50.

703 OLG Brandenburg, VergabeR 2002, 45, 48 – „Kabelfernsehen". Ausdrücklich für die Sektorenrichtlinie mit gleichgelagerten Argumenten auch EuGH, Slg. 2000-I, 10745 ff., Rn. 57 – „Telaustria"; mit zust. Anm. *Gröning*, NZBau 2001, 123 ff.; *Enzian*, DVBl. 2002, 235 ff.; zuletzt EuGH, NZBau 2003, 50 Rn. 28 – „Buchhändler-Vereinigung/Saur"; richtungsweisend namentlich für die deutsche Rechtslage auch schon VÜA Bayern, WuW/E Verg AB 178, 180 – „Flugbetriebsstoffversorgung"; *Masing*, ZfBR 2002, 450, 451; *Prieß*, Hdb. des europäischen Vergaberechts, S. 85; *Stickler*, in: Reidt/Stickler/Glahs, Vergaberecht, § 99 Rn. 33 m. weit. Nachw.

konzession ausdrücklich in ihren Anwendungsbereich einbezogen hat.[704] Dem Richtliniengeber war die Vergabe von Konzessionen demnach bekannt. Sofern er die Dienstleistungskonzession dem Vergaberegime hätte unterwerfen wollen, lässt sich nicht erklären, warum er dies – wie in der Baukoordinierungsrichtlinie – nicht explizit vorgeschrieben hat. Das Verhalten des Richtliniengebers lässt daher nur darauf schließen, dass er Dienstleistungskonzessionen bewusst dem Kartellvergaberecht entziehen wollte. Im Ergebnis kann also dahinstehen, ob eine Anteilsveräußerung als Dienstleistungskonzession zu bewerten ist, da selbst unter dieser Annahme der Anwendungsbereich des Kartellvergaberechts nicht eröffnet wäre.[705]

d) Ergebnis

Die Anteilsveräußerung ist damit – isoliert betrachtet – weder als entgeltlicher Beschaffungsakt noch als Vertragstyp i. S. des § 99 Abs. 2 und 4 GWB einzuordnen. Sie stellt mithin einen kartellvergaberechtlich irrelevanten Vorgang dar.

2. Zur Ausschreibungspflicht nach sonstigen Rechtsgrundlagen

Mangels kartellvergaberechtlicher Ausschreibungspflicht stellt sich die Frage, ob sich eine Verpflichtung zur Ausschreibung der Veräußerung von Unternehmen oder Unternehmensanteilen aus anderen Rechtsgrundlagen entnehmen lässt. Hierfür kommen namentlich verfassungsrechtliche, haushaltsrechtliche und wettbewerbsrechtliche Vorschriften sowie Bestimmungen des primären Gemeinschaftsrechts der Europäischen Union in Betracht.

a) Die Vorgaben des Grundgesetzes

Kriterien für eine Ausschreibungspflicht der Veräußerung von öffentlichen Unternehmen oder Unternehmensbeteiligungen ergeben sich zunächst unmittelbar aus dem Grundgesetz. Auch wenn derartige Veräußerungsgeschäfte dem Bereich der privatwirtschaftlichen Betätigung zuzuordnen

---

[704] Dok. Nr. 4444/92 ADD 1 v. 25.2.1992, Begr. des Rates Nr. 6. Anders noch die Vorschläge der EU-Kommission v. 13.12.1990 und 28.8.1991 für eine Richtlinie des Rates über die Koordinierung der Verfahren zur Vergabe öffentlicher Dienstleistungsaufträge, AblEG 1991, Nr. C 250, S. 4. Hierzu auch *Ullrich*, ZVgR 2000, 85, 88.

[705] Der EuGH weist freilich darauf hin, dass im Fall der Dienstleistungskonzession die allgemeinen Bestimmungen des Gemeinschaftsrechts, etwa die Grundsätze der Gleichbehandlung, Transparenz und Verhältnismäßigkeit, gleichwohl anzuwenden sind (Slg. 2000-I, 10745 ff., Rn. 57 – „Telaustria").

sind, müssen die Grundrechte hier unmittelbar gelten. Es entspricht nämlich der ganz herrschenden Meinung, dass die Grundrechtsbindung der öffentlichen Hand (Art. 1 Abs. 3 GG) auch den Bereich des privatrechtsförmigen Verwaltungshandelns erfasst,[706] und zwar ohne Rücksicht darauf, ob der Staat selbst oder seine öffentlich- oder privatrechtlich organisierten Untergliederungen fiskalisch tätig werden.[707] Davon erfasst sind insbesondere Rechtsgeschäfte zur (teilweisen) Veräußerung von Unternehmen, bei denen häufig – wie im Bereich der Auftragsvergabe – eine besonders starke Marktstellung des Staates zum Ausdruck kommt. Eine verfassungsrechtliche Einbindung des (mittelbaren) Staatshandelns unter das Grundgesetz ist damit zur Sicherstellung und Stärkung der Grundrechte unbedingt erforderlich.[708]

Als konkreter Ansatzpunkt für die Ausschreibungspflicht der Veräußerung von Unternehmen und Unternehmensbeteiligungen ist insoweit der allgemeine Gleichheitsgrundsatz des Art. 3 Abs. 1 GG heranzuziehen. Vergegenwärtigt man sich, dass der öffentlichen Hand in aller Regel nur ein eingeschränktes Kontingent an öffentlichen Vermögensgegenständen zur Verfügung steht, ist es geradezu unmöglich, alle privaten Interessenten zu berücksichtigen. Das gilt insbesondere für die Veräußerung von öffentlichen Unternehmen oder Unternehmensbeteiligungen. Das private Interesse am Anteilserwerb ist hier regelmäßig besonders groß, wenn nicht sogar von existenzieller Bedeutung für den potenziellen Käuferkreis,[709] da der Beteiligungserwerb häufig als besonders geeignete Möglichkeit gesehen wird, die eigene Marktposition zu sichern bzw. auszubauen. Der allgemeine Gleichheitssatz verpflichtet den öffentlichen Auftraggeber angesichts dieser Rahmenbedingungen, allen potenziellen Bietern einen chancengleichen Zugang zum Wettbewerb um die Auswahlentscheidung zu eröffnen. Die öffentliche Hand hat den jeweiligen Käufer nach sachgerechten, keinesfalls willkürlichen Erwägungen auszuwählen. Eine derartige Auswahl ist freilich nur bei Durchführung eines transparenten und offenen Bieterverfahrens

---

[706] OLG Brandenburg, NVwZ 1999, 1142, 1146; OLG Stuttgart, NZBau 2002, 395, 397; VGH Kassel, NVwZ 2003, 238; BKartA, NJW 2000, 151, 152 f.; *Höfling*, in: Sachs, GG-Komm., Art. 1 Rn. 95; *Starck*, in: v. Mangoldt/Klein/Starck, GG-Komm., Art. 1 Rn. 196; Mit Blick auf die Auftragsvergabe und die öffentliche Bedarfsdeckung stellt namentlich *Pietzcker* fest, dass der Staat hier nicht als „grundrechtsgeschützter Privater", sondern als „Sachwalter der Allgemeinheit" handelt (*ders.*, in: Der Staatsauftrag als Instrument des Verwaltungshandelns). Eine umfangreiche Darstellung des Meinungsstands findet sich bei *Ehlers*, Verwaltung in Privatrechtsform, S. 121 ff.

[707] Vgl. EuGH, Slg. 1999-I, 7671 ff., 7693 ff. – „Alcatel", m. Bespr. *Malmendier*, DVBl. 2000, 963 ff.; *Binder*, ZZP 113 (2000), 195, 204; *Kling*, Die Zulässigkeit vergabefremder Regelungen, S. 61 f. m. weit. Nachw.; *Jarass*, in: Jarass/Pieroth, GG-Komm., Art. 19 Rn. 29.

[708] Vgl. *Pietzcker*, Der Staatsauftrag als Instrument des Verwaltungshandelns, S. 367, 370, 378; *Stern*, Staatsrecht III/1, S. 1410 f.

[709] *Kiethe*, BB 1994, 7, 9, für die Privatisierungstätigkeit der Treuhandanstalt.

möglich.[710] Diese verfahrensrechtlichen Vorgaben ergeben sich aus einer dem Art. 3 Abs. 1 GG immanenten „vorgelagerten Komplementärfunktion“,[711] die dem allgemeinen Gleichheitssatz zur Verwirklichung einer wirksamen Gewährleistung über seinen abwehrrechtlichen Charakter hinaus beizumessen ist.[712] Anders gewendet liefe das Gleichheitsgebot regelmäßig leer, wenn sich nicht bereits die Entscheidungsfindung an Art. 3 Abs. 1 GG orientieren müsste.[713]

In diesem Kontext kommt auch dem Gebot effektiven Rechtsschutzes nach Art. 19 Abs. 4 GG Bedeutung zu. Dem lässt sich zwar direkt keine Verpflichtung zur Durchführung eines transparenten Bieterverfahrens entnehmen. Art. 19 Abs. 4 GG erfordert jedoch, dass die nicht berücksichtigten Bieter von der Auswahlentscheidung frühzeitig vor Abschluss des Veräußerungsvertrags in Kenntnis gesetzt werden, damit die Wahrnehmung eines dagegen gerichteten Rechtsschutzes nicht vereitelt oder wesentlich erschwert wird.[714] Ein Verstoß gegen das Gebot effektiven Rechtsschutzes ist demgegenüber anzunehmen, wenn die unberücksichtigt gebliebenen Kaufinteressenten erst nach Vertragsabschluss informiert werden oder auf sonstige Weise Kenntnis erhalten, weil die Wirksamkeit des Vertragsabschlusses auf gerichtlichem Weg dann wohl nicht mehr zu beseitigten ist.[715]

b) Das Haushaltsrecht

Nach den Haushaltsordnungen des Bundes und der Länder[716] und kommunalrechtlichen Haushaltsvorschriften[717] dürfen Bund, Länder und Gemeinden ihre Vermögensgegenstände in der Regel nur zum vollen Wert veräußern. Zu den Vermögensgegenständen zählen im weitesten Sinne alle ver-

---

[710] *Eggers/Malmendier*, NJW 2003, 780, 782, m. weit. Nachw.

[711] Dieser Begriff findet sich *Eggers/Malmendier*, NJW 2003, 780, 782.

[712] *Redeker*, NJW 1980, 1593, 1595; vgl. auch BVerfGE 69, 161, 169.

[713] *Eggers/Malmendier*, NJW 2003, 780, 782; vgl. *Bethge*, NJW 1982, 1, Bezug nehmend auf Art. 16 Abs. 2 S. 2 GG.

[714] *Huber*, in: v. Mangoldt/Klein/Starck, GG-Komm., Art. 19 Rn. 487; *Eggers/Malmendier*, NJW 2003, 780, 782 f.

[715] Bisher existiert keine Rechtsprechung zur der Frage, ob ein Vertragsschluss, der auf der fehlenden Durchführung eines Bieterverfahrens beruht, gemäß § 134 BGB für nichtig zu erklären ist. Diese Frage korrespondiert mit der im kodifizierten Kartellvergaberecht aktuellen Problematik, ob sich die Nichtigkeitsanordnung des § 13 S. 6 VergabeVO nicht nur auf eine unterbliebene Information über den Vertragsschluss, sondern auch auf den Fall eines unterbliebenen förmlichen Vergabeverfahrens (sog. de-facto-Vergabe) bezieht (vgl. hierzu eingehend *Dietlein/Spießhofer*, VergabeR 2003, 509 ff.). Sofern dies der Fall wäre, läge in der unterbliebenen vorherigen Information über den Vertragsschluss wohl kein Verstoß gegen Art. 19 Abs. 4 GG, da ein hinreichender Primärrechtsschutz damit vorläge.

[716] § 63 Abs. 3 S. 1 BHO; beispielhaft für Nordrhein-Westfalen: § 63 Abs. 3 S. 1 LHO NW.

[717] Hierfür exemplarisch § 90 Abs. 1 S. 2 GO NW. Eingehend zum Ganzen *Grawert*, NWVBl. 1999, 285 ff. mit einer Übersicht über die Vorschriften in den anderen Bundesländern (Fn. 31).

mögenswerten Sachen und Rechte, die dem öffentlichen Rechtsträger gehören bzw. ihm zustehen, mithin auch gesellschaftsrechtliche Anteilsbeteiligungen.[718] Unter dem Begriff des vollen Werts ist nach wohl herrschender Meinung der Wert zu verstehen, der sich im gewöhnlichen Geschäftsverkehr nach der Beschaffenheit des Gegenstands bei seiner Veräußerung unter voller Ausnutzung aller Möglichkeiten erzielen lässt.[719] Der „volle Wert" ist damit in der Regel gleichzusetzen mit dem objektivierten Verkehrswert,[720] für dessen Berechnung die einschlägigen Gesetze freilich keine explizite Grundlage bieten. Im Allgemeinen ist jedoch davon auszugehen, dass sich der Verkehrswert durch die Beiziehung von nach anerkannten Wertermittlungsverfahren erstellten Sachverständigengutachten oder durch eine Ausschreibung ermitteln lässt.[721]

Mit Blick auf öffentliche Vermögensgegenstände geht die EU-Kommission von einer verkehrswertgerechten Gegenleistung jedenfalls bei der Veräußerung an den Meistbietenden aus, der in einem offenen, transparenten und bedingungsfreien Bieterverfahren ermittelt wurde. Allerdings kann daraus – wie die EU-Kommission klarstellt – kein genereller Vorrang für die Durchführung des Bieterverfahrens vor der Wertberechnung mittels eines Sachverständigengutachtens abgeleitet werden.[722] Zur Ausschreibung der Veräußerung öffentlicher Vermögensgegenstände besteht daher keine grundlegende Verpflichtung.[723] Die Veräußerung öffentlicher Unternehmen

---

718 *Rehn/Cronauge*, Gemeindeordnung NW, § 90 Erl. II. 2.

719 Vgl. Verwaltungsvorschrift Nr. 3 zu § 63 BHO, Rdschr. des Bundesministeriums der Finanzen v. 14.3.2001, GMBl. 2001, 307, 367; so auch *Krämer*, in: Held u.a. (Hrsg.), Gemeindeordnung NW, § 90 Erl. 2; *Weiß*, Erwerb, Veräußerung und Verwaltung von Vermögensgegenständen, S. 89. Im Ergebnis vergleichbar wird teilweise auch der Rechtsgedanke des § 194 BauGB herangezogen, wonach sich der Verkehrswert „durch den Preis bestimmt, der in dem Zeitpunkt, auf den sich die Ermittlung bezieht, im gewöhnlichen Geschäftsverkehr nach den rechtlichen Gegebenheiten und tatsächlichen Eigenschaften (...) zu erzielen wäre" (vgl. OVG Münster, OVGE 36, 149, 150; *Rehn/Cronauge*, Gemeindeordnung NW, § 90 Erl. II. 5.); kritisch hierzu *Grawert*, NWVBl. 1999, 285, 289, der auf den „Erhaltungswert" abstellt und für dessen Berechnung auf den Haushaltsposten rekurriert, dessen Wertansätze sich nach § 38 GemHVO NW richten.

720 OVG NW, OVGE 36, 149, 150; *Krämer*, in: Held u.a. (Hrsg.), Gemeindeordnung NW, § 90 Erl. 2; *Rehn/Cronauge*, GemeindeO NW, § 17 Erl. I 5; *Gern*, Deutsches Kommunalrecht, Rn. 705.

721 *Eggers/Malmendier*, NJW 2003, 780, 782, sowie die Nachw. in der vorigen Fn.

722 So die EU-Kommission in ihrer sog. „Grundstücksmitteilung", wonach bei der Veräußerung öffentlicher Vermögensgegenstände entweder ein näher umschriebenes Bieterverfahren durchgeführt oder ein Gutachten eines unabhängigen Sachverständigen für Wertermittlungen eingeholt werden muss (AblEG 1997 Nr. C 209, S. 3 ff.). In diese Richtung auch *Berger*, ZfBR 2002, 134, 137; *Bartosch*, WuW 2001, 673, 676; einschränkend *Koenig/Kühling*, NZBau 2001, 409, 410.

723 *Bauer*, EuZW 2001, 748, 749; *Berger*, ZfBR 2002, 134, 136 m. weit. Nachw. aus dem kommunalrechtlichen Schrifttum, das ebenfalls keinen generellen Vorrang erkennt. Insofern wird die Ausschreibung teilweise lediglich für empfehlenswert gehalten, wenn die damit verbundenen Kosten durch den anvisierten Erlös gerechtfertigt sind (*Daneke*, in: Kommunalverfassungsrecht Hessen, § 109 GO Rn. 4). Teilweise werden die Vorzüge eines Sachverständigengutachtens herausgestellt, um zu vermeiden, dass bei der im Wege der Versteigerung durchgeführten Ausschreibung ein Mindestgebot festgelegt wird, das die Wertberechnung eines Gutachtens bei weitem unterschreitet und somit der Vermögens-

und Unternehmensanteile wird von der EU-Kommission ausdrücklich der Veräußerung anderer Vermögensgegenstände gleichgestellt.[724] Mangels Ausschreibungspflicht ist es bei der Anteilsveräußerung damit hinreichend, ein in der Regel zeit- und kostensparendes Sachverständigengutachten einzuholen.

Davon abweichend vertreten namentlich *Eggers/Malmendier* die Auffassung, dass sich die gutachterliche Verkehrswertermittlung bei der (teilweisen) Anteilsveräußerung als problematisch erweist und deswegen ein Ausschreibungsverfahren durchzuführen sei. Potenzielle Erwerber seien auf Grund eines mitunter hohen Entwicklungspotenzials des Unternehmens in einem liberalisierten Markt häufig bereit, nicht nur den derzeitigen Marktpreis, sondern darüber hinaus erhebliche, nur schwer messbare strategische Zuschläge zu entrichten.[725] Ein möglichst hoher Verkaufspreises bei der Veräußerung von öffentlichen Unternehmen oder Unternehmensbeteiligungen ließe sich aber nur bei öffentlicher Ausschreibung der Gesellschafterstellung erzielen.[726] Zuzugeben ist, dass die Ausschreibung der Gesellschafterstellung unter Berücksichtigung möglicher strategischer Zuschläge aus Sicht des Veräußerers durchaus als die taktisch bessere Variante darstellen kann. Diese Tatsache kann aber nicht darüber hinweg täuschen, dass sich aus ihr keineswegs eine Rechtspflicht zur Ausschreibung ergibt. Das Haushaltsrecht verpflichtet nämlich nicht zur Erzielung eines möglichst hohen Kaufpreises, sondern nur zur Erzeilung des vollen Werts, mithin des verobjektivierten Verkehrswerts, in den strategische Zuschläge regelmäßig keinen Einzug halten.

c) Das Missbrauchs- und Diskriminierungsverbot

Fraglich ist, inwiefern sich das in §§ 19, 20 GWB enthaltene Missbrauchs- und Diskriminierungsverbot auf die Ausschreibungspflicht von Anteilsveräußerungen der öffentlichen Hand auswirkt. Nach § 20 Abs. 1 GWB darf ein marktbeherrschendes Unternehmen ein anderes Unternehmen in einem Geschäftsverkehr, der gleichgelagerten Unternehmen üblicherweise zugänglich ist, unmittelbar oder mittelbar weder unbillig behindern noch ohne sachlich gerechtfertigten Grund unterschiedlich behandeln.

---

gegenstand zum Nachteil der Kommune besonders günstig veräußert wird (*Schröder*, in: Kommunalverfassungsrecht Mecklenburg-Vorpommern, § 57 GO Rn. 5).

[724] Dies stellt die ausdrückliche Bezugnahme von Unternehmenskäufen auf die o. g. „Grundstücksmitteilung" klar. Vgl. EU-Kommission, AblEG 2000 Nr. L 265, S. 15 ff., Rn. 85 ff.

[725] *Eggers/Malmendier*, NJW 2003, 780, 781.

[726] So auch *Bauer*, EuZW 2001, 748, 749; *Eggers/Malmendier*, NJW 2003, 780, 781.

Zumindest prima facie lässt sich daran zweifeln, die öffentliche Hand als ein Unternehmen im Sinn des Gesetzes gegen Wettbewerbsbeschränkungen aufzufassen. Der Unternehmensbegriff umfasst nach § 130 Abs. 1 GWB nicht nur rein private Unternehmen sondern auch solche, die ganz oder teilweise im Eigentum der öffentlichen Hand stehen oder die von ihr verwaltet oder betrieben werden. Nach allgemeiner Meinung sind über den Wortlaut des § 130 Abs. 1 GWB hinaus die rechtlich selbstständigen Körperschaften des öffentlichen Rechts, wie etwa Bund, Länder, Kreise und Gemeinden, vom Unternehmensbegriff des GWB erfasst, soweit sie sich als Anbieter oder Nachfrager von Leistungen am Wirtschaftsleben beteiligen.[727] Mit Blick auf die Parallelnormen des EGV[728] hat der EuGH insofern zutreffend klargestellt, dass es im Bestreben einer möglichst praktischen Wirksamkeit (effet utile) des Wettbewerbs keinen Unterschied machen kann, ob eine Tätigkeit durch rechtlich verselbstständigte Einheiten oder unmittelbar durch den Staat selbst erfolgt.[729] Vor diesem Hintergrund müssen auch die Rechtsträger der öffentlichen Hand – bei der Veräußerung von Unternehmen oder Unternehmensbeteiligungen – die Vorgaben des § 20 Abs. 1 GWB beachten.

Nach der Legaldefinition des § 19 Abs. 2 S. 1 GWB ist ein Unternehmen marktbeherrschend, wenn es „als Anbieter (...) einer bestimmten Art von Waren (...)“ entweder „(...) keinem wesentlichen Wettbewerb ausgesetzt ist oder (...) eine überragende Marktstellung hat“. Nach mittlerweile gefestigter Rechtsprechung des Berliner Kammergerichts sind auch Unternehmen und Unternehmensbeteiligungen als „Waren“ im rechtlichen Sinn aufzufassen und können Gegenstand eines besonderen, sachlich relevanten Marktes sein.[730] Einschränkend weist das Gericht aber darauf hin, dass bei der Veräußerung von Unternehmensanteilen die „Austauschbarkeit in viel höherem Maß gegeben ist als etwa bei der Nachfrage nach bestimmten, von Unternehmen produzierten Waren oder angebotenen Leistungen“. Denn „der ‚Bedarf‘, der mit ihrem Erwerb gedeckt werden soll, dient in den unterschiedlichsten Formen des wirtschaftlichen Engagements der Anlage von Geld mit dem Ziel der Erwirtschaftung von Renditen.“[731] Vor diesem Hintergrund dürfte sich ein besonderer, sachlich relevanter Markt für eine bestimmte Unternehmensbeteiligung allenfalls in den Fällen ausmachen lassen, in denen das (teilweise) zu veräußernde Unternehmen im öffentlichen

[727] Vgl. BGHZ 36, 91, 102 ff.; BGH, WuW/E 1469, 1470; *Bechtold*, GWB-Komm., § 130 Rn. 4.
[728] Vgl. Art. 81 f., 86 EGV.
[729] EuGH, Slg. 1997, I-7119, 7147, Rn. 28 – "Job Centre"; zustimmend *Huber*, JZ 2000, 877, 880 f.
[730] So bereits KG, WUW/E OLG 1377, 1380 – „Starkstromkabel“; bekräftigend in neuerer Zeit: KG, WUW/E DE-R 165, 168 – „BVS“; zustimmend *Möschel*, in: Immenga/Mestmäcker, GWB-Komm., § 19 Rn. 34; *Bechtold*, GWB-Komm., § 19 Rn. 7; vgl. *Berger*, ZfBR 2002, 134, 136.
[731] KG, WUW/E DE-R 165, 168 – „BVS“.

Interesse liegende Versorgungsaufgaben wahrnimmt und – wie namentlich im Bereich der Trinkwasserversorgung oder Abfallentsorgung – in dem jeweiligen Versorgungsgebiet eine Monopolstellung besitzt.[732] Bei der Veräußerung von Anteilen eines derart marktbeherrschenden Unternehmen kann dem Missbrauchs- und Diskriminierungsverbot des § 20 Abs. 1 GWB gegenüber anderen Kaufinteressenten damit nur mit Durchführung eines transparenten, wettbewerbsoffenen Ausschreibungsverfahren genüge getan werden.[733]

d) Das EG-rechtliche Verbot unzulässiger Beihilfen

Darüber hinaus könnte das Verbot unzulässiger Beihilfen nach Art. 87 EGV eine Ausschreibungspflicht von Anteilsveräußerungen begründen. Denn vergleichbar den Vorschriften des öffentlichen Haushaltsrechts lassen sich dem Beihilfenverbot bestimmte Vorgaben für die Ermittlung des Kaufpreises bei der Veräußerung von öffentlichen Vermögensgegenständen und insbesondere Gesellschaftsanteilen entnehmen. Zu den unzulässigen staatlichen Beihilfen gehören alle aus öffentlichen Mitteln erbrachten Begünstigungen für Unternehmen, die nicht durch eine entsprechende marktgerechte Gegenleistung des Begünstigten kompensiert werden und drohen, den Wettbewerb zu verfälschen oder den gemeinsamen Binnenmarkt zu beeinträchtigen.[734] Auch die Veräußerung von öffentlichen Vermögensgegenständen und speziell die Veräußerung von Unternehmensanteilen wird hiervon erfasst.[735] Mithin stellt sich regelmäßig die Frage, wie sich eine marktgerechte Gegenleistung berechnet. Als Ausgangspunkt kommt – vergleichbar zu den haushaltsrechtlichen Vorschriften – der Verkehrswert des Geschäftsanteils in Betracht,[736] wobei sich zu dessen Ermittlung ebenfalls die Einholung eines Sachverständigengutachtens oder die Durchführung eines transparenten Bieterverfahrens eignet. Obwohl auch hier kein generelles Vorrangverhältnis zwischen den beiden Verfahrensmöglichkeiten erkennbar ist, spricht zur Vermeidung einer unzulässigen

---

[732] Vgl. *Eggers/Malmendier*, NJW 2003, 780, 783.

[733] So auch das Sächsische Staatsministerium des Inneren, Rdschr. v. 21.8.1995 – 23-226/97, wonach die Auswahl eines privaten Mitgesellschafters für eine kommunale Beteiligungsgesellschaft im Bereich einer Pflichtaufgabe im Wettbewerb erfolgen muss, da diese Gesellschaft bei der Aufgabenerledigung letztlich ein Monopol habe, an dem der private Mitgesellschafter über seine Anteilsinhaberschaft beteiligt ist. Vgl. auch *Jasper*, Verkauf städtischer Unternehmen nur im Wettbewerb, FAZ v. 29.5.2002.

[734] *Götz*, in: Dauses, Hdb. EU-Wirtschaftsrecht, H. III. (Subventionsrecht), Rn. 21.

[735] *Bauer*, EuZW, 2001, 748, 749; *Bartosch*, WuW 2001, 673, 675.

[736] Vgl. EU-Kommission, Entscheidung v. 14.4.1992 – „Land Berlin/Daimler-Benz"; *Bauer*, EuZW 2001, 748, 749; *Eggers/Malmendier*, NJW 2003, 780, 781 f., m. weit. Nachw.

Beihilfe aus obigen Gründen alles für eine Ausschreibung der Anteilsveräußerung in einem offenen und transparenten Bieterverfahren.[737]

e) Das allgemeine Diskriminierungsverbot des EG-Vertrags

Eine weitere rechtliche Determinante für die Ausschreibung der Veräußerung von Unternehmensanteilen stellt das allgemeine Diskriminierungsverbot des Art. 12 EGV dar, wonach „jede Diskriminierung aus Gründen der Staatsangehörigkeit verboten" ist. Eine Diskriminierung aus Gründen der Staatsangehörigkeit ist bei Anteilsveräußerungen insofern vorstellbar, als potenzielle Erwerber aus dem EU-Ausland von vornherein von der Möglichkeit eines Anteilserwerbs ausgeschlossen werden, obwohl insbesondere die Anteilsveräußerung von öffentlichen Unternehmen auf ein europaweites Interesse stoßen kann. Der EuGH hat in diesem Zusammenhang judiziert, dass die Vergabe von Dienstleistungskonzessionen, die dem Anwendungsbereich der Dienstleistungskoordinierungsrichtlinie und damit gleichsam dem Kartellvergaberecht nicht unterfallen,[738] in einem transparenten Wettbewerb durchzuführen ist. Als Begründung diente hier die Überlegung, dass die Grundregeln des EGV im Allgemeinen und das Diskriminierungsverbot im Besonderen in jedem Fall zu berücksichtigen seien.[739] Dieser grundlegende Gedanke lässt sich – ausgehend vom Sinn und Zweck des EGV, durch Einführung eines europaweiten Wettbewerbs die traditionell geschlossenen nationalen Märkte zu öffnen – auf die Veräußerung von öffentlichen Vermögensgegenständen und insbesondere Unternehmensbeteiligungen übertragen.[740] Art. 12 EGV gebietet damit für die Anteilsveräußerung grundsätzlich die Durchführung eines transparenten, EU-weit ausgeschriebenen Bieterverfahrens. Die Bieter aus dem EU-Ausland müssen zudem die etwaigen Anforderungen an den Anteilserwerb im Vergleich zu den inländischen Mitbewerbern ohne erheblich höheren Aufwand erfüllen können.[741] Auf eine EU-weite Bekanntgabe der Ausschreibung kann nur insofern verzichtet werden, als der zu veräußernde Unternehmensanteil lediglich von untergeordneter Bedeutung und geringer Werthaltigkeit ist. Denn ansonsten stünde der mit einem solchen Verfahren verbundene zeitliche und finanzielle Aufwand in keinem angemessenen Verhältnis mehr zum Transaktionswert.

---

[737] Vgl. oben c); siehe auch *Eggers/Malmendier*, NJW 2003, 780, 782.
[738] Oben 1. c) bb).
[739] EuGH, Slg. 2000-I, 10745 ff., Rn. 60 ff. – "Telaustria".
[740] *Eggers/Malmendier*, NJW 2003, 780, 781.
[741] Vgl. EuGH, Slg. 1988, 4635, 4660 f., Rn. 29 – „Beentjes".

3. Das persönliche Vertrauensverhältnis der Gesellschafter

Weite Teile der Literatur wollen die Veräußerung von Unternehmensbeteiligungen – ungeachtet der bisher erörterten Vorschriften – aufgrund des spezifisch personalen Einschlags der Gesellschafterauswahl generell der Ausschreibungspflicht entziehen. Als Anknüpfungspunkt dient hierfür das – oben bereits erwähnte –[742] persönliche Vertrauensverhältnis der beteiligten Gesellschafter. Die vergaberechtliche Ausschreibungspflicht sei nämlich mit dem Wesen einer Gesellschaft nicht in Einklang zu bringen, da zwischen den Gesellschaftern – im Gegensatz zum Verhältnis zwischen Auftraggeber und Lieferant – ein ungleich engeres, auf Dauer angelegtes Band bestehe, das ein hohes Maß an Vertrauen voraussetze.[743] Eine „Pflichtmitgliedschaft" des durch eine Ausschreibung ermittelten privaten Gesellschafters kann dazu richtigerweise nicht beitragen.[744] Vielmehr besteht die Gefahr, dass die öffentliche Ausschreibung der Gesellschafterstellung eine „ungewollte [länger andauernde] Zwangsgesellschaft" hervorbringt, die dem Wesen einer auf Freiwilligkeit aufbauenden Gesellschaft widerspricht. Erst die freie Auswahl des Mitgesellschafters verleiht der Gesellschaft die notwendige Schlagkraft, um auch im europäischen Binnenmarkt wettbewerbsfähig zu sein.[745]

Diese prinzipielle Vergabefreiheit lässt sich insofern bezweifeln, als die persönliche Wirtschafts- und Sachkompetenz der Bewerber, die für die Konkurrenzfähigkeit und Schlagkraft eines Unternehmens ebenfalls bedeutsam sind, im Wege der Ausschreibung gewürdigt werden können. Denn die Ausrichtung der Vergabeentscheidung an subjektiv-personenbezogenen Kriterien ist selbst im förmlichen Ausschreibungsverfahren des Kartellvergaberechts zulässig. Insofern bestimmt § 97 Abs. 4 GWB, dass subjektiv-personenbezogene Aspekte wie die persönliche Fachkunde, Leistungsfähigkeit und Zuverlässigkeit eines Bewerbers in die Entscheidungsfindung mit einfließen können. Überträgt man diese Vergabekriterien auf die Gesellschafterauswahl, lassen sich etwa ein spezielles

---

[742] Oben 1. c) bb) (1).

[743] *Kniesel/Scheerbarth*, Der Städtetag 1998, 340, 344 f.; *Bell/Rehak*, LKV 2001, 185, 189; *Engel*, Gemischtwirtschaftliche Abfallentsorgung, S. 27; eingehend auch *Frenz*, ZHR 166 (2002), 307, 331; *ders.*, DÖV 2002, 186, 190 („Gefährdung der reibungslosen Zusammenarbeit im Unternehmen und damit letztlich der Effektivität").

[744] *Engel*, Gemischtwirtschaftliche Abfallentsorgung, S. 28; *Steffen/Venus*, VKS-News 2001, 19, 20; zustimmend *Pauly/Figgen/Hünnekens*, Gemischtwirtschaftliche Entsorgungsunternehmen, S. 84; *J.-E. Jasper*, Privatisierung und EG-Vergaberecht, S. 170. Für eine freihändige Vergabe nach dem Verhandlungsverfahren im Sinne von § 101 Abs. 4 GWB bzw. § 3 a Nr. 1 Abs. 4 VOL/A sprechen sich aus: *Portz*, BWGZ 2000, 191, 197, mit Rücksicht auf den Vertrauensgrundsatz; Wirtschafts-, Technologie- und Verkehrsministerium Niedersachsen, Bekanntgabe v. 15.9.1997 – Az.: 34.3-32579/6, NdsMBl. Nr. 43/1997, S. 1790 f. (zur anwendbaren Verfahrensart vgl. auch unten V.).

[745] So explizit *Frenz*, DÖV 2002, 186, 189 f.

Know-how des Bewerbers als „persönliche Fachkunde", seine Finanzkraft als „Leistungsfähigkeit" sowie seine Gewähr für eine ordnungsgemäßige Betriebsführung als „Zuverlässigkeit" einordnen.

Die Einbeziehung dieser personenbezogenen Kriterien in die Vergabeentscheidung kann dennoch nicht dazu beitragen, eine ungewollte Zwangsgesellschaft zu vermeiden. Denn über die Berücksichtigung dieser rein objektiv nachprüfbaren Leistungskriterien hinaus sind für einen gesellschaftsrechtlichen Zusammenschluss noch weitere – ebenfalls personenbezogene – Kriterien von immenser Bedeutung, die einer objektiven Beurteilung nur schwer zugänglich sind. Hierzu gehören etwa Fragen des Zuschnitts, der Arbeitsweise, des allgemeinen Ansehens eines privaten Unternehmers sowie seine Firmenphilosophie. Nicht zuletzt die aktuellen Beispiele der jüngeren Vergangenheit machen deutlich, wie wichtig diese sog. „soft-skills" für eine dauerhafte und erfolgreiche unternehmerische Kooperation sind: So war eine nicht geringe Zahl privatwirtschaftlicher Unternehmensfusionen und –akquisitionen allein deshalb von nicht allzu langer Dauer, weil die beteiligten Unternehmen bzw. Gesellschafter auf Grund ihrer inneren Firmenphilosophie und äußeren Geschäftspolitik keine harmonische Basis finden konnten.[746] Ein persönliches Vertrauensverhältnis kann sich nur halten bzw. entwickeln, wenn die beteiligten Gesellschafter auch auf dieser Ebene – abseits von objektiv nachprüfbaren Kriterien – zueinander passen. Das Bestehen eines persönlichen Vertrauensverhältnisses stellt daher in vielen Fällen durchaus ein tragfähiges Argument für eine generelle Ausschreibungsfreiheit der Gesellschafterstellung dar.

4. Die kommunale Organisationshoheit

Ungeachtet der Auslegung des vergaberechtlichen Auftragsbegriffs vertreten Teile des Schrifttums die Auffassung, dass kommunale Gebietskörperschaften ihre Unternehmensanteile generell ohne Ausschreibung veräußern könnten, da ansonsten die in Art. 28 Abs. 2 GG verankerte kommunale Organisationshoheit verletzt werde.[747] Dem ist zuzugeben, dass die Kommune für die Leistungserbringung innerhalb der Daseinsvorsorge zwischen der öffentlich- oder privatrechtlichen Organisationsform – freilich in den Grenzen des kommunalen Wirtschaftsrechtsrechts –[748] wählen kann. Dies kann

[746] *Frenz*, DÖV 2002, 186, 190 f.
[747] *Steffen/Venus*, VKS-News 2001, 19, 20; *Tomerius*, NVwZ 2000, 727, 734; *Bell/Rehak*, LKV 2001, 185, 189.
[748] Vgl. hierzu exemplarisch § 108 GO NW, der genaue Vorgaben für die Gründung von oder die Beteiligung an Unternehmen oder Einrichtungen des Privatrechts – insbesondere der Aktiengesellschaft und der GmbH – trifft.

aber nicht darüber hinwegtäuschen, dass die kommunale Selbstverwaltungsgarantie einem gesetzlichen Ausgestaltungs- und Begrenzungsvorbehalt unterliegt, was den Schluss nahe legt, dass die kommunale Organisationshoheit sich nur innerhalb dieser gesetzlichen Vorgaben bewegen kann.[749] Eine prinzipielle Vergabefreiheit ist schon aus dieser Überlegung heraus zweifelhaft. Zudem steht das Vergaberecht der kommunalen Organisationshoheit im Grundsatz überhaupt nicht entgegen: Es richtet sich weder gegen die Gründung einer zu 100 % der öffentlichen Hand gehörenden Eigengesellschaft noch gegen die Gründung eines gemischtwirtschaftlichen Unternehmens, das im Wege der Neugründung oder der teilweisen Anteilsveräußerung entsteht. Wie schon die Vergabekammer Düsseldorf in Sachen „Trienekens" ausgeführt hat, hindert das Vergaberecht die Kommune lediglich daran, „ohne Durchführung eines transparenten Wettbewerbs ein Unternehmen als bevorzugten Partner freihändig auszuwählen und allein diesem Unternehmen die mit der (...) Beauftragung (...) verbundenen wirtschaftlichen Vorteile anteilig zu gewähren. Diese Beschränkung unterscheidet sich, wenn überhaupt, nur marginal von der Beschränkung, der die öffentliche Hand durch die Vorgaben des Vergaberechts immer unterworfen ist, wenn sie eine vom Markt angebotene Leistung gegen Entgelt in Anspruch nimmt".[750] Im Ergebnis kann sich das verfassungsrechtliche Organisationsprivileg auf die Ausschreibungspflicht der Anteilsveräußerung damit nicht auswirken.

5. Ergebnis

Die isolierte Veräußerung von Unternehmen und Unternehmensanteilen unterliegt nach alledem – sofern das Unternehmen keine öffentlichen Aufträge erfüllt – grundsätzlich keiner Ausschreibungspflicht nach dem Kartellvergaberecht. Auch die Berücksichtigung des persönlichen Vertrauensverhältnisses der Gesellschafter und die kommunale Organisationshoheit lassen Bedenken gegen die Ausschreibungspflicht der Anteilsveräußerung sichtbar werden. Die Pflicht zur Durchführung eines offenen und transparenten (EU-weiten) Bieterverfahrens kann sich aber aus grundgesetzlichen und wettbewerbsrechtlichen Bestimmungen sowie aus Vorgaben des primären europäischen Gemeinschaftsrechts ergeben. Insofern sind allerdings keineswegs dieselben strengen Verfahrensvorschriften zu beachten, wie sie im förmlichen Vergabeverfahren nach den §§ 97 ff. GWB und den dazu erlassenen sublegalen Rechtsvorschriften vorgesehen sind. Im Ergebnis sind lediglich solche Verfahrensanforderungen zu berücksichtigen, die in

[749] Vgl. hierzu BVerfG, NVwZ 1995, 677, 678.
[750] VK Düsseldorf, NZBau 2001, 46, 47 – „Trienekens".

Ansehung der jeweiligen Norm absolut unerlässlich sind. Dazu zählen namentlich die (EU-weite) Bekanntmachung der Ausschreibung, die Gleichbehandlung aller Bieter, die Entscheidung nach bestimmten, von vornherein festgelegten Bewertungskriterien sowie die Begründung und Bekanntgabe der Auswahlentscheidung frühzeitig vor der Zuschlagserteilung.[751]

III. Zur Ausschreibungspflicht bei wirtschaftlicher Gesamtbetrachtung

De lege lata hat die Untersuchung bisher gezeigt, dass bei jeweils isolierter Betrachtung weder die Suche nach einem privaten Mitgesellschafter noch die Auftragsvergabe bei Vorliegen der In-house-Kriterien dem Anwendungsbereich des Kartellvergaberechts und seinen in der VergabeVO und den Verdingungsordnungen erlassenen strikten Verfahrensanforderungen unterliegt. Zweifel an der kartellvergaberechtlichen Ausschreibungsfreiheit der Veräußerung von Anteilen an einer Gesellschaft, die mit einem öffentlichen Auftrag betraut ist, kommen jedoch bei einer Gesamtbetrachtung beider Vorgänge auf. Eine solche Gesamtbetrachtung von Anteilsveräußerung und Auftragsvergabe drängt sich auf im Falle einer materiellen (Vermögens-)Privatisierung, wenn etwa mit dem Unternehmens- oder Anteilsverkauf bestimmte Auftragsvergaben verbunden sind. Denkbar ist auch die Konstellation, dass ein privater Investor Anteile an einer bisher formell privatisierten Eigengesellschaft erwirbt und damit im Wege der Gesamtrechtsnachfolge in bestehende Vertragsverhältnisse eintritt.[752] Auch bei funktionellen Privatisierungen im engeren Sinn liegt eine Gesamtbetrachtung des Veräußerungsakts und der Auftragsvergabe insofern nahe, als die neu gegründete oder gesellschaftlich umstrukturierte Public Private Partnership mit der Erfüllung eines öffentlichen Auftrags bereits in der Vergangenheit beauftragt wurde oder im Rahmen der Umstrukturierung neu beauftragt wird.

Sofern man eine Gesamtbetrachtung von Auftragsvergabe und Anteilsveräußerung gänzlich außer Acht ließe, orientierte sich die Frage der Ausschreibungspflicht allein anhand der Reihenfolge der maßgeblichen Vorgänge: Sofern die öffentliche Hand freihändig zuerst den Auftrag „Inhouse" an ein öffentliches Unternehmen vergibt und nachfolgend Anteile veräußert, bestünde danach insgesamt keine Ausschreibungspflicht. Demgegenüber müsste die öffentliche Hand nach dem Vergaberecht ausschrei-

---

[751] Eingehend hierzu *Eggers/Malmendier*, NJW 2003, 780, 785.

[752] *Dreher*, in: Immenga/Mestmäcker, GWB-Komm., § 99 Rn. 24; *Kullack*, in: Heiermann/Riedl/Rusam, Handkomm. zur VOB, § 99 GWB Rn. 26.

ben, wenn sie umgekehrt zunächst die Anteile an einem öffentlichen Unternehmen veräußern und nachträglich den Auftrag vergeben will. Denn mit Absenkung der Beteiligungsquote ist regelmäßig auch ein geringerer Einfluss des öffentlich-rechtlichen Anteilsinhabers auf das Unternehmen verbunden, wodurch eine In-house-Vergabe zukünftig rechtlich unmöglich wird.[753] Die öffentliche Hand könnte sich damit ohne besondere Schwierigkeiten mit der beschriebenen Vorgehensweise – In-house-Vergabe vor gesellschaftsrechtlicher Umstrukturierung – der vergaberechtlichen Ausschreibungspflicht entziehen, sei es beabsichtigt oder unbeabsichtigt.

1. Grundlegende Ausnahmetatbestände

Im Folgenden geht es um die Entwicklung von Kriterien, unter welchen Voraussetzungen ein derartiger Vorgang dennoch der vergaberechtlichen Ausschreibungspflicht unterliegen könnte. Davon sind freilich von vornherein die Fälle ausgenommen, in denen die zurückliegende Auftragsvergabe bereits im Wege eines Ausschreibungsverfahrens erfolgte. Dann besteht nämlich kein Bedürfnis mehr für eine erneute Ausschreibung der Gesellschafterstellung, weil sich das beauftragte gemischt-wirtschaftliche Unternehmen hinsichtlich der Auftragsvergabe bereits einmal im Wettbewerb behauptet und gegen seine Mitbewerber durchgesetzt hat.[754] Dem Wettbewerbsgrundsatz nach § 97 Abs. 1 GWB ist damit hinreichend Rechnung getragen.

Dies gilt selbst dann, wenn in der Zeit zwischen Auftragsvergabe und Anteilsveräußerung bereits ein Gesellschafterwechsel stattgefunden und damit die „innere" Identität des Unternehmens gewechselt hat. Entscheidend kann nämlich nur sein, ob der öffentliche Auftrag unter Beachtung des Vergaberechts bereits in die Hände des privaten Unternehmens – eines eigenständigen Rechtssubjekts – übergegangen ist. Eine zwischenzeitige Änderung in den Gesellschafterverhältnissen spielt dabei keine Rolle. Im Falle eines privaten Mitgesellschafters, der seine Anteile an einen privaten Dritten veräußern will, gilt dies schon deshalb, weil der veräußerungsbereite Gesellschafter in der Regel nicht als öffentlicher Auftraggeber anzusehen ist. Für

[753] So würde zumindest nach der namentlich von *Jaeger*, NZBau 2001, 6, 9, favorisierten Anteilsgrenze von 10 % der öffentliche Auftraggeber bei Veräußerung eines darüber hinausgehenden Geschäftsanteils an der Eigengesellschaft die dienststellen-ähnliche Kontrolle verlieren. Lediglich bei der Veräußerung von „Kleinst"-Anteilen kann sich ein anderes Bild ergeben. Wie noch gezeigt wird, muss die Grenzziehung für die Frage nach der Vergaberelevanz anhand des Erreichens des jeweiligen Schwellenwerts erfolgen (eingehend dazu unten IV.)

[754] Im Falle einer beauftragten 100%-igen Eigengesellschaft ist in der Regel davon auszugehen, dass diese die In-house-Kriterien erfüllt und die Auftragsvergabe daher freihändig erfolgen konnte.

die Anteilsveräußerung der am gemischt-wirtschaftlichen Unternehmen beteiligten öffentlichen Hand kann sich im Ergebnis nichts anderes ergeben, da es nicht nachvollziehbar erscheint, warum die öffentliche Hand denselben Auftrag zweimal öffentlich ausschreiben sollte. Namentlich *Dreher* zieht hier zu recht eine Parallele zur sog. Vertragsübernahme,[755] bei der ein Auftragnehmer den Auftrag später an einen Dritten – den „neuen" Auftragnehmer – zur weiteren Durchführung weiterleitet. Hierbei ist ebenfalls keine Notwendigkeit zur erneuten Ausschreibung durch den öffentlichen Auftraggeber ersichtlich,[756] so dass für den vergleichbaren Fall der Veräußerung von Anteilen an einer Gesellschaft, die den öffentlichen Auftrag selbst im Rahmen eines förmlichen Vergabeverfahrens erworben hat, nichts anderes gelten kann.[757]

2. Der beschaffungsrechtliche Bezug

Ungeachtet der zeitlichen Reihenfolge von Anteilsveräußerung und Auftragsvergabe wird nach Abschluss des Gesamtvorgangs unter wirtschaftlichen Gesichtspunkten eine Leistung zumindest mittelbar über die Anteilsbeteiligung von einem Privaten für die auftraggebende öffentliche Hand erbracht. Da der neu eintretende Gesellschafter aufgrund seiner Kapitalbeteiligung zumindest mittelbar an den bestehenden Vertragsverhältnissen partizipiert, liegt im öffentlichen Auftrag vielfach gerade der finanzielle Anreiz für die Beteiligung des neu eintretenden Gesellschafters verborgen.[758] Bei einer Gesamtbetrachtung von Anteilsveräußerung und Auftragsvergabe erhält der private Anteilserwerber damit eine Rolle, die – wirtschaftlich betrachtet – der eines Auftragnehmers entspricht.[759] Auf Grund dessen ist der – bei isolierter Betrachtung vergabefreie – Gesamtvorgang mit einer ausschreibungspflichtigen Beschaffung am freien Markt durchaus vergleichbar.[760]

Deswegen lässt sich überlegen, ausgehend vom Begriff des öffentlichen Auftrags i. S. des § 99 GWB die Veräußerung von Gesellschaftsanteilen unter bestimmten Voraussetzungen als einen sonstigen vergaberelevanten Vertrag zu qualifizieren. Von einer derartigen Gesamtkonstruktion ist dann

[755] *Dreher*, NZBau 2002, 245, 252.
[756] VK Bund, WuW/E Verg 279 – „Imprägnierte Holzmasten".
[757] *Dreher*, NZBau 2002, 245, 252; so auch schon *Opitz*, ZVgR 2000, 97, 106.
[758] Vgl. *Dreher*, in: Immenga/Mestmäcker, GWB-Komm., § 99 Rn. 24.
[759] *Boesen*, Vergaberecht, § 100 Rn. 106.
[760] VK Stuttgart, NZBau 2001, 340, 341 f.: "Betrachtung als wirtschaftliche und vergaberechtliche Einheit" bzw. „Würdigung des Gesamtvertragswerks"; *Otting*, VergabeR 2002, 11, 13; *Stapenhorst*, Vergaberecht 3/1997, Vergabe Spezial: Outsourcing, S. VIII; für eine wirtschaftliche Betrachtung spricht sich auch das OLG Brandenburg, VergabeR 2002, 45, 47 – „Kabelfernsehen", aus.

auszugehen, wenn – wie auch weite Teile der Rechtsprechung und des Schrifttums meinen – in der Anteilsveräußerung gleichsam ein „eingekapseltes Beschaffungsverhältnis" verborgen liegt.[761] So hat bereits der VÜA Bund in seiner vielbeachteten „Rollbehälter"-Entscheidung darauf hingewiesen, dass es sich bei den in § 99 GWB genannten Verträgen nur um Grundtypen handele, denen andere Vertragstypen mit vergleichbaren Grundgehalten gleichgestellt seien. Dies entspreche einer an Sinn und Zweck der europäischen Vergaberichtlinien orientierten Auslegung, die eine Umgehung des Vergaberechts zu verhindern habe.[762] Freilich lässt sich gegen eine Übertragung dieser Rechtsprechung auf die hier in Rede stehenden Anteilsveräußerungen einwenden, dass entsprechend dem Grundgehalt des § 99 GWB nur Beschaffungsmaßnahmen der öffentlichen Hand in Betracht kommen.[763] Mithin können nur solche Verträge erfasst sein, durch die ein öffentlicher Auftraggeber Sach- oder Dienstleistungen beschafft, was beim Verkauf von Gesellschaftsanteilen gerade nicht der Fall ist.[764] Diesem Einwand lässt sich mit Blick auf die Fälle der Auftragsvergabe mit zeitlich nachfolgender Anteilsveräußerung jedoch entgegen halten, dass solchen Konstellationen nach hier vertretener Terminologie ein „eingekapseltes Beschaffungsverhältnis" gerade immanent sein kann.

In jedem Fall muss jedoch der Grundsatz fortgelten, dass Dienstleistungs- und Lieferaufträge zwar Gegenstand der Geschäftstätigkeit sein können, aber in der Regel nicht unmittelbarer – allenfalls mittelbarer – Teil des Übertragungsgeschäfts sind.[765] Deswegen gilt es, eine generelle Unterwerfung des Anteilsverkaufs unter das Vergaberecht zu verhindern. Somit stellt sich die Frage, welche Kriterien für ein „eingekapseltes Beschaffungsverhältnis" bzw. einen „sonstigen vergaberelevanten Vertrag" erforderlich sind. Rechtsprechung und Literatur vertreten hierzu höchst kontroverse Positionen.

[761] So ausdrücklich *Dreher,* NZBau 2002, 245, 248 f. Nach anderer, aber inhaltlich vergleichbarer Terminologie ist auch von einem „atypischen Vertrag mit beschaffungsrechtlichem Bezug" die Rede, vgl. OLG Brandenburg, VergabeR 2002, 45, 47 – „Kabelfernsehen"; *Eschenbruch,* in: Niebuhr/Kulartz/Kus/Portz, Vergaberecht, § 99 Rn. 42.

[762] VÜA Bund, WUW/E VergAB 1, 4 – „Rollbehälter"; bestätigt in VÜA Bund, WUW/E VergAB 38, 40 f. – „Kühlhäuser".

[763] Auf die Vergleichbarkeit der Grundgehalte stellen ebenfalls ab *Bechtold,* GWB-Komm., § 99 Rn. 9; *Dreher,* DB 1998, 2579, 2587 f.

[764] So explizit *Mehlitz,* WuW 2001, 569, 571. Vgl. schon oben II. 1.

[765] *Frenz,* DÖV 2002, 186, 188.

3. Die dogmatische Herleitung

Als Ausgangspunkt für die dogmatische Herleitung einer ausschreibungspflichtigen Anteilsveräußerung mit beschaffungsrechtlichem Bezug kommen verschiedene Denkansätze in Frage, die alle um den Begriff des öffentlichen Auftrags nach § 99 Abs. 1 GWB kreisen. Die obigen Ausführungen zur Rechtslage bei der isolierten Anteilsveräußerung haben verdeutlicht,[766] dass der Wortlaut der zu Grunde liegenden Norm auf die Ausgangslage der isolierten Anteilsveräußerung nicht zu übertragen ist. Dementsprechende Bemühungen würden die äußere Wortlautgrenze der Norm überschreiten. Der Wortlaut lässt hingegen offen, ob für den öffentlichen Auftrag unbedingt ein unmittelbarer Beschaffungsakt erforderlich ist, oder ob es nicht ausreicht, dass sich das Vorliegen eines Beschaffungsaktes zumindest mittelbar aus dem Übertragungsgeschäft ergibt. Diese Offenheit impliziert gleichsam, dass der Wortlaut hinsichtlich seiner Anwendung auf mittelbare Beschaffungsakte in systematischer bzw. teleologischer Hinsicht auslegungsfähig ist.

Neben der Methode der Auslegung kommt als weitere Möglichkeit zur dogmatischen Herleitung einer einheitlichen Betrachtungsweise von Anteilsveräußerung und Auftragsvergabe das allgemeine Verbot von Umgehungsgeschäften in Betracht. Ein Umgehungsgeschäft liegt danach vor, wenn unter Ausnutzung der Gestaltungsfreiheit ein Erfolg erzielt werden soll, der im Widerspruch zu der Zielsetzung gesetzlicher Vorschriften steht.[767] In vielen Fällen werden freilich sowohl mit der Auslegungsmethode als auch mit der Anwendung der Umgehungskriterien vergleichbare Ziele erreicht. Dies zeigt sich daran, dass ein Widerspruch zur gesetzlichen Zwecksetzung nicht nur beim Vorliegen eines Umgehungstatbestands sichtbar wird, sondern auch bei teleologischer Auslegung des § 99 Abs. 1 GWB. Wann von einem solchen Widerspruch auszugehen ist, lässt sich mangels eindeutiger gesetzlicher Vorgaben nicht immer zweifelsfrei entscheiden. Im Kern geht es um die Abgrenzung von zulässiger Rechtsgestaltung und unzulässiger Gesetzesumgehung.[768] In diesem Zusammenhang stellt sich die Frage, ob und inwiefern die vergabefreie Anteilsveräußerung mit eingekapseltem Beschaffungsverhältnis einen derartigen Widerspruch zum gesetzlichen Zweck hervorruft. Ob sich eine solche Wertung aus dem Vorliegen eines Umgehungstatbestands oder aus einer systematisch-

---

[766] Oben E. II.

[767] Grundlegend *Teichmann*, Die Gesetzesumgehung; zustimmend *Dreher*, in: Immenga/ Mestmäcker, GWB-Komm., vor §§ 97 ff. Rn. 81.

[768] *Dreher*, in: Immenga/Mestmäcker, GWB-Komm., vor §§ 97 ff. Rn. 81.

teleologischen Auslegung der betroffenen Rechtsnormen ergibt, ist Gegenstand der nachfolgenden Erörterungen.

a) Der Umgehungstatbestand

Ein einheitlicher Vorgang könnte sich zunächst unter Berücksichtigung des Verbots von Umgehungsgeschäften ergeben. Das Umgehungsverbot ist – sofern es nicht in einschlägigen Vorschriften ausdrücklich niedergelegt ist[769] und man aus Art. 7 Abs. 2 DKR[770], Art. 6 Abs. 4 BKR[771], § 3 Abs. 2 VergabeVO[772], § 1a Nr. 4 VOB/A sowie § 3 Abs. 2 VOF ein allgemeines vergaberechtliches Umgehungsverbot[773] nicht herauszulesen vermag – als allgemeiner Rechtsgrundsatz allgemein anerkannt.[774] Die wesentliche Rolle dürfte hierbei der Gedanke spielen, dass zum Nachteil des freien Binnenwettbewerbs allein durch die geschickte Ausnutzung vertraglicher Gestaltungsmöglichkeiten zwingendes EU-Recht und darauf basierendes nationales Recht verdrängt wird.[775] Auch der EuGH hat den Rechtsgedanken des Umgehungsverbots im Kartellvergaberecht schon herangezogen, indem er die Vereitelung der Zwecke der Baukoordinierungsrichtlinie durch Anwendung bestimmter Freiheiten der Vertragsgestaltung für unzulässig erklärte.[776] Und ganz generell hält der EuGH im Vergaberecht eine Auslegung nach dem „effet utile" für notwendig,[777] um dieser Rechtsmaterie einen

---

[769] Vgl. § 506 Abs. 1 BGB (Darlehensverträge); § 306 a BGB (Allgemeine Geschäftsbedingungen); § 312 f BGB (Haustürgeschäfte, Fernabsatzverträge); § 487 BGB (Teilzeit-Wohnrechteverträge); § 42 AO.

[770] „Die Wahl der Berechnungsmethode darf nicht in der Absicht erfolgen, die Anwendung dieser Richtlinie zu umgehen."

[771] „Bauwerke oder Bauaufträge dürfen nicht in der Absicht aufgeteilt werden, sie der Anwendung dieser Richtlinie zu entziehen."

[772] „Der Wert eines beabsichtigten Auftrages darf nicht in der Absicht geschätzt oder aufgeteilt werden, ihn der Anwendung dieser Bestimmungen zu entziehen."

[773] So aber OLG Brandenburg, NVwZ 1999, 1142, 1145 – „Flughafen Berlin Schönefeld"; VÜA Bund, WuW/E VergAB 1, 6 – „Rollbehälter"; *Byok*, NJW 1998, 2774, 2777. Die Anordnung eines spezifischen Umgehungsverbots – wie die Berechnung der Auftragswerte im Vergaberecht – bedeutet nicht, dass für andere Bereiche – wie die Bestimmung des Auftrags – kein Umgehungsverbot gelten würde. Die gesetzlich normierten Umgehungstatbestände sind insofern als Konkretisierung der allgemeinen, geschriebenen Vergabegrundsätze zu verstehen. Tatsächliche Umgehungstatbestände, die nicht ausdrücklich normativ verboten sind, können somit unter Zuhilfenahme der Analogie ebenfalls dem Umgehungsverbot unterworfen werden (vgl. BGHZ 51, 255, 262 f.; *Teichmann*, Die Gesetzesumgehung, S. 17 ff., 50 ff., 89 ff.; *Dreher*, in: Immenga/Mestmäcker, GWB-Komm., vor §§ 97 ff. Rn. 83).

[774] Allg. Meinung; vgl. BGHZ 28, 314, 318 ff.; 110, 47, 59; 113, 335, 340 ff.; 125, 141, 149 ff.; 132, 133, 135; RGZ 155, 146; *Hefermehl*, in: Soergel, BGB-Komm., § 134 Rn. 37; *Mayer-Maly/Armbrüster*, in: MünchKomm-BGB, § 134 Rn. 16.

[775] *Jaeger*, NZBau 2001, 6, 10.

[776] EuGH, Slg. 1998-I, 73 ff. - „Mannesmann Anlagenbau"

[777] Vgl. EuGH, Slg. 2000-I, 962, 975 ff., Rn. 39 ff. - „Kommission/Frankreich"; Slg. 1999-I, 7503, 7508 ff. - „Kommission/Österreich".

möglichst weiten Anwendungsbereich zu verleihen und damit den Zielen des Vergaberechts hinreichend Rechnung zu tragen.

b) Der funktionelle Auftragsbegriff

Als weiterer Ausgangspunkt für die Verknüpfung der Auftragsvergabe mit der gesellschaftsrechtlichen Anteilsveräußerung kommt eine Auslegung des Begriffs des öffentlichen Auftrags im Sinne von § 99 Abs. 1 GWB in Betracht. Da der Wortlaut insoweit unergiebig ist, sind neben den allgemeinen Zielen des Vergabeverfahrens auch die gemeinschaftstypischen Zwecke zu berücksichtigen. Der Zweck des Kartellvergaberechts besteht im Allgemeinen in der Gewährleistung eines möglichst breiten und effektiven Wettbewerbs zur Erzielung eines angemessenen Preis-Leistungs-Verhältnisses. Zudem sollen faire Startchancen für die Beteiligten, die Wirtschaftlichkeit als Entscheidungskriterium zur Ausschließung vergabefremder Aspekte sowie die Transparenz zur Vermeidung eines unredlichen Umgangs mit Steuermitteln sichergestellt werden.[778] In gemeinschaftsspezifischer Hinsicht muss die Auslegung des Auftragsbegriffs europarechtskonform – also richtlinienkonform – erfolgen, nicht zuletzt, um den EG-vertraglichen Verkehrsfreiheiten (Niederlassungsfreiheit, Dienstleistungsverkehr, Warenverkehrsfreiheit) auf dem Gebiet des öffentlichen Auftragswesens möglichst volle Wirksamkeit zu verleihen.[779] Angesichts der traditionell geschlossenen nationalen Beschaffungsmärkte sollen gleichzeitig Praktiken verhindert werden, welche die Ausweitung des freien Wettbewerbs im europäischen Binnenmarkt einschränken oder gar verhindern.[780]

Ausgehend von diesen gemeinschaftsrechtlichen Zielen kann zunächst festgestellt werden, dass sich eine rein förmliche Betrachtungsweise, der ein institutionelles Vorverständnis zu Grunde liegt, für den Begriff des öffentlichen Auftrags von vornherein verbietet. Vielmehr ist in Übereinstimmung mit der in der neueren Literatur herrschenden Meinung von einem funktionellen Begriffsverständnis auszugehen.[781] Der EuGH bringt diesen Blickwinkel nicht nur im Rahmen des Auftraggeberbegriffs[782] mit Überschreitung der maßgeblichen Schwellenwerte zum Ausdruck, sondern legt

---

778 *Frenz*, DÖV 2002, 186, 189.
779 *Opitz*, ZVgR 2000, 97, 103; zustimmend wohl *Otting*, VergabeR 2002, 11, 15.
780 *Jaeger*, NZBau 2001, 6, 8 f.; *Frenz*, DÖV 2002, 186, 189.
781 *Byok*, NJW 2001, 2295, 2298; *Jaeger*, NZBau 2001, 6, 8 f.; OLG Brandenburg, NZBau 2002, 45, 46 – „Kabelfernsehen".
782 Oben D. II. 3. b); EuGH, Slg. 1998-I, 6821, 6861 ff., Rn. 31 ff. – „Gemeente Arnhem", EuGH, Slg. 1988, 4635, 4655 ff. - „Beentjes"; ausführlich hierzu *Dietlein*, NZBau 2002, 136 ff.

ihn – wenn auch nicht ausdrücklich – in seiner „Teckal"-Rechtsprechung selbst für den Auftragsbegriff zu Grunde.[783] Das Merkmal der Funktionalität durchzieht also gewissermaßen wie ein roter Faden das gesamte Kartellvergaberecht und muss daher zur Durchsetzung der einschlägigen Vergabezwecke der zentrale Eckpfeiler jeglicher Auslegungsbemühungen sein.

Ob sich ein beschaffungsrechtlicher Bezug aus einer gemeinschaftsrechtskonformen Auslegung oder einem Umgehungstatbestand sui generis ergibt, ist letztlich für die praktische Rechtsanwendung in den Fällen bedeutungslos, in denen immerhin ein Umgehungstatbestand vorliegt. Es werden insoweit keine divergierenden Ergebnisse hervorgebracht, da nach beiden Ansichten Inhalt und Zweck des Kartellvergaberechts heranzuziehen sind.[784] Dennoch erscheint das funktionelle Verständnis des Auftragsbegriffs vorzugswürdig, da diese Art der Interpretation den entscheidenden Vorteil der Begriffsoffenheit bietet. Insofern ist die Auslegung am Funktionalitätskriterium allein den EU-Vergaberichtlinien verpflichtet und keineswegs nur auf reine Umgehungssachverhalte beschränkt.

Auftragsvergabe und Anteilsveräußerung können dementsprechend bei wirtschaftlicher Betrachtungsweise im Interesse der Herstellung von Wettbewerb als einheitlicher Vorgang und damit als vergaberelevanter öffentlicher Auftrag zu bewerten sein.[785] Diese Sichtweise rechtfertigt sich auch insofern, als der öffentliche Auftraggeber durch den gesellschaftsrechtlichen Kooperationspakt die benötigte Dienstleistung zumindest mittelbar vom neuen Partner einkauft und sich damit unabhängig vom Vorliegen eines Umgehungstatbestands beschafft.[786]

c) Kritik

Die Herleitung des ausschreibungspflichtigen Anteilsverkaufs ist im Schrifttum aber nicht unwidersprochen geblieben.

---

[783] EuGH, Slg. 1999-I, 8139, 8154, Rn. 50 f. – „Teckal"; vgl. schon oben I. 3. e).
[784] Vgl. *Heinrichs*, in: Palandt, BGB, § 134 Rn. 28.
[785] VK Düsseldorf, NZBau 2001, 46, 47 f. – „Trienekens".
[786] Vgl. VK Stuttgart, NZBau 2001, 340, 342; *Bell/Rehak*, LKV 2001, 185, 189. Mit dem Zwischenergebnis, dass bei einer an der Funktionalität ausgerichteten richtlinienkonformen Auslegung auch mittelbare Beschaffungsakte unter § 99 Abs. 1 GWB subsumiert werden können, erübrigt sich gleichsam eine etwaige Analogie (hierzu eingehend unten 6. a)).

aa) Terminologische Kritik

Vereinzelt orientiert sich die Kritik an der Terminologie des „beschaffungsrechtlichen Bezugs“, da die Übertragung einer bestimmten Dienstleistung ohnehin Folge der Anteilsveräußerung sei. *Gelen* weist darauf hin, dass der private Investor mit dem Erwerb der Gesellschaftsanteile automatisch an den bestehenden, schon in der Vergangenheit abgeschlossenen Verträgen partizipiere, so dass regelmäßig jede Anteilsveräußerung ausschreibungspflichtig wäre.[787] Dieser Kritikansatz überzeugt insofern nicht, als er mit Blick auf den „in der Vergangenheit abgeschlossenen Vertrag“ nicht danach differenziert, ob es sich um einen öffentlichen Auftrag i. S. des vierten Abschnitts des GWB handeln muss oder ein sonstiges (privates) Vertragsverhältnis ausreicht. Denn die Terminologie des beschaffungsrechtlichen Bezugs erfasst von vornherein nur solche Anteilsveräußerungen, die mit einem öffentlichen Auftrag i. S. des § 99 GWB verbunden sind. Für Anteilsveräußerungen, die mit privaten Auftragsverhältnissen zusammenhängen, besteht umgekehrt kein Bedürfnis, diese dem Vergaberecht zu unterwerfen.

Sofern man sich beim beschaffungsrechtlichen Bezug auf die (teilweise) Veräußerung von Gesellschaften beschränkt, die einen öffentlichen Auftrag erfüllen, ist die von *Gelen* geäußerte Kritik jedoch nachvollziehbar. Jedenfalls die unreflektierte Annahme eines beschaffungsrechtlichen Bezugs wird daher der gesetzlichen Ausgangslage nicht gerecht. Es tritt durchaus zu, dass die Öffnung des vergaberechtlichen Anwendungsbereichs auf die prinzipiell nicht erfassten Anteilsveräußerungen den Begriff des öffentlichen Auftrags weitgehend ausdehnt.[788] Jedenfalls eine unsachgemäße Ausdehnung des vergaberechtlichen Anwendungsbereichs gilt es damit unter allen Umständen zu vermeiden. Andererseits darf dies nicht darüber hinwegtäuschen, dass die Verbindung von Auftragsvergabe und Anteilsveräußerung grundsätzlich guten Nährboden für vielfältige Missbrauchsmöglichkeiten bietet, dies es einzudämmen gilt. Mit einer tatbestandlichen Einschränkung des beschaffungsrechtlichen Bezugs vermag es zu gelingen, einerseits die Missbrauchsmöglichkeiten zu berücksichtigen und andererseits der vorhandenen Umschreibung des Auftragsbegriffs Rechnung zu tragen.[789]

---

[787] *Gelen*, Müll und Abfall 2001, 582, 584 f.
[788] Vgl. hierzu oben II.
[789] Hierzu unten 3.

bb) Europarechtliche Kritikansätze

Die aus einem beschaffungsrechtlichen Bezug resultierende vergaberelevante Anteilsveräußerung sieht sich auch mit Blick auf die Dienstleistungskoordinierungsrichtlinie Kritik ausgesetzt. *Wellmann* vertritt die Auffassung, dass die EU-Richtlinie dezidiert von „spezifizierten Dienstleistungen" spreche und damit „globale Beschaffungsvorgänge" bewusst von ihrem Geltungsbereich ausnehme.[790] Bereits die Bezeichnung eines in die Anteilsveräußerung eingekapselten Beschaffungsakts als „globaler Beschaffungsvorgang" verleiht der Kritik keine sachliche Aussagekraft. Zudem sind die von der EU-Richtlinie erfassten Dienstleistungen keineswegs im Sinne einer abschließenden Aufzählung spezifiziert. Art. 1 lit. a DKR enthält vielmehr nur die Umschreibung, dass „die zwischen einem Dienstleistungserbringer und einem öffentlichen Auftraggeber geschlossenen schriftlichen entgeltlichen Verträge" als „öffentliche Dienstleistungsaufträge" gelten. Es werden nur diejenigen Arten von Dienstleistungen ausdrücklich benannt, die gerade nicht dem Anwendungsbereich der Vergaberichtlinie unterfallen sollen (Art. 1 lit. a Ziff. i – ix DKR). Von einer „spezifizierten Dienstleistung", die der Herleitung eines beschaffungsrechtlichen Bezugs entgegensteht, kann daher keine Rede sein.

Weitere Bedenken gegen die Annahme eines mittelbaren Beschaffungsakts ruft eine Mitteilung der EU-Kommission aus dem Jahr 1998 hervor.[791] Die vielschichtigen Erscheinungsformen der Public Private Partnership unterlägen danach generell nicht den Beschaffungsrichtlinien und seien lediglich zukünftig zu überprüfen.[792] Das könnte bedeuten, dass auch die auf die Public Private Partnership bezogenen gesellschaftsrechtlichen Transfergeschäfte unter keinen Umständen den Vergaberichtlinien unterfallen sollen. Zuzustimmen ist dem insoweit, als die Beschaffungsrichtlinien nach ihrem ausdrücklichen Wortlaut keine Regelungen für die Ausgestaltung öffentlich-privater Kooperationen enthalten. Die EU-Kommission hat sich in der betreffenden Mitteilung allerdings mit Blick auf die Public Private Partnership nicht gegen eine bestimmte Auslegung der Vergaberichtlinien ausgesprochen, sondern ist – im Gegenteil – von einer zukünftig erforderlichen, eingehenden Prüfung ausgegangen. Diese Tatsache muss gerade als Auftrag an die Rechtswissenschaft verstanden werden, exakte Auslegungskriterien zu entwickeln. Insbesondere bei der Vermögensabtretung an private Käufer haben sich diese Auslegungskriterien nach Ansicht der EU-

[790] *Wellmann*, NZBau 2002, 431, 432, die sich bei der Anteilsveräußerung im Ergebnis für die Anwendung allgemeiner wettbewerbs- und haushaltsrechtlicher Gesichtspunkte ausspricht.
[791] Vgl. *Wellmann*, NZBau 2002, 431, 432.
[792] EU-Kommission, Mitt. v. 11.3.1998, KOM (98), 143.

Kommission an den Bestimmungen über den freien Warenverkehr, die Niederlassungsfreiheit sowie den freien Dienstleistungs- und Kapitalverkehr zu orientieren. Genau in diesem Rechtsrahmen bewegt sich aber die von Rechtsprechung und Literatur entwickelte Annahme eines beschaffungsrechtlichen Bezugs des gesellschaftsrechtlichen Transfergeschäfts. Denn hiermit soll den wirtschaftlichen Grundfreiheiten des EGV zu einer möglichst umfassenden Wirkung verholfen werden, indem der vergaberechtliche Anwendungsbereich entsprechend ausgedehnt wird.

cc) Die Überschreitung der Wortlautgrenze

Kritik entzündet sich darüber hinaus am funktionellen Verständnis des Auftragsbegriffs, da eine solche Auslegung die Wortlautgrenze der §§ 97 Abs. 1, 99 Abs. 1 GWB überschreite. Die einschlägigen Vorschriften sprächen von einem „öffentlichen Auftrag" und gingen damit unzweideutig von einem entgeltlichen Beschaffungsakt aus. Bei einer Anteilsveräußerung könne davon keine Rede sein. Denn hier werde niemand mit der Erbringung einer Leistung beauftragt, sondern im Gegenteil ein (öffentlicher) Vermögenswert veräußert.[793] Dagegen spricht jedoch, dass im Regelfall auch bei funktionellem Verständnis des Auftragsbegriffs die Pflicht zur isolierten Ausschreibung der Gesellschafterstellung insoweit am Merkmal des entgeltlichen Beschaffungsakts scheitert, als damit keine Auftragsvergabe einhergeht. Nur in der Konstellation von verbundener Auftragsvergabe und Anteilsveräußerung kann ein mittelbarer Beschaffungsakt erblickt werden. Allein die Einbeziehung eines mittelbaren Beschaffungsaktes in den Tatbestand überdehnt den Wortlaut der Norm jedoch nicht über das vertretbare Maß hinaus. Dementsprechend stellt auch das OLG Brandenburg in einer jüngeren Entscheidung heraus, dass ein beschaffungsrechtlicher Bezug angenommen werden kann, wenn die Anteilsübertragung direkt mit der Vergabe eines dem neu eintretenden Gesellschafter zugute kommenden öffentlichen Auftrags im Sinne des § 99 GWB zusammenfällt oder der neu eintretende Gesellschafter indirekt an einem derartigen Auftrag, welcher der Tochtergesellschaft zu einem früheren Zeitpunkt erteilt worden war, beteiligt wird.[794] Bei konsequenter Anwendung dieses Leitsatzes wäre jede Veräußerung von Anteilen an einer Gesellschaft, die einen öffentlichen Auftrag erfüllt, ausschreibungspflichtig.

---

[793] *Kämper/Heßhaus*, NWVBl. 2001, 377, 384 f.; *Gelen*, Müll und Abfall 2001, 582, 585.
[794] OLG Brandenburg, VergabeR 2002, 45 – „Kabelfernsehen".

dd) Zur analogen Anwendung des § 99 GWB

Teile des Schrifttums vertreten den Standpunkt, dass sich die Anwendbarkeit des Vergaberechts bei der Suche eines Mitgesellschafters in rechtsdogmatischer Hinsicht nicht aus einer Auslegung, sondern nur aus einer analogen Anwendung des § 99 Abs. 1 GWB ergebe könne.[795] Vereinzelte Stimmen, die die Analogie grundsätzlich befürworten, gehen – Bezug nehmend auf die vorherige Argumentation[796] – noch einen Schritt weiter. Sie plädieren dafür, dass die vergaberechtliche Ausdehnung auf mittelbare Beschaffungsakte prinzipiell eine „unzulässige, jedenfalls unbegründete Analogie darstelle", da hiermit „die äußere Wortlautgrenze jeder vergaberechtlichen Vorschrift unzweifelhaft überfordert" werde.[797] Allerdings beabsichtigt die Analogie doch gerade eine entsprechende Lücke im Wortlaut zu schließen und muss damit zwingend über den ausdrücklichen Gesetzeswortlaut hinausgehen. Die Grenzen der Wortlautauslegung können im Rahmen der Analogie daher keine Rolle spielen, so dass die vorgebrachten Bedenken nicht überzeugen können.

Der Analogie sind jedoch aus einem anderen Grund generelle Zweifel entgegen zu bringen: Ausgangspunkt hierfür ist die Überlegung, dass die Zulässigkeit der Analogie nach allgemeinen Grundsätzen eine ungeplante Regelungslücke bei vergleichbarer Interessenlage voraussetzt. Gerade das Erfordernis einer ungeplanten Regelungslücke führt dazu, dass aus rechtstechnischen Gründen eine Analogie erst dann in Betracht kommt, wenn eine vorherige Auslegung der Rechtsvorschrift erfolglos bleibt. Anders gewendet besteht bei erfolgreicher Auslegung generell keine Regelungslücke. Bezug nehmend auf die bisherigen Ergebnisse der Untersuchung ist die Analogie danach nicht möglich, wenn sich die entsprechende rechtliche Konstruktion eines mittelbaren Beschaffungsverhältnisses bereits aus einer Auslegung des Wortlauts der zu Grunde liegenden Rechtsnorm ergibt. Insofern wurde bereits festgestellt, dass zwar sowohl die isolierte Anteilsveräußerung als auch die Kombination der Anteilsveräußerung mit einer Auftragsvergabe vom Wortlaut des § 99 Abs. 1 GWB nicht ausdrücklich erfasst sind. Zumindest aber für die Kombination aus Anteilsveräußerung mit mittelbarem Beschaffungsakt verhält sich der Wortlaut des § 99 Abs. 1 GWB ebenso offen und ist damit auslegungsfähig.[798] Eine Regelungslücke

---

795 Dafür *Schubert*, WuW 2001, 254, 260; *Boesen*, Vergaberecht, § 100 Rn. 107; *Bell/Rehak*, LKV 2001, 185, 189.

796 Oben cc).

797 *Kämper/Heßhaus*, NWVBl. 2001, 377, 385.

798 Vgl. oben 2.

besteht deswegen nicht, so dass eine Analogie aus rechtstechnischen Gründen ausscheiden muss.[799]

ee) Ergebnis

Die vorgebrachten Bedenken, die sich gegen die funktionelle Auslegung des Begriffs „öffentlicher Auftrag" und damit gegen die Herleitung der Anteilsveräußerung als mittelbarer Beschaffungsakt richten, können damit nicht überzeugen.

4. Die Erforderlichkeit einschränkender Kriterien

Dass es notwendig ist, eine unsachgemäße Ausdehnungen des vergaberechtlichen Anwendungsbereichs zu vermeiden, wurde bereits im Rahmen der terminologischen Kritik zum Begriff des „beschaffungsrechtlichen Bezugs" deutlich.[800] Im Folgenden stellt sich damit die Frage, ob ein derart weitreichendes Verständnis – wie vom OLG Brandenburg befürwortet – mit dem Zweck des Vergaberechts zu vereinbaren ist. Teile des Schrifttums halten in der Tat besondere, einschränkende Maßstäbe für die Ausschreibungspflicht der Anteilsveräußerung nicht für geboten. Sie gehen – allein vor dem zutreffenden Hintergrund eines einheitlichen Vorgangs der Auftragsvergabe und des Anteilsverkaufs – von einer generellen Ausschreibungspflicht entweder des Gesamtvorgangs oder nur des Anteilsverkaufs aus. Als tragendes Argument wird hier ins Feld geführt, dass die Gebietskörperschaft die Vergabevorschriften in der Regel auch dann hätte anwenden müssen, wenn sie den Auftrag erst nach der Anteilsveräußerung an das private Unternehmen vergeben hätte.[801] Es sei unter allen Umständen zu vermeiden, die sowohl vom europäischen Richtliniengeber als auch vom nationalen Gesetzgeber bezweckte umfassende Leistungsbeschaffung im Wettbewerb beliebig unterlaufen zu können. Die vergabefreie In-house-Beauftragung sei daher lediglich als „unselbstständiges Durchgangsstadium" auf dem Weg zu einem gemischt-wirtschaftlichen oder rein privaten Unternehmen zu verstehen, auf das mangels hinreichenden öffentlichen Einflusses die In-house-Grundsätze nicht mehr anwendbar sind.[802] Verstärkt wird diese Auffassung mit dem Argument, dass die Anwendung von

---

[799] Ebenso im Ergebnis VK Düsseldorf, NZBau 2001, 46, 47.

[800] Oben 2. c) aa).

[801] *Endler*, NZBau 2002, 125, 133; *Jaeger*, NZBau 2001, 6, 10 f.; vgl. VK Lüneburg, NZBau 2001, 51 – „Kommunale Wasserversorgung".

[802] Vgl. VK Düsseldorf, NZBau 2001, 46, 47 – „Trienekens".

Kriterien, die das Kartellvergaberecht einschränken, nicht wettbewerbsfreundlich seien,[803] und damit einen Grundpfeiler des Vergaberechts außer Acht ließen.

Gleichwohl scheint eine sinnvolle Eingrenzung des Begriffsmerkmals „beschaffungsrechtlicher Bezug" geboten, um nicht jedwede – unter Umständen auch nur scheinbar im Zusammenhang mit einer Auftragsvergabe stehende – Anteilsveräußerung dem Anwendungsbereich des Vergaberechts zu unterwerfen. Denn eine derartige Ausdehnung des vergaberechtlichen Anwendungsbereichs ließe die strukturellen Unterschiede zwischen Anteilsveräußerungen und den in § 99 GWB genannten Auftragsarten im Ganzen unberücksichtigt. Wie schon weiter oben deutlich gemacht, steht nicht zuletzt der spezifisch personale Einschlag der Auswahl von (Neu-)Gesellschaftern einer generellen Gleichsetzung zu vergaberelevanten „reinen" Beschaffungsmaßnahmen entgegen.[804] Für die Frage, welche konkreten Abgrenzungskriterien für die Annahme eines beschaffungsrechtlichen Bezugs heranzuziehen sind, hat sich in Rechtsprechung und Literatur noch keine klare Linie herausgebildet. Im Allgemeinen lässt sich zwischen formellen und materiellen Kriterien unterscheiden.

5. Die formellen Kriterien

Als formelle Eingrenzungskriterien werden im Folgenden der enge sachlich-zeitliche Zusammenhang, der notwendige Veräußerungszweck sowie die Schwerpunkt- und Kontaminierungstheorie näher beleuchtet.

a) Der enge sachlich-zeitliche Zusammenhang

Es wird teilweise erwogen, die vergaberechtliche Relevanz der Hereinnahme eines privaten Mitgesellschafters von einem engen sachlich-zeitlichen Zusammenhang mit Blick auf die Beauftragung zur Leistungserbringung abhängen zu lassen. Soweit kein entsprechender Zusammenhang feststellbar sei, müssten die beiden relevanten Vorgänge regelmäßig separat zu Grunde gelegt werden.[805] In diese Richtung tendiert auch die Vergabekammer Lüneburg, wonach sich die Anwendung des Kartellvergaberechts aus der Tatsache ergebe, dass eine kommunale Gebietskörperschaft die Su-

---

803 *Jaeger*, NZBau 2001, 1, 11.

804 Vgl. oben II. 2.

805 *Eilmansberger*, JurBl. 2001, 562, 572; *Burgi*, NVwZ 2001, 601, 605; *Marx*, Behörden-Spiegel, Juni 2000, S. B XVI; zustimmend *Gröning*, ZIP 2001, 497, 503; *Kullack*, BBauBl. 2001, 56.

che nach einem privaten Mitgesellschafter mit der vollständigen Vergabe der künftigen Betriebsführung ihrer Abwasserversorgung und -entsorgung an den neuen Gesellschafter *verknüpft* hat.[806] Ähnlich sieht dies die Vergabekammer Düsseldorf in Sachen „Trienekens", wonach das Kartellvergaberecht anwendbar sei, „wenn die Gründung einer Gesellschaft durch die öffentliche Hand gemeinsam mit einem privaten Unternehmen *einhergeht* mit der Vergabe von Leistungsaufträgen an dieses Unternehmen, die ansonsten nach den Regeln des Vergaberechts europaweit hätten ausgeschrieben werden müssen."[807]

Ein Auftrag im funktionellen Sinn bzw. die Annahme eines Umgehungstatbestands scheint bei Vorliegen eines sachlich-zeitlichen Zusammenhangs tatsächlich auf der Hand zu liegen. So weist die Vergabekammer Düsseldorf zu Recht darauf hin, dass „eine solche Beauftragung (...) nicht unberücksichtigt bleiben [könne], da ansonsten durch die Kombination von Gesellschaftsgründung und Aufgabenübertragung die im Grundsatz vom europäischen Richtliniengeber wie vom nationalen Gesetzgeber gewollte umfassende Leistungsbeschaffung im Wettbewerb beliebig unterlaufen werden könnte".[808] Gleichwohl wird man dem Abgrenzungsmaßstab eines engen sachlich-zeitlichen Zusammenhangs – abgesehen von eindeutigen Fällen – mehr als eine vordergründige Indizwirkung nicht beimessen können. Denn gerade in zeitlicher Hinsicht können Abgrenzungsschwierigkeiten offen zu Tage treten, was zu einer fortschreitenden Rechtsunsicherheit führen dürfte. Das Problem einer klaren Grenzziehung erscheint auch nicht ohne weiteres lösbar, da es dem Kriterium des sachlich-zeitlichen Zusammenhangs an exakten Definitionsmerkmalen fehlt und solche gerade in zeitlicher Hinsicht nur schwer aufzufinden sind. Deutlich wird die Gefahr einer Rechtsunsicherheit auch dann, wenn man sich die hierzu ergangene Rechtsprechung vor Augen führt. Diese sah sich bisher ebenfalls nicht im Stande bzw. nicht veranlasst, eine genaue Zeitspanne zu definieren. Der zeitliche Zusammenhang von Auftragsvergabe und Anteilsveräußerung wurde einerseits von der Vergabekammer Stuttgart bei einer Zeitspanne von einem Jahr noch als hinreichend erachtet,[809] andererseits vom OLG Brandenburg in dem Rechtsstreit „Kabelfernsehen" bei einem Zeitraum von sechs Jahren für unerheblich gehalten.[810]

---

[806] VK Lüneburg, NZBau 2001, 51, 52.
[807] VK Düsseldorf, NZBau 2001, 46 ff. – „Trienekens".
[808] VK Düsseldorf, NZBau 2001, 46, 47 – „Trienekens".
[809] VK Stuttgart, Beschl. v. 18.7.2001 – 1 VK 12/01 – zit. nach *Otting*, VergabeR 2002, 11, 14.
[810] OLG Brandenburg, VergabeR 2002, 45, 47 – „Kabelfernsehen".

Auch der Begriff des sachlichen Zusammenhangs führt als Abgrenzungsmerkmal nicht weiter, da ein solcher den hier relevanten Konstellation von Anteilsveräußerung und Auftragsvergabe regelmäßig von vornherein immanent ist. Betrachtet man dieses Kriterium nämlich isoliert ohne die zeitliche Komponente, würde jede Veräußerung von Anteilen an einem Unternehmen, das einen öffentlichen Auftrag erfüllt, ausschreibungspflichtig sein. Das Bestehen eines sachlichen Zusammenhangs von Anteilsveräußerung und Auftragsvergabe würde also isoliert betrachtet in allen denkbaren Konstellationen von mittelbaren Beschaffungsakten eine Ausschreibungspflicht herbeiführen. Als differenziertes Eingrenzungskriterium ist die Existenz eines sachlichen Zusammenhangs damit gänzlich ungeeignet.

Das Kriterium des sachlich-zeitlichen Zusammenhangs eignet sich damit nur in nahezu eindeutigen, atypisch gelagerten Einzelfällen,[811] etwa bei Gründung eines gemischt-wirtschaftlichen Unternehmens mit gleichzeitiger Auftragsvergabe innerhalb eines umfassenden Gesamtvertrags.

b) Der Veräußerungszweck

Ein weiterer Ansatzpunkt zur Einschränkung eines beschaffungsrechtlichen Bezugs erfordert – bisweilen auch in Kumulation zum sachlich-zeitlichen Zusammenhang[812] – einen besonderen Veräußerungszweck, also eine beabsichtigte wirtschaftliche Kohärenz zwischen Auftragsvergabe und Anteilsveräußerung.[813] Die Anhänger dieses Kriteriums gehen ansonsten von einem lediglich innergesellschaftlichen Vorgang aus, der allein die Struktur der Gesellschaft verändere, nicht aber die Tätigkeit der Gesellschaft im Außenverhältnis bereffe.[814] Die zweckgerichtete Anteilsveräußerung bzw. Gesellschaftsgründung muss demzufolge nach den Plänen des Privatisierers auf die Verwirklichung eines Vergabevorgangs gerichtet sein.[815] Nach Auffassung der Vergabekammer Stuttgart sei das Vergaberecht demnach anwendbar, „wenn mit der Gründung von Gesellschaften die Vergabe von Dienstleistungen *unmittelbar verbunden* wird, so dass die Gründung gewissermaßen *Mittel zum Zweck* der Vergabe ist".[816] Die subjektive Komponente wird besonders von der Vergabekammer Leipzig betont. Danach muss

[811] *Dreher*, NZBau 2002, 245, 249.
[812] VK Leipzig, AbfallPrax 2000, 199, 200.
[813] *Eschenbruch*, in: Niebuhr/Kulartz/Kus/Portz, Vergaberecht, § 99 Rn. 42; ähnlich *Bell/ Rehak*, LKV 2001, 189, nach denen die Auftragsvergabe von vornherein feststehen muss.
[814] *Frenz*, DÖV 2002, 186, 189.
[815] VK Stuttgart, NZBau 2001, 340 ff., die das Kriterium des sachlich-zeitlichen Zusammenhangs mit dem Veräußerungszweck verbindet. So auch *Marx*, in: Beck'scher VOB-Komm., § 99 GWB Rn. 24.
[816] VK Stuttgart, NZBau 2001, 340, 344.

die Gründung eines gemischt-wirtschaftlichen Unternehmens unter Einbeziehung eines Privaten *beabsichtigen*, an das neu gegründete Unternehmen im Nachgang einen Leistungsauftrag zu vergeben.[817]

In ähnlicher Weise äußert sich das OLG Brandenburg, indem es für entscheidend erachtet, „ob unter Zugrundelegung einer wirtschaftlichen Betrachtungsweise der Eintritt des neuen Gesellschafters in ein beauftragtes öffentliches Unternehmen einer Auftragsneuerteilung gleichkommt". Dies sei etwa der Fall, wenn die Aufnahme eines neuen Gesellschafters der Gesellschaft dazu dient, sich weitere Finanzmittel zur Erfüllung ihrer Aufgaben aus dem Beschaffungsverhältnis zu verschaffen, um mangels hinreichend finanzieller Mittel zu vermeiden, den Leistungspflichten nicht mehr nachkommen zu können und der öffentliche Auftraggeber damit gezwungen wäre, die Leistung als öffentlichen Auftrag an einen anderen Auftragnehmer zu vergeben.[818]

Das Kohärenztheorie erfordert sowohl für die Suche nach der Zweckrichtung als auch die Beurteilung der wirtschaftlichen Unternehmenslage stets die Erforschung der subjektiver Einschätzungen des veräußernden öffentlichen Auftraggebers.[819] Die Anwendbarkeit des Kartellvergaberechts hängt damit allein von den subjektiven Privatisierungsplänen des öffentlichen Auftraggebers ab. Sofern man für die Herleitung eines beschaffungsrechtlichen Bezugs auf den funktionellen Auftragsbegriff rekurriert, ergibt sich das Problem, dass die Erforschung derartiger subjektiver Kriterien dem vergaberechtlichen Funktionalitätskriterium im Grunde fremd sind. Denn bei den in § 97 GWB verankerten Zielen des Kartellvergaberechts – Wettbewerb, Gleichbehandlung, Transparenz – handelt es sich um objektive Rechtsgewährleistungen. Das Funktionalitätskriterium, das diese objektiven Rechtsgewährleistungen zu möglichst umfassender Anwendung verhelfen soll, kann damit ebenfalls nur am Vorliegen objektiv nachprüfbarer Tatsachen anknüpfen.[820]

Etwas anderes ergibt sich allenfalls dann, wenn man auf das Vorliegen eines Umgehungssachverhalts abstellt. Insofern ist in Rechtsprechung und Literatur bereits umstritten, ob die Annahme einer Gesetzesumgehung aus rechtssystematischen Gründen ein kognitives Element wie die planmäßige Absicht überhaupt zwingend voraussetzt.[821] Selbst unter der Annahme, dass

---

817 VK Leipzig, AbfallPrax 2000, 199, 200.

818 OLG Brandenburg, VergabeR 2002, 45, 47 – „Kabelfernsehen".

819 *Dreher*, NZBau 2002, 245, 249.

820 Vgl. *Dreher*, NZBau 2002, 245, 249; vgl. auch *Jaeger*, NZBau 2001, 6, 11.

821 Dafür: *Boesen*, Vergaberecht, § 99 Rn. 212; *Eilmansberger*, JurBl. 2001, 562, 572; *Mayer-Maly/Armbrüster*, in: MünchKomm-BGB, § 134 Rn. 18; a. A. BGHZ 56, 285, 289; BAGE 10, 65, 70;

bei der Prüfung eines Umgehungstatbestands subjektive Momente zwar nicht den Ausschlag geben, aber immerhin berücksichtigt werden können,[822] stößt die Erforschung subjektiver Beweggründe im Bereich des Kartellvergaberechts jedoch auf tiefgreifende Bedenken. Denn der Nachweis einer planmäßigen Absicht des betroffenen Auftraggebers wird sich insgesamt nur unter großen Schwierigkeiten führen lassen. Im Gegenteil könnte der betroffene Auftraggeber – sofern man subjektive Beweggründe für relevant hält – zur Abwendung der Ausschreibungspflicht nachträgliche Schutzbehauptungen aufstellen, die einer Widerlegung regelmäßig nicht zugänglich sein werden. Eine längerfristige Rechtsunsicherheit wäre mit der für den Nachweis der Umgehungsabsicht notwendigen Motivforschung insofern vorprogrammiert.[823] Zudem gilt auch in diesem Zusammenhang, dass die Ziele des Kartellvergaberechts (Wettbewerb, Gleichbehandlung, Transparenz) objektive Rechtsgewährleistungen sind, die einer Erforschung der subjektiven Motivlage gleichsam entgegen stehen.[824]

Außerdem führt die Anwendung subjektiver Kriterien zu einer Bevorzugung desjenigen Auftraggebers, der sich zunächst bei der Auftragsvergabe noch keine (konkreten) Gedanken über eine spätere Anteilsveräußerung gemacht hat. Eine solche Ungleichbehandlung zu solchen Auftraggebern, die eine spätere Anteilsveräußerung bereits zur Zeit der Auftragsvergabe beabsichtigt haben, wäre nur schwer nachvollziehbar. Denn angesichts rasant zunehmender Entwicklungen und Veränderungen – nicht zuletzt im Bereich des öffentlichen Wirtschaftens – ist eine kurzfristige Disposition mitunter üblich und notwendig. Eine regelrechte Suche nach dem Veräußerungszweck erweist sich ferner in der Praxis als wenig praktikabel. Denn angesichts des chronischen finanziellen „Notstands" der öffentlichen Hand sind häufig andere Motive als eine vergabefreie Auftragsvergabe anzutreffen, wie etwa die rein geldwerte Realisierung von Vermögenswerten. Es kann hier nicht einleuchten, warum die öffentliche Hand bei einer solchen Motivlage gegenüber „normalen" Vergabeverfahren privilegiert werden soll, nur weil sie in einer schlechten Haushaltslage mit der Veräußerung in erster Linie ihre Finanzen aufbessern will. Entscheidend kann in beiden Fällen nur sein, dass das veräußerte Unternehmen mit einem öffentlichen Auftrag betraut ist.

39, 67, 70; *Heinrichs*, in: Palandt, BGB, § 134 Rn. 28; *Hefermehl*, in: Soergel, BGB-Komm., § 134 Rn. 40; *Jaeger*, NZBau 2001, 6, 11.

822 Vgl. BGHZ 110, 230, 234.

823 *Otting*, VergabeR 2002, 11, 14; ähnlich kritisch auch *Jaeger*, NZBau 2001, 6, 11.

824 *Dreher*, NZBau 2002, 245, 249.

Die Kohärenztheorie stellt damit nur bei eindeutiger Beweislage hinsichtlich der subjektiven Motive des öffentlichen Anteilsveräußerers ein sachgerechtes Kriterium für die Annahme eines beschaffungsrechtlichen Bezugs dar.

c) Die Schwerpunkt- und Kontaminierungstheorie

Ein anderer Differenzierungsansatz stellt im Rahmen der Gesamtbetrachtung auf das Verhältnis von Auftragsvergabe und Anteilsveräußerung ab. Das Kartellvergaberecht sei danach nur anwendbar, wenn der rechtliche oder wirtschaftliche Schwerpunkt im Bereich der Leistungsvergabe liege, die dann durch die Anteilsveräußerung überdeckt werde (sog. „Schwerpunkttheorie“).[825] An anderer Stelle im Schrifttum wird – freilich in tendenziell abgeschwächter Form – danach differenziert, ob die Auftragsvergabe mit Blick auf den Hauptgegenstand, die Anteils- oder Betriebsveräußerung, nicht bloß von untergeordneter Bedeutung ist (sog. „Kontaminierungstheorie“).[826]

Dem Grundgedanken der Schwerpunkt- und Kontaminierungstheorie folgend lässt sich ebenfalls überlegen, auf der Suche nach einem beschaffungsrechtlichen Bezug einen anderen Anknüpfungspunkt als den Umfang der zu veräußernden Gesellschaftsanteile zu wählen. Insofern ließe sich der Umfang des zu Grunde liegenden öffentlichen Auftrags nicht in Verhältnis zum Umfang der Anteilsübertragung, sondern in Verhältnis zu den übrigen wertbildenden Faktoren innerhalb des Unternehmens setzen. Namentlich stille Reserven oder eine vollkommen auf den privaten Markt bezogene Geschäftstätigkeit der Gesellschaft könnte dabei von Bedeutung sein.[827] Ist danach der (Rest-)Wert aller öffentlichen Aufträge im Verhältnis zu den sonstigen Geschäftsbeziehungen derart gering, dass er vernachlässigbar erscheint, könnte sich gleichsam die Durchführung eines allein auf öffentliche Aufträge zugeschnittenen Vergabeverfahrens erübrigen. Jedoch bleibt auch dieser Anknüpfungspunkt angesichts seiner mangelnden Bestimmtheit, ab welchem verhältnismäßigen Wert eine Rechtsbeziehung zu vernachlässigen ist, zweifelhaft.

---

[825] *Kleine/Flöther/Bräuer*, NVwZ 2002, 1046, 1046; *Frenz*, DÖV 2002, 186, 191; *ders.*, ZHR 166 (2002), 307, 332, der das Vorliegen eines Umgehungstatbestands weitgehend dadurch eindämmen will, dass kumulativ zur Schwerpunkttheorie – in Anlehnung an die zuvor dargelegten Ansätze – ein enger sachlich-zeitlicher Zusammenhang sowie ein bestimmter Veräußerungszweck erforderlich ist.

[826] OLG Brandenburg, NVwZ 1999, 1142 – „Flughafen Berlin-Schönefeld“; *Opitz*, ZVgR 2000, 97, 106.

[827] *Dreher*, NZBau 2002, 245, 252.

Es lässt sich freilich nicht leugnen, dass dem öffentlichen Auftrag regelmäßig deshalb besonderes Gewicht zukommt, weil seine Existenz die Entscheidung des Anteilserwerbers zur unternehmerischen Beteiligung häufig entscheidend beeinflusst. Dies gilt nicht zuletzt deshalb, weil der private Anteilserwerber mit Blick auf die öffentliche Hand, die Auftraggeber und Mitgesellschafter in einer Person ist, kein Insolvenzrisiko eingeht. Lediglich als Indiz für einen beschaffungsrechtlichen Bezug könnte insoweit die Höhe des durch öffentliche Aufträge erwirtschafteten unternehmerischen Ertrags dienen.[828] Da diese Sichtweise allein an objektive Kriterien der unternehmerischen Tätigkeit anknüpft, könnte man zu der Überzeugung gelangen, dass ihr keine durchgreifenden Bedenken entgegen stehen. Allerdings dienen die objektiven Kriterien letztlich nur der Erforschung der subjektiven Motivlage des Anteilserwerbers. Sie stellen sich gewissermaßen als Hilfsmittel dar, das die durchaus nachvollziehbaren Erwägungen des neuen (Mit-)Gesellschafters sichtbar machen soll. Die Bezugnahme auf subjektive Kriterien widerspricht aber gerade der Zwecksetzung des Kartellvergaberechts und ist deswegen abzulehnen.[829]

Auch ohne den Einfluss subjektiver Kriterien ist die Anwendung der betreffenden Theorien nicht haltbar. Beide Ansätze rekurrieren auf die Rechtsprechung des EuGH[830] zu typengemischten Verträgen im Sinne von § 99 Abs. 1 GWB, wonach bei Vorhandensein sowohl von Bau- als auch Dienstleistungselementen für die Frage, ob ein Bau- oder Dienstleistungsauftrag vorliegt, ebenfalls der Hauptgegenstand des Gesamtvertrags entscheidend ist. Die unmittelbare Heranziehung dieser EuGH-Rechtsprechung stößt in diesem Zusammenhang allerdings auf erhebliche Bedenken, da hier noch nicht feststeht, ob die Suche nach dem Mitgesellschafter als Teil der Gesamtbetrachtung einen beschaffungsrechtlichen Bezug aufweist und damit der Anwendbarkeit des Kartellvergaberechts unterworfen ist. Dem Fall des EuGH lag hingegen ein Beschaffungsverhältnis zu Grunde, mit der Folge, dass der Anwendungsbereich des Vergaberechts eröffnet und lediglich zu entscheiden war, ob ein Bau- oder Dienstleistungsauftrag vorlag. Es ging also nicht um die Frage, ob das Vergaberecht prinzipiell anwendbar ist, sondern lediglich darum, welche konkreten Vorschriften des Vergaberechts anzuwenden sind.[831] Weder die Schwerpunkt- noch die Kontaminierungstheorie bieten aus diesen Gründen einen dogmatisch sauberen Ansatz für die Annahme eines mittelbaren Beschaffungsakts.

---

[828] Vgl. *Berger*, ZfBR 2002, 134, 135 (insbes. Fn. 20).
[829] Vgl. oben b).
[830] EuGH, Slg. 1994-I, 1329, 1343, 1350 f., Rn. 26-28 – "Gestión Hotelera Internacional".
[831] *Marx*, in: Beck'scher VOB-Komm., § 99 GWB Rn. 14.

6. Die materiellen Kriterien

Auf Grund der zuvor dargelegten Bedenken gegen die Verwendung rein formeller Kriterien zur sinnvollen Eingrenzung eines beschaffungsrechtlichen Bezugs fragt es sich, ob materielle Gesichtspunkte eine allgemeingültige Beurteilungsgrundlage für eine Gesamtbetrachtung bieten können. Als materielle Kriterien kommen die Berücksichtigung der mit der Anteilsveräußerung verbundenen Privatisierungsform sowie die Bezugnahme auf die bereits erwähnten In-house-Kriterien in Betracht.

a) Die Abhängigkeit von der Privatisierungsform

Da Privatisierungsmaßnahmen auf der Transfer- und Auftragsebene zumindest bei wirtschaftlicher Gesamtbetrachtung häufig zusammentreffen, gehen Teile des Schrifttums davon aus, die Ausschreibungspflicht der auf der Transferebene stehenden Anteilsveräußerung in Abhängigkeit zur jeweiligen Privatisierungsform auf der Auftragsebene zu beurteilen.[832]

aa) Anteilsveräußerung und Aufgabenprivatisierung

Namentlich *Otting* vertritt die Auffassung, dass die Suche nach einem Mitgesellschafter dann vergaberechtsfrei sei, wenn die (teilweise) Anteilsveräußerung mit einer (materiellen) Aufgabenprivatisierung einhergeht.[833] Er weist hierzu zutreffend darauf hin, dass dann keine bloße Aufgabenübertragung vorliegt, sondern eine Entledigung von der öffentlichen Aufgabenerfüllung und -verantwortung. Die öffentliche Hand bringt damit zum Ausdruck, dass die Wahrnehmung der betreffenden Aufgabe nicht mehr im staatlichen Interesse liegt. Sie überantwortet die Aufgabe gleichermaßen den Regeln des freien Wettbewerbs.[834] Ein solcher Verzicht auf die eigene (staatliche) Erfüllung öffentlicher Aufgaben kann nicht nur durch die eigenverantwortliche Übernahme der Aufgabe durch einen einzelnen Privaten sondern auch durch die generelle Aufhebung staatlicher Monopole zum Ausdruck kommen.[835] In jedem Fall aber komme die Anteilsveräußerung, sofern sie im Verbund mit einer Aufgabenprivatisierung steht, einer materiellen Vollprivatisierung gleich.[836] Nach Durchführung der Privatisie-

[832] *Otting*, VergabeR 2002, 11, 15 f.
[833] *Otting*, VergabeR 2002, 11, 15.
[834] Oben C. III. 2. c).
[835] Vgl. *Thieme*, in: Langen/Bunte, Kartellrecht, § 99 Rn. 29.
[836] *Otting*, VergabeR 2002, 11, 15; *Masing*, ZfBR 2002, 450, 451, der diesen Privatisierungstyp freilich als eine „echte funktionale Privatisierung" bezeichnet; ähnlich *Boesen*, Vergaberecht, § 100 Rn. 107.

rungsmaßnahme könne selbst bei Ausnutzung eines größtmöglichen Auslegungsspielraums mangels öffentlicher Aufgabe die Anwendung des Vergaberechts für die Auftragsebene – und damit gleichzeitig für die Veräußerungsebene – nicht mehr erforderlich sein. Und in der Tat bleibt es allein den Nachfragemärkten überlassen, ob und in welchem Umfang die entsprechende Leistung auch nach erfolgter Aufgabenprivatisierung weiterhin angeboten wird.[837]

Die Anteilsveräußerung kann ebenso mit der Erteilung einer Dienstleistungskonzession einhergehen, so dass ein privater Konzessionär mit der Berechtigung zur Nutzung und Abrechnung mit den jeweiligen Einrichtungsbenutzern tätig wird. Auch in dieser Konstellation liegt es nahe, die mit einer Dienstleistungskonzession einhergehende Anteilsveräußerung als vergabeneutralen Vorgang zu klassifizieren.[838] Denn die Dienstleistungskonzession stellt keinen entgeltlichen Auftrag im Sinne von § 99 Abs. 1 GWB dar und fällt damit aus dem Anwendungsbereich des Kartellvergaberechts per se heraus.[839]

Sofern man diesen Überlegungen folgt, ist es jedoch erforderlich, – zumindest für den Fall der materiellen Privatisierung – eine Gegenausnahme für staatsgebundene Unternehmen[840] und Sektorenauftraggeber[841] anzuerkennen. Denn das Vergaberecht geht mit Blick auf § 98 Nr. 2 und 4 GWB[842] auch nach einer materiellen Privatisierung von der Auftraggebereigenschaft dieser Unternehmen und damit von der prinzipiellen Verpflichtung zur Ausschreibung aus. Zwar wird sich das Leistungsangebot auf Grund der Abgabe der Aufgabenverantwortung auch hier ausschließlich nach marktwirtschaftlichen Gesichtspunkten richten, so dass die strengen Vergabemechanismen eigentlich nicht mehr erforderlich sein dürften. Allerdings sind sowohl die Staatsgebundenheit des Unternehmens als auch die bei Sektorenauftraggebern anzutreffende Verleihung ausschließlicher oder besonde-

---

837 *Endler*, NZBau 2002, 125, 134, der freilich zu recht darauf hinweist, dass jenseits des Kartellvergaberechts noch Rechtsgrundlagen des EU-Gemeinschaftsrechts sowie grundrechtliche Bindungen der öffentlichen Hand dazu führen können, dass die Gesellschaftsanteile in einem transparenten und diskriminierungsfreien Verfahren veräußert werden müssen.

838 So im Ergebnis auch OLG Brandenburg, VergabeR 2002, 45, 47 f. – „Kabelfernsehen".

839 Oben II. 1. c) bb); vgl. *Burgi*, NVwZ 2001, 601, 604.

840 Hierzu § 98 Nr. 2 GWB, oben D. II. 3. b).

841 Nach § 98 Nr. 4 GWB sind darunter solche Unternehmen zu verstehen, die in der Trinkwasser- oder Energieversorgung, dem Verkehrs- oder Telekommunikationssektor und damit in typischen Bereichen der Daseinsvorsorge tätig sind. Die Ausübung dieser Tätigkeiten setzt besondere oder ausschließliche Rechte voraus, die seitens des Staates gewährt worden sind (vgl. hierzu die Ausführungen zu § 100 Abs. 2 lit. g GWB, oben E. I. 2.).

842 Für Einzelheiten zu § 98 Nr. 2 GWB siehe oben D. II. 3. b). Für § 98 Nr. 4 GWB ist bedeutsam, dass die „Tätigkeit auf Grund von besonderen oder ausschließlichen Rechten ausgeübt wird, die von einer zuständigen Stelle gewährt werden", vgl. Art. 2 Abs. 3 SKR (Bspl. für derartige Rechtsgewährungen: § 13 EnWG, §§ 21 ff. AEG, §§ 50 f. TKG).

rer Rechte mitunter marktuntypische und wettbewerbsbeschränkende Kriterien, die auch nach der Privatisierung vor allem im Bereich der staatlichen Daseinsvorsorge weiter bestehen bleiben. Auch der Europäische Richtliniengeber zweifelte insofern an der selbstregulierenden Tendenz der offenen Märkte und sah sich deshalb veranlasst, die betroffenen Unternehmen auch zukünftig in den Kreis der öffentlichen Auftraggeber einzubeziehen.[843] Ausgehend von dieser Überlegung wird es im Gegenzug – zumindest solange kein zunehmender Wettbewerb entstanden ist – in diesen Bereichen weiterhin bei einer prinzipiellen Ausschreibungspflicht der Auftragsvergabe bleiben.[844] Eine ausschreibungspflichtige Anteilsveräußerung mit eingekapseltem Beschaffungsverhältnis bleibt damit – soweit es um staatsgebundene Unternehmen oder Sektorenauftraggeber geht – weiterhin möglich.

bb) Anteilsveräußerung und funktionelle Privatisierung

Gegenüber materiellen Privatisierungen liegt die Situation im Bereich funktioneller Privatisierungen anders. In Bezug auf die Auftragsebene ist diese Privatisierungsform nämlich dadurch gekennzeichnet, dass die öffentliche Stelle den Erwerber für die Erbringung öffentlicher Leistungen in Anspruch nimmt. Da die Verantwortung für die Erfüllung der öffentlichen Aufgabe weiterhin bei der öffentlichen Hand verbleibt und der Private lediglich mit der Aufgabenerfüllung betraut wird, bleibt der öffentlich-rechtliche Charakter der Aufgabe erhalten. Folglich handelt es sich regelmäßig um einen klassischen Beschaffungsakt, mithin um einen öffentlichen Auftrag im Sinne von § 99 Abs. 1 GWB.[845] Die Anteilsveräußerung sei vor diesem Hintergrund ebenfalls öffentlich auszuschreiben, da der private Anteilserwerber damit gleichzeitig in die Leistungserbringung eingeschaltet wird, für die der Auftraggeber zuvor in Höhe seiner Anteilsbeteiligung

---

[843] Der Richtliniengeber bringt durch die Einbeziehung derartiger Unternehmen in den vergaberechtlichen Anwendungsbereich zum Ausdruck, dass die Liberalisierung der entsprechenden Märkte noch nicht so weit fortgeschritten ist und damit die betroffenen Unternehmen trotz des Wettbewerbs ihre Beschaffungsaktivität noch nicht allein an wirtschaftlichen Kriterien ausrichten. Eine zunehmende Liberalisierung kann jedoch gleichsam zu einem effektiveren Wettbewerb führen, der das Vergaberecht sodann obsolet werden lässt. Ein prominentes Beispiel hierfür ist die: Entlassung von Telekommunikationsunternehmen aus dem Anwendungsbereich des Vergaberechts (EU-Kommission, Mitteilung gem. Art. 8 SKR, abgedr. bei *Marx*, in: Beck'scher VOB-Komm., § 98 GWB Rn. 20). Dementsprechend ist der Telekommunikationssektor in der Neufassung der VergabeVO auch nicht mehr enthalten. Da der Telekommunikationssektor jedoch weiterhin in § 98 Nr. 4 GWB erwähnt ist, sind die allgemeinen Vergabegrundsätze gem. § 97 GWB weiterhin zu beachten und bleiben damit selbstverständlich vollumfänglich nachprüfbar (*Marx*, ebda.).

[844] Eingehend zum Ganzen *Endler*, NZBau 2002, 125, 134 f.

[845] *Burgi*, NVwZ 2001, 601, 604.

selbst mittelbar zuständig war.[846] Der erforderliche beschaffungsrechtliche Bezug resultiere aus der mit der Anteilsveräußerung einhergehenden Übertragung der Verpflichtung zur Leistungserfüllung. Es bestehe insoweit nur ein „gradueller Unterschied“ zu der Situation, in der die öffentlich-rechtliche Körperschaft die Aufgabe als eigene betrachtet und lediglich die tatsächliche Erbringung der Arbeit einkauft.[847]

Es leuchtet in diesem Zusammenhang ein, dass sich die im Rahmen funktioneller Privatisierungen regelmäßig erforderliche Sicherung von Einfluss- und Kontrollrechten, die die öffentliche Hand gegenüber dem zu veräußernden Unternehmen wahrnimmt, nicht auf die Ausschreibungspflicht der Anteilsveräußerung auswirkt. Dies gilt selbst dann, wenn besondere, über die eigentliche Anteilsquote hinausgehende Einfluss- und Kontrollmöglichkeiten zu Gunsten der öffentlichen Hand nach dem Veräußerungsgeschäft weiter bestehen. Die vertraglich vereinbarten Einfluss- und Kontrollrechte der öffentlichen Hand, die mitunter rechtlich, politisch oder sozial motiviert aber keineswegs marktüblich sind, schlagen sich nämlich regelmäßig im geminderten Preis für den Anteilskauf nieder. Es dürfte sich bei wirtschaftlicher Betrachtung daher – zumindest mittelbar – um einen Einkauf von Dienstleistungen handeln, wobei die fortgesetzte Wahrnehmung öffentlicher Aufgaben über eine Kaufpreis-Minderung zum Vorteil des Anteilserwerbers erreicht wird.[848]

cc) Kritische Bewertung

Die Bezugnahme auf die einschlägigen Privatisierungsarten stößt dann auf massive Bedenken, wenn der öffentlich-rechtliche Anteilsinhaber nur einen derart geringen Teil seiner Anteile an der Eigengesellschaft oder einem den In-house-Grundsätzen unterliegenden gemischt-wirtschaftlichen Unternehmen veräußert, dass die In-house-Kriterien auch nach dem Veräußerungsakt weiterhin erfüllt bleiben.[849] Es überzeugt dabei nicht, dass die Anteilsveräußerung im Rahmen einer funktionellen Privatisierung auch dann dem Kartellvergaberecht unterliegen soll, wenn eine nach dem Veräußerungsgeschäft erfolgende Auftragsvergabe weiterhin als ausschreibungsfreie „Eigenbeauftragung“ zu qualifizieren ist. Die einzelnen Privatisie-

---

846 *Otting*, VergabeR 2002, 11, 16.

847 *Bell/Rehak*, LKV 2001, 185, 189; *Boesen*, Vergaberecht, § 100 Rn. 107; *Cantner*, KStZ 2000, 201, 204; Sächs. Innenministerium, Rdschr. v. 28.7.1995, Nr. 3b.

848 *Otting*, VergabeR 2002, 11, 16; zustimmend *Kullack*, in: Heiermann/Riedl/Rusam, Handkomm. zur VOB, § 99 GWB Rn. 29.

849 Bspl.: Die öffentliche Hand veräußert 5-10 % der Gesellschaftsanteile eines Unternehmens, an dem sie zuvor mit 100 % beteiligt war.

rungsarten können im Ergebnis als materielle Kriterien für einen beschaffungsrechtlichen Bezug häufig weiterführen; in Einzelfällen ist dieser Lösungsansatz jedoch zurückhaltend anzuwenden.

b) Gleichlauf von Anteilsveräußerung und Auftragsvergabe

Ein weiterer Lösungsansatz für die vergaberechtliche Bewertung der Anteilsveräußerung mit eingekapseltem Beschaffungsakt könnte in der Beteiligungsstruktur der Gesellschaft zu finden sein. Es käme hiernach entscheidend darauf an, die vor und nach der Anteilsveräußerung vorhandenen Beteiligungsstrukturen ins Verhältnis zu setzen. Vor diesem Hintergrund lässt sich überlegen, für die Frage der Ausschreibungspflicht von gesellschaftsrechtlichen Veräußerungsakten die Wertungskriterien der In-house-Vergabe heranzuziehen.

aa) Die In-house-Kriterien bei hypothetischer Betrachtung

Namentlich *Dreher* stellt die Grundformel auf, dass die Anteilsübertragung vergaberechtsfrei ist, wenn eine hypothetische Beauftragung der Gesellschaft erst nach der Anteilsveräußerung in Anwendung der Grundsätze der In-house-Vergabe ausschreibungsfrei wäre.[850] Entscheidend ist danach nur die Rechtslage nach der Anteilsveräußerung – auf das mögliche Bestehen einer In-house-Konstellation vor der Anteilsveräußerung kommt es mithin nicht an. *Dreher* erfasst insgesamt nicht nur solche Umgehungsgeschäfte, die sich das ehemalige Vorliegen der In-house-Kriterien nutzbar machen wollen, sondern auch die Fälle, in denen ursprünglich mangels Vorliegen des In-house-Kriterien keine „Eigenbeauftragung“ vorgelegen hat.

bb) Der Wegfall der In-house-Kriterien

In eine ähnliche Richtung tendiert *Eilmansberger,* der seinen Ansatz ungeachtet des funktionalen Auftragsbegriffs im Kontext der Vermeidung von Gesetzesumgehungen diskutiert.[851] Er schlägt ebenfalls eine Brücke zu den Grundsätzen der In-house-Vergabe, wobei er gleichzeitig die Formel von *Dreher* insoweit einschränkt, als die Frage der Ausschreibungspflicht einer Anteilsveräußerung an der „Ratio der betreffenden Ausnahme“ der In-house-Vergabe anzuknüpfen habe. Die nachträgliche Anteilsveräußerung

---

[850] *Dreher,* NZBau 2002, 245, 249.
[851] *Eilmansberger,* JurBl. 2001, 562, 574 f.

muss danach gleichsam die maßgeblichen Umstände, die zuvor die Auftragsvergabe wegen ihrer In-house-Eigenschaft vom Anwendungsbereich des Vergaberechts freigestellt haben, ändern bzw. wegfallen lassen. *Eilmansberger* macht insofern deutlich, dass die vergaberechtliche „Immunität" der In-house-Vergabe nach der Rechtsprechung des EuGH bei funktioneller Betrachtung darauf basiert, dass der öffentliche Auftraggeber eine Eigenleistung erbringt. Wenn das gesellschaftsrechtliche Transfergeschäft die vergaberechtliche Identität von Auftraggeber und Auftragnehmer aber aufhebe, führe die Fortsetzung des bestehenden Auftrags gleichzeitig zu einer „Neubegründung" der vertraglichen Beziehung.[852] Und in der Tat wandelt sich die vergaberechtlich privilegierte Eigenleistung des Auftraggebers mit Vollzug des Anteilstransfers, der die In-house-Kriterien entfallen lässt, nunmehr in eine Fremdleistung um, welche das Privileg der In-house-Vergabe nicht mehr verdient. In tendenziell vergleichbarer Weise sieht auch das OLG Brandenburg als maßgeblichen Grund an, ob der Eintritt des neuen Gesellschafters einer Auftragserteilung gleichkommt.[853] Das Gericht stellt dazu freilich auf subjektive Motive ab, denen aus bereits erwähnten Gründen jedoch nicht nachgegangen werden sollte.[854]

cc) Kritische Würdigung

Von gewissen Abgrenzungsschwierigkeiten im Zusammenhang mit der Auslegung des Rechtsbegriffs einer „dienststellen-ähnlichen Kontrolle" abgesehen, bietet das Gleichlaufkriterium – unabhängig davon, ob man einen Identitätswegfall für erforderlich hält – jedenfalls den Vorteil einer einfachen Handhabung.

Materiell-inhaltlich stimmen die Auffassungen *Drehers* und *Eilmansbergers* aufgrund der beiderseits favorisierten Anwendung der In-house-Kriterien weitgehend überein. Jedenfalls dann, wenn mit der Anteilsveräußerung ein vergaberechtlicher Identitätswechsel im Sinne *Eilmansbergers* einhergeht, sind gleichermaßen die Voraussetzungen *Drehers* erfüllt. Denn ein Identitätswechsel führt zwingend dazu, dass bei hypothetischer Betrachtung nach der Anteilsveräußerung gleichsam keine In-house-Konstellation mehr besteht. Der Unterschied besteht darin, dass *Eilmansberger* einen Identitätswechsel nur bei Wegfall der In-house-Eigenschaft in Folge der Anteilsveräußerung anerkennt. *Dreher* dagegen setzt das vorherige Bestehen einer In-house-Konstellation für die Ausschreibungspflicht

---

852 *Eilmansberger*, JurBl. 2001, 562, 574 f.
853 OLG Brandenburg, NZBau 2002, 45, 47 – „Kabelfernsehen".
854 Vgl. oben 4. b).

nicht zwingend voraus. So werden etwa nicht nur die Anteilsveräußerung von über 10 % an einer Eigengesellschaft erfasst, was einen Fortfall der Inhouse-Grundsätze zur Folge hat, sondern auch die (teilweise) Veräußerung von Anteilen an einer gemischt-wirtschaftlichen Gesellschaft, für die die In-house-Kriterien von vornherein nicht galten.[855] Diese Tatsache wirft gleichsam die Frage auf, ob sich *Drehers* Auffassung, die bei konsequenter Fortführung eine weitreichende Ausdehnung des Kartellvergaberechts auf Anteilsveräußerungen zur Folge hat, überhaupt rechtfertigen lässt.

Dreher beschreitet mit seiner denkbar weit gefassten Definition des vergaberechtlichen Auftragsbegriffs nämlich einen Weg, der über den Kontext eines vergaberechtlichen (beabsichtigten) Umgehungstatbestands hinausgeht. So besteht etwa im Fall eines gemischt-wirtschaftlichen Unternehmens, das je zur Hälfte einem öffentlichen und einem privaten Rechtsträger gehört, nach herrschender Auffassung richtigerweise keine In-house-Beziehung.[856] Wenn aber in der Vergangenheit keine Eigenbeauftragung sondern eine Fremdvergabe vorlag, kann mit der gegenwärtigen Anteilsveräußerung überhaupt kein Umgehungstatbestand verwirklicht werden. Ein Umgehungstatbestand ist nur denkbar, wenn ein privater Dritter ohne förmliches Vergabeverfahren in die Aufgabenerfüllung eingebunden werden soll, indem das zuvor bestehende Privileg der In-house-Vergabe aufgrund der Koppelung mit der nachfolgenden Anteilsveräußerung in die Gegenwart „gerettet" werden soll. Insofern war aber schon die ursprüngliche Fremdvergabe öffentlich auszuschreiben. Sofern das damalige Ausschreibungsverfahren ordnungsgemäß erfolgte, macht die Pflicht zur Ausschreibung der gegenwärtigen Anteilsveräußerung schon keinen Sinn, weil dem vergaberechtlichen Zweck der Wettbewerbsförderung bereits hinreichend Rechnung getragen wurde.[857] Eine etwaige Verdoppelung des förmlichen Vergabeverfahrens wäre sinnlos und kann vor diesem Hintergrund nicht überzeugen.

Drehers Ansatz stößt selbst dort auf dogmatische Bedenken, wo ein Vergabeverfahren ursprünglich – wie etwa bei der sog. „de-facto-Vergabe" –[858] rechtswidrig unterlassen wurde. Denn das Gleichlaufkriterium führt konsequent weitergedacht dazu, dass die spätere Anteilsveräußerung dazu umfunktioniert würde, das in der Vergangenheit angelegte Defizit zu neutralisieren. Unabhängig vom Vorliegen eines Identitätswechsels oder einer

---

855 Letzteres wäre nach verbreiteter Auffassung etwa bei einer Beteiligungsquote von weniger als 75-90% seitens der öffentlichen Hand der Fall. Hierzu oben E. I. 3.

856 Vgl. oben E. I. 3.

857 Hierzu schon oben E. III.

858 Oben Fn. 714.

Umgehungsabsicht sollen also zwei prinzipiell getrennte Vorgänge dadurch miteinander verbunden werden, dass der im ersten Vorgang entstandene Rechtsfehler durch erhöhte rechtliche Anforderungen an den zweiten Vorgang ausgeglichen wird. Es kann vor diesem Hintergrund nicht überzeugen, dass der beschaffungsrechtliche Charakter der Anteilsveräußerung allein aus einer zuvor rechtswidrig unterlassenen Auftragsvergabe resultieren soll. Eine derartig weite Ausdehnung des vergaberechtlichen Anwendungsbereichs bewegt sich damit nicht mehr im vertretbaren Rahmen.

(1) Das Problem der schrittweisen Anteilsveräußerung

Auch die von *Eilmansberger* favorisierte Beschränkung der ausschreibungspflichtigen Anteilsveräußerung auf die Fälle des Wegfalls der In-house-Kriterien[859] ist nicht frei von Zweifeln. Diese These birgt die Gefahr in sich, dass die Geltung des Kartellvergaberechts mit Blick auf eine „schrittweise" Anteilsveräußerung von der Verhaltenstaktik der Beteiligten abhängt. So könnte ein öffentlicher-rechtlicher Anteilsveräußerer versuchen, seine Anteile an einer den In-house-Kriterien unterliegenden Eigen- oder Beteiligungsgesellschaft nach und nach in derart geringen Stückzahlen zu veräußern, dass bei jeder Einzelveräußerung die maßgeblichen Schwellenwerte unterschritten werden. Insofern wäre die Anteilsveräußerung mit eingekapseltem Beschaffungsakt auch dann ausschreibungsfrei, wenn ein nach *Eilmansberger* vergaberelevanter Identitätswechsel im Sinne des Wegfalls der In-house-Kriterien erfolgt. Mit dieser Konstruktion hätte der öffentliche Auftraggeber gleichsam ein Auftragsverhältnis neu begründet, ohne ein förmliches Vergabeverfahren durchführen zu müssen.

Bei der „schrittweisen" Veräußerung von „Kleinst"-Anteilen handelt es sich freilich um kein unüberwindbares Problem. Die dargestellte Vorgehensweise lässt sich vergaberechtlich durchaus angemessen beurteilen, wenn man den Aspekt eines allgemeinen vergaberechtlichen Umgehungstatbestands zugrunde legt.[860] Insofern ist es erforderlich, den in Art. 7 Abs. 2 DKR, Art. 6 Abs. 4 BKR, § 3 Abs. 2 VergabeVO sowie § 3 Abs. 2 VOF, § 1 a Nr. 4 VOB/A enthaltenen Rechtsgedanken zu verallgemeinern, wonach der Wert eines beabsichtigten Auftrags nicht in der Absicht aufgeteilt werden darf, ihn der Anwendung der vergaberechtlichen Bestimmungen zu entziehen. Eine solche Absicht lässt sich unschwer aufdecken, wenn ein

---

[859] *Eilmansberger*, JurBl. 2001, 562, 574 f.; vgl. oben 5. b).

[860] Dafür sprechen sich aus: OLG Brandenburg, NVwZ 1999, 1142, 1145 – „Flughafen Berlin Schönefeld"; VÜA Bund, WuW/E VergAB 1, 6 – „Rollbehälter"; *Byok*, NJW 1998, 2774, 2777. Vgl. hierzu oben 2. a).

Zusammenhang zwischen den einzelnen Teilakten nachzuweisen ist. Gerade im Fall einer mehrfachen Veräußerung von „Kleinst"-Anteilen an denselben Erwerber liegt ein solcher Zusammenhang in der Regel auf der Hand. Mit dem Einwand einer schrittweisen Anteilsveräußerung lässt sich der Ansatz *Eilmansbergers* also nicht beiseite schieben.

(2) Vergleich zur Veräußerung privater Unternehmen

Ungeachtet einer Differenzierung zwischen den Standpunkten *Eilmansbergers* und *Drehers* könnte prinzipiell gegen die Anwendung der In-house-Kriterien auf die Anteilsveräußerung sprechen, dass die Anteilsveräußerung ansonsten nahezu ausnahmslos als Neuabschluss des öffentlichen Auftrags zu bewerten wäre. Namentlich *Stickler* vertritt hierzu die Auffassung, dass „folgerichtig auch die Veräußerung von Geschäftsanteilen an einem rein privaten Unternehmen, das in der Vergangenheit einen öffentlichen Auftrag erhalten hatte, dem Vergaberecht unterworfen werden [muss], denn auch hier wird mittelbar über die Erlangung der Gesellschafterstellung ein weiteres Unternehmen an der Ausführung des öffentlichen Auftrags beteiligt".[861] Richtig daran ist, dass auch in dem privaten Gesellschaftsanteil bei wirtschaftlicher Betrachtung ein öffentlicher Auftrag eingekapselt ist, der mittelbar an einen weiteren privaten Dritten übertragen wird.

Gegen diesen Vergleich lässt sich allerdings einwenden, dass der private Anteilseigner, der sich zu einer (teilweisen) Veräußerung seiner Geschäftsanteile entschließt, regelmäßig – mit Ausnahme des Sektorenbereichs – kein Auftraggeber im Sinne des § 98 GWB ist und schon deswegen nicht zur Ausschreibung verpflichtet werden kann. Denn mit Blick auf eine Anteilsveräußerung mit eingekapseltem Beschaffungsverhältnis sind die sonstigen, für „reine" Beschaffungsmaßnahmen notwendigen Vergabevoraussetzungen, wie etwa die Auftraggebereigenschaft, zwingend zu übertragen und entsprechend anzuwenden. Auftraggeber kann folglich nicht derjenige sein, der in der Vergangenheit den Auftrag vergeben hat, sondern muss derjenige sein, der gegenwärtig seine Gesellschaftsanteile beabsichtigt zu veräußern.

Ein weiteres, gegen die Argumentation *Sticklers* sprechendes Argument knüpft ebenfalls an die Auftraggebereigenschaft an. Insofern muss man sich vergegenwärtigen, dass die Konstruktion eines beschaffungsrechtli-

[861] *Stickler*, VergabeR 2002, 49, 50; *ders.*, in: Reidt/Stickler/Glahs, Vergaberecht, § 99 Rn. 44.

chen Bezugs auf der Identität des öffentlichen Auftraggebers und des veräußerungswilligen Anteilsinhabers basiert. Denn ein Anteilsveräußerer, der nicht zugleich öffentlicher Auftraggeber ist, wäre ansonsten von vornherein von jeglichen Ausschreibungspflichten freigestellt, da die Voraussetzungen des § 98 GWB nicht vorliegen. Im Fall eines reinen Privatunternehmens, das einen öffentlichen Auftrag erfüllt, ist der dem öffentlichen Recht zuzuordnende Auftraggeber jedoch gerade nicht identisch mit dem veräußerungswilligen privaten Anteilsinhaber. Eine Gleichstellung des öffentlichen Auftraggebers mit dem veräußerungsbereiten privaten Anteilsinhaber lässt sich vor diesem Hintergrund nicht konsistent begründen.

(3) Der Vergleich zur Auftragsgarantie

Dass ein in die Anteilsveräußerung eingekapselter Beschaffungsakt unter der von *Eilmansberger* vertretenen Einschränkung prinzipiell zu berücksichtigen ist, wird auch dann deutlich, wenn die vergaberechtliche Bewertung der hier zentralen Fallkonstellation mit der vergaberechtlichen Bewertung von Auftragsgarantien verglichen wird. Als vorweggenommene Aufträge sind Auftragsgarantien gleichermaßen auszuschreiben wie regelrechte öffentliche Aufträge. Eine bei der Anteilsveräußerung mitgegebene Auftragsgarantie oder eine in den Veräußerungsvertrag als Wert eingebrachte Pflicht zur Auftragserteilung verstößt daher – sofern es an einer förmlichen Ausschreibung fehlt – gegen das Vergaberecht.[862] Dann muss aber erst recht ein „in der Gesellschaft" bereits vorhandener Auftrag beachtlich sein, da dessen Auswirkungen im Gegensatz zur bloß zukünftig wirkenden Auftragsgarantie bereits gegenwärtig wirtschaftlich spürbar und damit mindestens ebenso bedeutsam sind.

dd) Praktische Schlussfolgerung

Insgesamt ist damit deutlich geworden, dass die meisten Argumente für die einen Identitätswechsel befürwortende Auffassung *Eilmansbergers* sprechen, nicht zuletzt deshalb, weil sich etwaige Schwächen – wie das Problem der schrittweisen Anteilsveräußerung – durchaus angemessen lösen lassen. Fraglich bleibt, welche praktische Schlussfolgerung daraus für die Anteilsveräußerungen mit mittelbarem Beschaffungsverhältnis zu ziehen sind. Es mag bezweifelt werden, ob es sachgerecht und praktikabel ist, – namentlich wie *Eilmansberger* vorschlägt – den Auftraggeber vergabe-

---

[862] *Marx*, in: Beck'scher VOB-Komm., § 99 GWB Rn. 23.

rechtlich zu verpflichten, vor der Anteilsveräußerung die bereits bestehende Leistungsbeziehung aufzulösen.[863] Es dürfte sich vielmehr anbieten, unmittelbar die betreffende Anteilsübertragung dem Vergaberegime zu unterwerfen. Denn die geforderte Auflösungspflicht würde den öffentlichen Auftraggeber wiederum über Gebühr beeinträchtigen, da sie dazu führte, den entsprechenden Leistungsauftrag öffentlich auszuschreiben. Dies hätte jedoch zur Folge, dass der Auftrag unter Umständen an ein ganz anderes, von öffentlichen Einflüssen unberührtes Unternehmen vergeben werden müsste. In diesem Fall hätte die öffentliche Hand noch weniger erreicht, als wenn sie allein zur Ausschreibung der Anteilsübertragung verpflichtet wäre. Ihre direkten Einflussmöglichkeiten auf die Auswahl des neuen Mitgesellschafters sind bei Durchführung eines transparenten Vergabeverfahrens zwar ebenso begrenzt; allerdings kann sie durch Teilhabe an der insofern neu strukturierten Public Private Partnership zumindest weiterhin an der Leistungserbringung partizipieren.

ee) Ausnahmen

Anteilsveräußerungen mit eingekapseltem Beschaffungsakt sind unter dem hier bevorzugten Blickwinkel nur dann nach dem Kartellvergaberecht öffentlich auszuschreiben, wenn eine vorherige In-house-Konstellation wegfällt. Allerdings ist auch bei derartigen Sachverhalten die Gefahr einer unsachgemäßen Ausdehnung des Vergaberechts durchaus vorhanden.[864] Eine solche unsachgemäße Ausdehnung realisiert sich in folgenden Ausnahmesituationen, die sich gänzlich an objektiv nachprüfbaren Maßstäben orientieren. Zu nennen sind der bloße Durchgangserwerb (1), die Sicherheitsabtretung und Verpfändung (2) sowie eine zu vernachlässigenden vertragliche Restlaufzeit (3).

(1) Der Durchgangserwerb

Eine dieser Ausnahmen könnte im Fall eine anteilsbezogenen Durchgangserwerbs bestehen. § 37 Abs. 3 S. 1 GWB als Vorschrift des allgemeinen Kartellrechts nimmt den Anteilserwerb durch Kreditinstitute, Finanzinstitute und Versicherungsinstitute (Ersterwerber) zum Zweck der späteren Weiterveräußerung von der kartellrechtlichen Zusammenschlusskontrolle aus, sofern der Ersterwerber bei tatsächlicher Betrachtungsweise nicht das

---

[863] *Eilmansberger*, JurBl. 2001, 562, 575.
[864] Vgl. die Bedenken bei *Gelen*, Müll und Abfall 2001, 582, 586.

Stimmrecht aus den Anteilen ausübt[865] und die Weiterveräußerung innerhalb eines Jahres erfolgt. § 37 GWB ist auf Grund seines Wortlauts und seiner systematischen Stellung zwar nicht unmittelbar auf das Kartellvergaberecht anwendbar; allerdings lässt sich zumindest der Rechtsgedanke auf die hier in Rede stehenden „mittelbaren Beschaffungsverhältnisse" übertragen.[866] Denn sowohl dem Zusammenschluss zweier Unternehmen als auch dem mittelbaren Beschaffungsakt liegen Anteilsveräußerungen zu Grunde, denen es mit Blick auf einen möglichen Ersterwerb am dauerhaften Einfluss auf die Wettbewerbsstruktur fehlt, weil der Finanzdienstleister die Gesellschaftsanteile in der Regel nur an den Zweiterwerber weiterreicht. In beiden Fällen wird der Wettbewerb regelmäßig nur beim Zweiterwerb tangiert, so dass hinsichtlich des Kartellvergaberechts notwendigerweise nur das nachfolgende Veräußerungsgeschäft (Zweiterwerb) auszuschreiben ist.[867] Insofern kann regelmäßig zwar davon ausgegangen werden, dass der ersterwerbende Finanzdienstleister die Gesellschaftsanteile bereits aus eigenem Antrieb marktkonform im Wettbewerb veräußert. Zwingend erscheint dies jedoch nicht, zumal § 97 Abs. 1 und 2 GWB vorschreibt, dass Aufträge nicht nur im Wettbewerb, sondern auch im Wege transparenter Vergabeverfahren und unter Berücksichtigung des Gleichbehandlungsgrundsatzes zu vergeben sind. Sofern der öffentliche Auftraggeber (Anteilsveräußerer) und der Finanzdienstleister (Ersterwerber) darüber hinaus rechtlich absichern, dass letzterer auch im Wege des Stimmrechts keinen Einfluss auf die zu veräußernde Gesellschaft ausübt, stimmt die Annahme eines ausschreibungsfreien Ersterwerbs in aller Regel ohnehin mit den Grundsätzen der In-house-Vergabe überein, da die dienststellenähnlichen Kontrolle insofern beim öffentlichen Auftraggeber verbleibt. Sämtliche dieser Überlegungen machen freilich nur Sinn, wenn der veräußernde Finanzdienstleister als öffentlicher Auftraggeber im Sinne des § 98 GWB qualifiziert werden kann. Obwohl es daran häufig fehlen wird, lässt sich diese Eigenschaft vor allem im kommunalen Sektor hinsichtlich der öffentlich-rechtlichen Sparkasseninstitute gleichwohl nicht von vornherein ausschließen.[868]

---

865 Hinreichend ist hierbei eine tatsächliche Betrachtungsweise; einer rechtlichen Absicherung bedarf es nicht.

866 In diesem Zusammenhang sei angemerkt, dass insbesondere die aus dem Wortlaut und der systematischen Stellung des § 37 Abs. 3 S. 1 GWB resultierende Beschränkung auf die Veräußerung von Anteilen an AG und KGaA im Kartellvergaberecht keine tragende Bedeutung haben kann, da hier besonders verbreitet Beschaffungsakte in Rede stehen, die in die Veräußerung von GmbH-Gesellschaftsanteilen „eingekapselt" sind. Entscheidend muss insofern das Vorliegen eine Beschaffungsakts und weniger die Rechtsnatur der betroffenen Gesellschaft sein.

867 *Dreher,* NZBau 2002, 245, 251.

868 Vgl. zum Streitstand *Kullack,* in: Heiermann/Riedl/Rusam, Handkomm. zur VOB, § 98 GWB Rn. 31; *Dietlein,* NZBau 2002, 136, 140 m. weit. Nachw.

(2) Die Sicherheitsabtretung und Verpfändung

Eine weitere Ausnahme von der Ausschreibungspflicht lässt sich annehmen, wenn die Gesellschaftsanteile durch öffentliche Auftraggeber zur Sicherheit abgetreten oder verpfändet werden.[869] Für eine Ausnahme spricht bereits der Umstand, dass diese Rechtsgeschäfte bei objektiver Betrachtung nur als Instrumente der Kreditsicherung zu verstehen sind und damit umgekehrt keine grundlegend neuen Leistungsbeziehungen beabsichtigen. Das Pfandrecht räumt seinem Erwerber schon per se keine gesellschaftergleiche Stellung ein.[870] Aber auch für die Sicherungsabtretung kann im Ergebnis nichts anderes gelten. Diese reicht zwar wesentlich weiter als der Pfandrechtserwerb, da der Sicherungsnehmer juristisch gesehen als Volleigentümer anzusehen ist und er auf Grund der Sicherungsabrede regelmäßig berechtigt ist, sich durch freihändigen Verkauf aus der Sache zu befriedigen.[871] Die Sicherungsabtretung ist aber zugleich einschränkend determiniert durch den Sicherungszweck. Im Vordergrund steht nämlich nicht der einer reinen Veräußerung gleichstehende Verwertungsaspekt, sondern die Tatsache, dass das Sicherungsgut wirtschaftlich weiterhin zum Vermögen des Sicherungsgebers gehört, der es bis zum Eintritt der Verwertungsreife nutzen kann.[872] Unsicherheiten bestehen zudem über die Dauer der mit der Sicherungsabtretung eingeräumten Rechtsstellung des Sicherungsnehmers, da der Verkauf zum Zweck der Befriedigung erst mit Eintritt des Sicherungsfalls zulässig ist. Der hier vertretenen Herausnahme von Verpfändung und Sicherungsabtretung aus dem vergaberechtlichen Anwendungsbereich kann auch nicht der Einwand entgegen gehalten werden, dass mittels geschickter Vertragsgestaltung damit der Ausschreibungsfreiheit unberechtigt Vorschub geleistet würde. Entsprechenden Konstruktionen, die eine alsbaldige Weiterveräußerung des Sicherungsguts, scil. der Gesellschaftsanteile, an einen von Beginn an feststehenden, an dem eingekapselten Auftrag interessierten Zweiterwerber vorsehen, lässt sich nämlich letztlich der Einwand eines vergaberechtlichen Umgehungstatbestands entgegengehalten.[873]

(3) Die vertragliche Restlaufzeit

Es lässt sich ferner überlegen, auf der Suche nach einschlägigen Ausnahmetatbeständen auch eine zeitliche Komponente zu berücksichtigen. Wäh-

[869] In diesem Sinn auch *Dreher*, NZBau 2002, 245, 151.
[870] Hierzu OLG Hamm, EWiR 1991, 467.
[871] *Lackmann*, Zwangsvollstreckungsrecht, Rn. 594.
[872] Vgl. BGHZ 72, 141, 146; *Lackmann*, Zwangsvollstreckungsrecht, Rn. 594 m. weit. Nachw.
[873] *Dreher*, NZBau 2002, 245, 251.

rend sich nach den obigen Ausführungen die Anwendung eines sachlich-zeitlichen Zusammenhangs nur in atypischen und eindeutigen Fällen empfiehlt,[874] dürfte hier das zeitliche Moment – freilich mit einer anderen Anknüpfung – dennoch relevant werden. Sofern nämlich die Restlaufzeit des eingekapselten Auftrags im Verhältnis zu dessen Gesamtlaufzeit im Zeitpunkt der Anteilsveräußerung ohnehin so gering ist, dass der Wert des Auftrags zu vernachlässigen ist, dürfte auch das Interesse an der Durchführung eines mitunter komplizierten und zeitaufwändigen Vergabeverfahrens hinter dem Bedürfnis nach einer zügigen Vertragsabwicklung zurücktreten.[875]

Etwas anderes kann sich jedoch bei solchen eingekapselten, noch kurze Zeit weitergeltenden Beschaffungsverhältnissen ergeben, die im zu Grunde liegenden Vertragsverhältnis zu dessen Fortführung ein Optionsrecht oder eine Verlängerungsklausel enthalten. Insofern muss die vertragliche Restlaufzeit unter Einschluss des Fortführungszeitraums berechnet werden, der sich durch Ausübung des Optionsrechts bzw. durch das Wirksamwerden der Verlängerungsklausel ergibt. Zwar liegt in der Ausübung des Optionsrechts durch den Auftraggeber oder in dem Unterlassen einer Kündigung kein neuer Vertragsschluss verborgen, weil der ursprünglich durch zwei Willenserklärungen zu Stande gekommene Vertrag bloß fortgesetzt wird.[876] Die vergaberechtliche Relevanz der Vertragsfortführung ergibt sich für die Ausübung des Optionsrechts aber daraus, dass die Vereinbarung dieses Gestaltungsrechts schon in dem seinerzeitigen Vertragsschluss angelegt ist.[877] Auch § 3 Abs. 6 VergabeVO ist dieser Gedanke immanent, wenn dort bestimmt ist, dass der „voraussichtliche Vertragswert auf Grund des größtmöglichen Gesamtwerts unter Einbeziehung der Optionsrechte zu schätzen“ ist.[878] Ebenso vergaberechtlich bedeutsam ist im Fall der Verlängerungsklausel die Entscheidung des Auftraggebers darüber, keine neue, die Vertragsbeendigung herbeiführende Willenserklärung abzugeben.[879] Denn der Verzicht auf die Abgabe der Willenserklärung steht bei der Verlängerungsklausel einer ausdrücklichen vertraglichen Neubegründung qualitativ gleich.

Die Rechtsprechung verhält sich hingegen insgesamt bisher sehr zurückhaltend zu diesem Themenkomplex. Das OLG Düsseldorf judizierte immer-

---

874 Oben 4. a).

875 Hierzu *Dreher*, NZBau 2002, 245, 250 f.

876 VG Frankfurt/Oder, AbfallPrax 2000, 124 ff.

877 Vgl. VG Frankfurt/Oder, AbfallPrax 2000, 124 ff., allerdings mit anderem Ergebnis; hierzu Städte- und Gemeindebund NRW, Mitteilungen 22/2001, 366, Ziff. 698. Eingehend zum Ganzen *H.-M. Müller*, NZBau 2001, 416, 421 f.

878 Vgl. gleichlautend dazu § 3 Abs. 6 VOF.

879 A. A. OLG Celle, NZBau 2002, 53 f., m. krit. Anm. *Noch*, NZBau 2002, 86 f.

hin, dass ein Verlängerungsvertrag dem Vergaberechtsregime der §§ 97 ff. GWB unterliegt, der außer der Laufzeit auch den Vertragsinhalt nicht unerheblich abändert, selbst wenn diese Abänderungen nur aus einer Reduzierung des Auftragsvolumens und des vereinbarten Entgelts bestehen.[880] Dass darüber hinausgehend jedoch auch die Verlängerung von Altverträgen ohne Mengenänderungen grundsätzlich auszuschreiben ist, gebietet bereits das Wettbewerbsprinzip, weil die Marktpreise im Laufe der Zeit in aller Regel einem nicht unerheblichen Wandel unterworfen sind.[881] Dafür spricht auch die von der EU-Kommission in der sog. Konzessionsmitteilung geäußerte Auffassung, wonach die Verlängerung einer ausgelaufenen Konzession generell zur Neuausschreibung der Konzessionsvergabe verpflichtet.[882] Einer Ausdehnung der Kommissionsmitteilung auf alle in diesem Zusammenhang relevanten Konstellationen von eingekapselten Liefer- und Dienstleistungsaufträgen stehen auf Grund der tendenziellen Vergleichbarkeit der Sachverhalte keine durchgreifenden Bedenken entgegen.

c) Ergebnis

Im Ergebnis ist die Veräußerung öffentlicher Unternehmensanteile nach dem Kartellvergaberecht nur dann öffentlich auszuschreiben, wenn die Anteilsveräußerung eine zwischen Anteilsveräußerer und betroffenem Unternehmen ursprünglich vorliegende In-house-Konstellation wegfallen lässt.

IV. Die Schwellenwerte bei der Anteilsveräußerung

Nachdem festgestellt wurde, unter welchen Voraussetzungen die Veräußerung von Gesellschaftsanteilen dem Kartellvergaberecht unterliegt, stellt sich mit Blick auf das Erreichen des Schwellenwerts im Sinne des § 100 Abs. 1 GWB die Frage, welche Art von Berechnungsmethode bei Anteilsveräußerungen mit einem beschaffungsrechtlichen Bezug anzuwenden ist.

1. Die Schwellenwertberechnung

In der Literatur herrscht insoweit Übereinstimmung, als die Berechnung des maßgeblichen Schwellenwerts der Gesamtbetrachtung aus Auftrags-

---

880 OLG Düsseldorf, NZBau 2002, 54 f.

881 *Noch*, NZBau 2002, 86.

882 EU-Kommission, Mitteilungen v. 29.4.2000 zu Auslegungsfragen im Bereich der Konzessionen, AblEG C 121, 2 ff.

vergabe und Anteilsveräußerung Rechnung tragen muss. Deshalb ist entscheidend, ob unter hypothetischen Gesichtspunkten der in der Vergangenheit erteilte Auftrag gegenwärtig – also im Zeitpunkt der Anteilsveräußerung – (noch) ausschreibungspflichtig wäre. Insofern ist allgemein anerkannt, dass nicht der ehemals gesamte Wert des Auftragsvolumens, sondern lediglich der Wert des zukünftig noch abzuwickelnden Auftragsteils berücksichtigt werden kann.[883] Im Einzelnen divergieren die Auffassungen jedoch erheblich. So besteht noch keine Einigkeit darüber, wie sich der weiterhin existente Teil des Auftrags berechnet und ob die zu veräußernde Anteilsquote ebenfalls in die Berechnung mit einzufließen hat.

Teilweise wird eine Schwellenwertberechnung allein anhand der Restlaufzeit des öffentlichen Auftrags unter Zugrundelegung seines anfänglichen Gesamtwerts befürwortet. Bestimmende Faktoren für den Auftragsrestwert seien deren Anzahl, ihr Umfang sowie ihre maßgeblichen Restlaufzeiten im Zeitpunkt der Anteilsveräußerung.[884] Damit könnte auch in der späteren Aufstockung der Gesellschaftsanteile des Privaten keine ausschreibungspflichtige Erweiterung des zu Grunde liegenden Auftrags gesehen werden, da es hiernach auf die Höhe des zu veräußernden Geschäftsanteils nicht ankommt.[885]

Vorzugswürdig dürfte jedoch eine weitergehende Ausdifferenzierung der Berechnungsmethode sein, die den Auftragsrestwert unter Berücksichtigung des Transaktionswerts würdigt. Die Berechnung des Schwellenwerts vollzieht sich hiernach in zwei Schritten: Zunächst ist das zu Grunde liegende Auftragsvolumen – jedenfalls bei langfristigen Liefer- oder Dienstleistungsaufträgen – um die bereits verstrichene Laufzeit anteilig zu kürzen. Sodann ist die jeweilige, vom privaten Dritten übernommene Gesellschaftsanteilsquote mit dem im ersten Schritt errechneten Betrag zu multiplizieren.[886] Diese Berechnungsmethode sieht sich insoweit Kritik ausgesetzt, als für die Berechnung des „Auftragsanteils" nicht die Beteiligungsquote des privaten Mitgesellschafters maßgeblich sein könne. Denn hier sei

---

[883] *Jaeger*, NZBau 2001, 6, 10; *Endler*, NZBau 2002, 125, 134; *Dreher*, NZBau 2002, 245, 250.

[884] *Dreher*, NZBau 2002, 245, 252.

[885] *Dreher*, NZBau 2002, 245, 250; *Endler*, NZBau 2002, 125, 134; vgl. zur Auftragserweiterung: *Boesen*, Vergaberecht, § 99 Rn. 46 ff.

[886] *Jaeger*, NZBau 2001, 6, 10 f. Bspl.: Die teilweise zu veräußernde Gesellschaft ist mit einem einzigen Dienstleistungsauftrag betraut, der über eine Laufzeit von 5 Jahren ein Gesamtvolumen von 4 Mio. Euro hat. Das entspricht einem jährlichen Volumen von 800.000 Euro. Nach exakt 4 Jahren sollen 25 % der Gesellschaftsanteile veräußert werden. Der Auftragsrestwert hat somit einen Wert i.H.v. 800.000 Euro. Dieser Wert reduziert sich unter Berücksichtigung des zu veräußernden Gesellschaftsanteils auf 200.000 Euro (Transaktionswert). Der zur Anwendung des Kartellvergaberechts erforderliche Schwellenwert nach §§ 100 Abs. 1, 127 Nr. 1 GWB i.V.m. § 2 VergabeVO wäre damit gerade erreicht.

die gesamte gemischt-wirtschaftliche Gesellschaft als Auftragnehmerin betroffen, die unter hypothetischen Gesichtspunkten den Auftrag erhält. Die Berücksichtigung der Anteilsveräußerung stelle daher nur ein Hilfsmittel zur Bestimmung des Berechnungszeitpunkts dar, um die nunmehr ausschreibungspflichtig gewordene Auftragsvergabe bei wirtschaftlicher Gesamtbetrachtung dem Vergaberecht unterwerfen zu können.[887] Für die Einbeziehung der betreffenden Anteilsquote in die Berechnung des Schwellenwerts spricht jedoch maßgeblich die Tatsache, dass sich der neu eingetretene Gesellschafter nur in dieser konkreten Höhe in die Aufgabenerfüllung einbringt. Nur in der Höhe seiner jeweiligen Beteiligung partizipiert er am unternehmerischen Erfolg oder Misserfolg. Die Einbeziehung des Transaktionswerts bringt auch keine wesentlich kompliziertere Berechnungsmethode mit sich, so dass die Vorzüge einer exakten, zahlenmäßig leicht bestimmbaren Grenzziehung für die Schwellenwertberechnung erhalten bleiben.

Auch die Praxis geht bisweilen davon aus, für die Schwellenwertberechnung den erwarteten Umsatz der Beteiligungsgesellschaft unter Berücksichtigung des prozentualen Anteils des privaten Dritten an der Gesellschaft zu Grunde zu legen. Sie schränkt diese Berechnungsmethode allerdings insoweit ein, als dieser Wert nur dann mit der gesamten Vertragslaufzeit zu multiplizieren sei, wenn die Vertragslaufzeit eine Dauer von 48 Monaten nicht überschreitet. Bei Verträgen mit unbestimmter Laufzeit oder mit einer Laufzeit von mehr 48 Monaten sei der errechnete Wert mit dem Höchstwert 48 zu multiplizieren.[888] Diese Begrenzung der Vertragslaufzeit auf 48 Monate mutet angesichts längerer Vertragslaufzeiten zumindest vordergründig stark interessengerichtet darauf an, mit möglichst niedrigen Schwellenwerten die Anwendbarkeit des Vergaberechts zu umgehen. Für diese Sichtweise spricht allerdings § 3 Abs. 3 S. 3 VergabeVO, wonach „bei unbefristeten Verträgen oder bei nicht absehbarer Vertragsdauer (...) der Vertragswert aus der monatlichen Zahlung multipliziert mit 48“ folgt. Zur Verhinderung einer unnötigen, in keiner Relation mehr stehenden Ausweitung des strikten Vergabeverfahrens auf langfristige, aber im Grunde genommen finanziell unbedeutende „Kleinst“-Aufträge, stellt sich diese von der Praxis favorisierte Einschränkung für längere Vertragslaufzeiten insgesamt als sachgerechte Berechnungsmethode dar. Ungeachtet der Frage, ob die rechnerische Begrenzung auf eine Laufzeit von 48 Monaten regelmäßig die beste Lösung darstellt, dürfte insbesondere mit Blick auf den Betrieb öffentlicher Infrastruktureinrichtungen eine derartige Begrenzung

[887] *Dreher*, NZBau 2002, 245, 251.
[888] Thür. Innenministerium, Rdschr. v. 16.1.1998, zit. nach *Eschenbruch*, in: Niebuhr/Kulartz/ Kus/Portz, Vergaberecht, § 99 Rn. 44.

vielfach schon für sich genommen die Schwellenwertgrenze auf Grund entsprechend hoher Auftragsvolumina unproblematisch überschreiten.[889] Die Begrenzung auf den Multiplikator 48 wird sich deswegen in vielen Fällen auf das Ergebnis nicht auswirken.

2. Sonderfall: Die Rechtslage unterhalb der Schwellenwerte

Insbesondere mit Blick auf die Rechtslage unterhalb der Schwellenwerte sei in diesem Zusammenhang darauf hingewiesen, dass insoweit ein institutionelles Verständnis des Auftraggeberbegriffs vorherrscht. Aus diesem Grund kann hier die Frage der Auftraggebereigenschaft nicht am funktionellen Auftraggeberbegriff anknüpfen.[890] Im Rahmen der rechtlichen Beurteilung von „Anteilsveräußerungen mit eingekapseltem Beschaffungsverhältnis" scheint es dann ebenso nahe zu liegen, konsequenterweise auch die Bezugnahme auf den funktionellen Auftragsbegriffs für unzulässig zu erachten. Zumindest im Fall der Anteilsveräußerung durch einen institutionellen Auftraggeber (etwa einer Gebietskörperschaft) spricht dennoch einiges dafür, die den funktionellen Auftragsbegriff einschränkenden, oben herausgearbeiteten materiellen (und gegebenenfalls formellen) Kriterien anzuwenden, mit der Folge, dass unter den dargelegten Voraussetzungen auch hier ein beschaffungsrechtlicher Bezug mit allen seinen Folgen für die Ausschreibungspflicht hergestellt werden kann. Denn die einschlägigen Kriterien werden insofern nicht – wie oberhalb der Schwellenwerte – zur Begrenzung des funktionellen Auftragsbegriffs herangezogen, sondern dienen gerade umgekehrt der zulässigen Ausweitung des formellen Auftragsbegriffs. Es handelt sich dabei um einen bloßen Vorzeichenwechsel, der jedenfalls im Ergebnis keine wesentliche Änderung der Rechtslage bewirkt.

Anders dürfte der Fall aber im Fall einer zwischengeschalteten juristischen Person des Privatrechts liegen, so etwa, wenn eine Gebietskörperschaft eine privatrechtliche Eigengesellschaft (bzw. ein gemischt-wirtschaftliches Unternehmen) gründet, die selbst wiederum eine weitere Eigengesellschaft gründet und dieser sodann einen Dienstleistungsauftrag erteilt. Die Tochtergesellschaft veräußert anschließend zumindest Teile der Anteile an der (Enkel-) Gesellschaft. Eine Ausschreibungspflicht des Veräußerungsvorgangs wird man hier trotz eines beschaffungsrechtlichen Bezugs nicht annehmen können, da die Tochtergesellschaft kein öffentlicher Auftraggeber im Sinne des institutionellen Auftraggeberbegriffs ist. Die Vergabefreiheit resultiert dabei schon aus der formalen Betrachtungsweise zum institutio-

---

[889] Vgl. Burgi, NVwZ 2001, 603 f.
[890] Oben D. II. 3. c).

nellen Auftraggeberbegriff und nicht erst aus der Konstruktion zum „Inhouse-Geschäft“ bzw. aus den Erwägungen, dass eine Anteilsveräußerung keinen Beschaffungsakt darstellen könnte.

V. Die Wahl der zutreffenden Verfahrensart

Abschließend fragt es sich, welche Art von Verfahren die veräußerungswillige öffentlich-rechtliche Körperschaft durchzuführen hat. Mit Bezug auf die mit einer Auftragsvergabe in Zusammenhang stehende Anteilsveräußerung bzw. Gesellschaftsgründung finden sich in den geltenden Vergaberechtsvorschriften keine entsprechenden Regelungen für die Wahl eines bestimmten Vergabetyps. Das Verhandlungsverfahren bietet sich allerdings in solchen Fällen als besonders zweckmäßig an, in denen sich – wie bei der Suche nach einem Mitgesellschafter – die Leistungsbeschreibung nicht so exakt spezifizieren lässt, dass interessierte Bieter solche Angebote unterbreiten können, die sich allein im Preis unterscheiden.[891] Auch die einschlägige Spruchpraxis der Vergabekammern erachtet die Durchführung eines Verhandlungsverfahrens im Sinne des § 3a Nr. 1 Abs. 4 VOL/A[892] durchweg als zulässig.[893] Es spricht in der Tat einiges dafür, hier das Verhandlungsverfahren mit vorheriger öffentlicher Vergabebekanntmachung am ehesten in Betracht zu ziehen.[894] Als Ausgangspunkt für einen entsprechenden Begründungsansatz dienen die einschlägigen Verdingungsordnungen, wonach das in der Regel durchzuführende offene Verfahren nicht angewendet werden muss, wenn die Eigenart der Leistung oder besondere Umstände eine Abweichung rechtfertigen, § 3a Nr. 1 Abs. 1 S. 1 i.V. mit § 3 Nr. 2 VOL/A[895]. Spiegelbildlich dazu ist § 3a Nr. 1 Abs. 4 VOL/A[896] in den Blick zu nehmen, der positiv formulierte Ausnahmetatbestände für die Durchführung des Verhandlungsverfahrens aufstellt.

Zunächst gilt es festzuhalten, dass der öffentlichen Hand für die Auswahl eines privaten Mitgesellschafters ein weiter Beurteilungs- und Ermessensspielraum eingeräumt werden muss.[897] Denn angesichts einer Fülle von Regelungspunkten, die das Vertragswerk einer Beteiligungsgesellschaft

---

[891] VK Stuttgart, Beschl. v. 12.7.2001, zit. nach *Otting*, VergabeR 2002, 11, 16.
[892] Vgl. § 3a Nr. 1 lit. c VOB/A.
[893] 1. VK Sachsen, AbfallPrax 2000, 199. 200 f.; VK Lüneburg, NZBau 2001, 51, 52; *Cantner*, KStZ 2000, 201, 204; so auch das Sächsische Innenministerium, Rundschreiben v. 28.7.1995, Nr. 3 b (zit. nach *Bell/Rehak*, LKV 2001, 185, 189).
[894] In diesem Sinn auch *Quilisch*, NZBau 2003, 249; *Jaeger*, NZBau 2001, 6, 11; *Gröning*, ZIP 2001, 497, 504.
[895] Vgl. § 3a Nr. 2 i.V. mit § 3 Nr. 2 VOB/A.
[896] Vgl. 3a Nr. 4 VOB/A.
[897] *Portz*, BWGZ 2000, 191, 197.

stets nach sich zieht, ist ein flexibles Vergabeverfahren dringend erforderlich. Jedenfalls das offene Verfahren – wohl aber auch das nicht offene – Verfahren kann diesen Besonderheiten bei der Suche nach einem Mitgesellschafter nicht gerecht werden. Bei der Gründung einer Beteiligungsgesellschaft steht darüber hinaus ein gesamtes, nicht auf einzelne Punkte beschränktes, komplexes Verhandlungspaket in Rede, das sich unter Umständen noch während der Vertragsverhandlung weiter entwickelt.[898] Eine genaue Vorgabe bestimmter Leistungen in den Verdingungsunterlagen – wie im offenen und nichtoffenen Verfahren vorgesehen – ist dem Auftraggeber bei der Suche nach einem privaten (Mit-)Gesellschafter also faktisch unmöglich.

Mit Bezug auf die expliziten Ausnahmetatbestände der VOL/A dürfte es dahinstehen können, ob ein Fall gemäß § 3a Nr. 1 Abs. 4 lit. b oder lit. c VOL/A anzunehmen ist, da in der Regel der Sinn und Zweck beider Alternativen verwirklicht ist. So handelt es sich aus den zuvor genannten Gründen einerseits um Aufträge, „die ihrer Natur nach oder wegen der damit verbundenen Risiken eine vorherige Festlegung eines Gesamtpreises nicht zulassen“ (lit. b); andererseits „können die vertraglichen Spezifikationen nicht hinreichend genau festgelegt werden“ (lit. c). Es wird dabei nicht verkannt, dass von diesen Ausnahmen allein Dienstleistungsaufträge betroffen sind, unter die – wie oben dargestellt – bei isolierter Betrachtung weder die Gesellschaftsgründung noch die Anteilsveräußerung zu subsumieren ist. Die Subsumtion unter den Begriff des Dienstleistungsauftrags gelingt aber, wenn man bei Zugrundelegung des funktionellen Auftragsbegriffs die einzelnen Rechtsgeschäfte der Anteilsveräußerung resp. Gesellschaftsgründung und der Vergabe eines Dienstleistungsauftrags miteinander verknüpft.[899] Eine entsprechende Behandlung von Lieferaufträgen liegt ebenfalls nahe. Diese sind in den Bestimmungen der VOL/A nicht explizit erwähnt; eine analoge Anwendung lässt sich jedoch mit der Überlegung rechtfertigen, dass eine hierzu erforderliche ungeplante Regelungslücke sowie eine vergleichbare Interessenlage unschwer zu bejahen sein dürften. Mit Blick auf einen der Gesellschaftersuche zu Grunde liegenden Bauauftrag ist die Durchführung eines Verhandlungsverfahrens im Sinne des § 3a Nr. 4 lit. c VOB/A ebenso zulässig, da bei der Suche nach einem Mitgesellschafter regelmäßig „die Leistung nach Art und Umfang oder wegen der damit verbundenen Wagnisse nicht eindeutig und so erschöpfend beschrieben werden kann, dass eine einwandfreie Preisermittlung zwecks Vereinbarung einer festen Vergütung möglich ist“.

---

[898] VÜA Baden-Württemberg, Beschl. v. 29.5.1999, zit. nach *Otting*, VergabeR 2002, 11, 16.
[899] Vgl. oben E. III.

Für die Durchführung eines Verhandlungsverfahrens ohne vorherige öffentliche Vergabebekanntmachung gemäß § 3a Nr. 2 VOL/A[900] besteht demgegenüber in aller Regel kein Raum. In gewissen Ausnahmefällen kann allenfalls § 3a Nr. 2 lit. c VOL/A[901] zum Zuge kommen, wonach der Auftrag wegen seiner technischen oder künstlerischen Besonderheiten oder auf Grund des Schutzes eines Ausschließlichkeitsrechts – etwa eines Patent- oder Urheberrechts – nur von einem bestimmten Unternehmen durchgeführt werden kann. So etwa, wenn die Hereinnahme eines bestimmten privaten Mitgesellschafters auf Grund dessen nachweisbarer besonderer Sachkenntnis auf dem entsprechenden Tätigkeitssektor unerlässlich ist und keine anderen potenziell gleich qualifizierten Bewerber vorhanden sind. Wie bei allen Ausnahmeregelungen, die die Anwendbarkeit des Vergaberechts einschränken, muss jedoch auch hier der vom EuGH aufgestellte Grundsatz enger Auslegung gelten, wobei die Beweispflicht denjenigen trifft, der sich auf die Ausnahme beruft.[902] Derartiges zu beweisen dürfte dem öffentlichen Auftraggeber als Anteilsveräußerer in der Regel nicht gelingen.

[900] Vgl. § 3a Nr. 5 VOB/A.
[901] Vgl. § 3a Nr. 5 lit. c VOB/A.
[902] Vgl. oben D. II. 2.

F. Zusammenfassung und Fazit

Die Untersuchung hat gezeigt, dass das Spektrum von Privatisierungsmaßnahmen auch gegenwärtig noch bedeutenden Anlass zur Diskussion gibt. Zwar ist das Thema „Privatisierung" in den vergangenen zwei bis drei Jahrzehnten durch einige wegweisende Schriften eingehend beleuchtet worden. Allerdings zeigt doch die relativ junge, auf europäische Richtlinien zurückgehende Materie des Kartellvergaberechts, dass die Verknüpfung beider Themenkomplexe noch ein erhebliches Potenzial für weitere Erörterungen enthält. Ein Ausschnitt daraus betrifft die hier im Mittelpunkt stehenden Anteilsveräußerungen von staatlichen bzw. kommunalen Eigen- und Beteiligungsgesellschaften, die auf bestimmte Weise mit der Vergabe eines öffentlichen Auftrags an selbige Unternehmen in Verbindung gebracht werden können.

Die Abhandlung hat versucht zu verdeutlichen, dass die Auftragsvergabe – isoliert betrachtet – nur unter den oben dargestellten Voraussetzungen der In-house-Vergabe ohne vorherige Durchführung eines Vergabeverfahrens erfolgen kann. Insofern bedarf es entweder eines entsprechend hohen Anteilsbesitzes der öffentlichen Hand (mind. 75 %, besser 90 %) oder eines rechtsgeschäftlich vereinbarten Beherrschungsvertrags zu Gunsten des öffentlichen Rechtsträgers, der nach Möglichkeit die Verlustübernahme für wirtschaftlich negative Auswirkungen entsprechender Weisungen an die Geschäftsführung (GmbH) oder den Vorstand (Aktiengesellschaft) statuiert. Mit Blick auf die Ausschreibungspflicht von Anteilsveräußerungen hat sich ergeben, dass diese Tatbestände – ebenfalls isoliert betrachtet – grundsätzlich dem vergaberechtlichen Anwendungsbereich entzogen sind.

Hinsichtlich einer wirtschaftlichen Gesamtbetrachtung von Auftragsvergabe und Anteilsveräußerung wird hier der Standpunkt vertreten, dass die Pflicht zur öffentlichen Ausschreibung der Anteilsveräußerung nach dem Kartellvergaberecht nur bei einem Wegfall einer In-house-Konstellation besteht. In diesem Fall kommt es zu einem Identitätswechsel, der den Anwendungsbereich des Kartellvergaberechts eröffnet. Dies gilt freilich nur unter der Voraussetzung, dass die jeweiligen Schwellenwerte, die sich unter Berücksichtigung der veräußerten Anteilsquote und des Restauftragswerts berechnen, überschritten sind. Die öffentlich-rechtlichen Körperschaften auf Bundes-, Landes- und kommunaler Ebene sollten die wirtschaftliche Betrachtungsweise, die die prinzipielle Vergabefreiheit einer isolierten Anteilsveräußerung aufhebt, nicht als Nachteil begreifen. Denn bei einer Ausgestaltung des Vergabeverfahrens, das die Besonderheiten von Anteilsveräußerungen hinreichend berücksichtigt, lässt sich den Angeboten der Bieter, die sich um die Gesellschafterstellung bewerben, im Wege eines objektiven und transparenten Verfahrens am sichersten entnehmen, wer als Mitgesellschafter in finanzieller, technischer oder personeller Hinsicht am meisten geeignet ist, die unternehmerischen Aufgaben zu erfüllen. Die gerade bei der Suche eines Mitgesellschafters anzulegenden vielfältigen Auswahlkriterien dürften sich insofern im Verhandlungsverfahren ohne größere Widerstände – und für die Öffentlichkeit nachvollziehbar – berücksichtigen lassen. Auf diese Weise lässt sich angesichts einer derzeit besonders angespannten öffentlichen Haushaltslage am besten ermitteln, ob die beabsichtigte Privatisierungsmaßnahme unter wirtschaftlichen Aspekten sinnvoll ist und ob der private Mitgesellschafter die Gewähr für eine zukunftsträchtige und finanziell tragfähige unternehmerische Betätigung bietet.

Literaturverzeichnis

Achterberg, Norbert	Privatrechtsförmige Verwaltung JA 1985, 503
Althaus, Stefan	Öffentlich-rechtliche Verträge als öffentliche Aufträge gem. § 99 GWB NZBau 2000, 277
Altmeppen, Holger	Die Einflussrechte der Gemeindeorgane in einer kommunalen GmbH NJW 2003, 2561
Antweiler, Clemens	Erschließungsverträge mit Kommunalunternehmen: Zulässigkeit und Ausschreibungspflicht NZBau 2003, 94
Arnim, Hans Herbert von	Rechtsfragen der Privatisierung, Wiesbaden 1995
Arrowsmith, Sue	The Law of Public and Utilities Procurement, London 1996
Ax, Thomas Schneider, Matthias Nette, Alexander	Handbuch Vergaberecht, München 2002
Bartosch, Andreas	Schnittstellen zwischen öffentlicher Auftragsvergabe und europäischem Beihilferecht WuW 2001, 673
Bauer, Hartmut	Verwaltungsrechtliche und verwaltungswissenschaftliche Aspekte der Gestaltung von Kooperationsverträgen bei Public Private Partnership DÖV 1998, 89
Bauer, Hartmut	Privatisierungsimpulse und Privatisierungspraxis in der Abwasserentsorgung VerwArch 90 (1999), 561
Bauer, Hartmut	Privatisierung von Verwaltungsaufgaben VVDStRL 54 (1995), 243
Bauer, Jürgen Matthey, Philip	Rechtliche Anforderungen an die Vergabe von Energiespar-Contracting-Aufträgen, Baden-Baden 1998
Bauer, Kilian	Das Bietverfahren im EG-Beihilfenrecht bei der übertragenden Sanierung rechtswidrig begünstigter Unternehmen EuZW 2001, 748

Baumbach, Adolf
Hueck, Alfred
GmbH-Gesetz, 17. Aufl., München 2000

Bechtold, Rainer
GWB-Kommentar, 3. Aufl., München 2002

Bell, Albrecht
Rehak, Heinrich
Vergaberecht und kommunale Privatisierung der Abfallentsorgung
LKV 2001, 185

Berger, Henning
Die Ausschreibungspflicht bei der Veräußerung von Unternehmensanteilen durch kommunale Körperschaften
ZfBR 2002, 134

Berkemann, Jörg
Privatisierung der Verwaltungstätigkeit – Folgen für den Verwaltungsrechtsschutz
SächsVBl. 2002, 279

Bethge, Herbert
Grundrechtsverwirklichung und Grundrechtssicherung durch Organisation und Verfahren - Zu einigen Aspekten der aktuellen Grundrechtsdiskussion
NJW 1982, 1

Binder, Jens-Hinrich
Effektiver Rechtsschutz und neues Vergaberecht – Überlegungen zur Verfassungsmäßigkeit der Differenzierung nach Schwellenwerten in §§ 97 ff. GWB
ZZP 113 (2000), 195

Blanke, Thomas
Funktionale Selbstverwaltung und Demokratieprinzip
Der Personalrat 1999, 50

Blanke, Thomas
Trümmer, Ralf
Handbuch Privatisierung, Baden-Baden 1998

Böckenförde, Ernst-Wolfgang
Demokratie als Verfassungsprinzip, in: Josef Isensee / Paul Kirchhof (Hrsg.), Handbuch des Staatsrechts, Band 1, 2. Aufl., Heidelberg 1995
§ 22, S. 887

Böhm, Bettina
Öffentlich-private Partnerschaften in der kommunalen Stadtentwicklung: öffentlich-rechtliche Vorgaben und gesellschaftsrechtliche Gestaltungen, Frankfurt a. M. 1999

Bös, Dieter
Schneider, Friedrich
Private public partnership: Gemeinschaftsunternehmen zwischen Privaten und der öffentlichen Hand
ZGR 1996, 519

Boesen, Arnold
Vergaberecht Kommentar, Düsseldorf 2000

Braun, Christian | Neue Tendenzen im europäischen Vergaberecht – Ein Ausblick
NZBau 2002, Internet-Beitrag

Brenner, Michael | Gesellschaftsrechtliche Ingerenzmöglichkeiten von Kommunen auf privatrechtlich ausgestaltete kommunale Unternehmen
AöR 127 (2002), 222

Breuer, Rüdiger | Freiheit des Berufs, in: Josef Isensee/Paul Kirchhof (Hrsg.), Handbuch des Staatsrechts, Band 6, 2. Aufl. Heidelberg 2001 § 147, S. 877

Britz, Gabriele | Die Mitwirkung Privater an der Wahrnehmung öffentlicher Aufgaben durch Einrichtungen des öffentlichen Rechts
VerwArch 90 (1999), 418

Brüning, Christoph | Der Verwaltungsmittler – eine neue Figur bei der Privatisierung kommunaler Aufgaben
NWVBl. 1997, 286

Bucher, Annegret | Privatisierung von Bundesfernstraßen, Berlin 1996

Budäus, Dietrich
Grüning, Gernod | Public Private Partnership – Konzeption und Probleme eines Instruments zur Verwaltungsreform aus Sicht der Public-Choice-Theorie, in: Dietrich Budäus/Peter Eichhorn (Hrsg.), Public Private Partnership – Neue Formen öffentlicher Aufgabenerfüllung, Baden-Baden 1997, S. 25

Büchner, Wolfgang | Die rechtliche Gestaltung kommunaler öffentlicher Unternehmen, Frankfurt a. M., Bern 1982

Büllesbach, Alfred
Rieß, Joachim | Outsourcing in der öffentlichen Verwaltung – Neue Formen der Kooperation mit Privaten, in: Wilfried Köhler-Frost (Hrsg.), Outsourcing, 4. Aufl., Berlin 2000

Bull, Hans Peter | Privatisierung öffentlicher Aufgaben
VerwArch 86 (1995), 621

Burgi, Martin | Funktionale Privatisierung und Verwaltungshilfe: Staatsaufgabendogmatik – Phänomenologie – Verfassungsrecht, Tübingen 1999

Burgi, Martin | Kommunales Privatisierungsfolgenrecht: Vergabe, Regulierung und Finanzierung
NVwZ 2001, 601

Burgi, Martin — Vergaberechtliche Fragen bei Privatisierungsvorgängen: Das Beispiel Zusammenarbeit mit dem Sicherheitsgewerbe
GewArch 2001, 217

Burgi, Martin — Die Ausschreibungsverwaltung
DVBl. 2003, 949

Byok, Jan — Das neue Vergaberecht
NJW 1998, 2774

Byok, Jan — Die Entwicklung des Vergaberechts seit 1999
NJW 2001, 2295

Byok, Jan
Jaeger, Wolfgang — Kommentar zum Vergaberecht, Heidelberg 2000

Cantner, Jochen — Anwendung des öffentlichen Preisrechts in der Abfallwirtschaft
KStZ 2000, 201

Cronauge, Ulrich — Kommunale Unternehmen, 3. Aufl., Berlin 1997

Dammert, Bernd
Köhler, Silvia — Das Sächsische Vergabegesetz – Ziele, Inhalte, Folgen
SächsVBl. 2002, 257

Danwitz, Thomas von — Vom Verwaltungsprivat- zum Verwaltungsgesellschaftsrecht – Zur Begründung und Reichweite öffentlich-rechtlicher Ingerenzen in der mittelbaren Kommunalverwaltung –
AöR 120 (1995), 595

Daub, Walter
Eberstein, Hans Hermann — Kommentar zur VOL/A, 5. Aufl., Düsseldorf 2000

Däubler, Wolfgang — Privatisierung als Rechtsproblem, Neuwied 1980

Dauses, Manfred — Handbuch des EU-Wirtschaftsrechts, München, Losebl., 12. Erg.-Lieferung – April 2003

Dietlein, Johannes — Der Begriff des „funktionalen" Auftraggebers nach § 98 Nr. 2 GWB
NZBau 2002, 136

Dietlein, Johannes — Rechtsfragen des Zugangs zu kommunalen Einrichtungen
Jura 2002, 445

Dietlein, Johannes — Kommunale Abfallentsorgung auf dem Prüfstand - Verfassungsrechtliche und einfachgesetzliche Determinanten einer abfallwirtschaftlichen Betätigung der öffentlichen Hand, in: Jahrbuch des Umwelt und Technikrechts, 58 (2001), S. 359

Dietlein, Johannes; Heinemann, Jan — „Public-private-partnership" und Vergaberecht im Bereich der Bundeswehr
NVwZ 2003, 1080

Dietlein, Johannes; Spießhofer, Birgit — Zur Anwendbarkeit des § 13 VgV bei der de-facto-Vergabe öffentlicher Aufträge
VergabeR 2003, 509

Di Fabio, Udo — Privatisierung und Staatsvorbehalt
JZ 1999, 585

Dörr, Oliver — Das deutsche Vergaberecht unter dem Einfluss von Art. 19 Abs. 4 GG
DÖV 2001, 1014

Dolzer, Rudolf; Vogel, Klaus — Bonner Kommentar zum Grundgesetz, Heidelberg, Losebl., 98. Erg.-Lieferung - Dezember 2001

Dreher, Meinrad — Die Privatisierung bei Beschaffung und Betrieb der Bundeswehr
NZBau 2001, 360

Dreher, Meinrad — Public Private Partnerships und Kartellvergaberecht
NZBau 2002, 245

Dreher, Meinrad — Der Anwendungsbereich des Kartellvergaberechts
DB 1998, 2579

Dreher, Meinrad — Die Neugestaltung des Vergaberechtsschutzes
NVwZ 1997, 343

Dreher, Meinrad — Die Zukunft des untergesetzlichen Vergaberechts
NVwZ 1999, 1265

Dreher, Meinrad — Vergaberechtsschutz unterhalb der Schwellenwerte
NZBau 2002, 419

Dreier, Horst — Grundgesetz-Kommentar, Tübingen 1998, Band 2

Eggers, Carsten R.; Malmendier, Bertrand — Strukturierte Bieterverfahren der öffentlichen Hand – Rechtliche Grundlagen, Vorgaben an Verfahren, Zuschlag und Rechtsschutz
NJW 2003, 780

Ehlers, Dirk	Verwaltung in Privatrechtsform, Berlin 1984
Ehlers, Dirk	Die Entscheidung der Kommunen für eine öffentlich-rechtliche oder privatrechtliche Organisation ihrer Einrichtungen und Unternehmen DÖV 1986, 897
Ehlers, Dirk	Mitbestimmung in der öffentlichen Verwaltung Jura 1997, 180
Ehlers, Dirk	Interkommunale Zusammenarbeit in Gesellschaftsform DVBl. 1997, 137
Ehlers, Dirk	Das neue Kommunalwirtschaftsrecht in Nordrhein-Westfalen NWVBl. 2000, 1
Eilmansberger, Thomas	Vergaberechtliche Schranken von Ausgliederungen und Privatisierungen JurBl. 2001, 562
Emde, Ernst Thomas	Die demokratische Legitimation der funktionalen Selbstverwaltung, Berlin 1991
Endler, Jan	Privatisierungen und Vergaberecht NZBau 2002, 125
Engel, Christoph	Gemischtwirtschaftliche Abfallentsorgung, Köln u.a. 1995
Engellandt, Frank	Die Einflussnahme der Kommunen auf ihre Kapitalgesellschaften über das Anteilseignerorgan, Heidelberg 1995
Enzian, Sabine	Zur Frage, ob das Vergaberecht auf Dienstleistungskonzessionen anwendbar ist DVBl. 2002, 235
Erbguth, Wilfried Stollmann, Frank	Erfüllung öffentlicher Aufgaben durch private Rechtssubjekte? – Zu den Kriterien bei der Wahl der Rechtsform DÖV 1993, 798
Erdmann, Joachim	Kommunale Vergabe von Aufträgen an gemischtwirtschaftliche Unternehmen NdsVBl. 2000, 211
Erichsen, Hans-Uwe	Allgemeines Verwaltungsrecht, 12. Aufl., Berlin 2002

Eschenbruch, Klaus
Hunger, Kai-Uwe — Selbstverwaltungskörperschaften als öffentliche Auftraggeber – Unterliegen Selbstverwaltungsinstitutionen der Freiberufler wie Rechtsanwalts- und Ärztekammern und deren Versorgungseinrichtungen dem Kartellvergaberecht?
NZBau 2003, 471

Faber, Angela — Öffentliche Aufträge an kommunal beherrschte Unternehmen – In-house-Geschäfte oder Vergabe im Wettbewerb?
DVBl. 2001, 248

Fleischer, Holger — Konzerninterne Wettbewerbsbeschränkungen und Kartellverbot
AG 1997, 491

Forsthoff, Ernst — Rechtsfragen der leistenden Verwaltung, Stuttgart 1959

Freitag, Martin — Vergaberechtsschutz unterhalb der europäischen „Schwellenwerte“
NZBau 2002, 204

Frenz, Walter — Ausschreibungspflicht einer Übertragung von Gesellschaftsanteilen
DÖV 2002, 186

Frenz, Walter — Liberalisierung und Privatisierung der Wasserwirtschaft ZHR 166 (2002), 307

Frenz, Walter
Kafka, Axel — Vergaberechtliche Grenzen bei der Einbeziehung Privater in die Abfallentsorgung
GewArch 2000, 129

Friauf, Karl Heinrich — Unternehmenseigentum und Wirtschaftsverfassung
DÖV 1976, 624

Friauf, Karl Heinrich — Die Freiheit des Berufs nach Art. 12 Abs. 1 GG
JA 1984, 537

Gallwas, Birgitta — Das Recht der Vergabe öffentlicher Aufträge – ein Überblick
GewArch 2000, 401

Gelen, Timur — Ausschreibungspflicht bei Privatisierung kommunaler Entsorgungsgesellschaften unabhängig von einer Auftragsvergabe?
Müll und Abfall 2001, 582

Gern, Alfons — Deutsches Kommunalrecht, 2. Aufl., Baden-Baden 1997

Gnittke, Katja
Siederer, Wolfgang
Ausschreibungspflichten im Zusammenhang mit gemischtwirtschaftlichen Entsorgungsunternehmen
ZVgR 2000, 236

Görgmaier, Dietmar
Möglichkeiten und Grenzen der Entstaatlichung öffentlicher Aufgaben
DÖV 1977, 356

Grabbe, Jürgen
Verfassungsrechtliche Grenzen der Privatisierung kommunaler Aufgaben, Berlin 1979

Grabitz, Eberhard
Hilf, Meinhard
Das Recht der Europäischen Union, München, Losebl., 21. Erg.-Lieferung – April 2003

Gramm, Christof
Privatisierung und Vergabe von öffentlichen Aufträgen in der Bundeswehr
UBWV 2002, 161

Gramm, Christof
Schranken der Privatisierung bei der inneren Sicherheit – Zugleich ein Beitrag zur Rechtsdogmatik des Art. 33 Abs. 4 GG
VerwArch 90 (1999), 329

Gramm, Christof
Privatisierung und notwendige Staatsaufgaben,
Berlin 2001

Grawert, Rolf
Die Veräußerung kommunaler Vermögensgegenstände
NWVBl. 1999, 285

Grawert, Rolf
Zuständigkeitsgrenzen der Kommunalwirtschaft, in: Klaus Grupp / Michael Ronellenfitsch (Hrsg.), Festschrift für Willi Blümel, Berlin 1999, S. 119

Gröning, Jochem
Public Private Partnerships bei Dienstleistungskonzessionen
NZBau 2001, 123

Gröning, Jochem
Der Begriff der Dienstleistungskonzession, Rechtsschutz und Rechtsweg
VergabeR 2002, 24

Gröning, Jochem
Public Private Partnerships unter den Zwängen des Vergabe-, Gemeindewirtschafts- und Wettbewerbsrecht
ZIP 2001, 497

Grünewald, Klaus
Öffentlich-rechtliche oder privatrechtliche Finanzierung von Entsorgungsdienstleistungen nach dem Kreislaufwirtschafts- und Abfallgesetz?
SächsVBl. 1997, 49

Grziwotz, Herbert	Public Private Partnership – Gemischtwirtschaftliche Unternehmen zur Baulanderschließung? NZG 1999, 55
Habersack, Mathias	Private public partnership: Gemeinschaftsunternehmen zwischen Privaten und der öffentlichen Hand ZGR 1996, 544
Hachenburg, Max Ulmer, Peter	Gesetz betreffend die Gesellschaften mit beschränkter Haftung, 8. Aufl., Berlin, 1992
Hagemeister, Adrian von	Die Privatisierung öffentlicher Aufgaben, München 1992
Hailbronner, Kay	Die Vergabe öffentlicher Aufträge in der Rechtsprechung des Gerichtshofs der Europäischen Gemeinschaft, in: Jürgen Doerry / Hans-Georg Watzke (Hrsg.), Festschrift für Wolfgang Heiermann, Wiesbaden, Berlin 1995, S. 93
Hailbronner, Kay	Private Töchter öffentlicher Auftraggeber und die Anwendbarkeit des EG-Vergaberechts DÖV 2003, 534
Haug, Volker	Funktionsvorbehalt und Berufsbeamtentum als Privatisierungsschranken NVwZ 1999, 816
Heegemann, Volker	Der Begriff der „Einrichtung öffentlichen Recht" im EG-Vergaberecht – am Beispiel öffentlicher Finanzdienstleistungsunternehmen ZBB-Report 1995, 387
Heiermann, Wolfgang Riedl, Richard Rusam, Martin	Handkommentar zur VOB, 10. Aufl., Wiesbaden 2003
Heimburg, Sibylle von	Verwaltungsaufgaben und Private, Berlin 1982
Heintzen, Markus	Rechtliche Grenzen und Vorgaben für eine wirtschaftliche Betätigung von Kommunen im Bereich der gewerblichen Gebäudereinigung, Berlin 1999
Heintzen, Markus	Zur Tätigkeit kommunaler (Energieversorgungs-) Unternehmen außerhalb der kommunalen Gebietsgrenzen NVwZ 2000, 743
Held, Friedrich Wilhelm u.a.	Kommunalverfassungsrecht Nordrhein-Westfalen, Kommentare, Losebl., Wiesbaden, 11. Erg.-Lieferung – Mai 2002

Hellermann, Johannes — Örtliche Daseinsvorsorge und gemeindliche Selbstverwaltung. Zum kommunalen Betätigungs- und Gestaltungsspielraum unter den Bedingungen europäischer und staatlicher Privatisierungs- und Deregulierungspolitik, Tübingen 2000

Hertwig, Stefan — Praxis der öffentlichen Auftragsvergabe (VOB/VOL/VOF), 2. Aufl. 2001

Höfler, Heiko — Ausschreibungspflicht und In-house-Geschäfte NZBau 2003, 431

Höfler, Heiko — Vergaberechtliche Anforderungen an die Ausschreibung von Baukonzessionen WuW 2000, 136

Hösch, Ulrich — Öffentlicher Zweck und wirtschaftliche Betätigung von Kommunen DÖV 2000, 393

Hofmann, Rainer — Privatisierung kommunaler Verwaltungsaufgaben VBlBW 1994, 121

Horn, Lutz — Public Private Partnerships im Immobilienbereich aus vergaberechtlicher Sicht LKV 1996, 81

Horn, Lutz — Die neue Vergabeverordnung LKV 2001, 241

Huber, Peter-Michael — Der Schutz des Bieters im öffentlichen Auftragswesen unterhalb der sog. Schwellenwerte JZ 2000, 877

Hueck, Goetz — Gesellschaftsrecht, 19. Aufl., München 1991

Hüffer, Uwe — Aktiengesetz, 5. Aufl., München 2002

Hüffer, Uwe — Gesellschaftsrecht, 6. Aufl., München 2003

Immenga, Ulrich; Mestmäcker, Ernst-Joachim — GWB, Kommentar zum Kartellgesetz, 3. Aufl., München 2001, 4. Teil: Vergabe öffentlicher Aufträge

Jagenburg, Walter — Die Entwicklung des privaten Bauvertragsrechts seit 1996: VOB Teil A NJW 1998, 2398

Jaeger, Wolfgang — Public Private Partnerships und Vergaberecht NZBau 2001, 6

Jarass, Hans D. — Kommunale Wirtschaftsunternehmen und Verfassungsrecht
DÖV 2002, 489

Jarass, Hans D.
Pieroth, Bodo — Grundgesetz für die Bundesrepublik Deutschland, 6. Aufl., München 2002

Jasper, Jan-Erik — Privatisierung und EG-Vergaberecht: Die Realisierung von Privatisierungsmaßnahmen im Lichte des personellen und sachlichen Anwendungsbereichs des europäisierten Vergaberechts, München, 2001

Jasper, Ute — Das Vergaberechtsänderungsgesetz
DB 1998, 2151

Jennert, Carsten — Public Private Partnership und Vergaberecht – eine Zwischenbilanz am Beispiel der gemischtwirtschaftlichen Entsorgungsgesellschaft
ZKF 2001, 248

Jestaedt, Thomas
Kemper, Klaus
Marx, Fridhelm
Prieß, Hans-Joachim — Das Recht der Auftragsvergabe: Auftraggeber, ausschreibungspflichtige Aufträge, Vergabeverfahren, Sektoren, Rechtsschutz, Neuwied, Kriftel 1999

Kämmerer, Jörn Axel — Privatisierung: Typologie - Determinanten - Rechtspraxis - Folgen, Tübingen, 2001

Kämper, Norbert
Heßhaus, Matthias — Privatisierung Vergaberecht: Die Organisationshoheit der Städte ist zu beachten
Der Städtetag 2000, 36

Kämper, Norbert
Heßhaus, Matthias — Beteiligung öffentlicher Unternehmen an Ausschreibungen
NWVBl. 2001, 277

Kaufmann, Hans
Weber, Klaus — Creifelds Rechtswörterbuch, 17. Aufl., München 2002

Graf Kerssenbrock, Trutz — Ist der Verkauf von Geschäftsanteilen oder Aktienmehrheiten kommunaler Stromversorger einem Vergabeverfahren gemäß §§ 97 ff. GWB zu unterziehen?
WuW 2001, 122

Kiethe, Kurt — Nachträgliche Korrektur von Vertragsklauseln in Treuhandmusterverträgen
BB 1994, 7

Kirsch, Daniela — Public Private Partnership – Eine empirische Untersuchung der kooperativen Handlungsstrategien in Projekten der Flächenerschließung und Immobilienentwicklung, Köln 1999

Kleine, Wolfgang
Flöther, Lucas
Bräuer, Gregor — Die Reorganisation der kommunalen Immobilienwirtschaft – Privatisierung aus vergaberechtlicher Sicht
NVwZ 2002, 1046

Kling, Michael — Die Zulässigkeit vergabefremder Regelungen im Recht der öffentlichen Auftragsvergabe, Diss. Kiel 2000

Knemeyer, Franz-Ludwig — Privatisierung öffentlicher Aufgaben
WiVerw. 1978, 65

Kniesel, Michael
Scheerbarth, Walter — Die gemeindewirtschaftliche GmbH im Bereich der Abfall- und Abwasserwirtschaft
Der Städtetag 1998, 340

Koch, Thorsten — Der rechtliche Status kommunaler Unternehmen in Privatrechtsform, Baden-Baden 1994

Koch, Thorsten — Probleme administrativer Außenrechtserzeugung am Beispiel der Verdingungsordnungen
VerwArch 91 (2000), 354

König, Klaus — Rückzug des Staates – Privatisierung der öffentlichen Verwaltung
DÖV 1998, 963

Koenig, Christian
Haratsch, Andreas — Grundzüge des deutschen und des europäischen Vergaberechts
NJW 2003, 2637

Koenig, Christian
Kühling, Jürgen — Grundstückveräußerungen der öffentlichen Hand, planerischer Wandel und EG-Beihilfenrecht
NZBau 2001, 409

Koenig, Christian — Funktionen des Bietverfahrens im EG-Beihilfenrecht
EuZW 2001, 741

Koman, Angelika — Die Funktionalität des Auftraggeberbegriffs neuerlich bestätigt durch den EuGH
ZfBR 2003, 127

Kraft, Ernst Thomas — Das Verwaltungsgesellschaftsrecht – Zur Verpflichtung kommunaler Körperschaften auf ihre Privatrechtsgesellschaften einzuwirken, Frankfurt a.M. u.a. 1982

Kratzenberg, Rüdiger	Die Neufassung der Vergabeverordnung NZBau 2001, 119
Krebs, Walter	Notwendigkeit und Struktur eines Verwaltungsgesellschaftsrechts Die Verwaltung 29 (1996), 309
Krist, Matthias	Die Neuordnung des Vergaberechtsschutzes unterhalb der EU-Auftragsschwellenwerte, Diss. Köln 2000
Krist, Matthias	Gerichtlicher Rechtsschutz in Vergabeverfahren unterhalb der EU-Auftragsschwellenwerte VergabeR 2001, 373
Krist, Matthias	Zur Verfassungswidrigkeit des schwellenwert-abhängigen Vergaberechtsschutzes nach §§ 97 ff. GWB VergabeR 2003, 17
Krölls, Albert	Rechtliche Grenzen der Privatisierungspolitik GewArch 1995, 129
Krölls, Albert	Die Privatisierung der inneren Sicherheit GewArch 1997, 445
Kropff, Bruno	Zur Anwendung des Rechts der verbundenen Unternehmen auf den Bund ZHR 144 (1980), 74
Kulartz, Hans-Peter	Neue Wege kommunaler Wirtschaftsbetätigung Vergaberecht 2/1998, 25 ff.
Kulartz, Hans-Peter	Pflichtenübertragung der Hausmüllentsorgung auf Private Eildienst Landkreistag NRW 1999, 152
Kulartz, Hans-Peter	Vergaberecht und Verkehr NZBau 2001, 173
Kulartz, Hans-Peter Niebuhr, Frank	Sachlicher Anwendungsbereich und wesentliche Grundsätze des materiellen GWB-Vergaberechts NZBau 2000, 6
Kulartz, Hans-Peter Portz, Norbert	Verdingungsordnung für Leistungen - VOL und VOF, 3. Aufl., Stuttgart 1998
Kullack, Andrea	Public Private Partnership und das Vergaberecht BBauBl. 2001, 50, 56

Kulle, Bernward	Kooperation zwischen öffentlicher Hand und privaten Unternehmen (Public Private Partnership) - Erfahrungen aus unternehmerischer Sicht ZfBR 2003, 129
Kummer, Heinz-Joachim Giesberts, Ludger	Rechtsfragen der Privatisierung kommunaler Abfallentsorgung und Abwasserbeseitigung NVwZ 1996, 1166
Kund, Ulrich	Nachwirkende Pflichten der Gemeinden bei der Ausgliederung öffentlicher Aufgaben auf Private, Frankfurt 1988
Lackmann, Rolf	Zwangsvollstreckungsrecht, 5. Aufl., München 2001
Lampe-Helbig, Gudrun Wörmann, Klaus	Handbuch der Bauvergabe, 2. Aufl., München 1995
Langen, Eugen Bunte, Hermann-Josef	Kommentar zum deutschen und europäischen Kartellrecht, Band 1, 9. Aufl., Neuwied, Kriftel, Berlin 2001
Lecheler, Helmut	Privatisierung – ein Weg zur Neuordnung der Staatsleistungen? ZBR 1980, 69
Lecheler, Helmut	Der öffentliche Dienst, in: Josef Isensee / Paul Kirchhof (Hrsg.), Handbuch des Staatsrechts, Band 3, 2. Aufl. Heidelberg 1996 § 72, S. 717
Lee, Won-Woo	Privatisierung als Rechtsproblem, Köln 1997
Leisner, Walter	Der Vorrang des Gesellschaftsinteresses bei den Eigengesellschaften der öffentlichen Hand WiVerw. 1983, 212
Locher, Horst Vygen, Klaus	Ingenstau/Korbion, Verdingungsordnung für Bauleistungen, Teile A und B, Kommentar, 14. Aufl., Düsseldorf 2001
Loewenich, Gerhard von	Die Schwellenwerte im Lichte des Verfassungsrechts ZVgR 1999, 34
Lutter, Marcus Hommelhoff, Peter	GmbH-Gesetz, Kommentar, 15. Aufl., Köln 2000
Lutter, Marcus Krieger, Gerd	Rechte und Pflichten des Aufsichtsrates, 4. Aufl., Köln 2002

Machura, Stefan — Privatisierung kommunaler Einrichtungen: Ideen und Interessen
VR 2001, 1

Machura, Stefan — Von der Problemlösung zur Problemverschiebung: Privatisierung kommunaler Einrichtungen
VR 2001, 79

Malmendier, Bertrand — Vergaberecht, quo vadis?
DVBl. 2000, 963

Mangoldt, Hermann von; Klein, Friedrich; Starck, Christian — Das Bonner Grundgesetz, Kommentar, Band 1, 4. Aufl., München 1999

Marx, Fridhelm — Verlängerung bestehender Verträge und Vergaberecht
NZBau 2002, 311

Masing, Tobias — Die Beteiligung Privater an kommunalen Gesellschaften und das öffentliche Vergaberecht
ZfBR 2002, 450

Maunz, Theodor; Dürig, Günter — Grundgesetz-Kommentar, München, Losebl., 42. Erg.-Lieferung - Febr. 2003

Maurer, Hartmut — Allgemeines Verwaltungsrecht, 14. Aufl., München 2002

Mayen, Thomas — Privatisierung öffentlicher Aufgaben: Rechtliche Grenzen und rechtliche Möglichkeiten
DÖV 2001, 110

Mehde, Veith — Ausübung von Staatsgewalt und Public Private Partnership
VerwArch 91 (2000), 540

Meier, Norbert; Wieseler, Johannes — Ausgewählte Problembereiches bei kommunal beherrschten Unternehmen in privatrechtlicher Organisationsform
Der Gemeindehaushalt 1993, 174

Mehlitz, Jenny — Der Verkauf von Gesellschaftsanteilen durch öffentliche Auftraggeber unterliegt nicht dem Vergaberecht
WuW 2001, 569

Mendner, Jürgen; Sauerborn, Werner — Privatisierung - Angriff auf den Sozialstaat: eine Untersuchung über die Folgen für die Arbeitnehmer als Bürger, Beschäftigte und Steuerzahler am Beispiel Niedersachsens, Frankfurt a. M. 1983

Möschel, Wernhard	Privatisierung und öffentliches Vergaberecht WuW 1997, 120
Möschel, Wernhard	Privatisierung als ordnungspolitische Aufgabe, in: Lange, Nörr, Westermann (Hrsg.), Festschrift für Joachim Gernhuber, Tübingen 1993, S. 905
Möstl, Markus	Grundrechtsbindung öffentlicher Wirtschaftstätigkeit, München 1999
Moraing, Markus	Kommunales Wirtschaftsrecht vor dem Hintergrund der Liberalisierung der Märkte WiVerw. 1998, 233
Motzke, Gerd Pietzcker, Jost Prieß, Hans-Joachim	Beck'scher VOB-Kommentar, München 2001
Münch, Ingo von Kunig, Philip	Grundgesetz-Kommentar, Band 2, 5. Aufl., München 2001
Müller, Hans-Martin	Langfristige Vertragsverhältnisse der Kommunen mit kommunalen Tochtergesellschaften am Beispiel von Strombezugsverträgen NZBau 2001, 416
Müller-Serten, Annette	Gemeindewirtschafts- und Vergaberecht NZBau 2000, 120
Müller-Wrede, Malte	Der öffentlich-rechtliche Vertrag – Königsweg zur Umgehung des Vergaberechts? in: Jagenburg (Hrsg.), Festschrift für Jack Mantscheff, München 2000, S. 429
Müller-Wrede, Malte	Verdingungsordnung für freiberufliche Leistungen (VOF), Düsseldorf 1999
Nesselmüller, Günter	Rechtliche Einwirkungsmöglichkeiten der Gemeinden auf ihre Eigengesellschaften, Siegburg 1977
Niebuhr, Frank Eschenbruch, Klaus	Das neue Vergaberecht 1998 in: Klaus Kapellmann / Klaus Vygen (Hrsg.), Jahrbuch Baurecht 1998, Düsseldorf
Niebuhr, Frank Kulartz, Hans-Peter Kus, Alexander Portz, Norbert	Kommentar zum Vergaberecht, Neuwied, Kriftel 2000

Noack, Harald — Öffentlich-private Partnerschaften, ihre praktische Bedeutung und die vergaberechtliche Behandlung, verbunden mit einem Ausblick
ZVgR 2000, 189

Noch, Rainer — Die Abgrenzung öffentlicher Bauaufträge von den Liefer- und Dienstleistungsaufträgen
BauR 1998, 941

Noch, Rainer — Begriff des öffentlichen Auftraggebers
NVwZ 1999, 1083

Noch, Rainer — Ausschreibungspflicht bei Verlängerung von Altverträgen nach de-facto-Vergabe
NZBau 2002, 86

Opitz, Marc — Kontraktive Privatisierung und Kartellvergaberecht
ZVgR 2000, 97

Opitz, Marc — Die Entwicklung des EG-Vergaberechts in den Jahren 2001 und 2002, Teil 1 – Die Rechtstatsachen und der Rechtsrahmen, Teil 2 – Die Rechtsprechung
NZBau 2003, 183 und 252

Ortlieb, Birgit — Inhouse-Geschäfte als Ausnahme zur Ausschreibungspflicht im Spannungsfeld zunehmender Privatisierung
WuW 2003, 146

Ossenbühl, Fritz — Die Erfüllung von Verwaltungsaufgaben durch Private
VVDStRL 29 (1971), 137

Ossenbühl, Fritz — Rechtliche Probleme der Zulassung zu öffentlichen Stadthallen
DVBl. 1973, 289

Ossenbühl, Fritz — Mitbestimmung in Eigengesellschaften der öffentlichen Hand
ZGR 1996, 504

Otting, Olaf — Privatisierung und Vergaberecht
VergabeR 2002, 11

Pabst, Heinz-Joachim — Verfassungsrechtliche Grenzen der Privatisierung im Fernstraßenbau, Berlin 1997

Pagenkopf, Martin — Einige Betrachtung zu den Grenzen für privat-wirtschaftliche Betätigungen der Gemeinden – Grenzen für die Grenzzieher?
GewArch 2000, 177

Palandt, Otto — Bürgerliches Gesetzbuch, 63. Aufl., München 2004

Papier, Hans-Jürgen — Grundgesetz und Wirtschaftsordnung, in: Ernst Benda / Werner Maihofer / Hans-Jochen Vogel (Hrsg.), Handbuch des Verfassungsrechts der Bundesrepublik Deutschland, 2. Aufl., Berlin, New York 1994 S. 609

Paschke, Marian — Die kommunalen Unternehmen im Lichte des GmbH-Konzernrechts
ZHR 152 (1988), 263

Pauly, Markus W.
Figgen, Markus
Hünnekens, Georg — Gemischtwirtschaftliche Entsorgungsunternehmen, Berlin 1997

Peine, Franz-Joseph — Der Funktionsvorbehalt des Berufsbeamtentums
Die Verwaltung 1984, 415

Peine, Franz-Joseph — Grenzen der Privatisierung – verwaltungsrechtliche Aspekte
DÖV 1997, 353

Pielow, Johann-Christian — Gemeindewirtschaft im Gegenwind?
NWVBl. 1999, 369

Pietzcker, Jost — Die Zweiteilung des Vergaberechts, Baden-Baden, 2001

Pietzcker, Jost — Der Staatsauftrag als Instrument des Verwaltungshandelns, Tübingen 1978

Pietzcker, Jost — Das Vergaberechtsänderungsgesetz – europarechtliche Grundlagen, wesentliche Änderungen und offene Fragen
SächsVBl. 1999, 289

Pietzcker, Jost — Die neue Gestalt des Vergaberechts
ZHR 162 (1998), 427

Pietzcker, Jost — Vergaberechtliche Sanktionen und Grundrechte
NZBau 2003, 242

Pippke, Nicole — Öffentliche und private Abfallentsorgung, Berlin 1999

Portz, Norbert — Anwendung des Vergaberechts bei der Privatisierung kommunaler Aufgaben
BWGZ 2000, 191

Potacs, Michael — Ausgliederungen und Finanzdienstleistungen, in: Michael Potacs (Hrsg.), Beiträge zum Kärntner Vergaberecht, Wien 2000 S. 79

Prieß, Hans-Joachim	Handbuch des Europäischen Vergaberechts, 2. Aufl., Köln, Berlin, Bonn, München 2001
Prieß, Hans-Joachim	Anmerkung zu OLG Stuttgart, Urt. v. 21.3.2001 – 2 U 240/01 – „Weinbergmauer“ VergabeR 2002, 377
Püttner, Günter	Aktuelle Probleme des Verwaltungsprivatrechts im Organisationsbereich JA 1980, 218
Püttner, Günter	Die Vertretung der Gemeinden in wirtschaftlichen Unternehmen DVBl. 1986, 748
Püttner, Günter	Privatisierung LKV 1994, 193
Püttner, Günter	Die öffentlichen Unternehmen, 2. Aufl., Stuttgart 1985
Puhl, Thomas	Der Staat als Wirtschaftssubjekt und Auftraggeber VVDStRL 60 (2001), S. 456
Quilisch, Tobias	Das Verhandlungsverfahren – Ein Irrgarten? NZBau 2003, 249
Raiser, Thomas	Konzernverflechtungen unter Einschluß öffentlicher Unternehmen ZGR 1996, 458
Rebmann, Kurt Säcker, Franz Jürgen Rixecker, Roland	Münchener Kommentar zum Bürgerlichen Gesetzbuch, Band 1, 4. Aufl., München 2001
Redeker, Konrad	Grundgesetzliche Rechte auf Verfahrensteilhabe NJW 1980, 1593
Rehn, Erich Cronauge, Ulrich Lennep, Hans Gerd von	Gemeindeordnung für das Land Nordrhein-Westfalen, Kommentar, Losebl., Siegburg, 26. Erg.-Lieferung – Januar 2002
Reidt, Olaf Stickler, Thomas Glahs, Heike	Vergaberecht Kommentar, 2. Aufl., Köln 2003
Ronellenfitsch, Michael	Staat und Markt: Rechtliche Grenzen einer Privatisierung kommunaler Aufgaben DÖV 1999, 705

Ronellenfitsch, Michael — Wirtschaftliche Betätigung des Staates, in: Josef Isensee / Paul Kirchhof (Hrsg.), Handbuch des Staatsrechts, Band 3, 2. Aufl., Heidelberg 1996, § 84, S. 1171

Roth, Frank — Kontrolle und Aufsicht über Unternehmen des privaten Rechts – Grenzen des funktionalen Auftraggeberbegriffs in § 98 Nr. 2 GWB
VergabeR 2003, 397

Rüffler, Friedrich — Zur Zulässigkeit des Beherrschungsvertrages im österreichischen Recht, in: Festschrift für Hans-Georg Koppensteiner, Wien 2001

Ruffert, Matthias — Kommunalwirtschaft und Landes-Wirtschaftsverfassung
NVwZ 2000, 763

Sachs, Michael — Grundgesetz Kommentar, 3. Aufl., München 2003

Schaafkamp, Christoph
Bayer, Dieter — Vergabe von Dienstleistungsaufträgen im ÖPNV nach PBefG und AEG
WiVerw. 2001, 148

Schabel, Thomas — Anmerkung zu EuGH, Urt. v. 10.5.2001 – Rs. C 223/99 und Rs. C 266/99 – „Ente Fiera"
VergabeR 2001, 285

Schauenburg, Christoph — Ausschreibungspflicht und Privilegien für In-house-Geschäfte
NZBau 2002, Internet-Beitrag

Schink, Alexander — Wirtschaftliche Betätigung kommunaler Unternehmen
NVwZ 2002, 129

Schink, Alexander — Kommunalverfassungsrechtliche und kartellrechtliche Probleme bei der Organisation der öffentlichen Abfallwirtschaft, in: Hartmut Bauer/ Alexander Schink (Hrsg.), Organisationsformen in der öffentlichen Abfallwirtschaft, 1993

Schmidt, Karsten — Gesellschaftsrecht, 4. Aufl., München 2002

Schmidt, Karsten — Handelsrecht, 5. Aufl., München 1999

Schmidt, Reiner — Der Übergang öffentlicher Aufgabenerfüllung in private Rechtsformen
ZGR 1996, 345

Schmidt-Jorzig, Edzard – Gemeinde- und Kreisaufgaben – Funktionsordnung des Kommunalbereichs nach „Rastede" – DÖV 1993, 973

Schoch, Friedrich – Privatisierung der Abfallentsorgung, 1992

Schoch, Friedrich – Rechtsfragen der Privatisierung von Abwasserbeseitigung und Abfallentsorgung DVBl. 1994, 1

Schoch, Friedrich – Privatisierung von Verwaltungsaufgaben DVBl. 1994, 962

Schön, Wolfgang – Der Einfluss öffentlich-rechtlicher Zielsetzungen auf das Statut privatrechtlicher Eigengesellschaften der öffentlicher Hand: Gesellschaftsrechtliche Analyse ZGR 1996, 429

Scholz, Franz; Crezelius, Georg – Kommentar zum GmbH-Gesetz, 9. Aufl., Köln, Band 1 (2000), Band 2 (2002)

Scholz, Rupert – Verkehrsüberwachung durch Private? NJW 1997, 14

Scholz, Rupert – Privatisierung im Baurecht, Berlin 1997

Scholz, Rupert; Pitschas, Rainer – Die Rechtsformen kommunaler Unternehmen – Kriterien für die Wahl der Rechtsform, in: Günter Püttner (Hrsg.), Handbuch der kommunalen Wissenschaft und Praxis, Band 5 – Kommunale Wirtschaft, 2. Aufl., Heidelberg 1984, § 95 B., S. 128

Schröder, Holger – Vergaberechtliche Probleme bei der Public-Private-Partnership in Form der gemischtwirtschaftlichen Unternehmung NJW 2002, 1831

Schubert, Jörg – Privatisierung und öffentliches Vergaberecht WuW 2001, 254

Schulte, Martin – Ausnahmen vom neuen Vergaberecht durch öffentlich-rechtliche Verträge? – Eine Darstellung am Beispiel des Rettungswesens NZBau 2000, 272

Schuppert, Gunnar Folke – Rückzug des Staates? DÖV 1995, 761

Schuppert, Gunnar Folke	Die Erfüllung öffentlicher Aufgaben durch die öffentliche Hand, private Anbieter und Organisationen des Dritten Sektors, in: Jörn Ipsen (Hrsg.), Privatisierung öffentlicher Aufgaben, Köln 1994, S. 17
Schwintowski, Hans-Peter	Verschwiegenheitspflicht für politisch legitimierte Mitglieder des Aufsichtsrats NJW 1990, 1009
Seidel, Ingelore	Zur Wandlung des Begriffsinhalts „öffentlicher Auftraggeber" im EG-Vergaberecht vom institutionellen zum funktionellen Begriff sowie zu aktuellen Anwendungsfragen des erweiterten Begriffs, in: Jürgen Doerry / Hans-Georg Watzke (Hrsg.), Festschrift für Wolfgang Heiermann, Wiesbaden, Berlin, 1995, S. 293
Snethlage, Wolf-Henner	Privatisierung durch Ausschreibungsverfahren, Berlin 2001
Soergel, Hans-Theodor	Bürgerliches Gesetzbuch, Allgemeiner Teil 2, 13. Aufl., Stuttgart 1999
Spannowsky, Willy	Der Einfluss öffentlich-rechtlicher Zielsetzungen auf das Statut privatrechtlicher Eigengesellschaften in öffentlicher Hand: Öffentlich-rechtliche Vorgaben, insbesondere zur Ingerenzpflicht ZGR 1996, 400
Spannowsky, Willy	Die Verantwortung der öffentlichen Hand für die Erfüllung öffentlicher Aufgaben und die Reichweite ihrer Einwirkungspflicht auf Beteiligungsunternehmen DVBl. 1992, 1072
Stapenhorst, Hermann	Outsourcing und Vergaberecht VergabeRecht 3/97, Vergabe Spezial: Outsourcing
Steffen, U. Venus, A.	Gemischtwirtschaftliche Entsorgungsunternehmen und Vergaberecht VKS-News 2001, 19
Stern, Klaus	Das Staatsrecht der Bundesrepublik Deutschland, Band I, 2. Aufl., München 1984 Band III/1, München 1988
Stern, Klaus Dietlein, Johannes	Netzzugang im Telekommunikationsrecht – Zur verfassungsrechtlichen Problematik eines entbündelten Zugangs zu den Teilnehmeranschlussleitungen (Teil 1) ArchPT 1998, 309

Stickler, Thomas — Probleme des Vergaberechts aus anwaltlicher Sicht
SächsVBl. 2002, 263

Stickler, Thomas — Anmerkung zu OLG Brandenburg, Beschl. v. 3.8.2001 – Verg 3/01 – „Kabelfernsehen"
VergabeR 2002, 49

Stober, Rolf — Die privatrechtlich organisierte öffentliche Verwaltung – Zur Problematik privatrechtlicher Gesellschaften und Beteiligungen der öffentlichen Hand
NJW 1984, 449

Stolz, Bernhard — Anmerkung zu ÖVerfGH, Urt. v. 30.11.2000 – G 110, 111/99-8
VergabeR 2001, 37 f.

Sura, Martin — Anmerkung zu EuGH, Urt. v. 12.11.1998 – Rs. C-360/96 – „Gemeente Arnhem"
EuZW 1999, 19

Teichmann, Arndt — Die Gesetzesumgehung, Göttingen 1962

Tettinger, Peter J. — Die rechtliche Ausgestaltung von Public Private Partnership
DÖV 1996, 764

Tettinger, Peter J. — Das Grundrecht der Berufsfreiheit in der Rechtsprechung des Bundesverfassungsgerichts
AöR 108 (1983), S. 92

Tettinger, Peter J. — Besonderes Verwaltungsrecht, Teil 1, 6. Aufl., Heidelberg 2001

Tödtmann, Ulrich — Kommunale Energieversorgungsunternehmen zwischen Gemeinderecht und Wettbewerb
RdE 2002, 6

Tomerius, Stephan — Wirtschaftliche Betätigung der Kommunen zwischen Gemeindewirtschafts- und Wettbewerbsrecht
LKV 2000, 41

Tomerius, Stephan — Kommunale Abfallwirtschaft und Vergaberecht
NVwZ 2000, 727

Trepte, Peter Armin — Regulating procurement, Oxford 2002

Trumit, Christoph — Beschaffung von Energie durch Kommunen
VBlBW 2001, 93

Tucker, Andrew	Privatisierung und Konzessionen Europäisches Vergaberecht 2/1996, S. 79
Uerpmann, Robert	Einsatz von Beamten bei einer Gesellschaft des privaten Rechts Jura 1996, 79
Ullrich, Hanns	Dienstleistungskonzessionen und europäisches Vergaberecht ZVgR 2000, 85
Ulmer, Peter Schmidt-Aßmann, Eberhard	Die Berichterstattung von Aufsichtsratsmitgliedern einer Gebietskörperschaft nach § 394 AktG BB 1998, Beilage 13
Graf Vitzthum, Wolfgang	Gemeinderechtliche Grenzen der Privatisierung kommunaler Wirtschaftsunternehmen AöR 104 (1979), 580
Waechter, Kay	Kommunalrecht, 3. Aufl., Köln 1997
Wagner, Olav Wiegand, Franziska	Auftraggebereigenschaft gemischtwirtschaftlicher Gesellschaften und Nichtigkeit von De-facto-Vergaben NZBau 2003, 369
Weiß, Richard	Erwerb, Veräußerung und Verwaltung von Vermögensgegenständen durch die Gemeinden, Köln u.a. 1991
Weiß, Wolfgang	Beteiligung Privater an der Wahrnehmung öffentlicher Aufgaben DVBl. 2002, 1168
Wellmann, Susanne Rachel	Nochmals: Anforderungen an die Ausschreibung von Privatisierungsgestaltungen in der öffentlichen Entsorgungswirtschaft NZBau 2002, 431
Werner, Michael Jürgen Köster, Thomas	Die Auslegung des Tatbestandsmerkmals „entgeltlich" i. S. von § 99 I GWB NZBau 2003, 420
Wieland, Joachim	Kommunalwirtschaftliche Betätigung unter veränderten Wettbewerbsbedingungen, in: Günter Henneke (Hrsg.), Optimale Aufgabenerfüllung im Kreisgebiet?, 1998, S. 193
Willenbruch, Klaus	Die Praxis des Verhandlungsverfahrens nach § 3a Nr. 1 VOB/A und VOL/A NZBau 2003, 422

Wolff, Birgitta — Public Private Partnerships, in: Philipp Herder-Dornreich (Hrsg.), Jahrbuch für Neue Politische Ökonomie, Tübingen 1996, S. 243

Würfel, Wolfgang; Butt, Mark — Ausschreibungspflicht für städtebauliche Verträge – oder: Schaut man einem geschenkten Gaul doch ins Maul? NVwZ 2003, 153

Zacharias, Diana — Privatisierung der Abwasserbeseitigung DÖV 2001, 454

Ziekow, Jan — Der funktionelle Auftraggeberbegriff des § 98 Nr. 2 GWB VergabeR 2003, 483

Zöllner, Wolfgang — Inhalt und Wirkungen von Beherrschungsverträgen bei der GmbH ZGR 1992, 173

Zugmaier, Oliver — Gemeindliche Unternehmen in Privatrechtsform BayVBl. 2001, 233

FSC
www.fsc.org
MIX
Papier | Fördert gute Waldnutzung
FSC® C083411

Kolibri 360 GmbH
Ferdinand-Jühlke-Straße 7
99095 Erfurt, Deutschland
produktsicherheit@kolibri360.de

Druck:
CPI Druckdienstleistungen GmbH
im Auftrag der
Kolibri 360 GmbH
Ferdinand-Jühlke-Str. 7
99095 Erfurt